RIANE EISLER

A Verdadeira Riqueza das Nações

Criando uma Economia Solidária

Tradução
CLAUDIA GERPE DUARTE

Editora
Cultrix
SÃO PAULO

Título original: *The Real Wealth of Nations.*

Copyright © 2007 Riane Eisler.

Publicado originalmente por Berrett-Koehler Publishers, Inc.

Todos os direitos reservados. Nenhuma parte deste livro pode ser reproduzida ou usada de qualquer forma ou por qualquer meio, eletrônico ou mecânico, inclusive fotocópias, gravações ou sistema de armazenamento em banco de dados, sem permissão por escrito, exceto nos casos de trechos curtos citados em resenhas críticas ou artigos de revistas.

A Editora Pensamento-Cultrix Ltda. não se responsabiliza por eventuais mudanças ocorridas nos endereços convencionais ou eletrônicos citados neste livro.

Dados Internacionais de Catalogação na Publicação (CIP)
(Câmara Brasileira do Livro, SP, Brasil)

Eisler, Riane
A verdadeira riqueza das nações : criando uma economia solidária / Riane Eisler ; tradução Claudia Gerpe Duarte. – São Paulo : Cultrix, 2008.

Título original: The real wealth of nations.
ISBN 978-85-316-1017-2

1. Cooperativismo 2. Economia – Aspectos sociológicos 3. Economia de bem-estar 4. Economia do ambiente 5. Psicologia social 6. Solidariedade
I. Título.

08-07455	CDD-330.126

Índices para catálogo sistemático:
1. Economia solidária 330.126

O primeiro número à esquerda indica a edição, ou reedição, desta obra. A primeira dezena à direita indica o ano em que esta edição, ou reedição, foi publicada.

Edição	Ano
1-2-3-4-5-6-7-8-9-10-11	08-09-10-11-12-13-14

Direitos de tradução para o Brasil
adquiridos com exclusividade pela
EDITORA PENSAMENTO-CULTRIX LTDA.
Rua Dr. Mário Vicente, 368 — 04270-000 — São Paulo, SP
Fone: 2066-9000 — Fax: 2066-9008
E-mail: pensamento@cultrix.com.br
http://www.pensamento-cultrix.com.br
que se reserva a propriedade literária desta tradução.

*Dedico este livro a David, aos meus filhos, aos meus netos
e às crianças de toda parte.*

Sumário

INTRODUÇÃO
Razões para sermos solidários 15

CAPÍTULO UM
Precisamos de uma nova economia 21

CAPÍTULO DOIS
A economia considerada de uma perspectiva mais ampla 39

CAPÍTULO TRÊS
A solidariedade compensa — em valores monetários 59

CAPÍTULO QUATRO
O duplo padrão econômico 81

CAPÍTULO CINCO
Ligando os pontos 103

CAPÍTULO SEIS
A economia da dominação 126

CAPÍTULO SETE
A economia da participação 148

CAPÍTULO OITO
A tecnologia, o trabalho e a era pós-industrial 173

CAPÍTULO NOVE
Quem somos e onde estamos 194

CAPÍTULO DEZ
A revolução solidária 219

NOTAS 241

BIBLIOGRAFIA 277

AGRADECIMENTOS 291

A AUTORA 293

O CENTER FOR PARTNERSHIP STUDIES 295

INTRODUÇÃO

Razões para sermos solidários

Grande parte da minha vida tem sido uma busca, busca que começou na infância, quando os meus pais e eu deixamos Viena, a minha cidade natal, para fugir dos nazistas. Ela continuou nas favelas de Havana, onde encontramos asilo, e mais tarde nos Estados Unidos, onde cresci. Era uma busca de respostas para uma pergunta fundamental: por que o nosso mundo tem presenciado tanta crueldade, insensibilidade e destruição, já que nós, seres humanos, temos uma capacidade tão grande para ser generosos, conscientes e criativos?

Ao longo da minha busca, procurei respostas em muitas áreas, entre elas a psicologia, a história, a antropologia, a educação, a economia e a política, regressando repetidamente à economia por perceber que temos que mudar os sistemas econômicos atuais para que nós, os nossos filhos e as gerações futuras possam sobreviver e prosperar.

À medida que o tempo foi passando, e tive filhos e depois netos, a paixão que animava a minha busca se intensificou, e o mesmo ocorreu com a minha ênfase na economia.

Quando eu olhava para os meus netos, não conseguia deixar de pensar nos milhões de crianças do nosso mundo, todas nascidas com sede de vida, amor, e alegria, condenadas a uma morte prematura ou a uma vida de sofrimento desnecessário. Enquanto eu refletia sobre a prístina beleza dos nossos oceanos e a grandeza das cidades litorâneas onde tantos de nós vivemos, pensei nas ameaças das mudanças climáticas causadas pelas atuais regras e práticas econômicas. Enquanto assimilava a realidade que me cercava todos os dias, eu via o stress dos membros das famílias tentando, em vão, encontrar tempo uns para os outros, e a dor das pessoas desalojadas por novas tecnologias que deveriam ter sido usadas, em vez disso, para melhorar a nossa vida. E, uma vez mais, retornei à economia.

Percebi que no nosso mundo inextricavelmente interligado nenhum de nós tem um futuro seguro enquanto a fome, a extrema pobreza e a violência não diminuírem. Constatei que os sistemas econômicos atuais estão despojando e esgotando a nossa bela Terra. Verifiquei que existe algo fundamentalmente errado com as regras e as análises econômicas que deixam de valorizar adequadamente o trabalho humano mais essencial: o trabalho de nos importarmos conosco, com os outros e com a Mãe Terra.

Pouco a pouco, comecei a explorar a economia a partir de uma nova perspectiva. Percebi a necessidade de uma economia que, ao mesmo tempo que preserve os melhores elementos dos atuais modelos econômicos, nos leve além deles em direção a um modo de vida, e a uma maneira de ganhar a vida, que verdadeiramente satisfaça as necessidades humanas. Também constatei que precisamos de uma abordagem muito mais ampla à economia: uma abordagem que leve em consideração o seu contexto social e natural mais abrangente.

Eu o convido a juntar-se a mim na exploração desta nova perspectiva da economia. Eu lhe peço que deixe para trás suposições que tenham restringido a nossa visão, porque o que vamos examinar vai além do que é habitualmente considerado o domínio da economia. Peço também que, à medida que for lendo, você tenha em mente aquilo que mais valoriza e deseja na sua vida.

Nas páginas que se seguem, vamos contemplar a economia através de uma lente mais larga que revela as estimulantes possibilidades do que eu chamo de *economia solidária*. Compreendo que até mesmo colocar as palavras economia e altruísmo na mesma frase é estranho ao modo de pensar convencional. Mas este não é o momento de pensarmos de um modo convencional. Como é expresso em clichês populares como "ter idéias inovadoras", este é um momento que exige urgentemente um pensamento *não*-convencional.

Com a crescente velocidade da globalização econômica — quando corporações que controlam os fluxos financeiros e tecnológicos internacionais ainda agem de acordo com regras não-solidárias — a necessidade de uma economia solidária é mais urgente do que nunca. Este livro oferece uma nova visão do que a economia é e do que ela pode ser. Proporciona um ponto inicial a partir do qual podemos reconstruir estruturas, práticas e políticas econômicas de maneiras que maximizem os nossos potenciais positivos e minimizem os negativos.

Intitulei este livro *A Verdadeira Riqueza das Nações* porque ele mostra que os nossos mais importantes ativos econômicos não são financeiros, que a verdadeira riqueza das nações consiste na contribuição das pessoas e do nosso ambiente natural. Ao escolher este título, não estou querendo insinuar que me pus a escrever um tratado técnico sobre economia como o clássico *A Riqueza das Nações* de Adam Smith. Para abordar as necessidades do nosso mundo hoje em dia, temos que reunir o conhecimento de muitas áreas. Por conseguinte, recorro a muitos campos de conhecimento além da economia, entre eles avanços tanto nas ciências sociais quanto nas naturais. Também proponho medidas práticas para conduzir os sistemas econômicos e sociais em uma direção positiva.

A nova perspectiva da economia que estou introduzindo neste livro surgiu da minha pesquisa ao longo dos últimos trinta anos sobre a aplicação da ciência dos sistemas evolucionários aos sistemas sociais. Durante esse período, envolvime com pioneiros da teoria do caos e da complexidade,[1] e contribuí para muitos livros que aplicam essas novas abordagens revolucionárias aos problemas do mundo real da nossa época.[2] Nos livros que escrevi, começando com *The Chalice and The Blade: Our History, Our Future,* introduzi uma nova lente para que possamos entender os sistemas sociais e determinar como podemos construir bases para um mundo mais justo e sustentável.

Essa lente é o sistema de referência que permeia todos os meus livros e artigos de revistas: a *participação* ou *parceria,* ou sistema de respeito mútuo, e a *dominação,* ou sistema de controle de cima para baixo. Essas categorias sociais são parte integrante da teoria de transformação cultural que introduzi em livros anteriores.[3] Elas também são essenciais para o entendimento, e a mudança, das estruturas, regras e práticas econômicas disfuncionais — que é a ênfase deste livro.

Quando Adam Smith escreveu *A Riqueza das Nações,* a sua ênfase recaía no mercado, ou como ele declarou, na "mão invisível do mercado" como o melhor mecanismo para produzir e distribuir as necessidades da vida.[4] Este livro vai além do mercado e reexamina a economia a partir de uma perspectiva mais ampla que inclui as atividades vitais nos lares, nas comunidades e na natureza.

Além disso, e este é um dos seus temas centrais, este livro mostra que para construir um sistema econômico capaz de nos ajudar a enfrentar os enormes desafios que temos pela frente, precisamos conferir visibilidade e valor ao trabalho social e economicamente fundamental de nos preocuparmos com as pessoas e a natureza. Na verdade, se realmente pensarmos no assunto, é irrealista esperar mudanças em uma política e práticas econômicas insensíveis a não ser que seja atribuído um valor maior à atenção e à assistência.

Nos capítulos que se seguem, veremos que avançar em direção a um sistema econômico mais eqüitativo e sustentável requer que seja dada atenção à interação dos sistemas econômicos e sociais. Também veremos que para que esse movimento possa alcançar êxito, temos que expandir a esfera de ação do que tradicionalmente tem sido considerado o campo da economia.

Iniciamos com a premissa básica de que os sistemas econômicos devem promover a felicidade e o bem-estar humanos, premissa que parece ter sido esquecida em grande parte do discurso econômico de hoje. Baseando-nos no trabalho de pensadores de vanguarda na área da economia e em muitos outros campos, passamos então a explorar novas e estimulantes fronteiras para o trabalho, para os valores e para a vida.

O Capítulo 1 nos conduz além da estreita faixa das relações econômicas levadas em consideração pelos modelos convencionais, sejam eles capitalistas, socialistas, comunistas ou anarquistas. Ele introduz o primeiro de cinco alicerces de uma economia solidária: um mapa econômico de amplo espectro que abarca as atividades vitais nos lares, nas comunidades e na natureza.

O Capítulo 2 alarga a lente através da qual contemplamos a economia para abranger o seu contexto cultural mais vasto. Ele nos conduz ao segundo alicerce de uma economia solidária: as convicções culturais e as instituições que valorizam a atenção e a assistência. O capítulo introduz as categorias socioeconômicas do sistema de participação e do sistema de dominação, revelando ligações anteriormente não consideradas. Ele propõe novos padrões e regras para o que tem e o que não tem valor econômico. E o capítulo mostra ainda de que maneira tudo isso afeta diretamente a nossa vida e o futuro dos nossos filhos e do nosso planeta.

Os três capítulos seguintes introduzem mais três alicerces de um sistema econômico solidário: regras, políticas e práticas econômicas solidárias; indicadores econômicos abrangentes e precisos; e estruturas econômicas e sociais que respaldam a parceria e não a dominação.

Esses capítulos continuam a ligar os pontos entre a nossa vida do dia-a-dia, a economia, e os valores e as normas culturais. Eles mostram como a solução de problemas, a criatividade e o empreendedorismo são apoiados por políticas e práticas solidárias, e como isso beneficia enormemente os negócios, as pessoas e o nosso ambiente natural. Eles oferecem uma redefinição do trabalho produtivo apropriado para a economia pós-industrial, na qual o capital mais importante é o que os economistas chamam de capital humano. Esses capítulos descrevem novas quantificações de produtividade que levam em conta as atividades vitais tanto nos lares quanto na natureza. E eles propõem maneiras de proteger o que os economistas chamam hoje de capital natural.

Esses capítulos também nos conduzem em uma jornada ao passado. Eles reavaliam mitos e valores perniciosos que herdamos. Eles expõem o duplo critério sexual oculto que é a nossa herança de tempos mais antigos, mais injustos e economicamente ineficazes. Eles mostram que isso conduziu a um duplo critério econômico que reside atrás de estilos de vida e de trabalho insustentáveis. E esses capítulos também investigam como podemos desenvolver alternativas mais saudáveis.

Em seguida, no Capítulo 6, vemos os enormes custos pessoais, sociais, financeiros e ambientais de antigos sistemas econômicos e políticos, bem como a sua incapacidade de se adaptar aos desafios que enfrentamos. No Capítulo 7, examinamos como podemos desenvolver uma economia solidária. O capítulo delineia resumidamente o desenvolvimento de modernas teorias econômicas no contexto das épocas que lhes deram origem, e propõe princípios básicos para a construção de uma nova estrutura conceitual que abarca os melhores elementos tanto do capitalismo quanto do socialismo, mas que vai além dos dois.

O Capítulo 8 examina inovações tecnológicas pós-modernas como a robótica, a biotecnologia e nanotecnologia e como elas afetam tanto o trabalho quanto a vida. O capítulo apresenta uma nova maneira de encarar a tecnologia que já não joga tudo, de abridores de lata a bombas nucleares, na mesma cesta tecnológica. Ele mostra que a rápida mudança tecnológica torna uma economia solidária ainda mais essencial na histórica transição para a era pós-industrial.

O Capítulo 9 nos conduz então para onde estamos indo e para onde podemos ir a partir daqui. Baseando-se em novas e surpreendentes descobertas da neurociência, ele mostra que uma economia solidária respalda as aptidões que na história da evolução nos tornaram singularmente humanos. Finalmente, o Capítulo 10 apresenta medidas práticas que cada um de nós pode tomar para acelerar o movimento em direção a um futuro mais humano, ambientalmente sustentável e economicamente eficaz.

Escrevi este livro para atrair a discussão e a ação. É uma obra para todos os que desejam uma vida e um mundo melhor, e que está em busca de ferramentas práticas para alcançar essas metas. Estou confiante de que juntos poderemos construir um novo sistema econômico que promove a criatividade e a generosidade em vez da ganância e da destruição. Na verdade, estou convencida de que essa é a única opção viável nesta conjuntura crítica da nossa evolução cultural e planetária.

Riane Eisler

CAPÍTULO 1

Precisamos de uma nova economia

Jim Cross diplomou-se entre os primeiros colocados da sua turma de computação aplicada, mas não conseguiu um emprego no próspero Vale do Silício da Califórnia, que foi um dia a Meca dourada dos elevados salários da área tecnológica. Embora as vendas e os lucros na região tenham disparado novamente — com uma média de mais de 500% em três anos — as contratações na verdade declinaram.

Na Nigéria, Marian Mfunde acaba de enterrar o seu segundo bebê. Como o seu primeiro filho — e milhões de crianças africanas todos os anos — a sua filha de cinco meses morreu de fome. A própria Marian está com HIV, que ela contraiu do marido antes de ele partir para procurar trabalho na capital e nunca mais ter dado sinal de vida.

No Rio de Janeiro, Rosario Menen dorme nas ruas. Ela vive apavorada com medo dos ratos, dos estupradores e dos esquadrões da polícia que periodicamente removem e tratam brutalmente as crianças de rua. À semelhança de milhares de meninas e meninos brasileiros, Rosario não tem nenhum lugar para ir e ninguém para tomar conta dela.

Em Riad, Ahmad Haman, de 18 anos, acaba de ingressar em uma célula terrorista fundamentalista. Na Arábia Saudita, a sua terra natal, as suas perspectivas financeiras são sombrias.[1] A população do Oriente Médio triplicou nos últimos cinqüenta anos, indo de cem milhões de habitantes em 1950 para 380 milhões em 2000 — e hoje em dia, cerca de dois terços desses 380 milhões têm menos de 25 anos, e os empregos são escassos.[2] Mesmo na sua nação rica em petróleo, Ahmad considera a promessa de uma vida futura celestial ao lado de setenta virgens mais promissora do que o seu futuro terreno, caso ele venha a explodir em um atentado a bomba suicida.[3]

No meio de todo esse distúrbio, miséria e insanidade desenfreados, os economistas têm incessantes discussões sobre os livres mercados *versus* as regulamentações do governo, da privatização *versus* o planejamento econômico centralizado. Eles falam a respeito de lucros corporativos, de acordos comerciais internacionais, da terceirização de empregos, das estatísticas de emprego, da inflação e do produto nacional bruto. É isso que é discutido nas análises, nas escolas de administração e em milhares de tratados econômicos — geralmente em um jargão que a maioria das pessoas considera frustrantemente fora de sintonia com as suas verdadeiras necessidades.

É claro que os economistas não estão alheios às necessidades das pessoas na vida real. Alguns deles, como os laureados do prêmio Nobel Amartya Sen e Joseph Stiglitz, criticam vigorosamente as práticas que causam a fome, a doença e a destruição e a poluição ambientais.[4] Outros, como as bolsistas Nancy Folbre e Heidi Hartmann da MacArthur Foundation, também enfatizam que, mesmo em um país rico como os Estados Unidos, os pais que trabalham fora ficam estressados porque têm muito pouco tempo para dedicar aos filhos, e mesmo as pessoas abastadas têm dificuldade em equilibrar o trabalho e a família.[5] No entanto, mesmo agora, quando a globalização está criando um stress cada vez maior para muitas famílias, a maioria dos textos econômicos convencionais não presta muita atenção à maneira como os modelos econômicos afetam a nossa vida do dia-a-dia.[6]

Geralmente, os economistas não escrevem a respeito da vida cotidiana das pessoas — exceto quando elas assumem o papel de empregados, empregadores e consumidores. E quando eles abordam os nossos problemas ambientais e sociais, permanecem habitualmente presos ao debate dos livres mercados/privatização *versus* planejamento central/regulamentação do governo que moldou o conflito entre o capitalismo e o comunismo.

Essas discussões desconsideram o fato de que nem o sistema capitalista nem o comunista foram capazes de resolver problemas crônicos como a degradação ambiental, a pobreza e a violência da guerra e do terrorismo que desvia e destrói recursos econômicos e arruína um enorme número de vidas. Com efeito, muitos desses problemas resultaram de políticas econômicas *tanto* capitalistas *quanto* comunistas.

Para abordar com eficácia os nossos problemas, precisamos de uma maneira diferente de encarar a economia. Na nossa época de condições tecnológicas e sociais em rápida transformação, temos que nos aprofundar muito mais e examinar questões que as análises e teorias econômicas convencionais simplesmente desprezaram.

Existe um denominador comum na base dos nossos crescentes problemas pessoais, sociais e ambientais: a falta de solidariedade.[7] Precisamos de um sistema econômico que nos leve além do comunismo, do capitalismo e de outros antigos *ismos*. Necessitamos de modelos, regras e políticas econômicos que nos ajudem a cuidar de nós mesmos, dos outros e da nossa Mãe Terra.[8]

Uma economia baseada na solidariedade pode parecer irrealista para algumas pessoas. Na verdade, ela é muito mais realista do que os antigos modelos econômicos. Os nossos antigos modelos estranhamente desprezam alguns dos fatos mais básicos a respeito da existência humana, começando pela importância crucial da atenção e da assistência para todas as atividades econômicas.

Reflita que sem atenção e assistência nenhum de nós estaria aqui. Não existiriam lares, força de trabalho, economia, nada. No entanto, as discussões econômicas mais atuais nem mesmo mencionam a atenção e a assistência. Isso também é estranho, pois *economia* deriva de *oikonomia,* que é a palavra grega que significa administrar a casa — e um dos componentes fundamentais de qualquer lar é a atenção e a assistência. [9]

Este livro sugere que uma reformulação radical da economia se faz necessária para que possamos não apenas sobreviver, mas também prosperar. Ele mostra que a exclusão da atenção e da assistência da teoria e da prática econômica convencionais teve, e continua a ter, terríveis efeitos sobre a qualidade de vida das pessoas, sobre os nossos sistemas naturais vitais, e sobre a produtividade econômica, a criatividade e a adaptabilidade a novas condições. Deixar de incluir a atenção e a assistência nos modelos econômicos é totalmente inadequado para a economia pós-industrial, na qual o capital mais importante é o que os economistas gostam de chamar de *capital humano:* as pessoas. Além disso, não é realista esperar que ocorram mudanças nas políticas e práticas econômicas insensíveis se não for atribuído um maior valor à atenção e à assistência.

> *Não é realista esperar que ocorram mudanças nas políticas e práticas econômicas insensíveis se não for atribuído um maior valor à atenção e à assistência.*

Como observou Einstein, não podemos resolver problemas com o mesmo modo de pensar com que os criamos. Nós nos encontramos em uma conjuntura crítica na qual um novo modo de pensar a respeito da economia se faz necessário.

Conferir um valor maior à atenção e à assistência não irá resolver todos os nossos problemas, mas é impossível solucionar as nossas crises mundiais atuais, e muito menos promover o nosso desenvolvimento pessoal, econômico e internacional, se não fizermos isso. Para que possamos modificar políticas do governo e práticas comerciais deficientes, precisamos de uma nova abordagem à economia na qual o apoio à solidariedade — e até mesmo falar a respeito da solidariedade — deixe de ser um tabu.

O QUE É A ECONOMIA?

No outono de 2004, fui convidada pela Dag Hammarskjöld Foundation para uma reunião cujo objetivo era explorar o futuro da economia. A sede do encontro foi a residência da minha velha amiga e colega Hazel Henderson, uma luz inspiradora no movimento em direção a uma nova economia. Os outros 25 participantes vinham da América Latina, Europa, Ásia, África, Austrália e Estados Unidos. O grupo contava com acadêmicos, ativistas sociais e antigos dignitários do governo.

O ponto de partida para os nossos debates foi uma crítica da chamada economia neoclássica que é hoje a análise econômica dominante, freqüentemente a única, ensinada nas universidades ocidentais. Originando-se na economia clássica mais antiga desenvolvida por Adam Smith, David Ricardo e outros "pais" da teoria capitalista moderna, a economia neoclássica preocupa-se basicamente em analisar e prever como funcionam os mercados. Ela se apóia fortemente no modelo matemático, e esse modelo é uma espécie de circuito fechado, pois fundamenta-se em algumas suposições básicas, na verdade santificadas.

Uma dessas suposições é que o "homem econômico racional" faz escolhas econômicas inteligentes baseado no interesse pessoal racional. Outra suposição é que a concorrência dispõe em seguida essas escolhas de interesse pessoal em uma dinâmica que, em última análise, atua para o bem comum. Uma terceira suposição é que os governos devem manter uma política de não-intervenção no que diz respeito à operação dos mercados. Esta última suposição é um dos pontos de destaque da mais recente ramificação da teoria neoclássica: o chamado neoliberalismo abraçado pelos neoconservadores dos Estados Unidos e de outros países, que afirmam que a privatização, a desregulamentação do mercado e o comércio não restringido por fronteiras ou interesses nacionais será a cura para todos os nossos males.

Durante algum tempo, o encontro na Hammarskjöld concentrou-se nas deficiências das teorias e modelos econômicos neoclássicos e neoliberais. Alguns participantes argumentaram que esses modelos estão desatualizados com relação aos avanços científicos. Citaram os novos trabalhos de físicos que desmerecem os processos matemáticos dos modelos econômicos ortodoxos, destacaram erros na metodologia da análise computadorizada e argumentaram que esses métodos "reducionistas" produzem uma falsa imagem da realidade. Alguns ressaltaram que os mercados são hoje fortemente manipulados por campanhas publicitárias sofisticadas que criam predileções artificiais e até mesmo necessidades artificiais. Outros criticaram a premissa de que a concorrência regula o mercado, enfatizando que, à nossa volta, enormes corporações engolem rapidamente empresas menores por meio de aquisições e incorporações, ou ainda que as obrigam a fechar as portas reduzindo os preços até que os concorrentes desapareçam de cena.

A discussão afastou-se então da teoria econômica e passou a focalizar o que está efetivamente acontecendo no mundo hoje em dia. Muitos participantes criticaram a tendência em direção a privatizar a água e outros elementos vitais, e também a consolidação de cada vez mais poder e riqueza nas corporações multinacionais. Outros lamentaram a ausência de responsabilização das agências de globalização como o Fundo Monetário Internacional e a desastrosa falta de consideração pela destruição do nosso hábitat. Outros ainda defenderam inovações como os novos indicadores da qualidade de vida como o "índice de felicidade" do Reino do Butão, os tribunais internacionais sobre a garantia dos produtos, e novos livros escolares e aulas que difundissem perspectivas econômicas alternativas.

Entretanto, à medida que os debates progrediam, outra coisa pouco a pouco tornou-se aparente. Apesar de muitas preocupações e críticas comuns, havia uma área de forte divergência, a qual se concentrava no que era o âmbito da economia e qual ele deveria ser.

Alguns dos participantes estavam apenas interessados na estreita faixa das relações econômicas na economia de mercado, exatamente como os economistas convencionais que criticavam. Eles também se mostraram determinantemente contrários aos modelos econômicos que levam em conta o trabalho extramercado da atenção e assistência executado essencialmente nos lares e em outras partes da economia não-monetizada.[10] Começaram argumentando que esse trabalho não poderia ser quantificado. Quando foi ressaltado que isso é possível, e que, na verdade, tem sido quantificado, eles se uniram para afirmar que não deveria sê-lo.[11] Embora assinalassem que os modelos econômicos imperfeitos contribuíam para políticas econômicas defeituosas, deixaram claro que não estavam interessados em expandir, e muito menos em redefinir, o âmbito da economia.

☐ *Dois significados da economia*

O termo economia encerra um significado erudito e um popular. O significado acadêmico da economia é o de uma ciência social: por exemplo, o ramo da ciência social que lida com a produção, a distribuição e o consumo de bens e serviços, bem como com a sua administração. Quando empregado nesse sentido, o termo descreve teorias e modelos econômicos. O significado popular da economia é muito mais amplo. Ele é freqüentemente usado como uma forma abreviada para descrever sistemas, políticas e práticas econômicas: por exemplo, em frases comuns como "A economia e a política dos Estados Unidos". Utilizo no livro o termo economia tanto no sentido acadêmico quanto no popular, dependendo do contexto. ▨

Não obstante, essa expansão e redefinição dos modelos econômicos já está em andamento. Milhares de mulheres e homens no mundo inteiro vêm observando há algum tempo a ironia de o trabalho humano mais fundamental não ser incluído nos critérios e políticas econômicos. Alguns anos atrás, Marilyn Waring escreveu um livro pioneiro sobre o assunto.[12] Mais recentemente, Barbara Brandt, Ann Crittenden, Mariann Ferber, Nancy Folbre, Janet Gornick, Heidi Hartmann, Hazel Henderson, Marcia Meyers, Julie Nelson, Hilkka Pietila, Genevieve Vaughan e outros pensadores econômicos vêm se concentrando na necessidade de tornar a solidariedade visível na teoria e na prática econômicas.[13] Nirmala Banerjee, Edgar Cahn, Herman Daly, Devaki Jain, David Korten, Paul Krugman, Amartya Sen e outros pensadores pioneiros também começaram a insistir em que examinemos as relações econômicas a partir de uma perspectiva mais ampla.[14] O trabalho dessas pessoas, particularmente o de Pietila e Henderson, proporciona a base para o modelo econômico expandido necessário para uma economia solidária.

UM NOVO MAPA ECONÔMICO

Para construir um novo modelo econômico, precisamos incluir o espectro total das relações econômicas — desde a maneira como os seres humanos se relacionam com o nosso hábitat às interações econômicas intrafamiliares — o que exige um mapa completo e preciso que inclua todos os setores econômicos.

O NOVO MAPA ECONÔMICO

O novo mapa econômico abarca os seis setores econômicos:

Setor básico: Economia familiar
Segundo setor: Economia comunitária não-remunerada
Terceiro setor: Economia de mercado
Quarto setor: Economia ilegal
Quinto setor: Economia governamental
Sexto setor: Economia natural

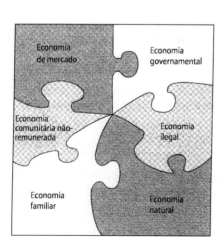

Esse novo mapa econômico começa incluindo a família como o *setor interno básico*. Esse setor é a verdadeira essência da produtividade econômica, pois ele sustenta e torna possível a atividade econômica em todos os outros setores. O lar não é, como o sugerem quase todos os textos de economia, apenas uma unidade de consumo. Ele é, e sempre foi, uma unidade de produção. O seu produto mais importante é, e sempre foi, o ser humano — e este produto é de suma importância na economia pós-industrial na qual o "capital humano de alta qualidade" tornou-se um mantra comercial.

Entretanto, nenhuma atenção é atribuída nas análises econômicas convencionais ao que é necessário para produzir esse capital humano de alta qualidade, a saber, atenção e assistência. (Ver "O

O ANTIGO MAPA ECONÔMICO

Nos antigos modelos econômicos, os setores fundamentais da economia — o da economia familiar, o da economia comunitária não-remunerada e o da economia natural — são omitidos, o que conduz a concepções e políticas distorcidas.

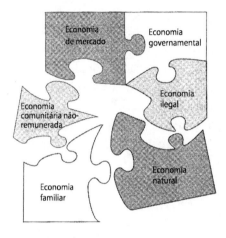

O nosso desafio é desenvolver uma economia solidária na qual as necessidades e capacidades humanas sejam promovidas, o nosso hábitat seja conservado, e o nosso grande potencial para a dedicação e a criatividade seja amparado.

Novo Mapa Econômico" e "O Antigo Mapa Econômico".)

O *segundo setor* é a economia comunitária não-remunerada. Isso inclui os voluntários que trabalham para grupos de caridade e justiça social no que hoje em dia é freqüentemente chamado de sociedade civil, bem como alguns aspectos da economia de troca e da economia da moeda comunitária (que está crescendo). Nesse caso, a atenção e a assistência também são atividades importantes.

O *terceiro setor* é o da economia de mercado. Ele é o foco das análises e dos indicadores econômicos convencionais. O mercado é alimentado pelos dois primeiros setores econômicos, mas as suas quantificações e regras não lhes conferem nenhum valor. A economia de mercado, como é atualmente estruturada, freqüentemente tende a desestimular em vez de encorajar a atenção, embora pesquisas tenham demonstrado que quando os funcionários se sentem apreciados, eles são muito mais criativos e produtivos.

O *quarto setor* é o da economia ilegal, que abarca o tráfico de drogas, o comércio sexual, parte do comércio de armas e outras atividades que estão nas mãos do crime organizado e das gangues. A característica que define o setor ilegal é a falta de solidariedade, sem falar nos assassinatos e outros horrores que são a sua marca registrada.

O *quinto setor* é o da economia governamental: o setor que formula as políticas, as leis e regras que controlam a economia de mercado e fornece serviços públicos, seja diretamente ou por meio de contratos terceirizados. Alguns desses serviços acarretam atividades solidárias, como, por exemplo, aqueles oferecidos pelas entidades de saúde do governo. No entanto, na maioria dos países, as políticas governamentais oferecem pouco apoio às atividades de atenção e assistência praticadas pela economia familiar e pela economia comunitária não-remunerada das quais dependem todos os setores da economia. As políticas atuais do governo também são freqüentemente insensíveis com relação à população em geral, canalizando os recursos para os ricos. Além disso, em muitos países, entre eles os Estados Unidos, as políticas governamentais são inadequadas para proteger a natureza contra a exploração e a poluição negligentes.

O *sexto setor* é o da economia natural, o qual, à semelhança do setor familiar, é fundamental. O nosso ambiente natural também produz recursos que sustentam a economia de mercado. No entanto, uma vez mais, os modelos econômicos convencionais conferem pouco valor à natureza. Por conseguinte, ela é explorada, com resultados desastrosos à medida que avançamos em direção a tecnologias cada vez mais poderosas. Cuidar da Mãe Terra é encarado como um ônus na análise custo-benefício convencional, e até recentemente não era nem mesmo um ponto de discussão nas teorias econômicas.

Esses seis setores da economia estão em constante interação. Somente levando todos em consideração é que poderemos efetuar as mudanças necessárias no mundo de hoje.

O desafio é desenvolver modelos, medidas e regulamentações econômicos nos quais o primeiro, o segundo e o sexto setores sejam reconhecidos e altamente valorizados. Isso é fundamental para um sistema econômico solidário no qual as necessidades e aptidões humanas sejam incentivadas e não exploradas, o nosso hábitat seja conservado e não destruído, e o nosso grande potencial para a solidariedade e a criatividade seja respaldado e não inibido.

A CULTURA, A ECONOMIA E OS VALORES

Os sistemas econômicos são criações humanas que podem mudar, e efetivamente o fazem.

Durante os últimos quinhentos anos da história ocidental, diferentes fases tecnológicas deram origem a sistemas econômicos diversos. Pouco a pouco, à medida que deixamos de usar tecnologias principalmente agrícolas e passamos a utilizar tecnologias essencialmente industriais, o feudalismo foi substituído pelo capitalismo e, em algumas regiões, pelo socialismo. Estamos hoje no meio de outra importante transformação tecnológica. Entretanto, a mudança que nos está conduzindo da sociedade industrial para a pós-industrial é diferente das anteriores.

Ao contrário das mudanças que ocorreram antes, a troca para as tecnologias pós-industriais, nucleares, eletrônicas e bioquímicas não está acontecendo ao longo de vários séculos e sim de algumas décadas. Diferentemente das modificações anteriores, esta está sendo o tema de uma intensa análise *enquanto* está acontecendo. Além disso, ela está ocorrendo mundialmente e está sendo acompanhada pela crescente conscientização de que não podemos continuar com os negócios como de costume, que estaremos enfrentando um futuro extremamente incerto se não efetuarmos mudanças fundamentais.

Historicamente, a introdução de novas tecnologias sempre acarretou algumas mudanças no conceito de valor. Em uma economia basicamente agrícola, por exemplo, a terra era considerada o ativo mais valioso. Com a mudança tecnológica para uma economia essencialmente industrial, as máquinas e outros bens de capital gradualmente adquiriram um valor maior.

Entretanto, a determinação do valor baseada em fatores tecnológicos representa apenas uma pequena parte do lado dos valores da equação econômica. Muito mais importantes, e mais resistentes à mudança, são os valores culturais e as estruturas sociais subjacentes dos quais os sistemas econômicos fazem parte.

As nossas convicções a respeito do que é ou não é valioso são em grande medida inconscientes. Como veremos, elas têm sido profundamente afetadas por suposições que herdamos de períodos anteriores quando qualquer coisa associada à metade feminina da humanidade, como a atenção e a assistência, era desvalorizada. No mundo ocidental de hoje, o ideal é a igualdade entre homens e mulheres, e os homens estão cada vez mais desempenhando atividades "femininas", como os inúmeros pais que cuidam de bebês e de crianças pequenas de uma maneira que já foi considerada inadequada para os "homens de verdade". No entanto, a incapacidade da maioria dos sistemas econômicos de conferir um valor real à atenção e à assistência, seja nas famílias ou na sociedade mais ampla, continua a se situar atrás das gigantescas desigualdades e inadequações econômicas.

Na verdade, essa desvalorização sistêmica das atividades que mais contribuem para o bem-estar social e o desenvolvimento reside atrás de uma espécie de insanidade econômica. Por exemplo, a maior parte do trabalho solidário não é nem mesmo incluído nos indicadores da produtividade econômica como o PIB (Produto Interno Bruto) e no PNB (Produto Nacional Bruto).[15]

E isso não é tudo. Além de o trabalho de assistência, sem o qual não poderia haver uma força de trabalho, receber muito pouco apoio na política econômica quando é realizado em casa, o trabalho que envolve a assistência recebe uma remuneração precária na economia de mercado.

Assim sendo, nos Estados Unidos, as pessoas não pensam duas vezes e pagam 50 ou 60 dólares por hora para consertar o encanamento das suas casas. No entanto, aquelas que trabalham com a puericultura, ou seja, as pessoas a quem confiamos os nossos filhos, recebem em média dez dólares por hora de acordo com o Ministério do Trabalho dos Estados Unidos.[16] E nós exigimos que os encanadores tenham algum treinamento, mas não fazemos questão de que todos os que trabalham com as crianças tenham uma especialização.

Isso não é lógico. É patológico. Mas para ser modificado, temos que olhar além das áreas tradicionalmente levadas em consideração nas análises econômicas.

O VALOR DA SOLIDARIEDADE

Como afirma a atual teoria econômica, o que é ou não valorizado é uma questão de oferta e procura, com os bens e serviços escassos tendo mais valor do que os que existem em abundância. No entanto, essa perspectiva despreza duas questões fundamentais. A primeira, que desenvolverei em capítulos posteriores, é que as atuais políticas e práticas econômicas freqüentemente criam a escassez de um modo artificial. A segunda questão, à qual também voltarei, é que a demanda é em grande medida determinada pelas convicções culturais a respeito do que é e o que não é valioso.

Um padrão muito mais sensato e realista para definir o que recebe um valor econômico é o que respalda e promove a sobrevivência e o desenvolvimento humanos. Com base nesse padrão, a orientação solidária, ou seja, o interesse pelo bem-estar e desenvolvimento de nós mesmos, dos outros e do ambiente natural, é altamente valorizada. O mesmo pode-se dizer do trabalho da assistência e da criação de ambientes acolhedores, sejam eles nos lares, nas empresas, nas comunidades ou no governo.

Isso não significa que toda atenção e assistência devam ser pagas em dinheiro. Como veremos, existem muitas outras maneiras pelas quais esse trabalho pode, e deve, ser reconhecido e recompensado — desde as redes comunitárias informais nas quais ocorre uma troca de favores às políticas comerciais e governamentais que defendem e estimulam a atenção e a assistência.

Vamos examinar mais de perto a economia solidária em capítulos posteriores. Neste momento, quero esclarecer que quando menciono o *trabalho solidário* estou me referindo a ações baseadas na empatia, na responsabilidade e no interesse pelo bem-estar humano e pelo desenvolvimento humano ideal. Além disso, como é detalhado no texto "Atenção, Assistência e Orientação Solidária" apresentado a seguir, a orientação solidária confere visibilidade e valor à atenção e à assistência em todas as áreas da vida, desde os lares e as comunidades aos negócios e o governo.

⊡ *Atenção, Assistência e Orientação Solidária*

Quando menciono a atenção e a assistência, estou me referindo a atividades conduzidas por uma orientação solidária. Esta última não apenas satisfaz às necessidades e aspirações humanas. Ela também oferece uma abordagem totalmente diferente às políticas comerciais e governamentais que é lucrativa tanto sob o aspecto financeiro quanto no social. A orientação solidária não é apenas uma questão de conferir visibilidade e valor ao trabalho de cuidar das crianças, dos doentes e dos idosos nos lares, por mais essencial que isso possa ser. Não diz respeito somente a conferir mais valor ao trabalho solidário na economia de mercado, como a puericultura, o ensino, a enfermagem e os cuidados com as pessoas nas clínicas geriátricas. Tampouco envolve apenas ser ético nos negócios e no governo.

A orientação solidária abarca toda a amplitude, desde os cuidados com as crianças, os doentes e os idosos, à preocupação com os funcionários, clientes e outras pessoas que tenham algum tipo de interesse na empresa, e ainda ao que Edgar Cahn chama de trabalho cívico de construir comunidades saudáveis, ao trabalho de justiça social dos movimentos sociais progressistas e ao trabalho ambiental necessário para preservar um ambiente natural saudável para nós mesmos e para as gerações futuras.[17]

A orientação solidária também se distingue por um horizonte com um período mais prolongado. Em outras palavras, a orientação solidária leva em conta não apenas o curto prazo mas também as considerações a longo prazo. Ela leva em conta, por exemplo, os custos a longo prazo das políticas ambientais insensíveis comparados com os lucros a curto prazo que elas poderão gerar. Ou então, voltando ao exemplo do bombeiro e do puericultor, a orientação solidária reconhece que o impacto econômico a longo prazo de cuidar adequadamente de uma criança é infinitamente maior do que o de consertar um cano — e essa diferença deve ser incluída como um fator na avaliação econômica dessas duas atividades. ▪

Como veremos no Capítulo 3, uma orientação comercial solidária pode efetivamente ser mais lucrativa em valores monetários do que a antiga política insensível. Por exemplo, a extremamente bem-sucedida empresa de software SAS Institute tem sido extremamente lucrativa precisamente porque a sua política considera o bem-estar dos funcionários uma prioridade máxima. O mesmo é verdade com relação a Wegmans, a próspera cadeia de supermercados da Costa Leste. Classificada em 2005 como a primeira da lista da revista *Fortune* de "As 100 Melhores Empresas para se Trabalhar", a Wegmans declara no seu website que proporciona "um local de trabalho cordial, acolhedor e diversificado que confere a todas as pessoas a oportunidade de crescer e ter sucesso". Algumas companhias até mesmo incorporaram a solidariedade nos seus programas de treinamento de executivos. Um exemplo é a bem-sucedida fabricante de armários de banheiro e cozinha American Woodmark.

Essas empresas estão descobrindo que o interesse pelo bem-estar dos funcionários e das suas famílias se traduz em uma maior competência e colaboração, estimula a criatividade e a inovação, contribui para a capacidade coletiva da organização e promove melhores relações comerciais, tanto interna quanto externamente. Em resumo, elas estão percebendo que uma orientação solidária em vez de insensível é proveitosa tanto para as pessoas quanto para os negócios.

A orientação solidária também oferece uma abordagem mais eficaz à política econômica, não apenas sob o aspecto humano mas também sob o aspecto meramente financeiro. Os índices de criminalidade e os custos concomitantes, por exemplo, seriam reduzidos, e o capital humano de alta qualidade necessário para uma economia futura saudável estaria garantido porque a puericultura e a educação estariam totalmente amparadas.

Um exemplo seria que, nos Estados Unidos, uma única medida de trabalho solidário na economia — os programas de desenvolvimento infantil — comprovadamente proporciona um retorno de 12% ao investimento público. O projeto Abecedarian da Carolina do Norte do National Institute for Early Education demonstrou que as crianças que participaram de programas de desenvolvimento infantil de alta qualidade podem esperar ganhar aproximadamente mais 143 mil dólares no decorrer da vida do que aquelas que não receberam esses benefícios.[18]

Analogamente, o programa canadense Healthy Babies, Healthy Children demonstrou ser capaz de habilitar as crianças a ter uma classificação melhor na maioria das avaliações do desenvolvimento infantil. Isso inclui a auto-ajuda, a habilidade motora grossa, a habilidade motora fina e o desenvolvimento da linguagem. Além disso, é claro, esses programas conduzem diretamente à perspectiva de um futuro mais promissor para essas crianças.[19]

Os países nórdicos como a Finlândia, a Noruega e a Suécia constataram que investir em políticas e programas solidários — que vão da assistência médica universal a generosas licenças parentais remuneradas — é um investimento em uma qualidade geral de vida superior, em uma população mais feliz e em uma economia mais eficiente e inovadora. Em 2003-04 e 2005-06, a Finlândia estava até mesmo na frente dos Estados Unidos, país muito mais rico e poderoso, segundo o Relatório de Competitividade Global do Fórum Econômico Mundial.[20]

Esses exemplos ilustram os enormes benefícios pessoais, sociais e econômicos de conferir mais valor à atenção e à assistência. Eles também demonstram que não precisamos começar da estaca zero. Já existe um movimento nessa direção: políticas e programas oferecem modelos que podem ser mundialmente reproduzidos e adaptados à medida que avançamos para a economia pós-industrial.

⊡ *Tendências que mostram o reconhecimento da atenção e da assistência*

- Várias nações já quantificaram o valor do trabalho da atenção e da assistência não-remuneradas executado nos lares, e constataram que o seu valor monetário é muito elevado.

- A empresa americana Salary.com estimou que um salário justo para um pai ou uma mãe típico que fique em casa seria de 134.471 dólares por ano.[21]

- Os Relatórios de Desenvolvimento Humano da ONU avaliam a saúde das comunidades examinando a mortalidade materna e a infantil, a educação, o meio ambiente e outros fatores que não eram anteriormente quantificados.

- Quase todos os países industrializados oferecem a assistência médica universal como um investimento no seu capital humano.

- Muitas empresas reconhecem que valorizar e remunerar a atenção conduz a uma maior competência, à comunicação eficaz e à colaboração bem-sucedida.

- A política social da Nova Zelândia, do Canadá e da maioria dos países da Europa Ocidental reconhecem o valor do trabalho solidário por meio de subsídios para a puericultura (não apenas incentivos fiscais) e licenças parentais remuneradas.

- Michelle Bachelet, presidente do Chile, anunciou pouco depois de tomar posse que um pagamento mensal de quarenta dólares, bem como cursos de treinamento, seriam concedidos às pessoas que cuidavam de parentes acamados nas famílias de baixa renda.[22] ■

CONSTRUINDO UMA ECONOMIA SOLIDÁRIA

Estamos situados em algo que um artigo de 2006 da revista *Time* sobre o aquecimento global chamou de ponto de desequilíbrio, um momento crítico na história do planeta em que nada menos do que uma mudança fundamental se faz necessária.[23] À medida que formos utilizando as quantificações econômicas detalhadas nas páginas que se seguem, veremos que a nossa economia global está funcionando com uma perda gigantesca. Torna-se evidente que não podemos continuar a explorar e poluir o nosso ambiente natural. Torna-se também óbvio que para viver uma vida mais gratificante e menos estressante, teremos que valorizar adequadamente a atenção e a assistência não apenas no mercado mas também em todos os setores econômicos, da família à natureza.

Estaremos nos iludindo se acharmos que poderemos resolver os nossos problemas ambientais tentando apenas introduzir tecnologias menos poluentes ou mudando os padrões de consumo. Mesmo que alcançássemos êxito nesses esforços, o que é duvidoso sem que nos aprofundemos, novas crises surgirão se não realizarmos mudanças mais fundamentais.

Poderemos executar essas mudanças quando nos conscientizarmos de que as estruturas e regras econômicas de uma sociedade, os seus sistemas de valores e as suas outras instituições sociais encontram-se em um ciclo contínuo de *feedback* interativo. Durante os períodos de equilíbrio social, esse ciclo permanece relativamente estável, e o sistema norteador de valores é de tal maneira tido como fato consumado que é em grande medida invisível. No entanto, durante períodos de grande instabilidade ou desequilíbrios como o nosso, é possível enxergar mais claramente a estrutura organizacional e os valores operantes subjacentes do sistema. Por conseguinte, hoje em dia, são possíveis as mudanças fundamentais, aquelas que transformam o sistema em vez de simplesmente modificá-lo em um certo grau.

Para construir uma economia solidária — e uso aqui o termo economia no seu sentido popular como uma maneira abreviada de descrever os sistemas econômicos — precisamos nos concentrar não apenas na teoria e na prática econômica, mas também nos valores culturais e nas instituições sociais. Podemos começar com três perguntas básicas:

- Primeiro, a que tipo de qualidades, atividades, serviços e produtos queremos atribuir um valor econômico alto ou baixo?
- Segundo, podemos realisticamente esperar as vantagens de políticas governamentais e práticas comerciais social e ambientalmente mais solidárias enquanto a solidariedade não for valorizada e recompensada?
- Terceiro, que tipo de invenções econômicas necessitamos para construir um sistema econômico mais solidário, eficaz, inovador e sustentável?

Todas as instituições econômicas são invenções econômicas, desde os bancos, as bolsas de valores, a Previdência Social e os programas de assistência médica, ao colonialismo, aos estabelecimentos que exploram os funcionários e à mão-de-obra infantil. O seguro-desemprego e a licença parental são invenções econômicas concebidas para cuidar melhor do bem-estar de todos os membros do grupo. A escravidão e os campos de trabalho forçado também são intervenções econômicas, mas à semelhança dos estabelecimentos que exploram os empregados, do colonialismo e da mão-de-obra infantil, essas são invenções econômicas destinadas a explorar com mais eficácia certos membros do grupo, até mesmo, se "necessário", matá-los.

Em outras palavras, uma invenção econômica é uma maneira de utilizar e alocar recursos naturais, humanos e fabricados pelo homem. Mas a forma que ela assume — e as conseqüências que ela tem — dependem do sistema de valores dominante e das instituições sociais que ela respalda.

Na nossa época, quando a alta tecnologia guiada por valores como a conquista, a exploração e dominação ameaçam a nossa própria sobrevivência, precisamos de invenções econômicas impulsionadas por um etos de solidariedade. Precisamos de uma revolução solidária.

Cabe a nós determinar que invenções econômicas existentes queremos reter, e quais queremos descartar. Também temos que desenvolver novas regras, políticas, práticas e indicadores econômicos guiados por valores apropriados para o futuro mais justo e sustentável que desejamos e precisamos. Acima de tudo, temos que mudar as bases culturais desequilibradas sobre as quais tanto o sistema econômico capitalista quanto o comunista foram construídos, e avançar em direção a um sistema econômico no qual seja atribuído um verdadeiro valor ao trabalho humano mais essencial, o trabalho da atenção e da assistência.

A economia solidária apóia a atenção e a assistência nos níveis individual, organizacional, social e ambiental. Ela leva em conta toda a gama de necessidades humanas, não apenas as nossas necessidades materiais de comida e abrigo, mas também as de ter um trabalho e uma vida significativos.

OS SEIS FUNDAMENTOS DE UMA ECONOMIA SOLIDÁRIA

Como é detalhado no texto em destaque das páginas 36-37, a economia solidária possui seis fundamentos: um mapa econômico com um amplo espectro; convicções culturais e instituições que valorizam a atenção e a assistência; regras, políticas e práticas econômicas solidárias; indicadores econômicos abrangentes e precisos; estruturas econômicas e sociais de participação; e uma teoria econômica que chamo de *participacionismo* porque incorpora os elementos de participação tanto do capitalismo quanto do socialismo, mas que vai além deles e reconhece o valor econômico essencial de nos preocuparmos com nós mesmos, com os outros e com a natureza.

A passagem para uma economia solidária levará tempo, e não acontecerá de uma só vez. Ela evoluirá aos poucos, e avanços em uma área propagarão a mudança em todas as outras. As mudanças nas convicções a respeito do que é ou do que não é economicamente produtivo conduzirão a novas maneiras de pensar a respeito da economia e, a partir daí, levarão a indicadores econômicos mais precisos. Essas mudanças nas convicções e nos indicadores estimularão o movimento em direção a políticas e práticas mais solidárias, as quais, por sua vez, conduzirão a estruturas econômicas e sociais mais orientadas para a participação. E tudo isso respaldará um avanço maior em direção a um mapa econômico de amplo espectro, teorias e indicadores econômicos mais abrangentes, e convicções culturais e instituições que valorizem a atenção e a assistência.

Em outras palavras, o progresso em qualquer uma das áreas promove o progresso nas outras. Assim sendo, quanto mais fizermos para mudar qualquer uma das áreas, mais rápido veremos uma mudança no sistema econômico como um todo.

O que podemos fazer: construindo seis fundamentos para um sistema econômico solidário

O progresso na construção de um desses fundamentos ativará o progresso em todos os outros em uma dinâmica interativa de mudança.

- **Primeiro Fundamento: Um Mapa Econômico de Amplo Espectro:** O mapa econômico de amplo espectro inclui a economia familiar, a economia da comunidade não-remunerada, a economia de mercado, a economia ilegal, a economia governamental e a economia natural. Este mapa mais preciso e abrangente da economia é introduzido neste capítulo.

- **Segundo Fundamento: Convicções e Instituições Culturais Que Valorizam a Atenção e a Assistência:** As convicções e as instituições estão orientadas para o sistema de participação e não para o sistema de dominação, e incluem uma mudança das relações de dominação para as relações de participação nas relações formativas entre pai ou mãe e filho, e nas relações formativas entre os sexos. As configurações do Sistema de Participação e do Sistema de Dominação são introduzidas no Capítulo 2.

- **Terceiro Fundamento: Regras, Políticas e Práticas Econômicas Solidárias:** As regras, políticas e práticas governamentais e comerciais encorajam e recompensam a atenção e a assistência; satisfazem as necessidades humanas básicas, tanto as necessidades básicas quanto as necessidades relacionadas com o desenvolvimento humano; orientam os avanços tecnológicos para aplicações vitais; e consideram os efeitos sobre as gerações futuras. O Capítulo 3 descreve essas regras, políticas e práticas, mostrando os seus enormes benefícios comerciais e sociais.

- **Quarto Fundamento: Indicadores Econômicos Abrangentes e Precisos:** Os indicadores incluem as atividades vitais tradicionalmente executadas pelas mulheres nos lares e em outras partes da economia não-monetizada, bem como os processos vitais da natureza, e não incluem atividades que prejudicam os seres vivos e o nosso ambiente natural. O Capítulo 4 descreve novos indicadores econômicos que incluem as atividades vitais dos lares, das comunidades e da natureza.

- **Quinto Fundamento: Estruturas Econômicas e Sociais de Participação:** Estruturas mais justas e participativas amparam relações de benefício e responsabilidade mútuos em vez de concentrar os ativos e o poder econômico no topo. O Capítulo 5 compara as estruturas econômicas e sociais de participação e de dominação, mostrando como elas afetam todos os aspectos da nossa vida.

- **Sexto Fundamento: Uma Teoria Econômica de Participacionismo em Evolução:** A teoria econômica incorpora os elementos de participação tanto do capitalismo quanto do socialismo, mas vai além deles e reconhece o valor econômico essencial de nos preocuparmos com nós mesmos, com os outros e com a natureza. O Capítulo 7 introduz o conceito do participacionismo.

ECONOMIA SOLIDÁRIA

MAPA	CULTURA	REGRAS	INDICADORES	ESTRUTURA	TEORIA
MAPA mapa econômico de amplo espectro	**CULTURA** Convicções culturais e instituições que valorizam e apóiam a atenção e a assistência	**REGRAS** regras, políticas e práticas econômicas solidárias	**INDICADORES** indicadores econômicos abrangentes e precisos	**ESTRUTURA** estruturas econômicas e sociais de participação	**TEORIA** uma teoria econômica de participacionismo em evolução

O primeiro passo é modificar a conversa a respeito da economia para que ela inclua o termo *solidariedade* e aumentar a conscientização da importância econômica da assistência. Isso é uma coisa que cada um de nós pode fazer.

A incapacidade das teorias e políticas econômicas atuais de reconhecer que a atenção e a assistência são essenciais para a saúde pessoal, econômica, ecológica e social afeta diretamente a nossa vida e o futuro dos nossos filhos. Isso tem nos sobrecarregado com medidas e modelos econômicos inadequados, que por sua vez conduziram a políticas e práticas inadequadas.

Estes dois últimos itens são os principais fatores por trás de problemas globais aparentemente insolúveis como a pobreza, a superpopulação e a devastação do meio ambiente. São obstáculos ao sucesso na economia pós-industrial, na qual mais do que o dinheiro, mercados ou equipamentos de escritório supercomputadorizados, o capital humano é o capital mais importante. E eles perpetuaram um sistema de valores desequilibrado e insalubre.

A alternativa parece óbvia uma vez que nos distanciamos do que aprendemos a focalizar na economia e contemplamos o que mais valoriza-

Na nossa época, quando a alta tecnologia guiada por valores como a conquista, a exploração e dominação ameaçam a nossa própria sobrevivência, precisamos de invenções econômicas impulsionadas por um etos de solidariedade. Precisamos de uma revolução solidária.

mos no nosso lar e na nossa vida. Torna-se então óbvio que se não conferirmos justiça e valor ao trabalho da atenção e da assistência, não poderemos esperar realisticamente ter sociedades mais solidárias, pacíficas, ambientalmente saudáveis e justas nas quais as pessoas vivam uma vida significativa, criativa e gratificante.

Não é uma questão de teoria e sim de um impacto imenso e prático em tudo, na nossa família e na educação dos nossos filhos, no nosso trabalho e na vida profissional e, em última análise, na sobrevivência da nossa espécie.

A globalização e a mudança para a era pós-industrial estão causando um grande transtorno econômico e social, o qual é uma fonte de medo para muitas pessoas. Entretanto, esse transtorno também oferece uma abertura sem precedente para novas e melhores maneiras de pensar e viver. Ele nos oferece a oportunidade de usar a nossa visão e engenhosidade para ajudar a criar as condições sociais e econômicas que amparam a nossa evolução enquanto pessoas, enquanto espécie e enquanto planeta.

Os capítulos que se seguem apontam o caminho para um modo de viver e ganhar a vida que satisfaz as necessidades e aspirações humanas, e preserva a beleza e a abundância do nosso planeta.

CAPÍTULO 2

A economia considerada de uma perspectiva mais ampla

Hoje em dia, milhões de pessoas não aceitam mais o sofrimento e a injustiça como sendo apenas a vontade de Deus ou o resultado de leis econômicas misteriosas e inalteráveis. No mundo inteiro, pessoas estão alarmadas com relação aos efeitos sobre a saúde e o meio ambiente de uma industrialização que aparentemente tornou-se descontrolada. Elas estão preocupadas com as regras comerciais da globalização que estão reduzindo os salários e a proteção do trabalhador antes aceitas como coisa natural no Ocidente. Elas estão conscientes de que metade do mundo ainda vive com fome e na pobreza, e que até mesmo em países ricos como os Estados Unidos a distância entre os ricos e os pobres está aumentando. Elas reconhecem que o fato de os recursos destinados ao almoço das escolas freqüentadas por milhões de crianças pobres estar sendo cortados enquanto as corporações estão obtendo milhões de dólares em subsídios e os muitos ricos estão recebendo enormes restituições tributárias encerra algo muito errado. Essas pessoas exigem o término das práticas contábeis que possibilitam que os diretores de empresa enriqueçam à custa dos planos de benefícios dos empregados e dos investimentos dos acionistas. Em resumo, elas censuram as políticas econômicas e as práticas comerciais insensíveis, e desejam outras mais solidárias.

A má notícia é que a tentativa de conduzir os sistemas econômicos em uma direção mais solidária só teve êxito em alguns lugares e falhou totalmente em muitos outros. Apesar da retórica a respeito do "conservadorismo compassivo", as políticas econômicas nos Estados Unidos têm andado para trás em vez de para a frente. As elites econômicas tanto dos países desenvolvidos quando dos em desenvolvimento ainda controlam o grosso dos recursos mundiais, as crianças ainda passam fome até mesmo nas nações ricas e ameaças sem precedente ao nosso hábitat, como o aquecimento global, ainda são freqüentemente ignoradas.

A boa notícia é que uma profusão de organizações não-governamentais estão até certo ponto suavizando as dificuldades causadas pelas políticas atuais, e algumas tentativas estão sendo feitas para realizar uma mudança estrutural. Um movimento comercial socialmente responsável está trabalhando para instituir novas regras para as empresas que exijam uma responsabilidade social e ecológica. Estão sendo realizadas tentativas para substituir indicadores econômicos, como o Produto Interno Bruto (PIB) pela Qualidade de Vida (QV), quantificações que refletem com mais precisão quais as atividades que contribuem para o bem-estar humano e a sustentabilidade ambiental. Existe um movimento voltado para a proteção do nosso ambiente natural, o combate da exploração do trabalho e o desenvolvimento de padrões para tratados internacionais que protejam os trabalhadores no mundo inteiro.

Todas essas são importantes tentativas destinadas a corrigir deficiências específicas nas políticas e práticas econômicas atuais. Mas precisamos de mais coisas. Necessitamos de uma abordagem sistêmica que leve em consideração o sistema mais amplo do qual a economia faz parte.[1]

AS BASES SOCIAIS DA ECONOMIA

Os sistemas econômicos não brotam no vácuo. Eles são oriundos de um contexto social, cultural e tecnológico mais amplo. É somente entendendo, e mudando, esse contexto mais amplo, que podemos construir as bases de um novo sistema econômico que realize o que um sistema econômico eficaz deveria realizar: respaldar o bem-estar humano, promover o desenvolvimento humano e proteger os sistemas vitais da natureza para os nossos filhos e para as gerações futuras.

Por estranho que pareça, não podemos nos concentrar apenas na economia para modificar os sistemas econômicos. Temos que nos aprofundar e ir mais longe.

Nós *podemos* ir além de práticas econômicas ineficazes, injustas e ambientalmente destrutivas, mas para fazer isso temos que examinar os fatores sociais que configuram a economia, e que são, por sua vez, moldados por ela. Em outras palavras, não podemos compreender, e muito menos aprimorar, sistemas econômicos sem analisar também o seu contexto mais amplo: a dinâmica psicológica e social das relações em todas as esferas da vida.

Os sistemas econômicos se ocupam de uma forma de relações humanas. Não são os produtos que se relacionam, e sim as pessoas. Por conseguinte, estas últimas, bem como as atividades que apóiam e favorecem a vida e os relacionamentos humanos, precisam ser o principal foco das análises econômicas.

Os relacionamentos definem a nossa vida. Eles são a base de todas as instituições sociais, da família e a educação à política e a economia.

Como mencionei na Introdução, a nova análise da economia introduzida neste livro tem origem na minha pesquisa multidisciplinar que aplica a perspectiva da ciência dos sistemas evolucionários, a teoria do caos, a teoria da complexidade e outras novas abordagens ao estudo dos sistemas sociais. Essa foi a pesquisa que deu origem ao meu livro *The Chalice and The Blade: Our History, Our Future,* que introduziu uma abordagem não-linear ao estudo da história humana para chegar à essência do que nos impele para a frente ou para trás na evolução cultural.[2] Ela também levou a outros livros, nos quais analisei o sexo e o poder a partir dessa perspectiva.[3] E no caso deste livro, decidi aplicar a pesquisa à economia, completando o ciclo do reexame do

> *Por estranho que pareça, não podemos nos concentrar apenas na economia para modificar os sistemas econômicos. Temos que nos aprofundar e ir mais longe.*

sexo, do poder e do dinheiro, coisas que, segundo dizem, faz o mundo girar.

Ao examinar a economia a partir da nova perspectiva da ciência de sistemas evolucionários, estou recorrendo ao que me parece ser o melhor trabalho no campo da economia. Não sou economista por formação, pois a minha instrução formal foi em sociologia, antropologia e direito, o que me torna uma observadora externa, fato que encerra ao mesmo tempo vantagens e desvantagens. A vantagem é que isso possibilita que eu examine a economia com menos idéias preconcebidas, motivo pelo qual muitos avanços em diferentes campos são provenientes de pessoas de fora.

Introduzo uma abordagem que recorre a várias correntes disciplinares, um método de pesquisa que está ganhando força porque para lidar com eficácia com as verdadeiras necessidades do nosso mundo complexo temos que reunir um conhecimento de muitas áreas. Essa análise mais ampla examina questões não levadas em conta pela maioria dos economistas convencionais, entre elas convicções culturais e instituições sociais que, superficialmente, parecem não estar relacionadas com a economia. A minha abordagem presta uma atenção especial às convicções a respeito do que tem e do que não tem valor. Ela examina os relacionamentos, as mulheres e os homens, a família e o trabalho, a tecnologia, a política e todas as inúmeras linhas de discussão que formam, em conjunto, a economia vital do nosso planeta interligado e cada vez mais ameaçado. Na verdade, ela leva em consideração áreas completamente estranhas às análises econômicas convencionais: os primórdios da relação entre pais e filhos, e as relações entre as metades feminina e masculina da humanidade que afetam profundamente os valores e as interações das pessoas, inclusive as econômicas. A minha abordagem examina ainda todas essas áreas através da nova lente do sistema de *participação*, ou de respeito mútuo, e do sistema da *dominação*, ou do controle de cima para baixo, como duas categorias sociais básicas.

As lentes analíticas de categorias sociais anteriores — a direita *versus* a esquerda, o religioso *versus* o secular, o Oriente *versus* o Ocidente, o industrial *versus* o pré ou o pós-industrial — só focalizam aspectos particulares dos sistemas sociais, como o desenvolvimento tecnológico, a localização ou a ideologia, o que torna impossível uma análise verdadeiramente sistêmica.

Contrastando com isso, o sistema de participação e o sistema de dominação descrevem a *totalidade* das convicções e instituições de uma sociedade, desde a família, a educação e a religião, à política e a economia. Em outras palavras, eles descrevem configurações sociais mais amplas que não podem ser vistas através das lentes estreitas de antigas categorias.

Como escreve o psicólogo Robert Ornstein em *The Psychology of Consciousness,* quando não temos categorias para os fenômenos, é difícil percebê-los. "A linguagem", escreve ele, "fornece um conjunto de categorias que são quase inconscientemente aceitas para experiência, e possibilita que os falantes dessa linguagem desprezem as experiências excluídas pelo sistema de categoria comum."[4]

Para ocasionar uma mudança sistêmica, precisamos de categorias que não excluam partes essenciais da sociedade. Os sistemas de participação e de dominação oferecem essas categorias. Eles descrevem os valores e instituições básicos da sociedade, tanto na chamada esfera privada da nossa família e de outros relacionamentos íntimos quanto na esfera pública de comunidades locais, nacionais e internacionais. O mais importante é que essas categorias sociais identificam quais os valores e instituições que defendem ou inibem dois tipos muito diferentes de relações em todas as esferas da vida, inclusive na esfera da economia.

O SISTEMA DE DOMINAÇÃO
E O SISTEMA DE PARTICIPAÇÃO

No *sistema de dominação,* existem apenas duas alternativas para as relações: dominar ou ser dominado. Os que estão em cima controlam os que estão embaixo deles, seja na família, no local de trabalho ou na sociedade como um todo. As políticas e práticas econômicas nesse sistema são concebidas para beneficiar os que estão no topo à custa dos que estão embaixo. A confiança é rara e a tensão elevada, já que a coesão do sistema é mantida pelo medo e pela força.

Para conservar a categorização da dominação, a solidariedade e a empatia precisam ser reprimidas e desvalorizadas, começando na família e, daí, prosseguindo para a economia e a política. É por esse motivo que um dos fundamentos da economia solidária consiste em convicções e instituições mais voltadas para o sistema de participação.

O sistema de *participação* respalda as relações solidárias e de respeito mútuo. A hierarquia ainda está presente, já que ela é necessária para que as coisas sejam feitas. No entanto, nessas hierarquias, que chamo de *hierarquias de realização* e não *hierarquias de dominação,* a responsabilidade e o respeito circulam nos dois sentidos em vez de somente de baixo para cima, e as estruturas sociais e econômicas são configuradas de maneira a que a contribuição seja feita a partir de todos os níveis. A função dos líderes e dos gerentes é ajudar e inspirar em vez de controlar e desautorizar. As políticas e práticas econômicas desse sistema são concebidas para defender as nossas necessidades básicas de sobrevivência e as nossas necessidades de comunidade, criatividade, significado e solidariedade, em outras palavras, a realização dos potenciais humanos mais elevados.

Nenhuma sociedade é um sistema puro de participação ou dominação. Tudo é sempre uma questão de grau. No entanto, como veremos, nos países nórdicos, que são mais voltados para o sistema de participação, a qualidade de vida de um modo geral é bem mais elevada do que nas nações mais orientadas para o lado da dominação do continuum.[5] E não é por acaso que os países nórdicos são célebres por suas políticas que conferem visibilidade e valor à atenção e à assistência.

Os modelos econômicos existentes contêm elementos de participação, mas muitos dos nossos problemas globais são causados pelo fato de que, em uma grande medida, a tendência tanto da economia capitalista quanto da comunista tem sido na direção do sistema de dominação.[6]

Embora haja importantes diferenças entre a economia capitalista e a comunista, em ambos os casos os recursos naturais e os meios de produção têm sido amplamente controlados pelos que estão em cima. No comunismo ao estilo soviético, o controle de cima para baixo era exercido por intermédio do medo e da força pela classe política dominante bem como por grandes corporações estatais controladas pelo governo. No capitalismo ao estilo americano atual, as grandes corporações e o governo também trabalham em conjunto. Por meio de campanhas de contribuição, lobbies poderosos e outros métodos, as grandes empresas exercem uma enorme influência sobre o governo e, portanto, sobre as políticas e práticas econômicas.

Esse controle de cima para baixo também era característico dos antigos períodos feudais e monárquicos, nos quais o sistema de dominação estava ainda mais firmemente estabelecido. Na verdade, muitas das premissas básicas por trás das atuais políticas e práticas econômicas são o nosso legado de épocas em que os reis governavam os "súditos" e falar em liberdade e igualdade teria sido um bilhete direto para a mais terrível tortura e execução pública.[7] Esses foram tempos que só deixamos para trás há relativamente pouco tempo, não o fizemos completamente e, sem dúvida, não em todos os lugares: tempos em que pais autocratas controlavam a família, e nobres e reis autocratas governavam cidades estados, os feudos e as nações.

□ Os problemas do capitalismo e do socialismo

Nem o capitalismo nem o socialismo conseguiram conservar e proteger os sistemas vitais da natureza, em grande medida porque ambos ainda estão presos à idéia dominadora de "conquistar a natureza" e têm atribuído pouco valor à conservação ambiental. O capitalismo produziu uma substantiva poluição e deterioração ambiental, e ainda hoje gigantescas corporações lutam contra as regulamentações ambientais por considerá-las uma interferência injustificável nos livres mercados. O socialismo, da maneira como foi implementado na antiga União Soviética e na China comunista, também causou a poluição e a deterioração ambiental, como é exemplificado na destruição do Lago Aral e no desastre nuclear de Chernobyl na União Soviética, bem como no fato de que 70% dos rios e lagos da China estão poluídos.[8]

Tanto o capitalismo quanto o comunismo promoveram as guerras em vez de evitá-las, o que é uma forma de resolução de conflitos inerente aos sistemas de dominação. O conflito entre nações com esses dois sistemas econômicos provocaram as guerras da Coréia e do Vietnã, e mesmo depois do término da Guerra Fria, tanto as nações capitalistas quanto as comunistas fabricaram, usaram e exportaram armas cada vez mais destrutivas e dispendiosas, alimentando a violência no mundo inteiro.

O comunismo de fato minorou a extrema pobreza, mas à custa de restringir severamente a liberdade e os direitos civis. Embora o capitalismo tenha elevado o padrão de vida de muitas pessoas e adotado algumas "redes de segurança econômicas", como o seguro-desemprego e a Previdência Social, ele não resolveu o problema da pobreza mundial. Na verdade, em determinadas situações, ele a agravou; relatórios após relatórios mostram que a globalização do capitalismo está na realidade ampliando a distância entre ricos e pobres, tanto nas nações desenvolvidas quanto nos países em desenvolvimento.[9] ■

Certo pressuposto que herdamos dessas sociedades mais rígidas e dominadoras, com a sua grande classe baixa de escravos, servos e, mais tarde, operários que viviam praticamente na pobreza, é que as principais motivações para o trabalho são o medo da dor e da escassez. Na verdade, uma definição ainda popular da economia é que ela é a ciência social que estuda a distribuição de recursos escassos para satisfazer necessidades ilimitadas.[10]

Essa definição baseia-se em duas premissas: a de que a escassez é inevitável e a de que os seres humanos são inerentemente gananciosos, tendo portanto necessidades e exigências ilimitadas. Entretanto, o que essa definição descreve não é a economia propriamente dita, e sim a economia em um sistema de dominação.

Embora às vezes, como veremos, a escassez seja causada por condições naturais, os sistemas econômicos dominadores a criam e perpetuam artificialmente — e, junto com ela, a dor e o medo. Os sistemas fazem isso distribuindo erroneamente os recursos para os que estão no topo, fazendo investimentos maciços em armamentos, investindo pouco na satisfação das necessidades humanas, explorando implacavelmente a natureza e desperdiçando os recursos naturais e humanos devido às guerras e a outras formas de violência — procedimentos inerentes ao sistema de dominação.

Além disso, como os sistemas de dominação dificultam a satisfação das necessidades humanas básicas — inclusive a nossa necessidade de ser valorizados, de receber atenção, de ser amados, reconhecidos e sentir que a nossa vida encerra significado e propósito — é custoso para as pessoas sentir-se satisfeitas. Assim sendo, a ganância e a sensação de precisar de um número cada vez maior de bens materiais e status também são artificialmente produzidos pelo sistema de dominação. E esse sentimento de nunca ter o suficiente é hoje ainda mais alimentado pelas campanhas de publicidade que criam necessidades e exigências artificiais e até mesmo prejudiciais.

Desse modo, quando examinamos o impacto da escassez, das necessidades e das exigências artificiais, obtemos um quadro da oferta e da procura muito diferente daquele que é apresentado nas análises econômicas convencionais. Percebemos que o que é ou não é valorizado no mercado é freqüentemente distorcido por dinâmicas dominadoras que impedem que as necessidades humanas autênticas sejam satisfeitas.

A mentalidade do inimigo e a desconfiança dos outros, exceto com relação aos que detêm posições de dominância, pois estes devem ser incondicionalmente respeitados e obedecidos, também é fundamental nos sistemas de dominação, e portanto para a economia dominadora. A convicção de que os seres humanos são essencialmente maus e egoístas — o que gera a necessidade de que sejam rigidamente controlados por meio de hierarquias de dominação — é um dos pilares da mitologia dominadora. Ela está incrustada nas idéias religiosas do "pecado original" e nas teorias sociobiológicas a respeito dos "genes egoístas".

Essa concepção da natureza humana é intrínseca às teorias capitalistas populares do livre mercado, que baseiam-se na premissa que, se cada pessoa agir apenas em função do seu próprio interesse egoísta, o resultado será um sistema econômico que beneficiará a todos. É claro que ninguém pensaria em dizer a uma criança que se formos egoístas tudo dará certo no final. Entretanto, essa idéia continua a ser difundida, sustentando *não* um livre mercado (que não pode

> *Quando examinamos o impacto da escassez, das necessidades e das exigências artificiais, obtemos um quadro da oferta e da procura muito diferente daquele que é apresentado nas análises econômicas convencionais.*

existir nessas circunstâncias) e sim a idealização da ganância que ajuda a alimentar os sistemas econômicos dominadores.

Outra premissa básica que herdamos é que as qualidades e atividades "tolerantes" como a não-violência e a preocupação com o bem-estar são inadequadas à governança social e econômica. Parte desse legado é a crença de que a atenção e a assistência são obstáculos à produtividade ou, na melhor das hipóteses, irrelevantes para a economia. Em outras palavras, em vez de herdar convicções e instituições culturais que apóiem a atenção e a assistência, recebemos por herança o oposto, o que deu origem a inúmeras teorias, regras, medidas e práticas econômicas irrealistas e cada vez mais perigosas.

◻ *Suposições econômicas dominadoras*

- As principais motivações para o trabalho são o medo da dor e da escassez.
- É impossível confiar nas pessoas.
- As qualidades "tolerantes" são inadequadas à governança social e econômica.
- A atenção e a assistência são obstáculos à produtividade ou, na melhor das hipóteses, irrelevantes para a economia.
- O egoísmo conduzirá ao bem maior para todos. ▨

A ATRIBUIÇÃO OCULTA DE VALORES

Estaríamos todos mortos não fosse o trabalho de cuidar das crianças, dos idosos e dos doentes. Nós nos encontraríamos em uma situação muito precária se ninguém desse atenção às nossas necessidades diárias de comida, roupas limpas e um lugar habitável para morar. Não haveria nem mesmo uma força de trabalho para comparecer ao emprego ou às empresas não fosse o trabalho da assistência.

Por que, então, é conferido tão pouco valor ao trabalho essencial da atenção e da assistência? Por que a solidariedade nas empresas tem sido sistematicamente desestimulada, como no antigo lema comercial *caveat emptor* (compre o seu próprio risco)? Por que as pessoas que defendem incansavelmente uma sociedade mais justa e solidária são freqüentemente depreciadas por ter o coração mole e defender os pobres e oprimidos? E por que as mulheres, e um número crescente de homens, que trabalham longas horas cuidando de crianças, de pessoas doentes e de idosos na economia não monetizada dos lares e das comunidades ainda são rotulados de "economicamente inativos"?

A desvalorização do trabalho solidário sem o qual não poderíamos sobreviver — e com ele, a desvalorização da própria solidariedade — não tem nada a ver com a lógica. Tem tudo a ver com a nossa herança da época em que a nossa sociedade estava bem mais voltada para o sistema de dominação: uma organização econômica e social baseada em rígidas classificações de dominação, em última análise respaldadas pelo medo e pela força.

Como veremos no Capítulo 4, um dos sustentáculos desse sistema de cima para baixo é a classificação superior da metade masculina da humanidade com relação à metade feminina. Essa classificação conduziu à valorização automática dos homens e do estereotipicamente "masculino" com relação às mulheres e ao estereotipicamente "feminino". Em outras palavras, com a subordinação das mulheres aos homens, qualquer coisa associada à "verdadeira masculinidade" recebeu um valor mais elevado do que qualquer coisa estereotipicamente associada às mulheres e à condição feminina, inclusive o assim chamado trabalho feminino da atenção e da assistência. Esse sistema de atribuição de valor se reflete nos sistemas econômicos — tribal, feudal, capitalista, comunista — que conferem pouco ou nenhum valor ao trabalho da atenção e da assistência.

Os estereótipos da masculinidade e da feminilidade não devem ser confundidos com nada que tenha a ver com características masculinas ou femininas inatas. As mulheres podem executar "trabalhos masculinos", seja o de soldador, político ou sacerdote, às vezes melhor do que os homens. Os homens podem executar o "trabalho feminino" de cuidar das crianças, e fazê-lo às vezes melhor do que as mulheres. O fato de um número tão grande de homens e mulheres estar hoje em dia rejeitando os antigos estereótipos é uma prova do desejo e da capacidade que eles têm de exercer funções sexualmente menos restritas.

No entanto, de acordo com o sistema de crenças que herdamos, a atenção e a assistência são inadequadas para os "homens de verdade". Esse trabalho deve ser executado pelas mulheres, gratuitamente, nos lares controlados pelos homens. É um trabalho "brando" que não tem visibilidade e ao qual não é atribuído nenhum valor econômico. Essa idéia afeta profundamente não apenas os papéis e as relações das mulheres e dos homens particulares, como também o nosso sistema econômico.

Algumas pessoas podem achar estranho que eu esteja falando em economia e atribuições dos sexos de um só fôlego. Na verdade, algumas pessoas acham que qualquer questionamento dos papéis e dos relacionamentos sexuais tradicionais viola o que é natural para as mulheres e os homens, estando portanto fora dos limites de uma discussão. Entretanto, o fato de as pessoas evitarem falar a respeito de questões relacionadas com as atribuições sexuais deveria nos dar o que pensar.

Como ressaltou o sociólogo Louis Wirth, as coisas mais importantes a respeito de uma sociedade são aquelas que raramente são discutidas. Há relativamente pouco tempo, a superioridade racial era aceita como uma coisa tão natural que raramente era mencionada. Mesmo hoje em dia, algumas pessoas não gostam de falar a respeito da desigualdade racial, e muito menos reconhecer que ela não é "natural". Assim sendo, o fato de que falar a respeito da desigualdade entre os sexos deixa as pessoas pouco à vontade, e que a sua existência é freqüentemente negada ou considerada "natural", é um sinal de que estamos lidando com algo muito importante.

A desvalorização de características e atividades estereotipicamente associadas às mulheres é um sistema oculto de atribuição de valores intrínseco aos sistemas de dominação. Ele está profundamente inserido nas regras e modelos econômicos oriundos de épocas anteriores mais voltadas para esses sistemas, de modo que os atuais indicadores econômicos refletem e perpetuam essa desvalorização.

O que está ou não está incluído nos indicadores econômicos afeta diretamente o que os elaboradores das políticas econômicas levam ou não levam em conta. Assim sendo, o nosso sistema oculto de valores que refletem a diferença entre os sexos tem moldado as políticas econômicas.

Esse sistema não-reconhecido de valores é como a massa invisível de um iceberg. Ele é um obstáculo colossal a uma economia mais sadia, eficaz e humanitária.

🖵 *O que os indicadores econômicos convencionais deixam de fora?*

Os indicadores econômicos convencionais como o PNB (Produto Nacional Bruto) e o PIB (Produto Interno Bruto) deixam de fora todas as atividades que não são monetizadas e/ou informadas nos registros oficiais, o que representa um enorme segmento da atividade econômica de todas as nações. O PNB e o PIB também não fornecem informações a respeito de como os bens e serviços (inclusive os básicos, como a comida, a assistência médica e a educação) estão distribuídos e como isso afeta a vida das pessoas. Além disso, quase todos os indicadores de produtividade convencionais incluem atividades que na verdade pioram, em vez de melhorar, a qualidade de vida, porque deixam de levar em consideração os custos de atividades do mercado ligados ao ambiente, à saúde e a outros setores.

Esses indicadores são de tal modo irrealistas, que em vez de fornecer uma demonstração de custo total que mostre os custos ambientais e econômicos dos hábitos econômicos insensíveis, indicadores como o PIB e o PNB fazem com que esses custos pareçam lucros econômicos. Por exemplo, o custo de corrigir o dano causado por vazamentos industriais tóxicos está incluído em indicadores de produtividade econômica, em vez de ser subtraído deles.

O reconhecimento desses problemas conduziu a uma busca de novas quantificações econômicas. Um dos primeiros resultados dessa investigação foi o Índice de Qualidade de Vida Física, ou PQLI,* criado nos Estados Unidos na década de 1960 pela Society for International Development.[11] Mais recentemente, as Nações Unidas começaram a divulgar Relatórios do Desenvolvimento Humano, que foram expandidos ao longo dos anos para supervisionar a violação dos direitos humanos, dos problemas ambientais e, particularmente em 1995, a condição da mulher.[12]

A tendência mais recente das quantificações econômicas enfoca outra importante inadequação da abordagem do PIB e do PNB: o fato de esses indicadores não incluírem como "economicamente produtivo" o trabalho socialmente essencial da atenção e da assistência que ainda é basicamente realizado pelas mulheres nos lares e nas atividades voluntárias.[13]

Existe hoje, por exemplo, uma conta satélite no Sistema de Contas Nacionais da ONU, ou SNA** (um padrão internacional para a demonstração da renda nacional), que inclui dados estatísticos sobre o trabalho no lar e outros tipos de trabalho não-remunerado. Além disso, um número crescente de países tem quantificado a contribuição econômica desse trabalho. Um levantamento realizado em 2004 pelo governo suíço revelou um valor de 162 bilhões de euros ou 190 bilhões de dólares*** para o trabalho não-remunerado — 70% do PIB suíço divulgado.[14] ▦

A NECESSIDADE URGENTE DE UMA MUDANÇA SISTÊMICA

A maior parte das políticas e medidas econômicas convencionais ainda ostentam uma forte característica dominadora. Elas se baseiam em um modelo incompleto da economia que só leva em conta três dos seis setores que compõem a economia total, sendo que esses três são exatamente aqueles em que é atribuído pouco ou nenhum valor à atenção e à assistência. Esse modelo se concentra em grande medida na economia formal de mercado, e deixa de levar em consideração nas suas políticas e quantificações os três setores que constituem os nossos sistemas vitais básicos: a economia familiar, a economia comunitária não-remunerada e a economia natural, todas essenciais para a sobrevivência e o bem-estar do ser humano.

Em contrapartida, uma economia inserida no sistema de participação se apóia nos seis fundamentos que examinamos no Capítulo 1. Ela se baseia em um mapa econômico de amplo espectro que leva em conta os seis setores da econo-

---

* Sigla da expressão inglesa: Physical Quality of Life Index. (N. da T.)

** Sigla da expressão inglesa. (N. da T.)

*** Essa era a cotação vigente no início de 2006. Hoje, maio de 2008, são 250 bilhões de dólares, devido à desvalorização do dólar frente ao euro. (N. da T.)

mia, inclusive a economia familiar, a economia comunitária não-remunerada e a economia natural. Ela é amparada por convicções e instituições culturais que valorizam a atenção e a assistência. As suas teorias e práticas econômicas estimulam em vez de desencorajar essas atividades essenciais, os seus indicadores econômicos são mais precisos e abrangentes, e as suas estruturas são mais justas.

O problema, que é um problema enorme, é que as políticas e práticas econômicas convencionais não são sustentáveis. Elas causaram problemas mundiais gigantescos e não podem ser solucionadas dentro do sistema que as criou.

Os cientistas estão advertindo que, a não ser que efetuemos mudanças radicais nas práticas e políticas que estão acelerando o aquecimento global, no final deste século as cidades costeiras serão tragadas por inundações, inclusive Nova York, Miami e Londres. Também advertem que os custos econômicos desses desastres poderiam levar a economia mundial à falência.[15] Entretanto, até a presente data, apenas mudanças de somenos importância têm tido lugar nas antigas políticas e práticas econômicas baseadas na "conquista da natureza" idealizada em um passado não tão remoto.

As tendências da fome e da pobreza também demonstram que uma mudança fundamental se faz absolutamente necessária. Até mesmo em onze de quinze nações industrializadas, entre elas os Estados Unidos, o percentual de crianças que vivem em lares de baixa renda cresceu na última década.[16] Nos EUA, em 2004, havia 14 milhões delas.[17] Como foi relatado pelo U.S. National Council on the Aging,* o número de idosos que passam fome nos Estados Unidos também está aumentando.[18] Tudo isso no país no qual a produção de alimentos é a mais abundante do mundo. Segundo o relatório *Household Food Security in the United States, 2004,* 38,2 milhões de americanos vivem hoje em lares onde a fome e a insegurança alimentar estão presentes, o que equivale a um aumento de 43% com relação a 1999.[19] No entanto, como as políticas solidárias ainda são freqüentemente associadas ao que é afrontosamente chamado de "paparicação do estado", ao longo desse mesmo período, o governo dos Estados Unidos reduziu radicalmente os serviços sociais para as pessoas mais vulneráveis: as crianças, as mulheres e os idosos.

No mundo em desenvolvimento, milhões de pessoas têm ainda menos acesso a coisas vitais como comida, assistência médica e água. Entretanto, devido ao ajustamento estrutural e aos programas de privatização exigidos pelo Fundo Monetário Internacional e outros órgãos internacionais, os serviços que garantem que as pessoas recebam os cuidados necessários também foram drasticamente cortados nesses países. Nas nações em desenvolvimento para as quais as corpo-

---

* Conselho Nacional Americano sobre a Terceira Idade. (N. da T.)

A ECONOMIA CONSIDERADA DE UMA PERSPECTIVA MAIS AMPLA 51

rações vêm exportando empregos, as condições de trabalho em determinadas empresas são tão ruins que chegam a ser mais miseráveis do que eram no mundo "desenvolvido" nos dias dos capitalistas inescrupulosos do século XIX e do início do século XX. E como é característico do sistema de dominação, as elites dessas nações continuam a economizar fortunas enquanto o povo mal consegue sobreviver, o que freqüentemente não acontece.

Até mesmo nos Estados Unidos, os salários efetivos ajustados pela inflação vêm caindo na última década em vez de subir no caso da maioria dos trabalhadores, enquanto a remuneração dos executivos das grandes empresas disparou, atingindo valores astronômicos.[20]

O crescimento exponencial da população mundial também está sendo agravado pelas políticas existentes. A atual população do mundo de 6,5 bilhões, que já é imensa, chegará a mais de nove bilhões em menos de cinqüenta anos, sendo que mais de 90% desse crescimento terá lugar nas regiões mais pobres do mundo, onde milhares de crianças (bem como de mulheres e homens) morrem diariamente de inanição e por causa da violência. Essa situação, aliada a um enorme excedente de jovens desempregados, torna impossível um futuro justo, pacífico e sustentável, a não ser que mudanças radicais nas políticas econômicas tenham lugar.

No entanto, em harmonia com a exigência dominadora de que seja negado às mulheres a liberdade reprodutiva, os recursos dos Estados Unidos destinados ao planejamento familiar internacional foi severamente reduzido. Essa atitude foi tomada com o pretexto de reduzir os abortos, quando na verdade os abortos não podem ser diminuídos com o planejamento familiar.[21] Tudo isso torna a redução significativa da população mundial extremamente problemática.

Igualmente problemático é o futuro do próprio trabalho. Muitas pessoas nos Estados Unidos perderam empregos bem-remunerados devido à exportação de cargos do setor de produção e de alta tecnologia para regiões mais pobres. Tem havido também uma crescente polarização dos empregos. Em um dos lados estão os cargos altamente remunerados e de status elevado dos executivos das grandes empresas, dos tecnocratas e dos profissionais liberais de alto nível como advogados, médicos e outras profissões de nível superior. Do outro lado estão os empregos mal-remunerados, com freqüência degradantes, do restante da população — quando estão disponíveis.

Além disso, assomando ainda mais perto, encontra-se o desemprego estrutural causado pela crescente automação. Nos países mais ricos, empregos anteriormente oferecidos pelas tecnologias industriais — do trabalho dos trabalhadores da linha de montagem, recepcionistas e telefonistas ao dos gerentes de nível médio — estão sendo desativados. E mais à frente está o que acontecerá aos empregos tanto no mundo desenvolvido quanto no mundo em desenvolvimento quando avançarmos ainda mais para a robótica, a inteligência artificial e outras formas de automação tecnologicamente sofisticada.

Temos visto já há algum tempo sintomas de uma enorme agitação tanto no mundo em desenvolvimento quanto no desenvolvido à medida que os jovens entram em um mercado de trabalho gravemente comprimido em um mundo instável em rápida transformação. Nos países em desenvolvimento, os líderes dos chamados grupos religiosos fundamentalistas pregam o antigo ódio dominador do grupo interno *versus* o grupo externo, empregando o terror para conseguir os

◻ *Quem são os donos dos Estados Unidos?*

Nos Estados Unidos, o 1% superior da população possui 40% da riqueza financeira da nação. Os que estão nos 10% superiores são donos de 85 a 90% das ações, títulos, fundos fiduciários, participações acionárias e mais de 75% das propriedades imobiliárias não residenciais. Como enfatiza o professor G. William Domhoff da University of California: "Como a riqueza financeira é o que conta no que diz respeito ao controle dos ativos que produzem renda,

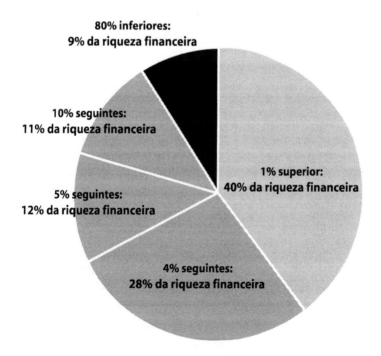

DISTRIBUIÇÃO DA RIQUEZA FINANCEIRA, 2001[22]

seus objetivos. O fundamentalismo também está em ascensão nos Estados Unidos, e os grupos discriminatórios dos operários das fábricas culpam os imigrantes, os judeus, os negros, os homossexuais e, às vezes, as mulheres por todos os seus males. Na Europa, os *skinhead*, os parentes ideológicos deles, plantam bombas e, do mesmo modo, fazem de bode expiatório os que são considerados mais fracos. Em resumo, como parte da atual regressão dominadora, os líderes demagógicos estão progressivamente dirigindo o medo e a frustração das pessoas para a violência e o uso de bodes expiatórios, causando um sofrimento incalculável e criando condições cada vez mais instáveis para as atividades comerciais no mundo inteiro.[23]

podemos dizer que apenas 10% da população americana é dona dos Estados Unidos da América". Em comparação, os 80% inferiores possuem somente 9% da riqueza financeira, e um grande número de americanos não possui nenhum ativo, ou tem até mesmo uma riqueza negativa devido ao débito.[24]

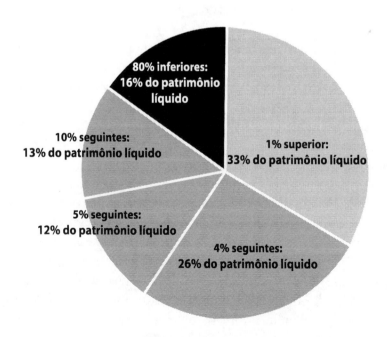

DISTRIBUIÇÃO DO PATRIMÔNIO LÍQUIDO, 2001[25]

Uma abordagem sistêmica, que leve em conta não apenas as políticas econômicas mas também as instituições sociais e as tradições culturais, é fundamental para que esses problemas sejam tratados de uma maneira eficaz. Essa abordagem precisa reconhecer, e mudar, o sistema distorcido de valores, e, por conseguinte, as prioridades econômicas, que é a nossa herança invisível de sociedades anteriores mais rígidas e dominadoras.

MEDIDAS PRÁTICAS PARA UMA ECONOMIA SOLIDÁRIA

Se examinarmos as atuais prioridades fiscais dos Estados Unidos, veremos que os elaboradores das políticas econômicas parecem sempre conseguir dinheiro para o controle e a dominação, ou seja, para as prisões, as armas e as guerras. No entanto, somos informados de que não existe dinheiro para a atenção e a assistência, ou seja, para as atividades "femininas", como cuidar das crianças e da saúde das pessoas, para a não-violência e para a paz.

Esse sistema desequilibrado de valores está profundamente arraigado na nossa mente inconsciente. Quase todos nós nem mesmo temos consciência de que grande parte do que valorizamos ou depreciamos — o que inclui, portanto, o nosso sistema econômico — baseia-se em um sistema de valores influenciado pela diferença entre os sexos. Como resultado, a depreciação da solidariedade, bem como as suas conseqüências na vida real para todos nós, permanece amplamente não admitida.

Não precisamos de mais uma reformulação dos antigos modelos econômicos. Necessitamos de uma nova economia que possa nos ajudar a enfrentar os desafios pessoais, sociais e ambientais que temos pela frente; precisamos de uma *economia solidária.*

A mudança para a economia solidária exigirá tempo. Necessitará de modificações tanto nos valores culturais quanto nas instituições sociais. No entanto, se um número suficiente de pessoas se mobilizar, ela terá lugar.

A mudança nas convicções, nas práticas e nas políticas ocorre por meio das ações humanas. Alguns de nós conseguimos influenciar diretamente o que acontece nas nossas comunidades. Quase todos nós podemos exercer alguma influência por intermédio de organizações cívicas, profissionais e políticas recomendando com insistência que incluam a economia solidária nos seus planos e resoluções. Alguns de nós podemos influenciar a política nacional e a internacional. E todos nós podemos propagar a conscientização dos valores defeituosos embutidos nos modelos econômicos atuais, e usar as sugestões deste livro, bem como a nossa própria criatividade e iniciativa para falar ou escrever a respeito do que precisa ser feito.

Um passo fundamental em direção à economia solidária é o desenvolvimento de um sistema mais preciso de escrituração. Precisamos de indicadores que incluam na avaliação da produtividade econômica o valor da atenção e da assistência bem como os custos de não darmos valor a eles.[26] Esses indicadores resultariam naturalmente do primeiro princípio de uma economia solidária: um mapa econômico de amplo espectro que inclui os setores do lar, da comunidade não-remunerada e da economia natural.

⬚ Sete passos em direção a uma economia solidária

Lidar com eficácia com os nossos crescentes problemas globais exige mudanças fundamentais, entre elas modificações essenciais nas quantificações, instituições e regras econômicas. Isso levará tempo, mas toda ação, por menor que seja, põe em movimento pequenas ondas de mudança. Apresento a seguir sete exemplos de medidas que podemos promover, mesmo que seja apenas falando ou escrevendo sobre elas:

1. *Reconhecer como a depreciação cultural da atenção e da assistência afetou de um modo negativo as teorias, as políticas e as práticas econômicas.*

2. *Defender a mudança das estruturas econômicas e sociais e dos valores culturais dominadores para participativos.*

3. *Modificar os indicadores econômicos de maneira a valorizar a atenção e a assistência.*

4. *Criar invenções econômicas que amparem e recompensem a atenção e a assistência.*

5. *Expandir o vocabulário econômico para que ele inclua a solidariedade, ensinar a economia solidária nos negócios e nas escolas de economia, e realizar pesquisas econômicas específicas para cada sexo.*

6. *Ensinar às crianças e aos adultos a importância da atenção e da assistência.*

7. *Mostrar aos líderes do governo e aos dirigentes das empresas os benefícios das políticas que respaldam a atenção e a assistência, e trabalhar para que elas sejam adotadas.* ▓

A mudança dos nossos modelos e quantificações econômicas prepara o caminho para outro passo importante: o desenvolvimento de invenções econômicas que valorizem adequadamente a atenção e a assistência. Como vimos examinando, essa medida requer, por sua vez, que o segundo fundamento do sistema econômico solidário seja enfatizado: a modificação das crenças culturais e das instituições sociais para que passem a valorizar, em vez de depreciar, a atenção e a assistência.

Muitos dos nossos valores e estruturas econômicas e sociais foram herdados de épocas mais estreitamente voltadas para o sistema de dominação. Esse legado é um importante obstáculo para um sistema econômico mais justo e sustentável. Logo que nos conscientizamos desse problema, podemos nos esforçar para implantar políticas governamentais e comerciais que apóiem valores e estruturas participativas em vez de dominadoras.

Precisamos de uma economia de mercado que atribua um valor maior às profissões humanitárias como a enfermagem, a puericultura e a assistência aos idosos, que são essenciais para uma sociedade e uma economia saudáveis. A depreciação dessas profissões não é, como às vezes é sustentado, apenas função da oferta e da procura, e sim basicamente função da desvalorização de tudo que possa estar estereotipicamente associado às mulheres e à condição feminina, e, como veremos nos capítulos seguintes, afeta desfavoravelmente a todos nós.

Devido a estereótipos de sexo menos rígidos, os homens de hoje também estão interessados em trabalhar nas profissões humanitárias, mas são desestimulados pela baixa remuneração e o status inferior a elas agregado. Um exemplo importante é o trabalho nos centros de puericultura. Há também as funções de orientador psicológico e de professor da escola maternal, do jardim-de-infância e do ensino fundamental, bem como outras que lidam com as crianças e com os pais. Precisamos também de um conjunto de invenções econômicas que reconheçam o valor do trabalho socialmente indispensável da atenção e da assistência na economia extramercado. Necessitamos de políticas fiscais que invistam nessas atividades — um investimento que deve ser amortizado como outros investimentos, em vez de adicionado aos orçamentos nacionais como uma despesa. Precisamos também modificar as regras comerciais para que estimulem, em vez de embaraçar, a atenção e a assistência.

Necessitamos de programas de governo que garantam que mulheres e homens recebam treinamento e se preparem para cuidar eficazmente das crianças. Esse treinamento, recorrendo ao que sabemos hoje a respeito dos tipos de técnicas de puericultura que amparam ou inibem o desenvolvimento saudável, é absolutamente fundamental, mesmo se levarmos em conta apenas a evidência científica que demonstra como os primeiros anos de vida são fundamentais na produção de um capital humano de alta qualidade.

Em um momento no qual muitos empregos estão sendo desativados nos Estados Unidos tanto pela automação quanto pela terceirização em outros países, o que faz sentido não é simplesmente pagar as pessoas para não fazer nada, como foi sugerido por alguns economistas.[27] O que faz sentido são estipêndios do governo que não apenas respaldem a atenção e a assistência, mas também o treinamento para a atenção e a assistência. Essas qualificações essenciais à vida estão se tornando agora ainda mais necessárias para que possamos prestar os cuidados adequados à nossa população cada vez mais idosa.

Expandir o vocabulário econômico de maneira a que ele inclua a solidariedade é outro importante passo em direção a uma economia solidária. Também é de grande relevância ensinar a economia solidária nas escolas de administração e economia, e realizar pesquisas econômicas específicas para cada sexo.

Além disso, a importância da atenção e da assistência deve ser transmitida por meio da educação, começando bem cedo. O treinamento precoce nas artes humanitárias também precisa ter uma ênfase central na educação escolar.[28] Entre outros propósitos, isso ajudará a evitar a delinqüência e a gravidez na adolescência, e promoverá o trabalho em equipe, o apoio mútuo e a igualdade.

A Finlândia, um dos países nórdicos, é um bom exemplo, por demonstrar os benefícios da educação participativa. Ocupa uma posição bem superior à dos Estados Unidos nas avaliações internacionais de redação, leitura e matemática. Mas os finlandeses não investem apenas nos antigos métodos de educação infantil; estão desenvolvendo uma nova qualidade de educação. Na essência desse conceito está a atenção individual às crianças — o cuidado com os pequenos seres humanos — e o desenvolvimento precoce do auto-aprendizado. Os colegas de escola mais velhos cuidam dos mais jovens, os alunos podem se dedicar aos seus interesses, os professores facilitam o aprendizado em vez de controlá-lo. Tudo isso significa avançar em direção a uma nova estrutura de participação para o sistema educacional nacional.

Existe o consenso de que o sistema nacional americano precisa mudar para garantir que teremos a qualidade de capital humano necessária para a economia pós-industrial. No entanto, somente atribuindo um maior valor à atenção e à assistência poderá o capital humano de alta qualidade, necessário para a economia pós-industrial, ser assegurado, porque somente então uma assistência e educação eficazes estarão plenamente amparadas.

Nós podemos, e devemos, mostrar aos líderes do governo e das empresas os benefícios das diretivas que respaldam a atenção e a assistência. E todos nós podemos, e devemos, nos unir para construir um sistema econômico e social mais solidário.

Do ponto de vista humano, os benefícios de reconhecer o valor da atenção e da assistência são incalculáveis. Entretanto, uma economia solidária não apenas nos ajudará a satisfazer necessidades humanas e melhorar a nossa vida; como detalha o próximo capítulo, a economia solidária é mais eficaz do ponto de vista meramente monetário.

◘ *A satisfação das necessidades humanas:*
a economia solidária versus a economia insensível

A economia solidária pode satisfazer as seguintes necessidades humanas básicas:

Individuais. A necessidade de amparo material e de um trabalho e uma vida significativos

Organizacionais. A necessidade de pessoas competentes e criativas

Sociais. A necessidade de valores e políticas solidários

Ambientais. A necessidade de proteger os recursos naturais

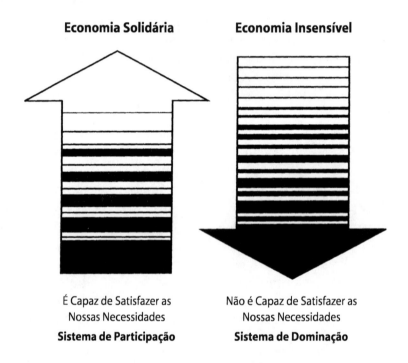

Nos antigos modelos econômicos, a solidariedade é considerada irrelevante para o bom funcionamento da economia ou até mesmo um obstáculo ao sucesso econômico. Na verdade, o oposto é verdadeiro. ■

CAPÍTULO 3

A solidariedade compensa — em valores monetários

O SAS Institute, a maior empresa privada de software do mundo, tem alcançado um enorme sucesso. Também é uma companhia que demonstra os benefícios das diretivas e práticas solidárias em valores monetários.

O SAS é líder em políticas que favorecem a família. A empresa tem a maior creche in loco da Carolina do Norte. O refeitório possui cadeiras altas para bebês e assentos separados que podem ser acoplados às cadeiras comuns para torná-las mais elevadas, possibilitando que as crianças possam comer à mesa com os pais. A empresa paga integralmente o custo do seguro-saúde dos funcionários e dos seus cônjuges ou parceiros. Os funcionários trabalham apenas sete horas por dia e não há um limite para o número de dias que podem faltar ao trabalho por doença, sendo-lhes inclusive permitido ficar em casa para cuidar de membros da família que estejam doentes.

A sede do SAS em Carey, na Carolina do Norte, tem uma piscina, pista de atletismo, posto médico, serviços de orientação psicológica e música ao vivo na hora do almoço. Os funcionários têm acesso a um ginásio fechado da empresa de 3.400 metros quadrados com salas e aulas de exercício, uma área para yoga e duas quadras de basquete com dimensões profissionais. Do lado de fora, os funcionários têm a sua disposição campos de *softball* * e de futebol. Uma massagista comparece várias vezes à empresa para fazer massagem nos funcionários, e estes podem discutir o seu programa de exercício com o coordenador de bem-estar físico e mental da companhia. A empresa até mesmo lava a roupa de ginástica dos empregados.

Essa descrição parece referir-se mais a uma combinação de spa, creche e entidade de assistência social do que a uma empresa bem-sucedida, mas o SAS já tem quase vinte anos consecutivos de um crescimento superior a 10%.[1]

---

* Jogo semelhante ao beisebol, jogado em um campo menor e no qual se usa uma bola maior e mais macia. (N. da T.)

Na verdade, o que o SAS faz é criar um ambiente de trabalho que respalda o bem-estar dos funcionários em todos os níveis. Essa orientação lhes deixa tempo para ter uma vida familiar saudável, oferece cuidados preventivos com a saúde e o bem-estar físico e mental (em vez de cuidar deles apenas quando estão doentes), proporciona educação e assistência para todos os seus familiares e concede ajuda com a moradia. A empresa oferece ainda aos funcionários a estabilidade no emprego, um ambiente de trabalho ergonomicamente seguro e respeito pelo trabalho que eles executam.[2]

É compreensível que o SAS ocupe sistematicamente uma das dez primeiras posições da lista das "100 Melhores Empresas para se Trabalhar" da revista *Fortune*, e que a companhia receba constantemente milhares de solicitações de emprego. Tampouco é de causar surpresa que os funcionários do SAS se empenhem em fazer com que a empresa seja bem-sucedida — e em permanecer nela para desfrutar esse sucesso.

> *Centenas de pesquisas demonstram a eficácia, em termos de custo, de apoiar e recompensar a solidariedade. E isso não é tudo. Os custos das regras, das políticas e das práticas comerciais e governamentais insensíveis também são quantificáveis — e imensos.*

Como a empresa oferece tantos benefícios aos funcionários e aos seus familiares, a rotatividade de pessoal do SAS é de apenas 4%, o que está bem abaixo da média de 20% do setor. Os funcionários também apreciam o estilo de administração mais participativo da companhia, que estimula a comunicação e é outro elemento que tem um papel ativo no sucesso do SAS.

O SAS é apenas um exemplo de como um número crescente de empresas está ganhando mais dinheiro substituindo hierarquias de dominação por hierarquias de realização e atribuindo um valor real à atenção e à assistência. Em 2004, o prêmio *Fortune Small Business* do Winning Workplaces* foi para Carolyn Gable, CEO da New Age Transportation. Gable, uma ex-garçonete que cria sozinha cinco filhos, iniciou as atividades da New Age Transportation na sua casa. Graças à sua inovadora liderança ao criar um local de trabalho firmemente coeso com funcionários extremamente leais, a empresa tem hoje um capital de giro de 25 milhões de dólares.

Gable promove um ambiente no qual os funcionários, particularmente os que têm filhos, podem se concentrar nas suas tarefas ao mesmo tempo que mantêm um equilíbrio saudável entre a vida pessoal e o trabalho. Os escritórios

---

* Winning Workplaces é um grupo sem fins lucrativos empenhado em ajudar pequenas e médias empresas a criar locais de trabalho com um alto desempenho. (N. da T.)

da empresa contêm uma sala de brinquedos in loco para onde os funcionários podem levar os filhos, uma "sala de relaxamento" onde podem fazer uma pausa e adquirir novas forças, e um terraço com uma churrasqueira onde podem se reunir nos dias de calor. Gable também incentiva os membros da sua equipe a cuidar de si mesmos fora do escritório pagando a mensalidade das academias e oferecendo-lhes 250 dólares por trimestre, pelo período máximo de um ano, para que eles parem de fumar. Em vez de representar um embaraço para os lucros, essas diretivas produziram um crescimento médio anual de 37%.[3]

Outras companhias, desde editoras bem-sucedidas como a Berrett-Koehler e a New World Library à gigante Johnson & Johnson, fabricante de produtos de saúde e higiene pessoal, que há mais de vinte anos faz parte da lista de Melhores Empresas da *Working Mother,* também ilustram os benefícios das políticas e práticas solidárias tanto para as grandes quanto para as pequenas empresas. Elas demonstram que a atenção e o cuidado não é um produto de luxo das empresas em rápida expansão e sim um fator importante que ajuda a aumentar o sucesso das companhias.

No entanto, tudo que temos são depoimentos de que regras, diretivas e práticas econômicas são proveitosas tanto para as pessoas quanto para os resultados? Podemos calcular os benefícios de valorizar a atenção e a assistência por meio de métodos estatísticos quantificados?

A resposta é um inequívoco sim. Centenas de pesquisas demonstram a eficácia, em termos de custo, de apoiar e recompensar a solidariedade. E isso não é tudo. Os custos das regras, das políticas e das práticas comerciais e governamentais insensíveis também são quantificáveis — e imensos.

A EVIDÊNCIA ESTATÍSTICA

Defendo neste livro a idéia de que as atividades comerciais precisam ser tanto social quanto financeiramente lucrativas. Entretanto, essas duas coisas estão longe de ser mutuamente exclusivas.

As políticas comerciais solidárias reduzem acentuadamente a rotatividade de pessoal, fazendo com que as empresas economizem milhões de dólares. O custo de substituir empregados horistas equivale aproximadamente a seis meses do que eles ganham. O custo de substituir funcionários assalariados pode chegar a dezesseis meses de salário. A rotatividade no emprego pode custar aos empregadores 40% dos lucros anuais. E esses dados nem mesmo levam em consideração o que uma recente pesquisa descobriu: entre 30 e 40% dos funcionários que estão planejando deixar a empresa já se desligaram dela mental e emocionalmente, estando concentrados no futuro emprego em vez de no atual.[4]

Os custos comerciais do absenteísmo, que freqüentemente resulta diretamente das responsabilidades familiares do funcionário, também são elevados.

O Chemical Bank, por exemplo, descobriu que 52% das faltas dos empregados eram causadas por problemas relacionados com a família.[5]

As empresas que adotam uma política mais solidária reduzem radicalmente a rotatividade dos funcionários e as perdas associadas às faltas ao trabalho. A Intermedics, Inc., diminuiu a sua taxa de rotatividade em 37% criando uma creche in loco, economizando quinze mil horas de trabalho e dois milhões de dólares. O Virginia Mason Medical Center em Seattle registrou uma rotatividade de pessoal de 0% entre os funcionários que usavam a creche in loco, em comparação com 23% no caso dos outros funcionários. A Johnson & Johnson constatou que o absenteísmo entre os empregados que utilizavam as opções de trabalho flexível e a política de licença-familiar era em média 50% menor do que o da força de trabalho como um todo.[6]

As dificuldades em conseguir pessoas para cuidar das crianças representam um fator particularmente importante nas elevadas taxas de absenteísmo, de rotatividade de pessoal e, como conseqüência, de custo das horas extras, nas empresas cujas operações envolvem horas prolongadas. Um relatório de 2003 da Circadian Technologies, Inc. constatou que uma creche com um horário prolongado reduz a taxa de absenteísmo em 20% em média. Esse estudo, "Cost Benefits of Child Care for Extended-Hours Operations", descobriu que os índices de rotatividade entre os funcionários que trabalhavam horas prolongadas também caíam substancialmente quando os serviços de creche estavam disponíveis — de 9,3 para 7,7%. Como custa em média às empresas 25 mil dólares para recrutar e treinar cada funcionário que trabalha horas prolongadas, essa também foi uma grande economia.[7]

É claro que essa economia não revela os enormes benefícios dos serviços de puericultura prestados a cerca de 28% das mulheres americanas que trabalham regularmente à noite, de madrugada e nos fins de semana. Tampouco mostram os benefícios para a sociedade em um momento no qual as crianças que são deixadas em casa sozinhas porque os pais trabalham são uma importante preocupação para os Estados Unidos.

Essa é uma das razões pelas quais, como foi enfatizado pela professora Joan C. Williams, diretora do Center for WorkLife Law do UC Hastings College of the Law, o apoio na força de trabalho formal às pessoas que cuidam dos filhos ou de parentes não é apenas um problema para as empresas, mas também uma questão pública. Leis contra o que Williams chama de discriminação contra a família precisam ser aprovadas com urgência, especialmente para os trabalhadores nos níveis econômicos mais baixos, que têm menos poder de barganha.[8]

Hoje em dia, 37% da força de trabalho têm filhos com menos de 18 anos de idade. É compreensível que em um levantamento da Radcliffe, 83% das mulheres e 82% dos homens com idades entre 21 e 29 anos tenham colocado o item "tempo para passar com a família" no topo da lista de prioridades, bem acima dos itens "salário elevado" e "cargo de prestígio".[9]

O número de pessoas na força de trabalho que cuidam dos filhos ou de parentes sofrerá um aumento ainda mais acentuado à medida que as pessoas forem envelhecendo. Em 2020, a população americana de pessoas com mais de 50 anos aumentará 74%, enquanto a de pessoas com menos de 50 aumentará apenas 1%.[10] As pesquisas de opinião revelam que 54% dos trabalhadores americanos prevêem que terão que cuidar do pai, da mãe ou de um parente idoso nos próximos dez anos.

Relatórios do Families and Work Institute (FWI)[11] e de um grande número de outras organizações, bem como livros como *Leveraging the New Human Capital* de Sandra Burud e Marie Tumolo, mostram que incluir essas realidades como fatores na política do local de trabalho não é apenas fundamental sob o aspecto social; faz bastante sentido comercialmente falando.[12]

Muitas pesquisas demonstram que o custo de fingir que as pessoas deixam todos os problemas para trás quando vão para o trabalho é enorme, como também são enormes os benefícios das políticas comerciais que levam em conta a vida dos funcionários.

☐ *O retorno comercial sobre o investimento na solidariedade*

Em *Leveraging the New Human Capital,* Sandra Burud e Marie Tumolo apresentam um grande número de pesquisas que demonstram que os serviços de puericultura, as horas de trabalho flexíveis e a licença-familiar remunerada oferecem um retorno bastante elevado sobre o investimento.

- O investimento do Chase Manhattan em serviços de puericultura de apoio produziu um retorno sobre o investimento (ROI) de 115%, fazendo com que a companhia economizasse 6.900 dias de trabalho num único ano.

- A American Express teve um aumento de quarenta milhões de dólares na produtividade das vendas quando introduziu o trabalho a distância; a Aetna teve um aumento de 30% no processamento dos reembolsos depois que os funcionários começaram a trabalhar em casa.

- Uma pesquisa realizada em 2001 mostrou que o lucro das empresas que ofereciam licença parental remunerada eram 2,5% mais elevado do que o das que não ofereciam o benefício.

- As empresas da lista da *Working Mothers,* "As 100 Melhores Empresas para se Trabalhar" (que oferecem serviços de puericultura, horário de trabalho flexível, trabalho a distância e outras políticas solidárias) obtiveram uma classificação mais elevada quando avaliadas pelos clientes, o que se traduziu em um aumento de 3 a 11% no valor de mercado, ou 22 mil dólares por funcionário.

- As empresas classificadas pela revista *Fortune* como os melhores lugares para se trabalhar também geraram retornos de 27,5% sobre o investimento, percentual bem mais elevado que o das ações do índice Russell 3.000, cuja média de retorno foi de apenas 17,3%.

Fonte: Sandra Burud e Marie Tumolo, *Leveraging the New Human Capital* (Mountain View, Califórnia: Davies-Black, 2004).

Um estudo realizado entre clientes do programa de emergência de puericultura de apoio, por exemplo, revelou que proporcionar serviços de puericultura aos funcionários produziu um retorno de 125% sobre o investimento em um período de seis meses após a sua implementação. No quarto ano, o ROI atingiu o percentual colossal de 521%. Uma pesquisa sobre serviços de puericultura realizada pelo General Services Administration descobriu que 55% dos trabalhadores a quem foi oferecido um subsídio para os serviços de puericultura eram mais capazes de se concentrar no trabalho e 48% mostravam-se mais propensos a permanecer no emprego.[13] Uma pesquisa realizada entre os usuários das creches da Bristol-Myers Squibb revelou que eles eram mais dedicados à empresa e nutriam sentimentos mais positivos a respeito dos seus supervisores. E um levantamento realizado pela Bright Horizons sobre serviços de puericultura revelou que até mesmo muitos funcionários que não têm filhos acham que as creches no local de trabalho exercerão um impacto positivo na organização para a qual eles trabalham.[14]

A UPS descobriu que o horário de trabalho flexível reduzia a rotatividade de pessoal de 50 para 6%.[15] O índice de retenção de funcionários da Aetna subiu de 77 para 88% quando a companhia implantou uma licença-maternidade de seis meses com possibilidades flexíveis de volta ao trabalho, economizando-lhe um milhão de dólares por ano. Um levantamento realizado em nove empregadores no Silicon Valley constatou que os funcionários que trabalhavam a distância eram 25% mais produtivos nos dias que trabalhavam em casa e 20% mais produtivos no cômputo geral.[16] A Illinois Bell descobriu que o trabalho a distância aumentava a produtividade em 40%.[17]

A economia com programas de saúde e bem-estar, e de preparo físico

- O programa de preparo físico da Pepsi produziu um retorno sobre o investimento de três dólares para cada dólar investido (o que equivale a um percentual surpreendente de 300%).

A SOLIDARIEDADE COMPENSA

- O Programa de saúde e bem-estar da Johnson & Johnson Corporate fez com que a companhia economizasse por ano uma média de 225 dólares por empregado ao reduzir as internações em hospitais, consultas psicológicas e psiquiátricas, e serviços de ambulatório, mesmo depois de deduzido o custo de pagar aos funcionários para participar do programa.

- A Steelcase teve uma redução de 55% nos pedidos de reembolso com os participantes do seu programa de saúde e bem-estar ao longo de seis anos.[19]

- As despesas médicas dos funcionários inscritos na academia de ginástica da Applied Materials eram um quinto menores do que as dos que não eram inscritos, e os seus custos de invalidez, um terço mais baixos do que os dos não-inscritos. Além disso, os custos de indenização dos trabalhadores por pedido eram 79% mais baixos no caso dos participantes do programa.

De acordo com o Índice de Capital Humano da Watson Wyatt, as empresas que respaldam sistemas flexíveis de trabalho têm um valor de mercado 3,5% superior ao das empresas que não oferecem essa flexibilidade aos funcionários que têm pessoas na família sob sua responsabilidade.[20]

Embora esses dados estatísticos se concentrem em diretivas e práticas particulares, quero enfatizar que o que importa não é apenas instituir uma ou duas políticas solidárias. O que realmente produz resultados é criar uma empresa solidária.

A First Tennessee National Corporation é um exemplo brilhante de como as companhias estão começando a encarar o know-how empresarial de fazer mais do que simplesmente criar uma série de atividades solidárias, por mais incríveis que estas possam ser. Essa instituição financeira descobriu que ao transformar a sua cultura corporativa, tornando-a realmente solidária, colocando efetivamente os interesses dos funcionários em primeiro lugar, ela se tornou a mais lucrativa da sua categoria, sendo o seu lucro duas vezes maior do que o da segunda colocada. A instituição descobriu que lucros mensuráveis emanavam de toda essa atenção, já que o banco retém 97% dos clientes, que são mais bem servidos por funcionários antigos que se sentem valorizados. Essa incrível taxa de retenção aliada à conservação dos bons empregados foram fatores fundamentais nos lucros do banco e no valor pago aos acionistas.[21]

Em resumo, muitas companhias descobriram que os benefícios a longo prazo das políticas solidárias excedem em muito os custos.[22] As políticas solidárias contribuem para que os trabalhadores sejam mais produtivos, tenham uma família mais sólida e vivam uma vida mais gratificante. Resultam em lucros financeiros mais elevados e, ainda por cima, tendem a promover uma economia mais produtiva. (Ver "Pequenas Empresas Solidárias" no próximo texto em destaque.)

A CIÊNCIA E O QUE REALMENTE INTERESSA

Os homens e as mulheres de negócios afirmam com freqüência que precisam de informações em valores monetários antes de experimentar qualquer novidade. As histórias e os dados estatísticos que acabamos de examinar oferecem essas informações. Demonstram os benefícios em valores monetários de investir no que realmente interessa: a saúde e bem-estar das pessoas.[23]

Os benefícios desse investimento também são confirmados por um conjunto crescente de pesquisas científicas que examinam as condições que promovem o comportamento positivo nas organizações. Conhecida como *aprendizado organizacional positivo,* ou POS,* essa pesquisa mostra que o vínculo positivo com os outros é fundamental para um melhor desempenho organizacional.[24]

Jane E. Dutton e Emily D. Heaphy, pesquisadoras da University of Michigan, escreveram o seguinte em "The Power of High-Quality Connections at Work": O POS leva em consideração constatações de que o crescimento humano se torna possível por meio de ligações mutuamente empáticas e mutuamente fortalecedoras.[25] Nas palavras de Dutton, quando as pessoas sentem que são apreciadas, elas se tornam plenamente vivas.[26]

Exatamente como os dados estatísticos que examinamos, o POS demonstra que os vínculos solidários exercem um efeito benéfico sobre os lucros. Pesquisas de Dutton, Jacoba Lilius e Jason Kanov, por exemplo, revelam como a compaixão cria recursos relacionais que promovem a confiança, a ligação consciente e as emoções positivas, que resultam em linhas de ação que beneficiam enormemente as organizações. As pesquisas até mesmo documentam que a compaixão nas organizações gera recursos relacionais positivos não apenas nas pessoas diretamente envolvidas mas também em membros de organizações externas que presenciam ou tomam conhecimento das interações compassivas.[27]

⊡ *Pequenas empresas solidárias*

Em *Values-Driven Business: How to Change the World, Make Money, and Have Fun,* Ben Cohen e Mal Warwick mostram como até mesmo pequenas empresas com recursos limitados podem extrair enormes benefícios de políticas solidárias. Recorrendo às suas experiências pessoais na Ben & Jerry's Ice Cream e em Mal Warwick and Associates, bem como às de centenas de outras pequenas empresas, eles se concentram em cinco relacionamentos básicos:

---

* Sigla no nome em inglês, *positive organizational scholarship.* (N. da T.)

1. Relações com os funcionários
2. Relações com os fornecedores
3. Relações com os clientes
4. Relações com a comunidade
5. Relações com o ambiente natural

Além de benefícios adequados para os empregados, Ben e Mal enfatizam a importância de estilos de gestão participativa e planos de participação nos lucros que garantam que os funcionários sintam que têm realmente um interesse no sucesso da companhia.

Fonte: Ben Cohen e Mal Warwick, *Values-Driven Business: How to Change the World, Make Money, and Have Fun* (San Francisco: Berrett-Koehler, 2006).

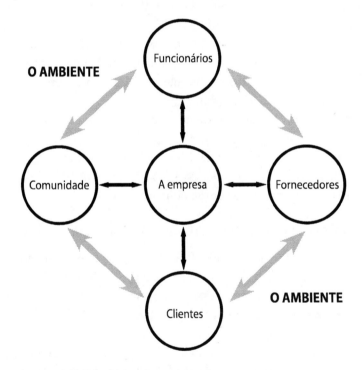

AS CINCO DIMENSÕES DA EMPRESA ORIENTADA PELOS VALORES

Daniel Goleman, especialista em inteligência emocional, Richard Boyatzis, professor da Case Western School of Management e Annie McKee, diretora do Teleos Leadership Institute, mostram como a solidariedade e ouvir com empatia contribuem para uma liderança mais eficaz. David Cooperrider e os seus colaboradores no Departamento de Comportamento Organizacional da Case Western Reserve University mostram como uma nova abordagem ao desenvolvimento organizacional chamado *investigação apreciativa* forma colaborações duradouras que transformam as organizações fazendo com que sigam uma direção positiva.[28]

As experiências da psicóloga Alice Isen e dos seus colegas revelam que quando as pessoas se sentem bem — o que acontece quando elas sentem que são apreciadas — elas são mais produtivas e inovadoras. São melhores negociadoras, relacionam-se melhor com os outros e são muito mais criativas.[29]

Essas constatações estão disponíveis em livros como *Positive Organizational Scholarship* e *Appreciative Inquiry and Organizational Transformation*. Eles demonstram uma coisa que deveria parecer óbvia: a energia produzida nos contextos organizacionais solidários impulsiona a produtividade, com todas as implicações de sucesso e uma economia mais próspera.[30]

No entanto, muitas pessoas ainda acreditam que a única possibilidade é uma economia insensível, onde impera a lei do cão. Elas pensam na solidariedade como algo brando ou feminino, e consciente ou inconscientemente a descartam como contraproducente, ou, na melhor das hipóteses, como irrelevante para o sucesso dos negócios e o desenvolvimento econômico. Esses pressupostos, bem como os indicadores econômicos defeituosos que os amparam, conduzem a uma falta de visão que torna impossível enxergar qualquer coisa que os conteste e muito menos agir motivado por ela. E muitos líderes do governo e dirigentes de empresas se agarram a essas suposições, apesar de todos os dados empíricos que demonstram que elas estão completamente erradas.

A EFICÁCIA DA SOLIDARIEDADE EM TERMOS DE CUSTO

Um exemplo impressionante do quanto essas antigas premissas estão erradas é o enorme custo econômico de deixar de amparar os cuidados adequados com as crianças. A partir de uma perspectiva de custo-benefício estritamente financeira, investir em serviços de puericultura de alta qualidade é um dos melhores investimentos que um país pode fazer.

Uma análise abrangente de custo-benefício do retorno sobre o investimento de amparar os bons serviços de puericultura no Canadá resultou no programa Healthy Babies, Healthy Children da província de Ontário. Quando os líderes do governo perceberam os benefícios de investir nos cuidados com as crianças — e o custo de deixar de fazer isso — o Ministro da Saúde e da Assistência a Longo Prazo lançou um programa voltado para os críticos primeiros anos da vida das crianças, ou seja, do período pré-natal à idade de 6 anos.

Devo observar que o programa Healthy Babies, Healthy Children foi lançado por um governo cuja política fiscal é conservadora. Esse governo percebeu a eficácia em termos de custo de apoiar os cuidados paternos e maternos de qua-

A SOLIDARIEDADE COMPENSA   69

lidade. O primeiro-ministro Mike Harris comprometeu 44 milhões de dólares em um financiamento anual para a operação inicial do programa, bem como 27 milhões para que os hospitais ofereçam às mães que acabaram de dar à luz a opção de sessenta horas de cuidados pós-parto e 17 milhões para o programa Healthy Babies de visitas em casa. Harris também aprovou um financiamento para leitos adicionais na unidade de tratamento intensivo neonatal e para encorajar uma melhor comunicação entre os serviços comunitários para tornar mais fácil para as famílias com filhos pequenos obter os serviços que desejam e precisam.[31]

O programa Healthy Babies, Healthy Children, por intermédio das 37 unidades de saúde pública das províncias, oferece exames e avaliação para todas as mulheres grávidas por meio de programas pré-natais ou dos seus médicos. Ele proporciona avaliações das necessidades para todas as mães recentes realizadas por enfermeiras ou parteiras. Oferece informações sobre a criação e o desenvolvimento dos filhos a todas as famílias com novos bebês. Proporciona ajuda adicional, inclusive visitas domiciliares realizadas por uma enfermeira da saúde pública ou visitante leigo,* para as famílias que podem se beneficiar desse tipo de apoio.[32] Além disso, o programa oferece recomendações sobre a amamentação e a nutrição, bem como indicações sobre serviços de saúde, programas de diversão e orientação na criação dos filhos e serviços de puericultura.

Em 2003, quase todas as famílias de Ontário com crianças muito pequenas tiveram algum tipo de contato com o Healthy Babies, Healthy Children. As famílias com necessidade de visitas domiciliares prolongadas receberam uma visita de uma a duas horas de duração a cada dezoito dias. Houve também muitas indicações para outras entidades, e essa coordenação gerou uma menor coincidência de serviços, com uma economia substancial na prestação dos serviços.[33]

As avaliações preliminares do Healthy Babies, Healthy Children mostraram que, além dos benefícios imediatos para as crianças e as suas famílias, o programa é um investimento altamente eficaz em termos de custo no futuro da força de trabalho canadense. As crianças das famílias que recebem visitas domiciliares alcançam uma pontuação mais elevada na maioria dos sistemas de avaliação do desenvolvimento infantil do que as crianças de famílias semelhantes que não recebem essas visitas. As avaliações incluem a auto-ajuda, a coordenação motora grossa, a coordenação motora fina e o desenvolvimento da linguagem, que indicam um nível mais elevado de desenvolvimento do capital humano, sem falar

---

* "Lay home visitor" no original. O visitante leigo é definido como, por exemplo, uma mãe experiente da comunidade que recebeu um treinamento especial para ajudar outros pais a cuidar dos filhos e a usar os recursos da comunidade. (N. da T.)

nas perspectivas de um futuro mais brilhante para as crianças que participam do programa.[34]

Outro benefício foi o melhor estado de saúde das crianças e das famílias que fazem parte do grupo que recebem visitas domiciliares. Esse fato também indica um capital humano futuro de maior qualidade, bem como uma economia futura nas despesas médicas da família e do governo, nos gastos das empresas com o absenteísmo e em outros custos relacionados com a saúde.

Os índices de violência familiar também diminuíram. Como a violência familiar é freqüentemente um indicador de crimes posteriores, isso também se traduz em uma economia substancial tanto para as empresas quanto para a sociedade como um todo. De acordo com a Organização Mundial de Saúde das Nações Unidas (OMS), além da devastação física e emocional que causa, o abuso infantil chega a custar 94 milhões de dólares por ano à economia americana.[35]

Além do apoio comunitário à criação adequada dos filhos, outro investimento do governo extremamente eficaz em termos de custo é dedicar recursos a programas de puericultura e pré-escolares de alta qualidade. Uma vez mais, este foi o tema de um estudo canadense sobre a formulação de políticas, *The Benefits and Costs of Good Child Care: The Economic Rationale for Public Investment in Young Children*.[36]*

Os autores desse estudo realizado em 1998 foram dois economistas da University of Toronto. Eles calcularam que o custo líquido adicional para que todas as crianças canadenses participassem de programas de puericultura e pré-escolares ficaria em torno de 5,3 bilhões de dólares por ano. Entretanto, o valor econômico dos benefícios adicionais para as crianças e os pais seria o dobro: cerca de 10,6 bilhões por ano, ou seja, um retorno de 200% sobre o investimento.[37]

Os autores recomendaram com insistência ao governo canadense que tornasse os cuidados com as crianças pequenas e a educação pré-escolar uma prioridade máxima, embora o custo de proporcionar esse benefício a todas as crianças fosse muito elevado. Eles salientaram que os benefícios coletivos para a sociedade e para a força de trabalho no futuro seriam imensos. "Para que o Canadá sustente e melhore a sua posição internacional competitiva", escreveram os autores, "o país precisa investir no capital humano das crianças de hoje. Os dólares despendidos na educação das crianças pequenas são muitos mais eficazes do que os que são gastos em qualquer outro período da vida da pessoa.... qualquer estratégia industrial e educacional razoável requer um programa de puericultura de alta qualidade."[38]

---

* Os Benefícios e Custos dos Cuidados Adequados com as Crianças: A Justificativa Econômica para o Investimento Público nas Crianças Pequenas. (N. da T.)

O relatório canadense aconselhou o governo a examinar os efeitos a longo prazo. "A prosperidade econômica do Canadá depende da sua capacidade de funcionar adequadamente no aspecto social e econômico", concluíram os autores. "A competitividade do país repousa acima de tudo no talento e na eficiência da sua força de trabalho."

A VERDADEIRA RIQUEZA DAS NAÇÕES

Em última análise, a verdadeira riqueza de uma nação reside na qualidade do seu capital humano e natural. Devo acrescentar neste ponto que o investimento no capital humano equivale a um investimento nos seres humanos. Significa a melhora da qualidade de vida, da felicidade e da realização humanas, e não apenas a capacidade de perceber uma renda no mercado.[38] Essa idéia é fundamental para o conceito holístico da economia solidária. Devo também acrescentar que quando falo em capital natural não estou me referindo apenas aos recursos naturais de uma nação, mas também à saúde ecológica do planeta, já que sem ela corremos o risco de perder tudo, inclusive a vida. Isso também é fundamental para a economia solidária.

Os lucros financeiros não devem representar a totalidade da política comercial e econômica. O bem-estar das pessoas e a saúde do planeta precisam ser as metas principais das políticas comerciais e econômicas.

Não obstante, investir nos seres humanos é a melhor maneira de promover a sua capacidade produtiva e, portanto, de garantir os lucros comerciais e a eficiência econômica. E esse investimento precisa começar quando a pessoa nasce. Na verdade, deveria começar antes do nascimento, com o atendimento pré-natal e assistência médica para as mães, e, em seguida com a assistência infantil de alta qualidade e educação para as crianças. Além do mais, esse investimento é particularmente premente hoje em dia, pois o conhecimento e o setor de serviços representam a maioria dos empregos (85%, segundo o especialista em negócios Peter Drucker), e até mesmo as atividades remanescentes (15% na indústria e na agricultura) estão se tornando mais interativas e cada vez mais dependentes do conhecimento.[40]

Entretanto, os Estados Unidos não têm uma política coerente para investir no capital humano. Pelo contrário, no momento em que escrevo estas linhas, os orçamentos da saúde, da educação e da assistência social estão sendo drasticamente reduzidos.[41]

◻ *Investindo no capital humano e na previdência social*

O economista britânico Richard Layard ressalta que a discussão americana sobre a Previdência Social deve mudar o foco da privatização do programa (que foi um desastre para muitas famílias britânicas que escolheram opções de previdência privada) e promover uma força de trabalho mais qualificada e instruída capaz de sustentar os recursos do governo que protegem os idosos. Ele observa que, hoje em dia, um quinto dos trabalhadores americanos são funcionalmente analfabetos (não conseguem nem mesmo entender as simples indicações de um frasco de remédio), proporção que é de um décimo em países como a Alemanha, a Suécia e a Holanda. Não é por coincidência que esses são países onde a licença parental, a educação na primeira infância e outras políticas que apóiam a atenção e a assistência têm contribuído para uma força de trabalho mais qualificada que impõe salários mais elevados, e que, por conseguinte, pode acrescentar mais à base de impostos para a Previdência Social e outros programas semelhantes.[42] ▪

Além disso, as políticas de Ajustamento Estrutural das organizações internacionais como o Fundo Monetário Internacional (FMI) têm imposto exigências de cortes de orçamento às nações em desenvolvimento. E como esses cortes têm sido feitos principalmente nos serviços humanitários em setores como o da saúde, da educação e da assistência social, o resultado tem sido um investimento menor, e não maior, no capital humano.[43]

Por sorte, muitas nações industrializadas não são tão míopes. Apesar da pressão para que sejam feitos cortes semelhantes na assistência social, a maioria das nações européias continua a investir intensamente nos cuidados com o seu povo por meio do financiamento público aos serviços de saúde, à puericultura e à licença parental remunerada.

Entre os programas mais generosos estão os dos países nórdicos. Na Suécia, um dos pais tem o direito de se ausentar do trabalho até o filho completar 18 meses, e o governo paga um auxílio nos primeiros 390 dias baseado em uma escala móvel que varia de acordo com o salário do pai ou da mãe que está tirando a licença. Para encorajar mais os homens a usar a licença parental, sessenta dias do período total do auxílio precisam ser necessariamente usados pelo outro parceiro. Quando um dos filhos fica doente, um dos pais tem direito a um auxílio temporário que lhe permite ficar em casa e cuidar da criança. A Noruega também tem um programa de licença parental que proporciona uma licença parental de 42 a 52 semanas (100% dos vencimentos durante 42 semanas e 80% durante 52 semanas). A Dinamarca concede dezoito semanas de licença maternidade (com 100% dos vencimentos) e dez semanas para cada um dos pais como licença parental (paga integralmente durante esse período).[44]

Os países nórdicos descobriram que investir em políticas e programas solidários, desde a assistência médica universal e a puericultura a uma generosa licença parental remunerada, representa um investimento tanto em uma qualidade de vida mais elevada de um modo geral quanto em uma economia mais eficiente. Esses países geralmente se destacam nas posições mais elevadas nos indicadores da qualidade de vida nacional dos Relatórios de Desenvolvimento Humano das Nações Unidas. Devido ao investimento feito nas crianças, começando com um auxílio para a criação dos filhos em todas as famílias, bem como serviços de puericultura e educação pré-escolar de alta qualidade para todas as crianças, os alunos do ensino médio desses países alcançam uma excelente pontuação na classificação internacional de matemática e leitura. Essas nações também se saem bem nas avaliações de competitividade econômica internacional, com resultados elevados nas avaliações de 2003-04 e 2005-06 do Relatório de Competitividade Global do Fórum Econômico Mundial.

Não estou dizendo que esses são países ideais, livres de problemas. Mas o governo e os dirigentes comerciais desses países, bem como a grande maioria do povo, reconhecem que a remuneração não é o único indicador da riqueza da pessoa.

Embora, em média, os trabalhadores americanos ganhem mais do que os europeus, os americanos gastam muito mais com os serviços essenciais como a assistência médica. Além disso, um quarto da população americana não tem seguro-saúde. E embora os serviços de assistência médica nos Estados Unidos sejam os mais caros do mundo industrializado, em grande parte devido aos elevados custos administrativos do sistema da economia de mercado, um levantamento realizado em 2005 mostra que a qualidade do atendimento não é melhor, sendo na verdade pior, do que o de outros países analisados: Canadá, Austrália, Nova Zelândia, Grã-Bretanha e Alemanha.[45] A maioria dos trabalhadores também precisa pagar do próprio bolso os serviços de puericultura, exceto nos casos em que o empregador espontaneamente se oferece para arcar com eles, porque o governo americano só subvenciona esses serviços no caso de algumas famílias de renda muito baixa. Por conseguinte, a maioria dos trabalhadores americanos não tem acesso a serviços de puericultura e educação pré-escolar de alta qualidade, necessários para que as crianças recebam a atenção e os cuidados de que precisam para desenvolver plenamente as suas aptidões.

Os trabalhadores americanos também passam mais tempo no trabalho do que os seus equivalentes na Europa Ocidental. Como enfatizam Janet Gornick, professora de ciência política, e Marcia Meyers, professora de política pública, enquanto em muitos países europeus, os casais com filhos, em que o pai e a mãe exercem funções remuneradas, trabalham em média entre 65 e 78 horas por semana, os casais americanos na mesma situação passam, em conjunto, mais de oitenta horas por semana no trabalho.[46]

Alguns argumentam que tudo isso conduz a uma maior produtividade americana. Entretanto, na verdade, de 1995 a 2004, os Estados Unidos ficaram em oitavo lugar na taxa de crescimento composto do PIB por hora de trabalhador entre os trinta países que pertencem à Organização para a Cooperação e Desenvolvimento Econômico (OCDE).[47]*

Tragicamente, a situação das crianças americanas também é muito pior do que a de nações com um PIB menor do que o dos Estados Unidos. As crianças são mais propensas do que as crianças de outros países ricos do Ocidente a ser pobres, a ter um desempenho sofrível nos testes internacionais de matemática e ciências durante a adolescência, bem como a ter filhos nessa fase da vida.

As crianças americanas apresentam até mesmo uma probabilidade maior de morrer do que as crianças de nações com um PIB menor. De acordo com o relatório de 2004 do Departamento de Saúde e Assistência Social dos Estados Unidos, a taxa de mortalidade infantil nos Estados Unidos estava em vigésimo sétimo lugar entre as nações industrializadas em 2000, atrás da Grécia e apenas um pouco à frente de Cuba, um país bem menos rico.[48] Em 2006, segundo o mais recente *World Factbook* da CIA, Cuba ultrapassou os Estados Unidos, que ficou em 42º lugar, atrás não apenas de todos os países industrializados, mas também de Malta, Andorra, Macau, Aruba e outras nações bem menos ricas.[54] O Relatório de Desenvolvimento Humano de 2005 na verdade revelou que as taxas de mortalidade infantil são mais elevadas em Washington, D.C., do que em Kerala, Índia. (Devo acrescentar que Kerala é a província indiana onde a condição da mulher é mais elevada do que em qualquer outro lugar da Índia, fato que, como veremos no próximo capítulo, desempenha um papel fundamental em uma qualidade de vida mais elevada para todos.)

⊡ *Trabalho, valores e como vivemos*

Um levantamento realizado pelo Families and Work Institute verificou que mais da metade dos trabalhadores americanos informam ter problemas para equilibrar o emprego, a vida pessoal e a vida familiar. Em contrapartida, nos países da União Européia, 80% dos pais relatam que as suas horas de trabalho e os seus compromissos particulares se encaixam "muito bem" ou "relativamente bem".[49]

As pessoas nos Estados Unidos também recebem um retorno muito menor nos impostos que pagam em serviços como assistência médica, puericultura e educação do que os cidadãos da maioria das nações da Europa Ocidental. A lei americana obriga a concessão de uma licença parental breve, não-remunerada (os funcionários de pequenas empresas nem mesmo têm direito a isso), e somente alguns estados financiam a reposição salarial por intermédio do seguro-invalidez público para as mães depois do parto ou da adoção.[50] As listas de espera para os serviços públicos de puericultura são longas, e a maioria dos americanos não

---

*OECD — Organization for Economic Cooperation and Development em inglês. (N. da T.)

pode arcar com serviços de puericultura de alta qualidade. Se adicionarmos a tudo isso as horas de trabalho mais longas e a ausência de benefícios para os trabalhadores em regime de meio expediente (muitos dos quais também cuidam de filhos ou parentes), bem como a falta do auxílio para os filhos que é normal nos países da Europa Ocidental, o resultado é uma população altamente estressada.[51]

É claro que os americanos dificilmente são o povo mais estressado da Terra. Os bilhões de pessoas pobres e famintas no mundo têm uma vida muito mais estressante. Como comentou Kofi Annan, Secretário Geral das ONU, "Quase metade da população mundial vive com menos de dois dólares por dia, e até mesmo esse dado estatístico deixa de captar a humilhação, a impotência e as privações brutais que fazem parte da condição cotidiana dos pobres do nosso planeta".[52] Esse dado estatístico tampouco mostra que a maioria dos pobres e famintos do mundo seja de mulheres e crianças, e que essa situação é causada, em grande medida, por um sistema que deixa de conferir visibilidade e valor ao trabalho humano mais essencial: o trabalho solidário.

Nada disso é inevitável. Carol Bellamy, ex-diretora da UNICEF, escreve o seguinte: "A qualidade de vida de uma criança depende de decisões tomadas diariamente nos lares, nas comunidades e nos recintos do governo. Precisamos fazer essas escolhas com sabedoria, tendo em mente o que é melhor para as crianças. Se pararmos de defender a infância, deixaremos de atingir as nossas metas globais mais amplas no âmbito dos direitos humanos e do desenvolvimento econômico. As nações seguem o rumo tomado pelas crianças. É simples assim".[53] ▨

Claramente, os Estados Unidos não vêm usando os seus enormes recursos para garantir o bem-estar das suas crianças. Eles podem ser a nação mais rica do mundo em valores monetários, mas as suas políticas deixam de dar atenção ao seu ativo mais importante: o seu futuro capital humano. Se os Estados Unidos não modificarem essa falsa maneira de economizar, a economia nacional pagará caro por ela na próxima geração, e milhões de crianças americanas continuarão a sofrer e morrer desnecessariamente.

OCULTANDO OS CUSTOS DA ECONOMIA INSENSÍVEL

A omissão de cuidar das pessoas e da natureza é dispendiosa para as crianças e as famílias, para as empresas e comunidades, para as nações e o planeta. Não obstante, esses custos não são visíveis nos cálculos atuais da saúde econômica como no PIB e no PNB.

Como vimos anteriormente, esses indicadores econômicos colocam um grande número dos custos das práticas comerciais insensíveis no lado positivo dos cálculos de produtividade em vez de no negativo. Por exemplo, em vez de relacionar os custos oriundos do derramamento de óleo negligente como uma obrigação econômica, o PNB e o PIB os consideram parte da produtividade nacional. Desse modo, o custo de um bilhão de dólares do derramamento do Exxon-Valdez de 1989 foi incluído no PNB dos Estados Unidos.[55]

Esse derramamento catastrófico — de um velho petroleiro de paredes finas que não tinha que estar transportando 40 milhões de litros de petróleo bruto — poluiu quilômetros de oceano. Matou peixes e outras formas de vida marinha, colocou em perigo milhões de aves costeiras e aquáticas migratórias, centenas de lontras-do-mar, golfinhos, leões-marinhos e baleias. Arruinou o meio de vida dos habitantes do local e prejudicou a saúde deles.

Mas em vez de se oferecer para pagar os danos, a Exxon gastou milhões de dólares com advogados, despesas que foram incluídas no PNB dos Estados Unidos, já que foram transações de mercado. Os custos dos advogados contratados pelos proprietários de terras, povos indígenas e pescadores comerciais que perderam o seu meio de subsistência e com excessiva freqüência a saúde devido ao derramamento também foram incluídos no PNB. O mesmo aconteceu com os custos judiciais dos longos recursos que os advogados da Exxon prepararam, os custos de todas as testemunhas especializadas que a empresa contratou e os custos dos 14 milhões de documentos que apresentaram (inclusive um que afirmava que o petróleo bruto a bordo do Exxon Valdez não era resíduo industrial e sim uma mercadoria negociável, e que portanto o derramamento de óleo não teria violado a Clean Water Act.*

As despesas financeiras imediatas que se originaram da limpeza do derramamento de óleo que foram incluídas no PNB eram na verdade apenas uma pequena parte do verdadeiro custo econômico. Quatro anos depois do derramamento, a publicação *Science* relatou que uma quantidade significativa de petróleo bruto permanecia nas praias e no fundo do mar, danificando os ovos de salmão e envenenando os mexilhões e mariscos, além de prejudicar, indiretamente, as lontras, os patos e outros animais que se alimentam dessas criaturas. Até mesmo agora, a área contaminada, bem como as pessoas e os animais que nela habitam, continuam a sofrer as conseqüências do derramamento de óleo.[56]

Entretanto nenhuma parte do derramamento de óleo da Exxon se refletiu nas quantificações da produtividade econômica. Tampouco esse dano pode se refletir nos indicadores e regras existentes, já que estes não levam em consideração o valor das atividades vitais da natureza assim como não levam em conta as atividades essenciais que têm lugar nas unidades familiares.

Os enormes custos econômicos das guerras são outro exemplo de como os verdadeiros custos das políticas e práticas econômicas insensíveis são escondidos pelos indicadores atuais. Esses custos também são freqüentemente colocados no

---

* Lei da Água Limpa. (N. da T.)

lado positivo do PNB em vez de no negativo. Por exemplo, os bilhões de dólares em dinheiro público que o governo americano pagou a empreiteiros, soldados e outras pessoas envolvidas com a Guerra do Iraque foram incluídos no PNB, ao lado das despesas médicas com todos os soldados mutilados na guerra e os gastos com o enterro dos milhares que foram mortos. Além de tudo isso, as despesas de tentar reconstruir o Iraque depois do dano causado pela invasão dos Estados Unidos — inclusive o pagamento feito a grandes corporações americanas — também se encontram no lado positivo do PNB dos Estados Unidos.

O PNB americano também deixou de refletir com precisão o prejuízo de um bilhão de dólares de Nova Orleans quando os diques foram rompidos pelo Furacão Katrina porque o governo federal não dera atenção aos pedidos de que eles fossem reforçados. Os custos da reconstrução pós-furacão, inclusive o desperdício colossal de construir trailers para os refugiados do Katrina quando milhares de apartamentos desabitados poderiam ter sido usados para abrigá-los, colocam-se, uma vez mais, no lado positivo do PNB.

Analogamente, os enormes custos da poluição do ar causada pelo uso irresponsável da tecnologia industrial estão no lado positivo do PNB. Isso também deixa de oferecer uma análise exata de custo e benefício, embora esses custos sejam facilmente mensuráveis em valores monetários, ou seja, em bilhões de dólares e trilhões de centavos.

Na província canadense de Ontário, por exemplo, cuja população é de 11,9 milhões de habitantes, a poluição do ar custa aos cidadãos pelo menos um bilhão de dólares anuais em internações hospitalares, entradas no pronto-socorro e absenteísmo dos trabalhadores.[57] Em áreas ambientalmente mais poluídas, as despesas monetárias relacionadas com doenças induzidas pela poluição do ar são ainda mais elevadas. De acordo com o World Bank, os custos médicos e de outros tipos decorrentes da exposição à poeira e ao chumbo transportados pelo ar em Jacarta, Bangcoc e Manila aproximou-se de 10% da renda média no início da década de 1990.[58]

Na China, país no qual a poluição do ar está entre as piores do mundo, o World Bank estima que essa poluição custe à economia chinesa 25 bilhões em despesas com assistência médica e horas de trabalho perdidas por ano.[59] Outra pesquisa calculou que as doenças e a morte de residentes urbanos causadas pela poluição do ar custa à China 5% do seu produto interno bruto.

Esses custos financeiros não incluem o número de pessoas mortas pela poluição do ar, embora a Organização Mundial de Saúde relate que três milhões de pessoas morrem a cada ano devido aos efeitos da poluição do ar que tem lugar ao ar livre, o que equivale a três vezes o número de mortos em acidentes de trânsito.[60] É claro que as despesas médicas e funerárias relacionadas com essas mortes são registradas no lado positivo do PIB e do PNB.

Um grande número de outros custos ocultos são lançados incorretamente como "produtividade" nos indicadores econômicos atuais. Os lucros da crescente indústria penitenciária americana, por exemplo, são apresentados como uma vantagem econômica, quando na verdade o investimento no encarceramento, quando comparado com a reabilitação, é dispendioso e ineficaz.

Para exemplificar, a taxa de reincidência no estado de Missouri é muito menor do que na Califórnia. A diferença é que Missouri substituiu a tradicional abordagem aos jovens criminosos — prisões grandes com uma ênfase na punição e no isolamento — por pequenos agrupamentos que combinam uma equipe altamente capacitada com uma terapia constante e uma influência positiva dos companheiros. Essa abordagem mais solidária também atribui importância aos vínculos familiares, fazendo um esforço para abrigar as crianças em um raio de oitenta quilômetros da sua casa e até mesmo enviando vans para que os pais possam visitar os filhos.[61]

Como a abordagem mais solidária e participativa não confina simplesmente os jovens, o que em geral conduz a mais violência e ao envolvimento com as gangues, o estado de Missouri possui um excelente cadastro de reabilitação. Uma pesquisa realizada em 2003 constatou que dos 1.400 adolescentes libertados em 1999, apenas 8% foram parar nas prisões para adultos. Em contrapartida, na Califórnia, onde a privatização das prisões tornou-se um negócio altamente lucrativo, cerca de metade dos jovens libertados das prisões para menores voltam para trás das grades em dois anos.

O sistema do estado de Missouri também tem um bom desempenho em outra avaliação: o custo por menor. Ele gasta cerca de 43 mil dólares por ano com cada criança. A conta da Califórnia é quase o dobro: oitenta mil dólares.[62]

No entanto, sob o aspecto do PNB, o sistema da Califórnia vem primeiro. O custo de construir prisões está do lado direito dos cálculos da produtividade, enquanto a economia de dólares — sem falar na de vidas — de um sistema que custa menos e requer menos prisões é simplesmente invisível.

RETIRANDO A VENDA DOS OLHOS

Por que as pessoas, até mesmo as inteligentes e bem-intencionadas, não percebem como as análises atuais de custo-benefício são irrealistas? Como é possível que elas não enxerguem a ineficácia e o desperdício das regras, políticas e práticas econômicas que atribuem pouco ou nenhum valor à atenção e à assistência?

Certamente não carecemos de estudos que provem que precisamos de indicadores econômicos mais precisos. Tampouco temos falta de estudos que demonstrem os elevados custos de não apoiar a atenção e a assistência.

Não existe, por exemplo, falta de dados sobre os custos humanos e financeiros do abuso e da negligência infantil, e do seu freqüente corolário, o crime na adolescência e, depois, na idade adulta.[63] A maioria das pessoas que está na prisão por ter praticado crimes violentos tem uma história de abuso ou negligência. Entre os custos gerados pelo abuso infantil estão as enormes despesas públicas com ações judiciais, o encarceramento, o sursis e outras despesas relacionadas com o crime, sem falar na perda de produtividade do trabalhador e outros custos financeiros e humanos decorrentes da falta de investimentos adequados no bem-estar das crianças.

Pesquisas também demonstram que quando as crianças recebem cuidados de alta qualidade, elas se saem melhor financeiramente quando adultas, o que é bom para o desenvolvimento econômico e a arrecadação fiscal do governo. Uma das pesquisas mais conhecidas nessa área é o Perry Preschool Project. Foi um estudo a longo prazo sobre o que aconteceu com 123 crianças afro-americanas nascidas na pobreza e que corriam um risco elevado de ter um mau rendimento escolar. De 1962 a 1967, quando essas crianças estavam com 3 e 4 anos de idade, elas foram aleatoriamente divididas em dois grupos. Um dos grupos foi colocado em um programa de assistência pré-escolar de alto nível e o grupo de controle não participou do programa. A pesquisa constatou que, aos 40 anos, as pessoas que tinham participado do programa pré-escolar de alta qualidade exibiam um menor índice de criminalidade, apresentavam uma probabilidade maior de ter se formado no ensino médio e estar empregadas, e recebiam uma remuneração substancialmente mais elevada do que as que não tinham participado do programa.[64]

Não obstante, os líderes do governo investem milhões em prisões, embora o confinamento claramente não resolva o problema do crime. Esses líderes, bem como muitos dos seus eleitores, encaram o investimento na assistência às crianças para que elas não se tornem criminosas como um desperdício do dinheiro público. Além disso, quando as guerras, como a invasão do Iraque, e a distribuição errônea dos recursos, como os grandes descontos nos impostos para os ricos, causam déficits orçamentários, a primeira coisa que é cortada é o financiamento da assistência: os serviços de puericultura, a assistência médica, a educação e a assistência social.

Um fator importante que forma a base dessas prioridades tortuosas é um padrão econômico duplo que herdamos de épocas que eram mais estreitamente voltadas para o sistema de dominação. Esse duplo padrão econômico, no qual a atenção e a assistência estão associadas às mulheres e à "feminilidade", e são vistas como inferiores a qualquer coisa que seja estereotipicamente associada aos homens e à "masculinidade", é refletido e perpetuado pelos indicadores econômicos que falsificam os custos das políticas insensíveis. Esses indicadores tornam as pessoas cegas a esses custos, bem como aos enormes benefícios que a sociedade extrai do trabalho essencial da atenção e da assistência, seja nas famílias, nas empresas ou na sociedade como um todo.

Precisamos modificar essas maneiras distorcidas de medir a produtividade econômica. Entretanto, não podemos realisticamente esperar mudanças fundamentais nos indicadores ou nas políticas econômicas se não tivermos uma maior conscientização das suposições e dos valores ocultos que nos mantêm presos em um paradigma econômico deficiente.

Como aprenderam a aceitar e valorizar o arquétipo "masculino" dominador do pai punitivo, muitas pessoas encaram a prática de gastar o dinheiro público para punir em vez de reabilitar como simplesmente natural e correta. Na mente inconsciente delas, destinar o dinheiro para armas e guerras em vez de para a saúde, a educação e a assistência social também é justificável devido à elevada valorização de outro arquétipo "masculino" dominador: o herói na condição de guerreiro.

Essas são algumas razões adicionais pelas quais para que possamos nos afastar da economia dominadora, não apenas a economia precisa mudar, mas também as convicções, os valores e instituições precisam se modificar. Nos próximos capítulos, vamos examinar mais de perto essas convicções, valores e instituições, e também como eles afetam a economia e como, por sua vez, são afetados por ela.

CAPÍTULO 4

O Duplo Padrão Econômico

Às vezes não enxergamos o que está bem à vista. Isso é particularmente verdadeiro quando se trata de convicções e valores que herdamos.

A Bíblia nos conta que quando o rei Davi teve o seu famoso caso amoroso com Bate-Seba, ele enviou o marido dela para a linha de frente, onde o seu rival foi convenientemente morto. No entanto, em vez de ser punido por adultério e assassinato, Davi continuou a reinar.[1] Por outro lado, de acordo com a lei bíblica, uma jovem acusada de não ser mais virgem seria levada pelo pai aos portões da cidade e apedrejada lentamente até morrer.[2]

A Bíblia também nos diz que os homens podiam vender as filhas para que fossem escravizadas como servas ou concubinas, e que o próprio casamento era uma transação comercial. No Gênesis, lemos que Jacó trabalhou sete anos para conseguir se casar com Raquel, filha de Labão, e quando este último lhe entregou Lea, irmã mais velha de Raquel, em vez desta última, Jacó precisou trabalhar mais sete anos para finalmente conseguir a mulher que ele negociara. Outra famosa história da Bíblia descreve como Ló ofereceu as filhas pequenas a uma multidão para que fossem estupradas por um grupo, e em vez de ele ser punido, foi escolhido por Deus como o único homem com moral nas cidades pecaminosas de Sodoma e Gomorra![3]

Tudo isso acompanhava a crença de que as mulheres são propriedade dos homens. Desse modo, se um homem estuprava uma jovem, ele tinha que se casar com ela e recompensar o pai dela por ter destruído uma das suas mercadorias negociáveis.[4] E como os pais tinham um controle absoluto sobre a sexualidade das filhas, a jovem não podia se pronunciar de jeito nenhum sobre o assunto.

Muitos de nós, hoje em dia, consideramos esse tipo de leis e práticas bárbaras. Reconhecemos que herdamos um duplo padrão sexual brutal no qual as pessoas que detinham o poder (os homens) eram julgadas de acordo com regras muito diferentes do que aquelas que não o detinham (as mulheres).

Mas o que ainda não é geralmente reconhecido é que herdamos esse mesmo padrão duplo na economia, o que distorceu os nossos sistemas econômicos, começando pelos indicadores econômicos que professam medir o que é economicamente valioso.

A INVISIBILIDADE DO ÓBVIO

A opinião de que as desigualdades gritantes são inevitáveis, até mesmo morais, não está de jeito nenhum restrita ao sexo. Essas convicções têm sido usadas para justificar todos os tipos de opressão. A convicção de que a subordinação de um grupo por outro é inevitável, até mesmo moral, tem servido para justificar a subjugação de raças, religiões e grupos étnicos diferentes. Tem servido para justificar a escravidão, a servidão e outras formas de exploração econômica. Tem justificado todos os tipos de injustiça social e econômica. Tem justificado massacres organizados, linchamentos, o terrorismo e guerras étnicas.

As categorizações dos membros do grupo *versus* os forasteiros são inerentes aos sistemas de dominação. Podem se basear na raça, no sexo, na religião, na etnia ou em outras diferenças. Todas essas classificações se reforçam mutuamente. Também reforçam duas premissas básicas dos sistemas de dominação. Uma é que existem apenas duas alternativas: dominar ou ser dominado. A outra é que começando pela diferença mais fundamental na nossa espécie — a que existe entre a mulher e o homem — a diferença deve ser equiparada à superioridade ou à inferioridade.

Esse modelo do homem-superior/mulher-inferior da nossa espécie é um padrão que as crianças nas famílias dominadoras aprendem desde cedo para encarar as relações de dominação e submissão como normais e morais. Ele serve como um modelo básico para classificar uma pessoa sobre outra. Ele é, portanto, fundamental para a imposição e a manutenção de um sistema estruturado para perpetuar a injustiça e a desigualdade.

Não faz muito tempo, a desigualdade era tida como uma coisa tão natural que a idéia da igualdade era uma heresia. Santo Agostinho (que, não por acaso, atribuiu a Eva a culpa de todos os males humanos na sua famosa teoria do pecado original) declarou que ninguém deveria tentar modificar a sua posição social, assim como o dedo não deveria desejar ser o olho do corpo.[5]

A rebelião contra a autoridade era considerada imoral, mas a opressão de grupos subordinados, e até mesmo a violência empregada para manter essa opressão, eram morais. As pessoas eram doutrinadas com tanta eficácia para aceitar regras diferentes para os que estavam em cima e para os que estavam embaixo, que os soldados e os policiais que administram essa violência eram freqüentemente recrutados nesses grupos subordinados. As próprias mulheres se tornaram agentes para a subordinação do seu próprio sexo, bem como para a elevação de qualquer coisa associada aos homens sobre qualquer coisa associada às mulheres, inclusive o "trabalho feminino" da atenção e da assistência.

Nos últimos séculos, os movimentos em prol da justiça social e econômica enfraqueceram o padrão duplo para aqueles que detêm o poder e aqueles que não o detêm. Mas esses movimentos se concentraram principalmente nas esferas públicas da política e da economia, que são, até hoje, reservadas exclusivamente aos homens.

Na verdade, em vez de desafiar o duplo padrão sexual, os mais eminentes "pais" do igualitarismo moderno resolutamente o apoiaram. O ideal deles dos "direitos do homem" explicitamente excluíam a mulher, fato em grande medida desconsiderado na história e na ciência política.

> *Os movimentos em prol da justiça social e econômica enfraqueceram o padrão duplo para aqueles que detêm o poder e aqueles que não o detêm, mas em vez de desafiar o duplo padrão sexual, os mais eminentes "pais" do igualitarismo moderno resolutamente o apoiaram.*

John Locke, o principal filósofo da democracia política do século XVII, propôs que governos representativos livremente escolhidos substituíssem os monarcas autocráticos. Locke atacou a idéia então predominante da família patriarcal como a base natural da monarquia absoluta. Não obstante, ele afirmou com vigor que existe "uma Base na Natureza" para a sujeição legal e habitual das mulheres aos seus maridos.[6]

Jean-Jaccques Rousseau, o filósofo do século XVIII famoso pela sua defesa da liberdade e igualdade para os homens, também sustentou esse duplo padrão. Rousseau na verdade afirmou que as meninas "deveriam ser controladas desde bem pequenas" porque a "docilidade" é algo que as mulheres precisariam a vida inteira. Do ponto de vista dele, as mulheres estariam, e deveriam estar, "sempre subordinadas a um homem ou às opiniões dos homens".[7]

Esses dois líderes do moderno movimento em direção à democracia e à igualdade eram cegos com relação a um absurdo. Como uma pessoa pode falar seriamente a respeito de uma sociedade livre e democrática com igualdade e justiça para todos enquanto persiste a dominação de uma metade da humanidade sobre a outra?

Os dois principais filósofos da igualdade econômica do século XIX eram igualmente prisioneiros dessa visão centrada no homem da sociedade. Karl Marx e Friedrich Engels reconheceram a subordinação das mulheres quando escreveram que a primeira classe de opressão era a do homem sobre a mulher. Entretanto, para eles, bem como para muitos socialistas até os nossos dias, essa "questão da mulher" era um assunto secundário.

Robert Owen, William Thompson, Anna Wheeler, August Bebel e vários outros socialistas do século XIX haviam argumentado que a distribuição desigual da riqueza entre os homens e as mulheres é um dos principais fatores da injustiça econômica.[8] Mas Marx e Engels descartaram essas questões como secundárias com relação à opressão da classe operária.

◻ Os primeiros contestadores do duplo padrão sexual

Nem todos os filósofos ocidentais aceitaram o duplo padrão sexual que desvaloriza as mulheres e o "feminino". Particularmente durante a Renascença européia, houve vigorosos desafios à subordinação das mulheres. No livro que escreveu em 1405, *The Book of the City of Ladies*, Christine de Pizan escreveu que a depreciação das mulheres se baseia no preconceito irracional, e indicou importantes contribuições à civilização feitas pelas mulheres.[9] No famoso livro *Utopia*, escrito em 1516, sir Thomas More defendeu a instrução para as mulheres. Em 1790, o Marquês de Condorcet causou sensação ao declarar que as mulheres deveriam ter os mesmos direitos políticos dos homens.[10]

A mais conhecida defensora da igualdade das mulheres no século XVIII foi a filósofa inglesa Mary Wollstonecraft. Durante a sua breve vida (1759 a 1797), ela escreveu várias obras condenando veementemente a subordinação das mulheres, entre elas *A Vindication of the Rights of Women* (1792), que tornou-se um texto feminista clássico. Wollstonecraft desafiou muitas convenções, inclusive a do casamento, que na época conferia ao homem o controle absoluto sobre a sua esposa. Ela fundou uma escola destinada à educação das meninas e ingressou em um grupo radical que contava com os poetas William Blake e Henry Wordsworth, e também com Thomas Paine. Ela teve a sua primeira filha, Fanny, com um homem de negócios americano, com quem não era casada. Depois de descobrir que ele era infiel, passou a viver com o ativista William Godwin, um amigo de longa data com quem se casou em 1797. Ela morreu poucos dias depois do nascimento da filha do casal, Mary Wollstonecraft Shelley (que escreveu *Frankenstein* e outros romances, casando-se com o famoso poeta Percy Bysshe Shelley).

No século seguinte, as objeções feministas à dominação masculina aumentaram. No entanto, ainda em 1869, quando o famoso filósofo John Stuart Mill (influenciado pela esposa Harriet Taylor) publicou o ensaio *The Subjection of Women*, a idéia da igualdade para as mulheres era considerada radical. Na verdade, Mill retardou a publicação da obra, vindo a fazê-lo somente pouco antes de morrer, para evitar controvérsias que ele receava pudessem diminuir o impacto dos seus outros trabalhos.

A mais conhecida defensora americana dos direitos das mulheres do século XIX foi provavelmente Elizabeth Cady Stanton (1815 a 1902). Stanton nasceu em uma família nova-iorquina de sangue azul, mas se viu atraída pela defesa dos oprimidos. Começou o seu ativismo social no movimento abolicionista para libertar os escravos, onde conheceu o futuro marido Henry Stanton, bem como outras mulheres que iriam tornar-se suas colegas na luta pelos direitos da mulher. Embora Stanton tenha tido sete filhos e se dedicado grande parte do tempo a cuidar deles, ela passava cada momento livre que tinha pensando, lendo e escrevendo a respeito dos direitos da mulher. O seu famoso manifesto feminista de Seneca Falls de 1848 começa com uma versão revisada da Declaração da Independência dos Estados Unidos: "Consideramos evidentes as seguintes verdades: que todos os homens *e mulheres* foram criados iguais".

Stanton foi ridicularizada, caluniada e acusada de subverter a ordem moral. Uma das suas obras, *The Women's Bible*,[11] ainda hoje é considerada escandalosa por muitas pessoas devido ao seu ataque mordaz ao papel da religião judeu-cristã na opressão das mulheres. No entanto, Stanton não se deixou intimidar. A sua meta era promover uma mudança fundamental nas crenças e instituições, e ela via a liberação das mulheres como essencial para a luta pela liberdade e igualdade para todos. Ela escreveu o seguinte no seu manifesto: "O mundo ainda não viu uma nação verdadeiramente grande e virtuosa, porque na degradação das mulheres as próprias fontes da vida são envenenadas na origem".[12] ▪

Em 1848, o ano em que Marx e Engels proclamaram o seu manifesto comunista, um manifesto feminista também foi proclamado pela filósofa e ativista americana Elizabeth Cady Stanton. No entanto, Marx e Engels não deram atenção à documentação dela sobre a opressão econômica das mulheres. Na década de 1860, quando outra feminista americana, Victoria Woodhall, manifestou-se contra a discriminação que estava surgindo no movimento trabalhista contra as operárias, Marx recomendou que os sindicatos expulsassem a facção que "dava preferência à questão da mulher sobre a questão da classe trabalhadora".[13]

Para Marx e Engels, o que importava era a classe. Assim, em vez de adotar uma abordagem sistêmica que incluísse toda a humanidade, eles se concentraram na metade masculina da nossa espécie: os homens da classe trabalhadora a respeito dos quais eles escreviam apaixonadamente nos seus panfletos revolucionários. O que eles chamavam de "questão da mulher" teria simplesmente que esperar até que o sistema capitalista fosse destruído.

Como a atenção e a assistência estão estereotipicamente associadas às mulheres, e Marx e Engels encaravam tudo que era associado às mulheres como secundário, eles prestavam pouca atenção a esse trabalho. Por conseguinte, deixaram de perceber como a desvalorização da atenção e da assistência desumaniza a economia que eles tanto queriam humanizar. Apesar do seu compromisso com a justiça econômica, eles não percebiam que o duplo padrão para os homens e as mulheres afeta não apenas as mulheres mas também o sistema social e econômico como um todo.

Entretanto, esses homens estavam longe de ser os únicos na sua cegueira com relação ao duplo padrão. Essa atribulação é tão poderosa que influenciou, e continua a influenciar, a maneira como quase todos nós enxergamos o mundo.

HISTÓRIAS SEGUNDO AS QUAIS VIVEMOS E MORREMOS

Nós, seres humanos, vivemos de acordo com as histórias. Elas nos dizem o que é ou não é natural, possível ou impossível, valioso ou sem valor. Aprendemos essas histórias cedo, antes que as nossas faculdades críticas se desenvolvam, muito antes de o nosso cérebro estar completamente formado. Assim sendo, temos a tendência de aceitar as suas mensagens como verdades imutáveis. E um tema importante nas histórias que herdamos é a desvalorização de uma das metades da humanidade e tudo que lhe é associado.

Fui criada em uma época na qual a convicção de que as mulheres são inferiores aos homens ainda estava firmemente estabelecida até mesmo nos Estados Unidos. Ainda em 1950, as pessoas diziam "Espero que o próximo seja um menino" quando o bebê que nascia era menina.

A tradição de valorizar mais os homens do que as mulheres é tão forte que até mesmo pessoas que se orgulham dos seus princípios igualitários freqüentemente ainda pensam nas coisas que afetam a metade feminina da humanidade como "apenas uma coisa de mulher". É claro que eles jamais pensariam em assuntos que afetam a metade masculina da humanidade como "apenas uma coisa de homem".

Lembro-me vividamente de uma conversa com um famoso ativista dos direitos humanos que eu estava tentando convencer de que os direitos da mulher são direitos humanos. Depois de educadamente assentir com a cabeça diante dos meus veementes argumentos, ele me informou que não poderia incluir os direitos da mulher nas suas atividades, pois o seu tempo estava totalmente tomado por questões de vida ou morte como a tortura política e o assassinato. Quando salientei que os direitos da mulher *são* questões de vida ou morte — enfatizando que a violência contra as mulheres tira milhares de vidas a cada ano, um número bem maior do que o daqueles que são afetados pela tortura política e pelo assassinato — ele continuou a achar que esses continuavam a ser "apenas assuntos femininos" que deveríamos abordar depois de lidar com "questões mais importantes".

Apresso-me em acrescentar que não apenas muitos homens, mas também muitas mulheres, concordam com esse duplo padrão masculino/feminino. Nos Estados Unidos, por exemplo, muitas mulheres preferem os candidatos políticos do sexo masculino, e em outras regiões do mundo, esse preconceito sexual encerra conseqüências bem mais severas.

As leis, os costumes e as diretivas de muitos países ainda discriminam flagrantemente as mulheres e as meninas. Em muitas nações da África, do sudeste da Ásia e do Oriente Médio, não é permitido às mulheres ser proprietárias de terra, ter um negócio só delas ou até mesmo deslocar-se livremente. Em alguns desses países, os pais freqüentemente negam às filhas o acesso à instrução, proporcionam-lhes menos cuidados de saúde, dando a elas menos comida do que aos meninos.[14]

Esse duplo padrão nutricional, com freqüência aplicado pelas mães às próprias filhas, contribui diretamente para índices distorcidos da mortalidade feminina. De acordo com Amartya Sen, economista ganhador do Prêmio Nobel, em 1990 um quarto das meninas indianas morriam antes de completar 15 anos de idade.[15] As taxas de mortalidade anuais das meninas também são acentuadamente mais elevadas do que as dos meninos em outros países do mundo. De acordo com um relatório especial da ONU sobre as mulheres publicado em 1991, as mortes por ano no Paquistão, por cada mil habitantes, de crianças com idades entre 2 e 5 anos era de 54,4 para as meninas e de 36,9 para os meninos; no Haiti, a razão era de 61,2 para as meninas e de 47,8 para os meninos; na Tailândia, 26,8 *versus* 17,3, e na Síria, 14,6 *versus* 9,3.[16]

Classificar esses assuntos como "apenas questões femininas" efetivamente nos deixa cegos ao que em outros contextos pareceria óbvio. Dar menos comida às meninas e às mulheres afeta profundamente o desenvolvimento *tanto* dos meninos *quanto* das meninas. É de conhecimento geral que os filhos de mulheres malnutridas freqüentemente nascem doentes e com um desenvolvimento cerebral abaixo da média. Discriminar as meninas e as mulheres no que diz respeito à nutrição e aos cuidados com a saúde, priva *todas* as crianças, do sexo masculino ou feminino, do seu direito nato: o potencial para o desenvolvimento ideal.

Essa discriminação sexual não apenas causa uma enorme infelicidade e sofrimento, mas também representa um obstáculo ao desenvolvimento humano e econômico. Ela influi diretamente na capacidade produtiva da força de trabalho do país. Afeta a capacidade das crianças e, mais tarde, dos adultos de se adaptar a novas condições e de tolerar a frustração, e os deixa mais propensos a fazer uso da violência. Tudo isso, por sua vez, dificulta a criação de soluções para a fome crônica, a pobreza e o conflito armado, e, por conseguinte, as oportunidades para que tenhamos um mundo mais humano, próspero e pacífico.

Na maioria das nações, é muito pequeno o apoio à atenção e à assistência tradicionalmente proporcionadas pelas mulheres. Somente alguns países, por exemplo, concedem um auxílio às famílias com filhos. Tampouco é o trabalho executado pelas pessoas nas profissões humanitárias considerado digno de um bom salário, ou de qualquer remuneração quando realizado em casa.

Se adicionarmos tudo isso à tradição da discriminação educacional, dos cuidados com a saúde, econômica e até mesmo nutricional contra as meninas e as mulheres, o resultado é previsível. Mundialmente, as mulheres e as crianças formam a massa dos pobres e a dos mais pobres entre os pobres.

Não é realista esperar mudanças genuínas nos índices de pobreza do mundo se não abordarmos o duplo padrão econômico sexual. Enquanto a desvalorização das mulheres e de qualquer coisa associada a elas permanecer inalterada, as mulheres e os seus filhos continuarão a aumentar as fileiras dos pobres do planeta.[17]

Não estou dizendo que as desigualdades econômicas baseadas no sexo são mais importantes do que aquelas fundamentadas na classe, na raça ou em outros fatores. Entretanto, como comentei anteriormente, um padrão básico para a divisão da humanidade em pessoas "superiores" e "inferiores" que as crianças das famílias dominadoras interiorizam desde cedo é um modelo do homem-superior/mulher-inferior da nossa espécie. E enquanto as pessoas interiorizarem esse mapa mental de relações, não é realista esperar mudanças nos padrões de pensamento de membros do grupo *versus* os forasteiros que residem atrás de tanta injustiça e sofrimento.

Tampouco podemos realisticamente esperar políticas sociais e econômicas mais solidárias se o trabalho vital e essencial da atenção e da assistência não deixar de ser desvalorizado como "apenas um trabalho de mulher" tanto pelos homens quanto pelas mulheres. Se a solidariedade não for socialmente valorizada, ela não será valorizada nas políticas e práticas econômicas.

Com relação a isso, quero dizer que quando me refiro à atenção e à assistência como "trabalho de mulher" estou apenas repetindo crenças convencionais que herdamos de épocas em que os papéis sexuais eram muito mais rígidos. A meta não é uma sociedade na qual somente as mulheres proporcionem assistência e sim uma sociedade na qual homens e mulheres compartilhem esse tipo de responsabilidade em casa. Em outras palavras, o objetivo é um sistema econômico e social que deixe de impedir às mulheres o acesso a áreas tradicionalmente reservadas aos homens e deixe de encarar a atenção e a assistência como adequadas apenas às mulheres ou a homens "afeminados" desprezados.

Quero repetir também que conferir visibilidade e valor à solidariedade não resolverá por si só os nossos problemas globais. Como veremos, o processo de mudança de um sistema de dominação para um de participação é muito mais complexo. No entanto, é fundamental que deixemos para trás o duplo padrão sexual, pois a mudança da dominação para a participação só poderá ter lugar se fizermos isso.

Em resumo, o que estou relatando a respeito da desvalorização das mulheres e do "feminino" não tem a intenção de culpar os homens pelos problemas sociais e econômicos do mundo. Estamos lidando aqui com tradições que têm afetado de um modo adverso tanto as mulheres quanto os homens. Elas exerceram,

O DUPLO PADRÃO ECONÔMICO

obviamente, um impacto muito negativo nas mulheres, mas afetaram desfavoravelmente todos os seres humanos.

A ALIENAÇÃO DO TRABALHO SOLIDÁRIO

Ao sugerir o socialismo como uma alternativa para o capitalismo, Marx e Engels escreveram sobre a *alienação do trabalho*.[18] Argumentaram que a desvalorização e a exploração dos trabalhadores industriais e rurais situa-se na raiz da desigualdade econômica. Ao afirmar que precisamos de uma economia que transcenda o capitalismo e o socialismo, escrevo a respeito da *alienação do trabalho da atenção e da assistência*, e argumento que a desvalorização e a exploração desse trabalho fundamental é um fator essencial por trás da injustiça econômica.[19]

A desvalorização e a exploração da atenção e da assistência é o nosso legado da época em que o corpo e o trabalho da mulher eram propriedade do homem.[20] Como conseqüência, as mulheres e tudo que lhes era associado eram basicamente invisíveis no pensamento econômico, que se concentrava nas transações entre os homens.

Quando Adam Smith, e mais tarde Marx, mencionaram o trabalho de assistência realizado pelas mulheres nos lares, eles o relegaram à esfera secundária da "reprodução" em vez da "produção", concedendo um espaço mínimo a esse "trabalho da mulher" na sua volumosa obra. E até hoje, a omissão de conferir visibilidade e valor ao trabalho estereotipicamente feminino da atenção e da assistência nas teorias e modelos econômicos ainda afeta as quantificações, as práticas e as políticas econômicas.

Como vimos anteriormente, as profissões que envolvem o trabalho humanitário são menos valorizadas do que as que não envolvem. Na antiga União Soviética, os operários das fábricas (predominantemente do sexo masculino) recebiam um salário maior do que os professores e até mesmo do que os médicos (principalmente do sexo feminino), ao contrário dos Estados Unidos, onde os médicos eram principalmente homens e se encontravam entre os profissionais mais bem pagos.[21] Mesmo agora nos Estados Unidos, os serviços de puericultura e o magistério no ensino fundamental (profissões nas quais as mulheres predominam) são tipicamente menos bem remuneradas do que as profissões nas quais a atenção e a assistência não são essenciais ao trabalho, como no caso dos bombeiros hidráulicos e dos engenheiros (atividades nas quais os homens predominam). E essa é apenas uma parte da história.

Como também vimos, o trabalho da assistência é ainda mais desvalorizado quando executado fora do mercado de trabalho. Ele não é levado em conta nos indicadores da produtividade econômica como o Produto Interno Bruto (PIB) — que em vez disso incluem o desenvolvimento e a utilização de armas, a fabricação e a venda de cigarros, e outras atividades que destroem em vez de promover a vida.[22]

Essa invisibilidade da atenção e da assistência nos indicadores econômicos perpetua o duplo padrão econômico que atribui um valor menor ao trabalho estereotipicamente considerado feminino em vez de masculino, seja ele executado por mulheres ou homens. E esse duplo padrão econômico, por sua vez, reside atrás de muitos dos problemas aparentemente insolúveis do mundo.

Os políticos apresentam slogans sugestivos como "um mundo mais tranqüilo e solidário" e "conservadorismo compassivo". Entretanto, quando se trata de cuidar das crianças, dos doentes, dos idosos e dos sem-teto, as políticas deles estão longe de ser solidárias. E por que as políticas seriam solidárias quando a desvalorização do trabalho "feminino" da atenção e da assistência está profundamente entranhada não apenas na nossa mente inconsciente mas também nas regras e nos modelos econômicos aceitos pela maioria dos políticos?

Algumas pessoas talvez argumentem que damos valor à assistência. Temos o Dia das Mães, data em que devemos dar bombons e flores à nossa mãe. Há a retórica a respeito de como as mães são apreciadas, como no mantra que diz que "a maternidade e a torta de maçã" são valores americanos fundamentais.

Mas na verdade, não valorizamos os cuidados maternos. Se o fizéssemos, o índice de pobreza das mulheres idosas nos Estados Unidos, cuja maioria já teve filhos, não seria quase o dobro do dos homens idosos.[23] Tampouco a maioria da população pobre do mundo seria composta por mulheres e crianças.

🔲 *Efeitos pouco observados do duplo padrão econômico: à medida que o percentual de mulheres supervisionadas aumenta, o salário dos gerentes diminui, sejam eles do sexo masculino ou feminino*

O quanto o duplo padrão econômico sexual é dominante foi dramaticamente demonstrado em uma recente pesquisa realizada sobre as diferenças salariais de 2.178 gerentes do sexo masculino e feminino que trabalham em 512 diferentes empresas em uma grande variedade de áreas e setores. A pesquisa, publicada no *Journal of Applied Psychology* da American Psychological Association, informou o seguinte:

• Quando as mulheres se tornam maioria em um grupo de trabalho, o salário do gerente, seja ele homem ou mulher, diminui acentuadamente.

- Um gerente do sexo masculino ou feminino cujo grupo supervisionado seja formado por 80% de mulheres recebe aproximadamente menos sete mil dólares anuais de salário do que um gerente cujo grupo supervisionado seja composto por 80% de homens.

- Um gerente que supervisione um grupo formado apenas por mulheres recebe aproximadamente menos nove mil dólares por ano do que aquele que supervisione um grupo com 50% de mulheres.

- Um gerente cujo supervisor seja mulher recebe aproximadamente dois mil dólares a menos por ano do que um gerente cujo supervisor seja homem.

Fonte: Cheri Ostroff e Leanne E. Atwater, "Does Whom You Work with Matter? Effects of Referent Group Gender and Age Composition on Managers' Compensation", *Journal of Applied Psychology*, 2003, *88*(4). Os resultados dessa pesquisa são compatíveis com muitos outros. O fato de que as profissões nas quais as mulheres predominam são menos bem remuneradas do que aquelas nas quais os homens predominam também está bem documentado, como também está o fato de que as mulheres ganham menos em média do que os homens que trabalham na mesma área. Um fator importante nessa discriminação freqüentemente inconsciente é que é atribuído aos homens e ao "masculino" um valor maior do que às mulheres e ao "feminino". Essa desvalorização é tão poderosa que pesquisas constataram que quando a autoria de um mesmo trabalho artístico é atribuída a um artista em vez de a uma artista, a obra é avaliada de um modo mais favorável.[24]

Até mesmo a nossa crise ambiental é em grande medida um sintoma dos valores distorcidos provenientes do duplo padrão sexual. Acredita-se comumente que a revolução científica/industrial que ganhou ímpeto no século XVIII deve ser considerada culpada pelos estragos que estamos causando aos nossos sistemas naturais vitais. Entretanto, a visão de mundo da "conquista da natureza" recua a um período bem anterior.

Herdamos uma economia baseada na premissa de que o homem tem o direito a controlar as atividades vitais e essenciais tanto da mulher quanto da natureza. Em Gênesis 1:28, lemos que o homem deve "subjugar" a terra e ter o "domínio [...] sobre tudo que vive e se move sobre a terra". Em Gênesis 3:16 lemos que o homem deve dominar a mulher, que deverá se subordinar a ele.

Quero acrescentar que essa noção do controle do homem sobre a natureza e a mulher *não* foi introduzida na Bíblia. Nós a vemos aparecer um milênio antes.

O *Enuma Elish* da Babilônia, por exemplo, nos diz que Marduk, o deus da guerra, criou o mundo desmembrando o corpo da Deusa Mãe Tiamat. Esse mito da criação é uma pista para uma mudança cultural radical: uma modificação com relação a mitos anteriores a respeito de uma Grande Mãe, que criou a natureza e o mundo como parte da natureza, para uma história na qual o mundo é criado pela violência de uma divindade masculina. Esse novo mito não apenas substituiu outros, mais antigos, nos quais a criação é oriunda dos poderes vivificantes da mulher; ele sinaliza o início de um período no qual as divindades femininas, ao lado das mulheres e de qualquer coisa associada ao feminino, eram subordinadas.[25]

Certamente, o paradigma científico mecanicista que ganhou força no século XVIII precisa ser deixado para trás. E é verdade que a ciência moderna conduziu a poderosas tecnologias que, a serviço da "conquista da natureza", criaram graves problemas ambientais. Entretanto, colocar a culpa dos nossos problemas ambientais na ciência newtoniana e no racionalismo cartesiano contraria frontalmente milhares de anos de história. Quando Sir Frances Bacon fez o freqüentemente citado comentário de que o homem precisa "arrancar da natureza, sob tortura, os seus segredos" para promover uma ordem mais racional,[26] ele estava simplesmente reproduzindo uma visão de mundo muito mais antiga.

INDICADORES ECONÔMICOS QUE INCLUEM A ATENÇÃO E A ASSISTÊNCIA

O problema não é causado pela ciência e pela tecnologia. O problema é a cultura de dominação arraigada que herdamos, e com ela, o duplo padrão econômico que atribui pouco ou nenhum valor à atenção e à assistência, seja às pessoas ou ao nosso hábitat. (Ver "Orçamentos e Valores" nas páginas que se seguem.)

Algumas pessoas argumentam que um sistema econômico que atribui um valor ao trabalho da atenção e da assistência nas unidades familiares e em outras partes da economia não-monetizada simplesmente não é viável. Como esse tipo de trabalho é executado fora do mercado, alegam eles, o seu valor não pode ser quantificado. No entanto, embora seja verdade que não podemos atribuir um valor monetário a todos os benefícios oriundos da atenção e da assistência, afirmar que o valor econômico desse trabalho não pode ser mensurado significa desprezar os fatos.

Nos idos de 1930, a economista Margaret Reid demonstrou que é possível medir estatisticamente o trabalho não-remunerado executado nos lares.[27] Na década de 1980, como descreve Marilyn Waring na revolucionária obra *If Women Counted,* vários métodos para avaliar o trabalho executado fora do mercado já haviam sido propostos.[28]

No início da década de 1990, a Organização para a Cooperação e Desenvolvimento Econômico (OCDE) examinou três métodos para medir o trabalho e a produção familiar extramercado.[29] Um deles é o método do custo de oportunidade, baseado na oportunidade salarial perdida pela mulher que cuida dos filhos ou dos pais, que se dedica à agricultura de subsistência ou executa algum outro tipo de trabalho não-remunerado em vez de ter um emprego remunerado. O segundo é o método de substituição global, no qual é usado o salário de mercado de uma empregada encarregada dos assuntos domésticos.* (Devo acrescentar que esse é um método insatisfatório, já que o valor atribuído aos serviços domésticos ainda é muito baixo no mercado.) O terceiro é o método da substituição especializada ou "custo de reposição", que avalia o trabalho doméstico usando uma combinação dos salários de mercado de cozinheiros, enfermeiros, jardineiros e outros profissionais.

Além desses métodos "baseados no insumo", assim chamados porque medem o valor do trabalho doméstico em função de insumos como as horas de trabalho, o Instituto Internacional de Pesquisa e Treinamento para o Progresso das Mulheres (INSTRAW)** da ONU propôs outro método: a avaliação baseada na produção. Essa abordagem mede a produtividade doméstica em função do valor de mercado dos produtos e serviços produzidos, como, por exemplo, as refeições servidas em um restaurante, o acompanhamento da instrução de uma criança realizado por um profissional, etc.

Desenvolver, aperfeiçoar e aplicar os melhores métodos para quantificar as contribuições econômicas não-remuneradas e integrar essas medições nos indicadores convencionais não é uma tarefa simples. Entretanto, um número cada vez maior de economistas e estatísticos reconhece que se trata de uma tarefa fundamental.

Inúmeros economistas, entre eles Lourdes Beneria, Nancy Folbre e Duncan Ironmonger, escreveram amplamente sobre essas questões. Ironmonger, por exemplo, propõe que o valor adicionado à economia pelo trabalho doméstico não-remunerado seja chamado de produto familiar bruto (PFB) e o valor acrescentado pela economia de mercado fosse chamado de produto de mercado bruto (PMB). A soma do PFB com o PMB seria então uma medida de economia mais precisa, que ele sugere que seja chamada de produto econômico bruto (PEB).[30]

---

* *Housekeeper* no original. A *housekeeper* tem mais atribuições do que a *maid*, que seria a empregada doméstica comum, já que a *housekeeper* é em geral responsável pela administração da casa. Seria a governanta, porém não apenas em famílias de classe alta, como sugere o termo no Brasil. (N. da T.)
** Sigla no nome em inglês: International Research and Training Institute for the Advancement of Women. (N. da T.)

◻ *Orçamentos e valores*

Mais da metade dos gastos discricionários dos Estados Unidos vai para as forças armadas, ao passo que apenas uma fração deles é reservada para a educação, a saúde e a assistência social.

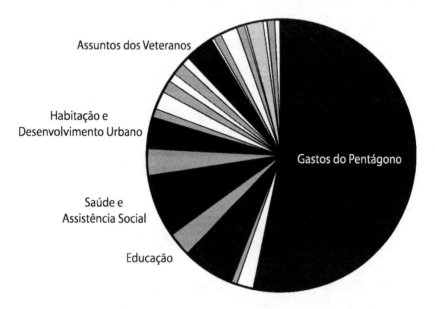

Orçamento do Presidente Ano Fiscal de 2005

Assuntos dos Veteranos

Habitação e Desenvolvimento Urbano

Gastos do Pentágono

Saúde e Assistência Social

Educação

GASTOS DISCRICIONÁRIOS FEDERAIS

Em março de 2006, as deputadas Lynn Woolsey e Barbara Lee introduziram o H. R. 4898 (o Common Sense Budget Act — Lei do Orçamento Sensato) para redesignar sessenta bilhões de dólares de gastos desnecessários do Pentágono para prioridades internas do país com deficiência de recursos. Entre os cortes estão: sete bilhões de dólares do Programa Nacional de Defesa contra Mísseis e treze bilhões para reduzir o arsenal nuclear americano para mil ogivas. Segundo o especialista em defesa Lawrence Korb, ex-Subsecretário de Defesa do Efetivo Militar, Instalações e Logística do ex-Presidente Reagan, esses sessenta bilhões podem ser facilmente cortados sem colocar em risco a segurança dos Estados Unidos.[32] Os sessenta bilhões seriam redistribuídos da seguinte maneira, sem um único aumento de impostos ou dez centavos adicionais nos gastos federais: *Assistência médica infantil:* dez bilhões de dólares ao longo de doze anos para fornecer cobertura médica a milhões de crianças americanas sem seguro-saúde. *Reconstrução de escolas:* dez bilhões ao longo de doze anos para reconstruir e modernizar cada escola pública do país, do jardim-de-infância ao ensino médio. *Pesquisas médicas:* dois bilhões por ano para repor recentes cortes no orçamento dos Institutos Nacionais de Saúde. *Formação profissional:* cinco bilhões de dólares anuais para fazer a reciclagem profissional de 250 mil americanos que perderam o emprego por causa do comércio internacional. *Fome mundial:* treze bilhões por ano em ajuda humanitária para permitir que os países pobres alimentem seis milhões de crianças que correm o risco de morrer de inanição a cada ano. *Independência energética:* dez bilhões de dólares por ano para eliminar o hábito da importação do petróleo por meio de investimentos em fontes de energia eficientes e renováveis. *Ministério da Segurança Nacional:* cinco bilhões por ano para compensar o déficit de recursos na prontidão de emergência, em atualizações da infra-estrutura e subsídios para as pessoas cuja profissão exige a sua presença imediata em situações de emergência. *Redução do déficit:* cinco bilhões de dólares destinados a diminuir, mesmo que muito pouco, a dívida nacional de 8,2 trilhões de dólares.

Fonte: Figura e dados reproduzidos com a autorização de Business Leaders for Sensible Priorities; www.sensiblepriorities.org/.

Um crescente número de países, como a Austrália, o Canadá, a Nova Zelândia, a Suíça e a África do Sul, já conduziram levantamentos sobre o trabalho doméstico extramercado. As pioneiras foram as nações nórdicas, com o primeiro estudo norueguês remontando a 1912 e tendo prosseguido desde então. Julie Aslaksen e Charlotte Koren observam na sua análise da experiência norueguesa que esses levantamentos foram importantes na formação das políticas econômicas da Noruega, as quais, à semelhança das de outros países nórdicos, dão mais apoio à atenção e à assistência do que as políticas de qualquer outro país.[33]

Esses levantamentos nacionais têm demonstrado uniformemente que o valor monetário do trabalho não-remunerado é muito elevado. Um estudo do governo suíço realizado em 2004 baseado no recenseamento de 2000 mostrou que o valor do trabalho não-remunerado era de 250 bilhões de francos suíços (162 bilhões de euros ou 190 bilhões de dólares). Essa quantia equivalia a 70% do PIB suíço divulgado. Os dados suíços também revelaram que a maior parte do trabalho não-remunerado era, de longe, o trabalho doméstico das mulheres, com estas últimas contribuindo com quase dois terços do valor total de todo o trabalho não-remunerado.[34]

Esses levantamentos mostram ainda que o tempo gasto no trabalho não-remunerado é, em média, igual, ou maior, do que o despendido na

> *Em 1995, o Relatório do Desenvolvimento Humano das Nações Unidas estimou que o valor do trabalho não-remunerado das mulheres é colossal, equivalendo a onze trilhões de dólares por ano, e observou que "se os dados estatísticos nacionais passarem a refletir plenamente a contribuição 'invisível' das mulheres, os elaboradores das políticas econômicas ficarão impossibilitados de desconsiderá-los nas decisões de âmbito nacional."*

força de trabalho remunerada. Além disso, eles confirmam que a maior parte desse tempo é composto pelo tempo que as mulheres passam em casa cuidando dos filhos, dos idosos e dos doentes, e garantindo ainda que o ambiente da casa esteja limpo.

Um crescente número de países, como a Austrália, o Canadá, a Nova Zelândia, a Suíça e a África do Sul, já conduziram levantamentos sobre o trabalho doméstico extramercado. Esses levantamentos nacionais têm demonstrado uniformemente que o valor monetário do trabalho não-remunerado é muito elevado.

Em 1985, a Conferência Internacional das Mulheres das Nações Unidas em Nairóbi recomendou que a contribuição não-remunerada das mulheres fosse registrada nas contas nacionais de todos os países. A Conferência das Mulheres da ONU em Pequim de 1995 reiterou e fortaleceu esse apelo. O Relatório de Desenvolvimento Humano das Nações Unidas de 1995, que se concentrou intensamente nas mulheres por causa da Conferência das Mulheres da ONU do mesmo ano, também recomendou com insistência que o trabalho não-remunerado das mulheres fosse computado como parte da renda nacional.

Esse relatório da ONU estimou que o valor do trabalho não-remunerado das mulheres é colossal, equivalendo a onze trilhões de dólares por ano, e observou que "se os dados estatísticos nacionais passarem a refletir plenamente a contribuição 'invisível' das mulheres, os elaboradores das políticas econômicas ficarão impossibilitados de desconsiderá-los nas decisões de âmbito nacional". O relatório também observou que: "Se o trabalho não-remunerado das mulheres fosse adequadamente avaliado, é bem possível que as mulheres emergissem na maioria das sociedades como as principais responsáveis pelo sustento da família, ou pelo menos como igualmente responsáveis por ele, já que trabalham mais horas do que os homens".[35]

Em resposta à pressão de organizações femininas e das Conferências Mundiais da ONU sobre as Mulheres, a Organização das Nações Unidas recomendou em 1993 uma mudança significativa na contabilidade: um novo Sistema de Contas Nacionais que inclua o trabalho doméstico em uma conta "satélite". Mais recentemente, o Eurostat (o escritório estatístico da Comissão Européia) publicou um manual para uma conta satélite da produção doméstica.

Embora as contas satélites ainda estejam separadas do PIB e do PNB, elas representam um passo importante em direção a medidas econômicas mais realistas. Elas também mostram que o fato de o valor do trabalho de assistência não-remunerado realizado nas unidades familiares ser ou não reconhecido é basicamente uma questão política e não de limitações estatísticas.

ALÉM DO DUPLO PADRÃO ECONÔMICO

É claro que não existe nenhuma maneira de quantificar como o espírito humano se sente feliz quando nos vemos envolvidos pelo sentimento de que somos valorizados e valiosos, que merecemos atenção e que podemos enriquecer a vida de outras pessoas ao cuidar delas.

Como podemos atribuir um valor monetário aos benefícios físicos, emocionais, mentais e espirituais dos cuidados e do carinho, de nos sentirmos seguros e valorizados? Como podemos quantificar o valor de sermos vistos pelo que realmente somos, da alegria do nosso coração oriunda de relações nas quais a nossa condição humana essencial, bem como a dos outros, é evidente?

Não há como quantificar a felicidade que nós, seres humanos, extraímos do fato de sermos amados e apreciados. Tampouco podemos medir a felicidade que sentimos ao cuidar dos outros, embora essa felicidade seja amplamente comprovada na poesia, na filosofia, na psicologia e nos estudos sociológicos.[36]

Ao mesmo tempo, como vimos no Capítulo 3, *podemos* quantificar muitos dos benefícios econômicos da atenção e do carinho. Constatações da neurociência revelam que a boa assistência é fundamental para que as crianças se tornem adultos produtivos e criativos, e que existe uma forte ligação entre a negligência com os cuidados infantis e futuros problemas de saúde, sociais e profissionais.[37] Pesquisas também mostram que os bons programas de puericultura apresentam benefícios econômicos a longo prazo — por exemplo, as crianças inscritas em programas de desenvolvimento de alta qualidade na primeira e na segunda infância alcançaram uma renda substancialmente mais elevada ao longo da vida do que aquelas que não receberam esses benefícios.[38] Além disso, os adultos que se sentem apreciados são mais saudáveis e vivem mais tempo, o que se traduz em uma economia de dinheiro substancial, inclusive uma grande economia nas despesas médicas que representam hoje uma importante depleção econômica nas empresas e nos governos.

Os indicadores econômicos precisam levar em consideração os benefícios para a sociedade do trabalho da atenção e da assistência. Além disso, precisamos encontrar maneiras de recompensar esse trabalho de maneiras tangíveis que ajudem a colocar comida na mesa e um teto sobre a cabeça das pessoas.

É claro que a idéia de que a atenção e a assistência nas famílias deveria ser socialmente amparada de uma maneira palpável colide diretamente com o argumento de que esse trabalho não deveria ser maculado por grosseiras considerações materiais, que ele deve ser executado exclusivamente por amor. Sem dúvida a motivação intrínseca do amor desempenha um papel importante nessas atividades. E é como deveria ser. Entretanto, isso não muda o fato que as pessoas que executam basicamente essas atividades, ou seja, as mulheres, foram condenadas a formar o grosso dos pobres do mundo, de modo que até mesmo nas nações abastadas, como os Estados Unidos, as idosas são quase duas vezes mais pobres do que os idosos.

Tampouco muda o fato que a omissão em reconhecer o valor econômico desse trabalho distorceu as políticas econômicas, de modo que o financiamento das atividades humanitárias recebem uma prioridade menor do que o das prisões e das guerras. Como venho enfatizando no decorrer do livro, simplesmente não é realista esperar políticas solidárias enquanto a solidariedade for sistematicamente desvalorizada.

Certamente não desejamos que a remuneração da atenção e dos cuidados seja paga por uma pessoa, geralmente o homem, quando o pai e a mãe estão presentes. Mas não precisamos continuar a penalizar as pessoas que executam o trabalho solidário para as famílias, como fazemos hoje, negando-lhes a Previdência Social e outros benefícios públicos a que todos têm intrinsecamente direito.

Podemos conferir mais visibilidade e valor ao trabalho solidário nas famílias por intermédio de várias abordagens como o investimento social em um bom treinamento para as pessoas que têm outras sob a sua responsabilidade, incentivos fiscais e Previdência Social para elas. Além disso, por meio do horário de trabalho flexível, estipêndios para os cuidados com as crianças, assistência médica universal, licença parental remunerada e outras políticas do local de trabalho que promovem a família apoiadas pelo governo e empregadores, os homens e as mulheres podem equilibrar o trabalho dentro e fora de casa. Isso proporcionará aos homens a oportunidade de se aproximar mais dos filhos e às mulheres a chance de expressar e desenvolver outros aspectos do seu potencial humano, e ao mesmo tempo extrair rendimentos do emprego.

Também precisamos de salários mais elevados e maiores benefícios para as profissões humanitárias. Isso nos conduz a um argumento que é habitualmente empregado para justificar os baixos salários dos profissionais que prestam serviços de puericultura: o argumento de que não se trata de um trabalho "especializado". Na verdade, os bons serviços de puericultura exigem o conhecimento dos estágios do desenvolvimento infantil (inclusive do desenvolvimento do cérebro) e do que as crianças são capazes de entender e fazer em diferentes faixas etárias — conhecimento esse que está tragicamente ausente nas abordagens "tradicionais" punitivas da criação dos filhos.

Haverá aqueles que argumentarão que a motivação das pessoas que trabalham nas profissões humanitárias deve ser intrínseca e não extrínseca, que uma boa remuneração "depreciaria" o trabalho. No entanto, como Julie Nelson e outros economistas documentam, quando a remuneração monetária é percebida como um reconhecimento e apoio das metas e desejos dos trabalhadores, ela na verdade reforça e amplia, em vez de substituir, a motivação e a satisfação interior. Em outras palavras, à semelhança de outras recompensas que visam reforçar o comportamento positivo, a remuneração mais elevada para o trabalho solidário tenderia a encorajar, em vez de desestimular, a solidariedade.[39]

AS MULHERES, OS HOMENS E A QUALIDADE DE VIDA

Tudo isso nos conduz de volta ao sistema oculto de avaliações no qual as mulheres, bem como o trabalho da atenção e da assistência estereotipicamente associado às mulheres, são desvalorizados. Também conduz a outro conjunto de pesquisas que mostram que modificar esse sistema de valores baseado na diferença entre os sexos beneficiará a todos nós.

Um estudo estatístico que realizei junto com o psicólogo social David Loye e a socióloga Kari Norgaard sob os auspícios do Center for Partnership Studies (CPS) descobriu exatamente isso. Esse estudo, divulgado em *Women, Men, and the Global Quality of Life,* comparou padrões da condição da mulher com padrões da qualidade de vida utilizando dados estatísticos coletados por entidades internacionais de 89 países. Ele revelou que a condição das mulheres pode efetivamente ser um melhor indicador da qualidade geral de vida do que o PIB ou Produto Interno Bruto.[40]

O Kuwait e a França, por exemplo, tinham níveis quase idênticos de PIB, mas as taxas de mortalidade infantil, um dos indicadores mais básicos da qualidade de vida, eram muito diferentes. Na França a taxa de mortalidade infantil era de oito bebês por mil nascimentos com vida. No Kuwait, onde a condição da mulher é muito inferior à da França, ela era de dezenove bebês por mil nascimentos com vida, mais do que o dobro da taxa da França.[41]

É claro que é difícil mostrar as relações causais quando examinamos a dinâmica de sistemas interativa. Entretanto, o fato de que percebemos essas diferenças nos indicadores da qualidade de vida básica em países com o mesmo PIB mas com diferentes níveis de justiça sexual mostra que a justiça ou injustiça sexual são essenciais para uma qualidade de vida de um modo geral mais elevada ou mais baixa.

A pesquisa do CPS descobriu que um PIB mais elevado tende a acompanhar um movimento em direção à igualdade sexual. No entanto, ele também descobriu que sociedades com o mesmo PIB podem ter grandes variações nas relações entre os sexos, e que a natureza dessas relações está fortemente correlacionada com uma qualidade de vida geral mais elevada ou mais baixa.[42]

Existem muitas razões para essa correlação, mas um dos fatores é que os países onde as mulheres desfrutam de uma condição mais elevada, a atenção e a assistência são mais valorizadas, quer sejam proporcionados pelas mulheres ou pelos homens. Em nações como a Suécia, a Noruega e a Finlândia, por exemplo, as profissões humanitárias como os serviços de puericultura, a enfermagem e o magistério têm um status mais elevado. Os cuidados com as pessoas e a natureza também recebem uma prioridade maior no orçamento nacional e em outras políticas. Tudo isso contribui para uma qualidade de vida mais elevada para todos.

Esse relacionamento entre a condição da mulher e a qualidade de vida geral da sociedade tem sido confirmado por outras pesquisas, entre elas as da World Values Survey, as maiores pesquisas internacionais de atitudes e como elas se correlacionam com o desenvolvimento econômico e a estrutura política.[43] Pela primeira vez em 2000, a World Values Survey focalizou a atenção em atitudes com relação à justiça sexual, e baseada em dados de 65 sociedades que representam 80% da população mundial, descobriu que o relacionamento entre o apoio à igualdade sexual na política e o nível de direitos políticos e civis é "extraordinariamente forte".[44] As pesquisas também constataram que um maior poder para as mulheres é importante para o sucesso da economia pós-industrial.[45]

Ronald Inglehart, Pippa Norris e Christian Weizel escrevem o seguinte em "Gender Equality and Democracy": "Nas sociedades industriais avançadas, os padrões de autoridade parecem estar mudando do estilo hierárquico tradicional para um mais compartilhado que corresponde às diferenças entre os estilos estereotipicamente 'masculino' e 'feminino' da interação social".[46] Eles assinalam ainda que, ao lado de outras mudanças culturais associadas a uma condição mais elevada para as mulheres, essa "feminização dos estilos de liderança" está estreitamente ligada à disseminação das instituições democráticas.[47]

❑ Os homens, as mulheres e a qualidade geral de vida

Na pesquisa *Women, Men and the Global Quality of Life*, o Center for Partnership Studies descobriu que as avaliações da condição da mulher podem ser um prognosticador ainda melhor da qualidade de vida do que indicadores convencionais como o PNB ou o PIB.[48]

As variáveis de justiça sexual, por exemplo, se correlacionaram mais com os índices globais de alfabetização do que o PIB. Uma maior disparidade no nível de instrução entre mulheres e homens estava fortemente relacionada com uma expectativa de vida mais baixa e uma mortalidade infantil mais elevada. Particularmente interessante foi o fato de que a prevalência do controle da natalidade apresentou uma relação maior com os indicadores básicos da qualidade de vida como a mortalidade infantil e a expectativa de vida do que o PIB.[49]

> Isso não quer dizer que não exista nenhuma relação entre um PIB baixo e indicadores básicos da qualidade de vida como as taxas de mortalidade infantil e materna, a falta de água potável, a ausência de uma assistência médica adequada, a indisponibilidade de anticoncepcionais e baixas taxas de alfabetização. Essa relação existe, já que os países com um PIB baixo possuem menos recursos econômicos para essas finalidades. Entretanto, uma qualidade de vida geral mais elevada não acompanha necessariamente um PIB mais elevado.
>
> Mais informações sobre *Women, Men, and the Global Quality of Life* podem ser obtidas no site www.partnershipway.org. ▨

A pesquisa realizada em 2000 pela World Values Survey descobriu que a opinião de que as mulheres e os homem devem ser iguais caminha ao lado da mudança de estilos tradicionais autoritários da criação dos filhos para uma ênfase crescente na imaginação e na tolerância como valores importantes a ser ensinados às crianças. E essas mudanças de atitude a respeito do sexo e da criação dos filhos estão, por sua vez, ligadas a uma maior confiança interpessoal, a uma redução da dependência na autoridade externa, a um sentimento crescente de bem-estar subjetivo, a um padrão de vida mais elevado e a outros aspectos do que Inglehart, Norris e Weizel chamam de "auto-expressão" pós-moderna em vez de valores tradicionais de "sobrevivência".[50]

Nos países em que as mulheres têm uma condição mais elevada, a atenção e a assistência são mais valorizadas, quer sejam proporcionadas por mulheres ou homens, o que contribui para uma qualidade de vida mais elevada para todos.

Essas pesquisas demonstram que os sistemas econômicos não podem ser compreendidos, ou efetivamente modificados, sem que seja concedida a devida atenção a outros componentes culturais essenciais. Elas revelam ainda que a construção dos papéis e relações das metades feminina e masculina da humanidade é um componente cultural fundamental. As pesquisas também mostram os benefícios que as sociedades colhem quando as mulheres e as atividades estereotipicamente associadas às mulheres encerram um status mais elevado.

Quando a atenção e a assistência são desvalorizadas por estar associadas à metade feminina "inferior" da nossa espécie, as políticas e as práticas também são, em geral, menos solidárias. Não apenas o "trabalho das mulheres" de cuidar das crianças, dos doentes e dos idosos é menos amparado, como também os cuidados com o nosso ambiente natural e as políticas e práticas que contribuem para uma maior justiça social e econômica são menos favorecidos.

A falta da solidariedade é economicamente dispendiosa. Os custos abarcam grandes desembolsos para o sistema da justiça penal e para a polícia, bem como os enormes prejuízos que a perda da produtividade causa às empresas. Para culminar, existem os custos que não podem ser quantificados: os custos econômicos e humanos das vidas devastadas.

O duplo padrão econômico que estivemos examinando acarretou uma avaliação irrealista do bem-estar econômico. Deu origem a indicadores econômicos que encobrem os enormes benefícios que a sociedade extrai do trabalho essencial da atenção e da assistência, seja ele executado por mulheres ou homens. Por não entender esses benefícios, os elaboradores das políticas obtêm uma visão distorcida do que são atividades economicamente produtivas, e os resultados são políticas e práticas econômicas deturpadas e insensíveis.

É claro que não precisamos realmente de dados estatísticos para mostrar que a atenção e a assistência é o trabalho humano mais valioso e essencial. Sem ele nós morremos, e com ele não apenas sobrevivemos como também prosperamos. No entanto, considerando-se que os elaboradores das políticas econômicas se apóiam tão fortemente nas quantificações, a inclusão dos benefícios da atenção e da assistência nas estatísticas do que constitui o trabalho produtivo é fundamental.

Conferir um valor real à atenção e à assistência não resolverá todos os problemas do mundo, mas contribuirá enormemente para a felicidade e a realização humanas, sendo essencial para um futuro mais próspero, justo e sustentável.

CAPÍTULO 5

Ligando os pontos

Quase todos conhecemos a velha parábola sobre três cegos e um elefante. O primeiro tateou a tromba do animal e afirmou tratar-se de uma cobra. O segundo sentiu a perna e disse ser uma árvore. O terceiro cego segurou a cauda e ficou certo de que era uma corda. A parábola é tão antiga que tornou-se um clichê, mas descreve vividamente um obstáculo básico à mudança econômica e social fundamental.

Hoje, milhares de especialistas estão analisando os nossos problemas econômicos, sociais e ecológicos a partir das suas perspectivas particulares, discordando a respeito do que reside atrás deles. Entretanto, assim como um elefante não pode ser compreendido se descrevermos apenas algumas das suas partes, tampouco é possível entender o que está por trás dos nossos problemas globais se não levarmos em consideração o sistema como um todo.

Como foi observado no Capítulo 2, não podemos modificar os sistemas econômicos concentrando-nos simplesmente na economia. Os sistemas econômicos estão incrustados em sistemas sociais mais amplos. Para mudar eficazmente políticas e práticas econômicas deficientes, precisamos entender a sua matriz social mais extensa.

Reexaminar a dinâmica social através da lente analítica do *continuum* participação/dominação nos ajuda a ligar os pontos. Possibilita que enxerguemos o que os cientistas chamam de *auto-organização dos sistemas:* as interações dos componentes básicos de um sistema que mantêm o seu caráter fundamental.[1] Este capítulo descreve essas interações. Examina as estruturas contrastantes do sistema de participação e do sistema de dominação. Oferece exemplos concretos de sociedades mais voltadas para cada uma das extremidades do *continuum* participação/dominação. E mostra de que maneira cada um desses sistemas exerce um impacto direto na economia.

UMA NOVA ESTRUTURA SOCIAL E ECONÔMICA

Nasci na Europa em um momento de intensa regressão e de um rígido sistema de dominação: a ascensão dos nazistas ao poder, primeiro na Alemanha e depois na minha pátria, a Áustria. Eu era pequena demais para entender o que estava acontecendo, mas quando os nazistas dominaram a Áustria, a minha vida mudou radicalmente. O medo tornou-se um constante companheiro. No dia 10 de novembro de 1938, data da abominável Noite de Cristal, assim chamada devido à enorme quantidade de vidro quebrado nas casas e nas lojas dos judeus, bem como nas sinagogas* — um bando de nazistas veio à nossa casa e levou o meu pai embora. Por um verdadeiro milagre, a minha mãe conseguiu libertá-lo, de modo que pegamos um avião e fomos para Viena. Se não tivéssemos feito isso, teríamos morrido no Holocausto, que foi o destino de seis milhões de judeus europeus, entre eles os meus avós e quase todos os meus tios, tias e primos, como descobri, horrorizada, quando a Segunda Guerra Mundial terminou.

Essas experiências da infância me afetaram profundamente e conduziram à minha busca permanente de compreender como algo assim pode ter ocorrido, e o que podemos fazer para que isso nunca mais aconteça. Com o tempo, elas resultaram nos meus anos de pesquisas históricas multidisciplinares e que combinam e comparam vários grupos culturais, as quais, por sua vez, conduziram à descoberta das novas categorias sociais dos sistemas de participação e dominação.

As categorias sociais mais antigas, como a capitalista *versus* a socialista, a ocidental *versus* a oriental, e a industrial *versus* a pré ou a pós-industrial, surgiram de épocas em que o duplo padrão econômico que examinamos há pouco era de um modo geral aceito. Por conseguinte, elas não levam em conta a maneira como a interpretação dos papéis sexuais afeta a estrutura de todo o sistema social. Além do mais, essas categorias não dão atenção às relações que têm lugar no início da infância, embora afetem profundamente os tipos de sociedades que as pessoas vêm a aceitar e perpetuar.[2]

Em contrapartida, as categorias do sistema de participação e do de dominação levam em conta a *totalidade* da espécie humana — a metade masculina e a metade feminina — bem como a *totalidade* da nossa vida — tanto a esfera pública, que até relativamente pouco tempo era chamada de "mundo dos homens", quanto a esfera privada da família e de outras relações íntimas às quais as mulheres e as crianças eram tradicionalmente restringidas.

Examinar essa imagem mais ampla torna possível enxergar padrões que não foram identificados antes. Esses padrões, que só são visíveis se observamos

---

* Essa noite foi chamada de *Kristall Nacht*, ou Noite dos Cristais, porque os nazistas quebraram as vitrines e vidros de residências e lojas judaicas, e os cacos espalhados pelo chão se refletiam como cristais quando iluminados pelo luar. (N. da T.)

todo o espectro de funções e relações que compreendem uma sociedade, são as configurações do sistema de participação e do de dominação.

O grau em que uma sociedade particular se volta para um ou outro desses sistemas afeta profundamente as características e comportamentos humanos, do nosso grande repertório, que são fortalecidos ou inibidos. O sistema de participação põe em relevo as nossas faculdades de conscientização, solidariedade e criatividade. O sistema de dominação tende a inibir essas faculdades. Ele enfatiza — na verdade requer — a insensibilidade, a crueldade e a destrutibilidade.

Os seres humanos têm o potencial biológico para todas essas características e comportamentos. Algumas pessoas podem nascer com uma tendência genética para um tipo ou outro.[3] Não obstante, a psicologia e a neurociência demonstram que as experiências da vida das pessoas, particularmente os primeiros relacionamentos na vida, afetam profundamente o fato de essas tendências serem inibidas ou expressas. Além disso, a antropologia e a sociologia mostram que as experiências e os relacionamentos da vida das pessoas são amplamente moldados pela cultura em que elas vivem.

A intensidade com que uma cultura ou subcultura nos dirige para uma das extremidades do *continuum* participação/dominação produz diferentes experiências de vida e ampara tipos de relacionamento diversos. A configuração do sistema de dominação respalda relações baseadas em rígidas hierarquias de dominação que são essencialmente amparadas pelo medo e pela força. A configuração do sistema de participação defende os relacionamentos baseados no respeito, na responsabilidade e no benefício mútuos. Por conseguinte, entender as configurações dos sistemas de participação e de dominação é um passo importante em direção a mudanças positivas na maneira como nos relacionamos com nós mesmos, uns com os outros e com a Mãe Terra.

A CONFIGURAÇÃO DOMINADORA

Algumas das sociedades mais brutais, violentas e opressivas do século XX foram a Alemanha de Hitler (uma sociedade ocidental direitista, tecnologicamente avançada), a URSS de Stalin (uma sociedade esquerdista secular), o Irã de Khomeini e o Talibã do Afeganistão (sociedades religiosas orientais), e a Uganda de Idi Amin (uma sociedade tribalista). Existem diferenças óbvias entre elas, mas todas têm algo em comum: estão rigorosamente voltadas para a configuração do sistema de dominação, o que abrange instituições econômicas de cima para baixo e práticas orientadas por valores insensíveis em vez de solidários.

O primeiro componente básico da configuração dominadora é uma estrutura de rígida classificação de cima para baixo sustentada por meio do controle físico, psicológico e econômico. Essa estrutura autoritária é encontrada tanto na família quanto no estado ou na tribo, e é o padrão ou modelo para todas as instituições sociais.

O segundo componente básico é um nível elevado de abuso e violência, que vai desde o espancamento dos filhos e da mulher ao estado de guerra permanente. Toda sociedade contém uma certa quantidade de abuso e violência, mas no sistema de dominação encontramos a institucionalização de ambos, necessária para manter uma rígida hierarquia de dominação — do homem sobre a mulher, do homem sobre o homem, de raça sobre raça, de religião sobre religião e de país sobre país.

O terceiro componente básico do sistema de dominação é a rígida categorização de uma das metades da humanidade sobre a outra.[4] Quando Hitler assumiu o poder, um dos brados de convocação do nazismo era: "Vamos colocar as mulheres de volta no seu lugar tradicional".[5] Esse também era o brado de convocação do Khomeini no Irã e do Talibã no Afeganistão. As diretivas de Stalin se afastaram das tentativas anteriores de igualar o status das mulheres e dos homens.[6] Na Uganda de Idi Amin, as mulheres eram de tal maneira subordinadas aos homens que no final da década de 1980, nas regiões rurais, ainda se esperava que as mulheres se ajoelhassem ao se dirigir a um homem.[7]

Essa visão superior/inferior da nossa espécie é um componente central das culturas injustas, despóticas e violentas. Ela oferece um mapa mental que as crianças aprendem para equacionar *todas* as diferenças — sejam elas baseadas na raça, na religião ou na etnia — com superioridade ou inferioridade.

Essa visão hierárquica da nossa espécie também se manifesta em um sistema de valores distorcido. Ao lado da classificação do homem sobre a mulher caminha a hierarquia das qualidades e comportamentos considerados "vigorosos" ou "masculinos" sobre aqueles classificados como "delicados" ou femininos. A violência "heróica" e a conquista "máscula", como no direcionamento dos recursos para as armas e as guerras, são mais valorizadas do que a solidariedade, a não-violência e a assistência. Esses valores e atividades "femininos" são relegados às mulheres e aos homens "efeminados", e recebem pouco apoio nas políticas econômicas.

Isso, por sua vez, conduz ao quarto componente básico do sistema de dominação: as convicções e as histórias que justificam a dominação e a violência como inevitáveis e, até mesmo, éticas. As culturas e as subculturas voltadas de perto para esse sistema ensinam que é respeitável e moral matar as pessoas das nações ou tribos vizinhas, apedrejar as mulheres até a morte, escravizar as pessoas "inferiores" e espancar crianças para impor a nossa vontade. A guerra é "santa", e isso é verdade não apenas para as culturas dominadoras religiosas, mas também para as seculares. Para os jovens nazistas, sair em campo para matar o inimigo e purificar a raça era uma missão sagrada, assim como os terroristas de hoje invocam Deus para justificar os seus atos desumanos.

Esses quatro componentes básicos — uma estrutura social com uma rígida hierarquia de cima para baixo, um nível elevado de abuso e violência, um modelo homem-superior/mulher-inferior da nossa espécie e convicções que justificam a dominação e a violência como inevitável e ética — moldam todas as instituições econômicas do sistema de dominação.

A DOMINAÇÃO E A ECONOMIA

Os aspectos econômicos dominadores baseiam-se em classificações de "superiores" sobre "inferiores". As regras, as políticas e as práticas econômicas favorecem os que estão em cima, com pouca ou nenhuma consideração pelos que estão embaixo, que são vistos como "naturalmente" inferiores ou como estando recebendo o que merecem por não trabalhar com afinco suficiente para modificar a sua situação.

🔲 *A natureza humana: mitos e realidades*

A imagem que fazemos da natureza humana foi distorcida pelo que acontece à psique humana em um contexto dominador. Freud, por exemplo, descreveu de uma maneira brilhante a psique dominadora masculina com o seu *complexo de Édipo*. Ele afirmou que todo filho tem vontade de matar e substituir o pai, em uma luta interminável pela dominação. Essa teoria foi então aceita como uma descrição da psique masculina e não da dinâmica psicológica distorcida da cultura dominadora mais rígida da época de Freud. A sua teoria de que as mulheres têm "inveja do pênis" também foi aceita como uma descrição da psique feminina, obscurecendo o fato que o que as mulheres invejam nos sistemas dominadores não é a anatomia masculina e sim o privilégio, a autonomia e a oportunidade de agir do homem. Embora essas teorias freudianas tenham sido desacreditadas, muitas crenças e instituições dominadoras ainda prevalecem hoje em dia no mundo inteiro. Cabe a nós desacreditar essas idéias e modificar essas instituições. ▪

A estrutura das instituições econômicas inseridas em um sistema de dominação mantém a classificação de cima para baixo, concentrando o controle econômico nas mãos dos que estão no topo. Essas estruturas são construídas e sustentadas não apenas por meio das leis e regras que governam especificamente a economia, mas também por intermédio do sistema social mais amplo de leis, regras, convicções, hábitos e normas.

Como vimos, instituições como a família, a educação, a religião e os governos interagem com as instituições econômicas para manter a natureza básica da sociedade. E como também examinamos, as normas culturais para o início da infância e para as relações entre os sexos são particularmente importantes, já que é por meio dessas relações que as pessoas aprendem quais os tipos de relacionamentos, estruturas sociais e comportamentos que são considerados normais e desejáveis.

Procedendo do duplo padrão para o "trabalho masculino" e o "trabalho feminino", a economia dominadora se baseia na desvalorização e exploração das atividades vitais tanto das mulheres quanto da Mãe Terra. Embora os homens extraiam algumas vantagens do duplo padrão sexual, essas vantagens são superadas pelas desvantagens. As perdas que o sistema de dominação impõe aos homens são enormes — desde ser mutilados e feridos em guerras constantes a ser controlados e oprimidos pelos que estão acima deles.

Quando as crianças aprendem que metade da nossa espécie é colocada na terra para ser servida e a outra metade para servir, elas adquirem um mapa mental da injustiça econômica que é então generalizada para outras relações. Elas aprendem a aceitar inconscientemente a subordinação e a exploração econômica de todos os "inferiores" de fora pelos membros "superiores" dos grupos de dentro.

Essa interconexão que mutuamente se reforça entre a classificação dos homens acima das mulheres e um sistema econômico injusto era incisivamente clara nos dias do feudalismo e da monarquia. Nesses períodos de dominação masculina, os reis, os imperadores e os nobres viviam no luxo, mas os homens e as mulheres que trabalhavam de manhã à noite para essas pessoas "superiores", abastecendo-lhes a mesa e enchendo-lhes de ouro os cofres, mal conseguiam sobreviver.

Vemos também essa interconexão mais tarde, nos períodos em que ressurgiram os dogmas da inferioridade da mulher. Essas também foram caracteristicamente ocasiões em que o abismo econômico entre os de cima e os de baixo se ampliou. Nos dias dos magnatas inescrupulosos do início do capitalismo industrial, por exemplo, quando os trabalhadores eram com freqüência impiedosamente explorados, os darwinistas sociais estavam combatendo o feminismo com o argumento de que as mulheres são naturalmente inferiores aos homens. Atualmente, ao mesmo tempo que os sociobiólogos sustentam que a dominação do homem sobre a mulher é uma imposição evolucionária, a estratificação econômica também se intensificou: salários corporativos multimilionários contrastam acentuadamente com a falta de moradia e a fome.

Quero enfatizar novamente que a injustiça econômica não é uma característica exclusiva do capitalismo não controlado. Ela também é um atributo das economias dominadoras. No antigo regime comunista da União Soviética, os que estavam em cima comiam caviar e residiam em confortáveis apartamentos na cidade e tinham sítios no campo, enquanto a maioria das famílias morava em unidades residenciais apinhadas de gente, e as mulheres enfrentavam longas filas, durante horas, para comprar gêneros de primeira necessidade.

Outra característica da economia dominadora é a corrupção. Ouve-se com freqüência que o poder corrompe. Embora isso não seja de modo nenhum inevitável, a corrupção no sentido de obter vantagens pessoais ou para o grupo ao qual a pessoa pertence sem consideração pelos outros, particularmente pelos que ocupam uma posição mais baixa na hierarquia social, está embutida no sistema de dominação. As tradições de desonestidade nas empresas e no governo recuam a um passado distante, e é somente com o avanço em direção a um sistema de participação que idéias como a "transparência" nas empresas e no governo começaram a ganhar terreno.[8]

Nas rígidas culturas dominadoras, o suborno em todos os níveis do governo, desde o mais insignificante funcionário municipal ao dignitário mais elevado, ainda é, com freqüência, uma prática aceita. Até mesmo nos Estados Unidos, os grandes doadores políticos freqüentemente redigem leis que os beneficia à custa dos contribuintes. É uma prática comum as pesquisas científicas serem financiadas por empresas farmacêuticas e de outros tipos que têm um interesse pessoal nos resultados das mesmas. E como aconteceu no caso da Enron, da WorldCom e da Tyco, os altos executivos freqüentemente enriquecem falsificando os livros da companhia à custa dos funcionários e dos acionistas. Tudo isso não se deve, como às vezes nos dizem, a uma "natureza humana inerentemente imperfeita". Mas tampouco se deve apenas a algumas "ovelhas negras" nas fileiras das empresas e do governo. Todas essas coisas estão profundamente entranhadas nas tradições de corrupção inerentes às hierarquias de dominação nas quais a solidariedade e empatia são sistematicamente inibidas.

Dessas e de outras maneiras, a economia dominadora interfere na operação dos mercados. Em vez de serem árbitros da oferta e da procura, na medida em que uma sociedade se volta para o sistema de dominação, os mercados se distorcem e passam a beneficiar os que estão em cima em detrimento dos que estão embaixo.

A apropriação cabal da propriedade de terceiros é outra característica de muitos regimes dominadores rígidos. Stalin se apropriou dos bens de milhões de *kulaks,* os pequenos agricultores proprietários de terras assassinados pelo seu regime. Khomeini confiscou a propriedade dos curdos e dos baha'i. O seu regime fundamentalista aterrorizou esses forasteiros até eles fugirem, ou simplesmente assassinou-os em nome de Deus e da moralidade. Os ativos confiscados aos judeus, ou grupo forasteiro desprezado, foram usados para financiar a recuperação econômica da Alemanha no período de dominação nazista. O estado nazista apropriou-se à força das casas, das obras de arte e das contas bancárias das famílias judias, entre elas a dos meus pais. Os membros do partido nazista eram recompensados com parte do despojo desses saques armados legalizados. As mulheres, os homens e as crianças judias eram conduzidos em bando aos campos de concentração ou, como os meus pais e eu, obrigados a fugir.

☐ *Os livres mercados: mitos e realidades*

Um dos princípios da teoria econômica neoclássica é que quando os mercados não estão sujeitos à regulamentação do governo, eles distribuem com eficácia os recursos da sociedade por meio da interação da oferta e da procura. Por conseguinte, o "livre mercado" tornou-se um slogan contra a regulamentação do governo.

Entretanto, a realidade é que no contexto de um sistema de dominação, os mercados dificilmente podem apresentar condições iguais para todos. Em vez de garantir preços e salários justos em função da oferta e da procura, os mercados são distorcidos por meio da propaganda enganosa, padrões deficientes ou inexistentes para condições de trabalho, interferência no poder de negociação dos trabalhadores, pouca ou nenhuma proteção ao consumidor e políticas de governo que deixam os ricos e poderosos livres para fazer o que bem entendem.

Nos sistemas de dominação, os monopólios prosperam e os concorrentes de menor porte são obrigados a fechar as portas. Além disso, como é pormenorizado no Capítulo 6, os sistemas de dominação criam uma escassez artificial e necessidades artificiais. E tudo isso ainda é acrescido da desvalorização da atenção, da assistência e de qualquer outra coisa que seja estereotipicamente considerada "suave" ou "feminina".

Em resumo, na medida em que uma sociedade se volta para o sistema de dominação, os mercados passam a ser controlados por aqueles que detêm o poder, seja por meio de mecanismos públicos ou privados. Na verdade, a liberdade em um sistema de dominação é freqüentemente uma palavra-chave para que os que estão no controle usem o poder sem ser diretamente responsáveis. ▨

Tudo isso foi feito em nome da purificação da raça, da vontade de Deus, do combate aos males da propriedade privada e de outros slogans que justificavam a insensibilidade, a brutalidade e a ganância. Esses slogans encobrem uma verdade fundamental, ou seja, que prejudicar e oprimir outras pessoas é desumano e imoral.

Na verdade, o sistema de dominação se sustenta por meio da negação. Ele sufoca a consciência, impedindo que as pessoas enxerguem o mal que causam às outras, inclusive a si próprias. Essa falta de conscientização é necessária para que a classificação membros do grupo *versus* forasteiros seja imposta e mantida.

Até mesmo nas sociedades que não estão tão próximas da extremidade do *continuum* participação/dominação como as que acabam de ser descritas, parte da mesma dinâmica pode ser observada, embora de uma forma menos visível e brutal. No decorrer das últimas décadas, os Estados Unidos regrediram para o modelo de dominação, com uma reconcentração do poder político e econômico no topo, tentativas de reativar a família de "autoridade paterna" e o emprego cada vez maior da violência nas relações internacionais. Essa regressão provocou um recuo com relação às políticas de proteção econômica anteriores, e a volta às regras, diretivas e práticas que favorecem poderosos grupos específicos internos ou não têm consideração por grupos externos frágeis.

Embora as autoridades do governo dos Estados Unidos certamente não tenham confiscado diretamente os bens dos forasteiros "inferiores" para recompensar os seus colegas, elas conseguiram fazer isso com eficácia desviando a arrecadação fiscal para os que estão em cima, assinando contratos lucrativos com empresas amigas com um baixo desempenho e cortando programas sociais que prestam serviços essenciais para os pobres. Assim sendo, durante os anos de regressão para um sistema de dominação, os recursos destinados à ajuda das crianças e das famílias pobres foram cortados, a arrecadação fiscal foi usada para remunerar grandes corporações e outros importantes doadores políticos com contratos sem licitação, reduções de impostos e a revogação e/ou a não-aplicação de proteções ao ambiente e ao consumidor, enquanto o governo fazia vista grossa às mais flagrantes violações das leis antitruste.[9]

Esses não são fenômenos acidentais. Eles são inerentes ao sistema de dominação. A sociedade voltada essencialmente para esse sistema não pode ter uma política econômica justa. Um sistema solidário e sustentável só pode prosperar quando a sociedade se desloca mais para a extremidade de participação do *continuum*.

A CONFIGURAÇÃO DA PARTICIPAÇÃO

As culturas voltadas para a extremidade da participação do *continuum* participação/dominação também transcendem as categorias convencionais como a religiosa e ou secular, oriental ou ocidental, industrial, pré-industrial ou pós-industrial. Podem ser sociedades tribais, como a dos teduray das Filipinas, pesquisados pelo antropólogo da University of California Stuart Schlegel, ou sociedades agrárias, como os minangkabau de Sumatra, pesquisados pela antropóloga da University of Pennsylvania Peggy Reeves Sanday. Podem ser sociedades tecnicamente altamente desenvolvidas como a Suécia, a Noruega e a Finlândia. Na verdade, presenciamos hoje em dia, em muitos países, o avanço em direção ao sistema de participação.

O primeiro componente básico do sistema de participação é uma estrutura democrática e igualitária *tanto* na família *quanto* na sociedade como um todo. Não obstante, a tendência para o sistema de participação *não* implica uma estrutura nivelada e sem liderança. No sistema de participação, os pais continuam sendo responsáveis pelos filhos, os professores pelos alunos, os gerentes pelos trabalhadores, mas existe uma grande diferença. É a distinção entre o que eu chamo de *hierarquias de dominação,* que se baseiam no controle e no medo, e *hierarquias de realização,* na qual os pais, professores e gerentes inspiram, apóiam e delegam poderes em vez de desautorizar outras pessoas — tema que voltarei a abordar neste livro.

O segundo componente básico do sistema de participação é que o abuso e a violência não são culturalmente aceitos, de modo que a confiança e o respeito mútuos estão mais presentes. Isso não significa que não existe abuso ou violência, mas como não são necessários para manter uma rígida hierarquia de dominação, não precisam ser institucionalizados ou idealizados.

O terceiro componente básico do sistema de participação é a igual participação entre mulheres e homens. Ele se faz acompanhar de um sistema de valores nos quais qualidades e comportamentos como a não-violência e a assistência, denegridas como femininas no sistema de dominação, são altamente valorizadas *tanto* nas mulheres *quanto* nos homens.

Esses valores são fundamentais para um sistema econômico que respalda as relações baseadas na responsabilidade, na solidariedade e no benefício mútuos. Repetindo, isso não significa que todo mundo tenha a mesma posição econômica, mas não existem diferenças enormes entre os que têm mais e os que têm menos nas economias de participação. E como a atenção e a assistência não são desvalorizadas, as práticas comerciais e as políticas econômicas podem ser guiadas pelo espírito de cuidar de nós mesmos, dos outros e nosso hábitat.

Isso conduz ao quarto componente básico do sistema de participação: as crenças e as histórias que proporcionam uma concepção mais equilibrada e positiva da natureza humana. No sistema de participação, a crueldade, a violência e a opressão são reconhecidas como possibilidades humanas, mas não são consideradas inevitáveis, e muito menos morais, e os valores culturais e as crenças respaldam as relações empáticas e mutuamente respeitosas. Além disso, esse sistema se apóia mais fortemente em motivações humanas positivas do que negativas.

As sociedades que se orientam para o lado da participação do *continuum* participação/dominação não são sociedades ideais, mas as suas crenças e ins-

SISTEMAS DE PARTICIPAÇÃO E DOMINAÇÃO

Componente	Sistema de Dominação	Sistema de Participação
1. Estrutura	Estrutura social e econômica autoritária e injusta de rígidas hierarquias de dominação.	Estrutura de encadeamento democrática e economicamente justa, e hierarquias de realização.
2. Relações	Grau elevado de medo, abuso e violência, desde o espancamento dos filhos e da mulher ao abuso da parte dos "superiores" na família, no local de trabalho e na sociedade.	Confiança e respeito mútuos com um baixo grau de medo e violência, já que eles não são necessários para manter rígidas classificações de dominação.
3. Sexo	Classificação da metade masculina sobre a metade feminina da humanidade, bem como das características e atividades encaradas como "masculinas" sobre as consideradas "femininas", como a atenção e a assistência.	Idêntica valorização das metades masculina e feminina da humanidade, bem como uma elevada valorização da empatia, da solidariedade, da assistência e da não-violência nas mulheres e nos homens, bem como na política social e econômica.
4. Crenças	As crenças e as histórias justificam e idealizam a dominação e a violência, que são apresentadas como inevitáveis, éticas e desejáveis.	As crenças e as histórias conferem um valor elevado às relações empáticas, mutuamente benéficas e solidárias, que são consideradas éticas e desejáveis.

tituições — desde a família e a educação à política e à economia — defendem o respeito pelos direitos humanos e pelo nosso ambiente natural. São culturas democráticas nas quais não existem enormes diferenças entre as pessoas que têm mais e as que têm menos, e nas quais os cuidados e a não-violência são considerados apropriados tanto para os homens quanto para as mulheres, e são socialmente amparados.

Existem duas motivações humanas fundamentais. Uma é evitar a dor, e a outra, buscar o prazer. Essas motivações atuam tanto no sistema de participação quanto no de dominação, mas a ênfase é diferente em cada um deles.

No sistema de dominação, o medo da dor é uma importante motivação, que pode se traduzir no medo de ser punido pelos "superiores" ou no medo

DINÂMICA DO *CONTINUUM* PARTICIPAÇÃO/DOMINAÇÃO

O Sistema de Participação

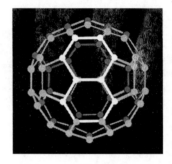

Estrutura democrática e economicamente eqüitativa

Igual valorização de homens e mulheres, e elevada consideração pelos valores femininos estereotípicos

Confiança e respeito mútuos com um baixo grau de violência

Crenças e histórias que conferem um elevado valor às relações empáticas e solidárias

O Sistema de Dominação

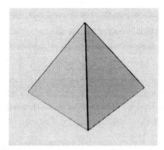

Estrutura social e econômica autoritária e injusta

Subordinação das mulheres e da "feminilidade" aos homens e à "masculinidade"

Elevado grau de abuso e violência

Crenças e histórias que justificam e idealizam a dominação e a violência

O relacionamento entre os componentes de cada um desses dois sistemas é interativo, com todos os quatro componentes básicos reforçando-se mutuamente. Essas interações moldam todas as instituições e relações sociais, inclusive as econômicas.

---

de perder o poder e o status. Por conseguinte, grande parte das antigas idéias a respeito do local de trabalho eficaz se baseava na convicção de que quanto mais os funcionários se sentissem ameaçados, mais se esforçariam no trabalho.

Hoje em dia, quase todos os especialistas empresariais reconhecem que as pessoas na verdade apresentam um melhor desempenho quando não estão com medo, quando se sentem seguras e protegidas em vez de ameaçadas e inseguras. Eles reconhecem que um local de trabalho baseado nesses princípios não apenas promove uma maior produtividade e lealdade à empresa, como também a criatividade, a disposição de correr riscos e a inovação que Gifford e Elizabeth Pinchot chamam de "iniciativa empreendedora".[10] Por conseguinte, como vimos no Capítulo 3, muitas empresas bem-sucedidas estão reconhecendo que o prazer de ser valorizado e protegido motiva as pessoas a executar um trabalho sistematicamente excelente.

Entretanto, essa mudança para uma dependência básica das motivações de prazer em vez de dor não aconteceu no vazio. Faz parte de um movimento social mais amplo: o movimento em direção à mudança do sistema de dominação para o sistema de participação, não apenas na organização empresarial, como também em todas as instituições e relações.

ESTRUTURAS, VALORES E RELAÇÕES DE PARTICIPAÇÃO

Os quatro componentes básicos do sistema de participação — uma estrutura familiar e social democrática e igualitária, um baixo nível de abuso e violência, a idêntica participação das metades masculina e feminina da humanidade, e crenças e histórias que respaldam as relações baseadas na responsabilidade, solidariedade e benefício mútuos — moldam todas as instituições e relações sociais, inclusive as econômicas.

Podemos perceber com mais clareza a interação desses componentes examinando sociedades menos complexas como a dos teduray. Ouvi falar pela primeira vez nessa sociedade tribal quando recebi um telefonema do antropólogo Stuart Schlegel. Ele me disse que havia estudado durante muitos anos uma cultura nas Filipinas. "Eu os descrevi como radicalmente igualitários", disse ele. "Mas agora que li o seu trabalho, vejo que os teduray da floresta formavam claramente uma sociedade de participação."

No livro *Wisdom from a Rainforest,* Schlegel escreve que entre os teduray "o valor e a posição na sociedade de todos os seres humanos, sejam homens ou mulheres, adultos ou crianças, o mais requintado xamã ou o mais simples cesteiro, eram considerados absolutamente idênticos".[11] Essa apreciação de cada pessoa se estendia para todos os aspectos do trabalho e da vida.

Schlegel escreve o seguinte:

Embora as mulheres fossem especialistas em procriar, tanto os homens quanto as mulheres carregavam as crianças pequenas de um lado para o outro, cuidavam delas e ajudavam a criá-las. A maior força dos homens era reconhecida, mas esse fato de nenhuma maneira sugeria a supremacia de um sexo sobre o outro. Tampouco conferia uma justificativa para qualquer forma de opressão social, hostilidades organizadas ou concentração de propriedade privada. Capinar e derrubar árvores, fabricar cestas e caçar javalis, dar à luz e ser pai eram consideradas especialidades diferentes porém equivalentes.

A família e a estrutura social eram igualitárias, e as relações sociais eram pacíficas e não-hierárquicas. A tomada de decisões era tipicamente participativa; as virtudes mais suaves, estereotipicamente "femininas" eram valorizadas; e o bem-estar da comunidade era a principal motivação para o trabalho e outras atividades. Era atribuído um grande respeito à natureza e ao corpo humano. A tecnologia enfatizava o aprimoramento e a sustentação da vida.[12]

É claro que os teduray nem sempre se comportavam de uma maneira solidária. Como escreve Schlegel: "Eles ocasionalmente recorriam à violência para resolver os seus problemas, embora todas as suas crenças e instituições afirmassem que a violência nunca estava certa".[13] No entanto, a cultura deles possuía elaborados mecanismos para evitar as hostilidades. Sábios juridicamente instituídos por ambas as partes tentavam realizar um acordo, e essa função era desempenhada tanto pelos homens quanto pelas mulheres.

A minangkabau, uma cultura agrária com mais de dois milhões de pessoas, é outro exemplo de como os quatro componentes básicos do sistema de participação sustentam-se mutuamente. A antropóloga Peggy Reeves Sanday, que viveu intermitentemente na aldeia minangkabau de Belubus durante mais de vinte anos, relata que a estrutura social e familiar dessa sociedade baseia-se no respeito mútuo e na solidariedade em vez de na classificação de dominação e submissão.[14] Como os minangkabau estão voltados para o sistema de participação, nem as mulheres nem os homens prevalecem. A família e a estrutura social é mais igualitária, e a violência não é institucionalizada ou idealizada.

Para começar, à semelhança do que acontece com os teduray, a violência não faz parte da educação das crianças minangkabau. "A criação dos filhos não é autoritária ou punitiva", escreve Sanday. "As crianças não apanham, nunca ouvi mães gritando com os filhos [...]. A idéia é que mais cedo ou mais tarde elas aprenderão a se comportar adequadamente como verdadeiros minangkabau."[15]

Embora as mulheres e os homens sejam igualmente valorizados, os minangkabau delineiam a descendência por meio da mãe. A paternidade biológica não é uma preocupação com relação à transmissão da propriedade masculina. Os sociobiólogos irão argumentar que nessas circunstâncias, os pais não teriam um papel muito importante na vida dos filhos. Mas na verdade, o oposto é verdadeiro. Entretanto, a ligação entre pai e filho ou filha não está vinculada à transmissão de terras e casas. Trata-se de um vínculo emocional e não material. Eis o que diz o ancião minangkabau Nago Besar: "As preocupações com a paternidade biológica desviam a atenção da ênfase mais importante no bem-estar da criança".[16]

Os minangkabau também contradizem a famosa máxima do antropólogo Claude Levi-Strauss de que os homens trocam de mulher para formar vínculos sociais entre famílias ou grupos. Entre os minangkabau, os vínculos sociais entre os clãs são estimulados com as mães oferecendo os filhos homens em casamento a outros clãs. Ao contrário das trocas conjugais nas culturas voltadas para a dominação, esses vínculos não são consolidados por nada que se assemelhe a um pagamento à família da noiva ou um dote. Em conformidade com a orientação da cultura para a participação, as trocas são recíprocas, e tanto a família da noiva quanto a do noivo contribuem para a festa do casamento.

À semelhança do que acontece em outras culturas orientadas para a participação, a vida entre os minangkabau não é perfeita. Não obstante, espera-se nessa cultura que tanto os homens quanto as mulheres sejam protetores e carinhosos. Como observa Sanday, a proteção e o carinho (e não o domínio) é a principal lição social que os minangkabau extraem da natureza. Por conseguinte, as instituições sociais protegem as pessoas vulneráveis e promovem a solidariedade. Além disso, como os teduray, os minangkabau empregam a mediação para evitar a violência e estimular um estilo de vida pacífico.

A PARTICIPAÇÃO NOS PAÍSES NÓRDICOS

Algumas pessoas poderão aventar que esses dois exemplos mostram que a participação pode funcionar em culturas subdesenvolvidas como as dos teduray e dos minangkabau, mas que culturas industrializadas mais complexas requerem uma organização dominadora. Entretanto, as nações nórdicas industrializadas, que apresentam um elevado desenvolvimento tecnológico, são extremamente bem-sucedidas exatamente por que estão voltadas para a participação.

Os países nórdicos como a Suécia, a Noruega e a Finlândia criaram sociedades com uma democracia política e econômica. Essas nações não presenciam as enormes diferenças entre ricos e pobres, características dos países voltados para dominação. Embora não sejam sociedades ideais, alcançaram êxito ao proporcionar um padrão de vida de um modo geral bom para todos, uma maior justiça sexual e um baixo nível de violência social. Pesquisas também demonstram que quase todos os trabalhadores dos países nórdicos estão mais satisfeitos e felizes do que as pessoas em países como os Estados Unidos onde o PNB é mais elevado.[17]

🔲 *A natureza, a atenção e os cuidados, e a evolução*

Os minangkabau encaram a atenção e os cuidados como um princípio básico da natureza. Eis o que escreve a antropóloga Peggy Sanday: "Ao contrário de Darwin no século XIX, os minangkabau subordinam o domínio e a competição masculina, que consideramos fundamentais para a categorização e a evolução social, ao trabalho materno da atenção e dos cuidados, que eles julgam necessário para o bem comum e para a sociedade saudável [...]. À semelhança dos brotos da natureza, as crianças precisam receber atenção e cuidados para que floresçam, cresçam e atinjam a sua plenitude e força quando adultos. Isso significa que a cultura precisa se concentrar em cuidar dos fracos e renunciar à força bruta".[18]

Esse foco nos poderes vitais da natureza, característico das culturas voltadas para o sistema de participação, é hoje inerente ao movimento ambiental. Ele está em contraste pronunciado com a visão antagônica da natureza que inspira a antes consagrada "conquista da natureza", a qual no nosso nível de desenvolvimento tecnológico poderia nos conduzir a um beco sem saída evolucionário. ■

No início do século XX, os países nórdicos eram extremamente pobres, com um padrão de vida e expectativa de vida muito baixos. A fome chegou a ter lugar, o que provocou uma emigração em massa para os Estados Unidos e outros países. Hoje, no entanto, essas nações figuram regularmente em posições elevadas nas avaliações da qualidade de vida dos Relatórios anuais de Desenvolvimento Humano das Nações Unidas. Elas também estão situadas nos níveis mais altos nos Relatórios de Competitividade Global do Fórum Econômico Mundial.[19]

O sucesso econômico dos países nórdicos tem sido às vezes atribuído à população relativamente pequena e homogênea dessas nações. Entretanto, em sociedades menores, ainda mais homogêneas, como as de alguns países ricos em petróleo do Oriente Médio nos quais é exigida a submissão absoluta a uma única seita religiosa e a um único líder tribal ou real, encontramos grandes diferenças entre os que têm mais e os que têm menos, bem como outras injustiças características do sistema de dominação. Precisamos examinar outros fatores para entender por que os países nórdicos saíram da pobreza e passaram a desenvolver um sistema econômico mais solidário e justo.

O que causou o sucesso das nações nórdicas foi o fato de elas terem se voltado para a configuração da participação. Como vimos, além de uma estrutura familiar e social mais democrática e igualitária, e de níveis mais baixos de violência, um elemento primordial dessa configuração é a igualdade muito maior entre as mulheres e os homens.

⬜ *Um economista explica por que os países nórdicos estão prosperando*

De acordo com Augusto Lopez-Claros, economista principal e diretor da Global Competitiveness Network: "Os nórdicos ingressaram de muitas maneiras em círculos virtuosos nos quais vários fatores se reforçam mutuamente, colocando-os entre as mais competitivas economias do mundo". Na entrevista que deu em 28 de setembro de 2005, quando o Fórum Econômico Mundial liberou o seu *Relatório de Competitividade Global 2005-2006* (no qual a Finlândia apareceu em primeiro lugar), Lopez-Claros observou que "não existe nenhuma evidência de que os impostos elevados estejam afetando negativamente a capacidade dos países nórdicos de competir de um modo eficaz nos mercados mundiais, ou de oferecer às suas respectivas populações padrões de vida extremamente elevados". Pelo contrário, ele comentou que "Quando os impostos elevados geram recursos que são usados para proporcionar estabelecimentos educacionais de nível internacional, uma rede de segurança social eficaz e uma força de trabalho altamente motivada e especializada, a competitividade é estimulada e não debilitada".

Fonte: www.weforum.org/site/homepublic.nsf/Content/Global+Competitiveness+Report+2005-2006%3A+Interview. ▪

Na Suécia, na Noruega, na Islândia, na Dinamarca e na Finlândia, as mulheres podem ocupar posições de liderança política e efetivamente o fazem. Na verdade, as mulheres têm ocupado os mais elevados cargos políticos no mundo nórdico. Além disso, 40% dos membros do poder legislativo são do sexo feminino, um percentual maior do que o de qualquer outro lugar do mundo.

Como ocorre entre os teduray e os minangkabau, a condição mais elevada das mulheres nórdicas encerra importantes conseqüências para a maneira como os homens definem a masculinidade. À medida que o status das mulheres se eleva, o mesmo acontece com o da assistência, o da não-violência e de outras características consideradas inapropriadas para os homens nas sociedades dominadoras por estar associadas à feminilidade "inferior". Nas culturas voltadas para a participação, os homens conseguem valorizar essas características e atividades em si mesmos bem como na sociedade porque as mulheres não são mais subordinadas.[20]

Ao lado da condição mais elevada das mulheres nórdicas situam-se prioridades fiscais que amparam valores e atividades mais "femininas". Esses países mais orientados para a participação foram os precursores de políticas de assistência como os serviços de puericultura sustentados pelo governo, a assistência médica universal e a licença parental remunerada, tornando a vida mais fácil e mais feliz para as famílias, e contribuindo para uma força de trabalho menos estressada e mais produtiva.

À medida que avançavam em direção à configuração de participação, os países nórdicos também introduziram leis proibindo a violência contra as crianças nas famílias. Instituíram a resolução de conflito não-violenta, estabelecendo os primeiros programas de estudos acadêmicos da paz quando o resto do mundo só tinha universidades bélicas. Esses países têm fortes movimentos masculinos que trabalham para acabar com a violência dos homens contra as mulheres.[21]

Além disso, as nações nórdicas introduziram abordagens industriais saudáveis para o ambiente como o "Passo Natural" sueco. Elas criaram recentemente leis que proíbem a propaganda comercial dirigida às crianças, no esforço de evitar o materialismo desenfreado que aflige a maioria dos países industrializados. É compreensível que essas nações também destinem um percentual maior do seu PIB para programas internacionais de assistência do que outras nações desenvolvidas: programas que beneficiam o desenvolvimento econômico justo, a proteção ambiental e os direitos humanos.

Além do mais, os países nórdicos estiveram entre os primeiros a usar estruturas mais orientadas para a participação. Algumas das primeiras experiências na democracia industrial se originaram na Suécia e da Noruega, bem como pesquisas que demonstraram que uma estrutura mais participativa, na qual os trabalhadores desempenham um papel na decisão de questões básicas como a organização de tarefas e o número de horas de trabalho, pode ser extremamente eficaz.

Além disso, os países nórdicos têm uma longa história de cooperativas comerciais, empreendimentos de propriedade conjunta e democraticamente controlados que tradicionalmente incluem como um dos seus princípios norteadores a preocupação com a comunidade na qual operam. Essas cooperativas ainda são uma parte significativa da vida econômica nórdica. A COPAC* (Comissão para a Promoção e o Progresso das Cooperativas, que trabalha com a ONU para promover e coordenar o desenvolvimento cooperativo sustentável) relatou que em 1997 as cooperativas finlandesas eram responsáveis por 79% da produção agrícola e 31% da produção da silvicultura. No mesmo ano, a Folksam, uma cooperativa de seguros sueca, detinha 48,9% do mercado de seguros residenciais e 50% dos seguros de vida em grupo e de acidentes.[22] Além disso, as cooperativas têm estado intensamente envolvidas com projetos de energia renovável. Por exemplo, 75% das extensivas instalações de turbinas eólicas da Dinamarca são de propriedade de cooperativas locais, e muitas cooperativas habitacionais suecas estão mudando para fontes de energia alternativa para ajudar a atingir a meta sueca de deixar de depender do petróleo em 2015.[23]

A CONSTRUÇÃO DE INSTITUIÇÕES SOCIAIS E ECONÔMICAS

O que estivemos examinando não são fenômenos fortuitos e isolados. Todos resultam do fato que o mundo nórdico está mais voltado para o sistema de participação do que o de dominação.

---

* Sigla do nome em inglês: Committee for the Promotion and Advancement of Cooperatives. (N. da T.)

Os teduray, os minangkabau e os países nórdicos não são sociedades de participação "puras". Não existe na prática algo como um sistema de participação ou de dominação puro. A diferença é sempre uma questão de grau.

Mas nos sistemas voltados para a participação, as instituições sociais, da família ao governo, estão projetadas para promover o respeito mútuo, a responsabilidade e os benefícios, em vez de promover a concentração do controle no topo. O sistema de referência global ampara esse tipo de estrutura, e as normas culturais — ou seja, o que é considerado normal e desejável — são outra parte da argamassa que mantém unidas as estruturas orientadas para a participação.

Quero repetir aqui que as famílias participativas são de particular importância para determinar se as instituições de uma determinada sociedade são autoritárias e injustas ou democráticas e justas. Sem dúvida, as famílias participativas não são estruturas totalmente democráticas no sentido de que as crianças tenham uma influência igual à dos adultos em todas as decisões familiares. Os pais precisam tomar as decisões importantes para as crianças, orientá-las e ensinar-lhes limites e expectativas — o que as crianças precisam. Mas desde o início, elas são respeitadas nas estruturas familiares de participação, e as pessoas que cuidam das crianças estão em sintonia com os desejos e necessidades delas. E à medida que as crianças vão crescendo, são encorajadas a pensar por si mesmas e a fazer as suas próprias escolhas, que são respeitadas sempre que possível. O uso da força física é inexistente, e o comportamento justo e solidário é usado como modelo e recompensado. Essas estruturas familiares de participação também moldam a igualdade entre as mulheres e os homens em vez da desigualdade e do autoritarismo, como nas famílias controladas pelo pai das culturas dominadoras tradicionais. E essas famílias ostentam atenção e assistência, não como algo "suave" ou "feminino", e sim como uma parte integrante tanto da identidade masculina quanto da feminina.

Quando as regras e as normas que governam as estruturas familiares valorizam e respaldam a participação, a empatia, a justiça e a solidariedade, as pessoas carregam esse modelo para estruturar as relações em outras instituições. No entanto, embora as estruturas familiares de participação sejam fundamentais para a construção de uma estrutura socioeconômica mais justa e democrática, esse não é um processo de mão única.

Como enfatizei anteriormente, todas as instituições sociais — desde a família, a educação e a religião à política e à economia — formam um todo mutuamente estimulante e interativo. Em outras palavras, a interação das instituições molda e sustenta o caráter básico da sociedade.

Como também salientei, as instituições econômicas, as políticas e as práticas de uma sociedade desempenham um papel particularmente importante nesse processo. Em um sistema baseado na classificação de cima para baixo, as instituições econômicas tomarão medidas para que o controle dos recursos se concentre nas mãos dos que estão em cima. Essas instituições serão projetadas para manter, e consolidar ainda mais, o poder econômico nas mãos de alguns poucos. Esse poder será usado para fazer com que a estrutura jurídica, as políticas do governo e as regras comerciais, bem como os órgãos de comunicação, apóiem essa concentração de poder. É por esse motivo que modificar as estruturas, as regras e os valores econômicos é fundamental para acelerar o movimento contemporâneo em direção à participação.

Neste ponto, quero voltar a um dos obstáculos à construção de estruturas voltadas para a participação: o conceito errôneo de que somente as estruturas dominadoras são economicamente eficientes. Como vimos de relance no Capítulo 3 quando examinamos as políticas e práticas comerciais voltadas para a participação, as estruturas de participação são na verdade economicamente eficientes ao mesmo tempo que oferecem enormes benefícios humanos e ambientais.

As cooperativas são hoje, por exemplo, um enorme setor da economia da União Européia, e um setor crescente da economia global.[24] E parte do sucesso delas se deve ao fato de que essas estruturas de participação podem combinar a responsabilidade social e ambiental, benefícios para comunidades locais e o empreendedorismo com um compartilhamento de recursos e um estilo de gerenciamento participativo.[25]

Não obstante, as cooperativas não são o único tipo de estrutura econômica que incorpora princípios de participação. Como vimos anteriormente, empresas de todos os tipos, grandes e pequenas, podem ser social e ambientalmente responsáveis, ter um estilo de gerenciamento mais participativo e prestar contas a todos os *stakeholders*.*

Além disso, contrariando alguns conceitos populares errôneos, uma estrutura participativa que funcione bem não é completamente nivelada. Sem dúvida as estruturas sociais e econômicas de participação são mais niveladas do que as dominadoras e contêm muito mais democracia e participação na tomada de decisões. Mas mesmo assim ainda existem líderes no governo, gerentes nas empresas, pais nas famílias e professores nas escolas. Na verdade, o número de líderes nas instituições participativas é maior, já que o poder não está concentrado no topo, e as idéias de todos os membros do grupo são valorizadas.

---

* O termo "stakeholders" foi criado para designar todas as pessoas ou empresas que, de alguma maneira, são influenciadas pelas ações de uma organização. São pessoas que têm interesse em uma empresa mas que não são necessariamente acionistas. Ele é amplamente utilizado na área de negócios no Brasil. (N. da T.)

Por conseguinte, as estruturas sociais e econômicas de participação ainda têm hierarquias. No entanto, como mencionei antes, elas são o que chamei de *hierarquias de realização* em vez de *hierarquias de dominação*. Enquanto os líderes e gerentes nas hierarquias de dominação dão ordens que precisam ser obedecidas, os líderes e gerentes nas hierarquias de realização buscam e levam em consideração informações de outras pessoas. Em alguns casos, as decisões nas estruturas de participação são tomadas de uma maneira participativa. Em outros casos, são tomadas pelos líderes ou gerentes depois de levarem em consideração todas as contribuições. Entretanto, em ambos os casos, as contribuições e as pessoas que as oferecem são valorizadas e reconhecidas.

Tampouco a diferença entre as instituições participativas e as dominadoras é que as primeiras envolvem a cooperação e as segundas a competição. Como é detalhado em "A Estrutura Social da Cooperação, da Competição e do Poder", a diferença é que o poder, a cooperação e a competição são estruturados de um modo muito distinto dependendo do grau da orientação para o modelo de participação ou de dominação.

Devo acrescentar aqui algo a respeito das redes, que muitos de nós (inclusive eu), aclamamos como uma estrutura social emergente de participação devido à sua estrutura descentralizada.[26] Certas redes oferecem mais oportunidades para a democracia já que, ao contrário das organizações dominadoras, elas ligam as pessoas em padrões voluntários, recíprocos e horizontais de comunicação e troca. Mas infelizmente o tempo demonstrou que as redes também podem ser eficazmente utilizadas para controlar e destruir.

🔲 A estrutura social da cooperação, da competição e do poder

Em 1985, quando escolhi as palavras *participação* ou *parceria** para descrever a configuração social mais justa e pacífica identificada pela minha pesquisa, elas ainda eram usadas principalmente para descrever uma parceria ou sociedade comercial. Parecia uma boa escolha para descrever um sistema que ampara relações de responsabilidade, benefício e respeito mútuos, já que os membros de uma parceria comercial estão em pé de igualdade, têm voz ativa na tomada de decisões e trabalham visando ao benefício mútuo. Mais tarde, na década que se seguiu à publicação de *The Chalice and The Blade [O Cálice e a Espada]*, o termo participação adquiriu um emprego muito mais amplo. Passou a significar trabalhar em conjunto, particularmente em associações estratégicas e outros empreendimentos que envolvem a cooperação. Como resultado, para aqueles que não estão familiarizados com o

---

* A palavra em inglês é *partnership*. Nesse comentário da autora, a melhor tradução é parceria, mas ao longo do livro usei principalmente a expressão "sistema de participação". (N. da T.)

meu trabalho, o termo participação ou parceria é freqüentemente associado à cooperação *versus* a competição.

Sem dúvida o sistema de participação é mais conducente à cooperação já que não classifica as pessoas em superiores e inferiores. Entretanto, os terroristas, os exércitos invasores e os monopólios cooperam. Em outras palavras, a cooperação também está presente no sistema de dominação. Assim sendo, infelizmente, não é verdade, como acreditam algumas pessoas, que todos os nossos problemas serão resolvidos se as pessoas simplesmente cooperarem umas com as outras. As pessoas em um sistema de dominação regularmente cooperam para promover os interesses dos membros do grupo enquanto, ao mesmo tempo, dominam, exploram e até mesmo matam os forasteiros, como foi o caso na Áustria da minha infância.

Além disso, a competição está presente no sistema de participação, mas é uma competição voltada para a realização, incentivada pela excelência do outro, e não a competição brutal, destinada a humilhar, destruir ou fazer um concorrente fechar as portas encorajada pelo sistema de dominação.

O poder também é definido e exercido de maneiras diferentes no sistema de dominação e no sistema de participação. No que diz respeito ao título de *O Cálice e a Espada*, no sistema de dominação, a metáfora para o poder é a espada; um símbolo do poder de dominar, explorar e matar. No sistema de participação, a metáfora para o poder é o cálice: um antigo símbolo do poder de dar, estimular e iluminar a vida. A mudança para esse ponto de vista mais estereotipicamente feminino do poder acompanha uma mudança das *hierarquias de dominação* para as *hierarquias de realização* nas quais a responsabilidade, o respeito e o benefício não fluem apenas de baixo para cima, e sim em ambos os sentidos.

O fato que essa visão do poder, estereotipicamente associada ao ideal da mãe carinhosa, está conquistando aceitação, está refletido na literatura sobre a liderança e o gerenciamento dos nossos dias, onde lemos que o bom gerente não é apenas um policial ou inspetor, e sim alguém que inspira e estimula o nosso potencial mais elevado. Essa maior valorização das qualidades estereotipicamente femininas, estejam elas encarnadas nas mulheres ou nos homens, é vital para a economia pós-industrial. Essa economia requer uma força de trabalho criativa, flexível e inovadora, que por sua vez exige dirigentes e gerentes que deleguem poderes em vez de desautorizar outras pessoas.

Fontes: Para uma discussão mais detalhada dessas questões, ver Riane Eisler, *The Chalice and The Blade* (San Francisco: Harper & Row, 1987) e Riane Eisler, *The Power of Partnership* (Novato, Califórnia: New World Library, 2002). ▨

Tendo começado na década de 1960 e continuando até hoje, as redes têm freqüentemente servido de veículo para ativistas que trabalham em prol da proteção ambiental, dos direitos das mulheres e das crianças, da justiça econômica e de outras maneiras de favorecer o avanço em direção a um sistema de participação mais solidário e menos violento. Não obstante, as redes também têm sido usadas, e na verdade estão sendo cada vez mais utilizadas, por terroristas, por cartéis de drogas criminosos e outros grupos que nos empurram de volta em direção a um estilo de vida mais violento, autoritário e dominado pelo homem.

Aliás, as redes terroristas fundamentalistas como a da Al-Qaeda anunciaram uma nova forma de hostilidades que os analistas de hoje apropriadamente chamam de *"netwars"* [guerras na rede]. Ao contrário das operações militares tradicionais, essas *netwars* não têm lugar entre países, embora estes freqüentemente abasteçam de armas as redes terroristas, como no caso do Irã e do Hezbollah. Em vez de promover batalhas entre soldados, o alvo dessas *netwars* são principalmente civis. Além disso, como as redes terroristas estão espalhadas pelas comunidades civis, é muito difícil, na verdade impossível, combatê-las sem causar danos aos civis ao seu redor.

Como David Ronfeldt e John Arquilla escrevem em "Networks, Netwars and the Fight for the Future", o fenômeno da rede encerra, portanto, não apenas um lado positivo mas também um negativo. Eles também dizem que não parece haver nenhuma dúvida de que as redes continuarão a crescer como uma forma organizacional emergente no nosso mundo complexo, e que essa tendência é favorecida pelas novas tecnologias de informação como a Internet, que possibilita a expansão de redes com um pequeno investimento financeiro.[27] Mas a verdadeira questão não é se a rede é uma estrutura social viável, o que ela claramente é, e sim se ela será usada para promover metas participativas ou dominadoras.

Isso nos leva de volta ao maior entrelaçamento de fatores que determinam o caráter das estruturas participativas ou dominadoras. Ao contrário das estruturas físicas como casas e outras edificações, as estruturas sociais e econômicas não são compostas por elementos materiais. Os elementos que conferem um caráter particular às estruturas sociais e econômicas são as crenças, os hábitos, as normas, as regras e até mesmo a linguagem de uma cultura específica.

Na linguagem dominadora, por exemplo, só existem dois termos para descrever a estruturação das relações entre as mulheres e os homens: patriarcado ou matriarcado. O que esses termos na verdade descrevem são duas variações de uma estrutura dominadora. A nossa linguagem convencional não oferece alternativas participativas para essas relações.[28]

Considerando-se a importância do seu contexto cultural mais amplo, não podemos simplesmente descrever as estruturas participativas ou dominadoras pela sua forma. Precisamos também levar em conta os seus valores norteadores, os quais, por sua vez, estão incorporados à cultura ou subcultura de que fazem parte.

Vamos examinar mais atentamente essas dinâmicas interativas — e como elas afetam diretamente a nossa felicidade, a qualidade de vida e o ambiente natural — nos próximos capítulos, enquanto continuamos a nossa investigação da economia na sua matriz social mais ampla.

CAPÍTULO 6

A economia da dominação

Algumas pessoas encaram o capitalismo como um bicho-papão que exige insaciavelmente a desigualdade e a exploração. Elas culpam o capitalismo por todos os nossos males, apontando para corporações que poluem o planeta e pouco se importam com o bem-estar dos funcionários, das comunidades que as abrigam e até mesmo dos seus acionistas. Entretanto, o bicho-papão não é o capitalismo, e sim as crenças, as estruturas e os hábitos dominadores subjacentes que herdamos.

É bem verdade que as práticas capitalistas predatórias causam um grande malefício. No entanto, muito antes de os bilionários capitalistas terem acumulado enormes fortunas, os faraós egípcios e os imperadores chineses se apropriavam da riqueza das suas nações. Os potentados indianos exigiam impostos em prata e ouro, enquanto as castas inferiores viviam na mais absoluta miséria. Os déspotas do Oriente Médio saqueavam, espoliavam e aterrorizavam o seu povo. Os senhores feudais europeus assassinavam os vizinhos e oprimiam os seus vassalos.

Em todas essas sociedades pré-capitalistas, a idéia de que as "pessoas comuns" poderiam ser iguais aos seus "superiores" era simplesmente inconcebível. A exploração econômica era apenas um dos componentes corriqueiros da vida, assim como a miséria do povo, cuja única esperança, segundo lhes era informado, era uma vida melhor após a morte.

Mas as coisas nem sempre foram assim. A antiguidade conheceu culturas mais justas, como a civilização minóica que floresceu na ilha de Creta, no Mediterrâneo, até aproximadamente 1400 a.C. Foi dessa cultura pré-histórica tecnologicamente avançada que os antigos gregos derivaram o seu amor pela beleza e pela arquitetura, a inclinação artística e outras características da civilização. Os minóicos foram os grandes artífices e comerciantes da sua época, o que deu origem a uma próspera sociedade com um padrão de vida de um modo geral elevado.

Embora a Creta minóica não tenha sido uma sociedade ideal, ela estava mais voltada para o sistema de participação. Ao contrário da maioria das civilizações posteriores, ela não era uma sociedade escravagista. Não existem indícios de luta entre as diversas cidades-estado da ilha. E um espírito de harmonia entre as mulheres e os homens como participantes felizes e iguais parece ter permeado a vida.[1] Ainda podemos ver os indícios da condição elevada das mulheres nos afrescos minóicos. O "afresco da procissão" em Knossos mostra sacerdotisas e sacerdotes levando oferendas de frutas e vinho para uma alta-sacerdotisa. O arqueólogo grego Nicolas Platon escreve que "Toda a vida era permeada por uma fé ardorosa na deusa Natureza, a origem de toda criação e harmonia".[2]

No entanto, os minóicos foram expulsos pelos micênicos, povo a respeito de quem lemos nas epopéias de Homero. Embora tenham retido parte das tradições minóicas, os micênicos já tinham uma cultura bélica na qual a riqueza era em grande medida adquirida por meio de conquistas em vez do comércio. A ascendência micênica foi então acompanhada por um período de conflitos sangrentos e decadência cultural que corresponde aos séculos que os historiadores chamam de Idade das Trevas grega. E quando a civilização européia recomeçou em Atenas e em outras antigas cidades-estado gregas, ela seguiu uma direção muito diferente da que havia sido trilhada pelos minóicos e outras culturas anteriores, mais voltadas para a participação.

A NOSSA BRUTAL HERANÇA ECONÔMICA

Aprendemos a idealizar a nossa tradição a partir da Grécia antiga, mais especificamente de Atenas. Essa antiga civilização ocidental certamente encerra aspectos maravilhosos que devemos valorizar. Por outro lado, essa tão glorificada sociedade também abrigava um lado mais negro que torna-se evidente quando examinamos a economia ateniense.

A economia de Atenas fundamentava-se em grande medida na família, e os lares eram estruturados de acordo com uma rígida classificação de dominação. As crianças atenienses eram propriedade do chefe masculino da família. Era ele que decidia se um bebê recém-nascido deveria viver ou morrer. Se fosse um menino saudável, era grande a probabilidade de que fosse conservado, mas se fosse menina, poderia simplesmente ser arrancada dos braços da mãe e condenada à morte. O assassinato puro e simples não era legal, embora talvez tivesse sido mais misericordioso. A prática aceita era "expor" os bebês indesejados. A criança era abandonada para sucumbir de inanição, morrer congelada ou, talvez, reforçar o exército ateniense de jovens escravas prostitutas.

Embora o que acabo de descrever não seja mencionado na maioria dos livros a respeito da Grécia antiga, a famosa democracia ateniense era uma sociedade escravagista. Somente os homens livres e proprietários podiam votar ou ocupar um cargo público. O restante da população, os escravos e as mulheres que não eram escravas, não tinham direitos políticos e eram praticamente desprovidos de direitos civis.

⬜ *A combinação grega de dominação e participação*

Quase todos os livros de história antiga nos ensinam que a primeira civilização européia surgiu na Grécia depois da chamada Idade das Trevas grega. Entretanto, como ressaltam Nicolas Platon, Jacquetta Hawkes, J. V. Luce e outros especialistas, os invasores aqueus que governaram no período micênico, bem como os soberanos dóricos que os depuseram, só seguiram adiante depois de ter absorvido grande parte da cultura material e espiritual dos povos que conquistaram.[3]

Luce escreve que "Como uma oliveira destruída pelo fogo, a cultura minóica ficou latente por algum tempo, e depois lançou novos rebentos à sombra das cidadelas micênicas [...] princesas minóicas, as 'filhas de Atlas', contraíram matrimônio com as famílias dos déspotas micênicos. Arquitetos minóicos projetaram os palácios afastados da costa, e pintores minóicos os decoraram com afrescos. O grego tornou-se uma linguagem escrita nas mãos dos escribas minóicos".[4]

Mesmo depois da devastação dórica, como escreve Luce, nem tudo estava perdido. Muitas mudanças tiveram lugar, já que poderosas deusas anteriores como Hera, Atena e Afrodite, eram agora subordinadas a Zeus no panteão grego oficial. Muitas coisas foram esquecidas, e até mesmo a lembrança da civilização minóica começou a desvanecer e tornar-se uma lenda. No entanto, ainda havia elementos da civilização grega que se encaixavam melhor no sistema de participação: o amor à arte e à beleza dos atenienses, os seus esforços de ser uma democracia e a maneira como valorizavam a sabedoria filosófica.

Não obstante, os antigos atenienses respeitavam em grande medida a configuração dos sistemas de dominação, com a sua estrutura social e econômica de cima para baixo, um elevado grau de abuso e violência intrínsecos, a subordinação das mulheres e da "feminilidade" aos homens e à "masculinidade", e crenças e histórias que idealizam a dominação e a violência.[5] ▨

Existem relatos de escravos que desfrutavam uma certa liberdade e respeito. Entretanto, a sorte da maioria dos escravos era penosa. De acordo com o escritor grego Demóstenes, os atenienses mantinham uma câmara pública destinada à tortura rotineira de escravos nos processos judiciais, pois o testemunho de um escravo só era aceitável como prova no tribunal se fosse prestado sob tortura. Os escravos trabalhavam nas casas e nas terras dos seus senhores, bem como nas minas, onde as condições eram tão ruins que eles freqüentemente morriam em um ano. Os escravos manejavam os remos dos famosos navios de guerra atenienses ou *trirremes*, onde também enfrentavam uma morte precoce caso a embarcação afundasse durante uma tempestade ou uma batalha. Os escravos doméstas eram freqüentemente obrigados a usar o que os atenienses chamavam de "antideglutidor", um dispositivo de madeira que fechava os maxilares e que era colocado nos escravos que manuseavam a comida para impedi-los de ingeri-la.[6]

Quanto às mulheres, existem alguns relatos a respeito de mulheres que eram poetas, filósofas e até mesmo conselheiras políticas, como Aspásia, a companheira do famoso governante ateniense Péricles durante a Idade de Ouro grega. Mas esses eram casos excepcionais.

Como observa a classicista Eva Keuls, as mulheres nem mesmo eram cidadãos de segunda classe em Atenas. "À semelhança do escravo", escreve Keuls, "a mulher não tinha praticamente nenhuma proteção perante a lei, exceto na medida em que era propriedade de um homem."[7] A mulher cujo pai lhe deixava uma propriedade não tinha o direito de usá-la. Esse poder ficava nas mãos do seu guardião. Na verdade, as mulheres livres "respeitáveis" não eram livres; eram confinadas aos alojamentos das mulheres, ou *gynaikonitis*.

Havia em Atenas uma polícia oficial de mulheres, a *gynaikonomoi*. Aristóteles escreveu que ela servia para restringir os movimentos das mulheres com a finalidade de "proteger a sua castidade". As meninas eram freqüentemente obrigadas a se casar quando eram meras crianças e não tinham acesso à educação. Tampouco as mulheres "livres" tinham permissão para interagir livremente com os homens, nem mesmo na sua própria casa.

Os homens parecem ter se apoiado nas mulheres "respeitáveis" em grande medida para administrar os seus lares e criar os seus filhos. As relações sexuais dos homens ocorriam freqüentemente com prostitutas ou em ligações homossexuais entre homens mais velhos e rapazes. É claro que de acordo com o duplo padrão sexual dominador, os homens desfrutavam de uma completa liberdade sexual, a qual exerciam de muitas maneiras, inclusive nos famosos *symposia* gregos, os quais, apesar do emprego erudito atual do termo, eram orgias oferecidas por homens atenienses nos *andrones* ou alojamentos masculinos na frente da casa.

As jovens escravas eram com freqüência usadas pelos homens como prostitutas e, como descreve Keuls, "estavam automaticamente expostas aos horrores inconcebíveis dessa instituição, que abarcava o abuso da parte dos seus donos, a tortura, a execução aleatória e a venda a qualquer momento para quem fizesse a maior oferta".[8] Até mesmo as prostitutas que não eram escravas eram rigidamente controladas. Aristóteles escreve que o controle do preço da prostituição era uma importante instituição ateniense. As leis até mesmo garantiam que "as jovens que tocavam flauta, harpa e cítara não cobrariam mais de duas dracmas pelos seus serviços".[9] Em outras palavras, a renda que as mulheres conseguiam gerar de um modo independente por meio de uma das muito poucas profissões abertas a elas — na verdade, em algumas situações, a única — era rigorosamente limitada.

Em resumo, apenas uma pequena minoria da população ateniense desfrutava os benefícios da sua famosa democracia. A maioria, formada por escravos do sexo masculino e por mulheres tanto escravas quanto "livres", existia basicamente para o uso dos homens livres.[10]

Desse modo, embora filósofos gregos como Sócrates e Platão às vezes defendessem valores participativos, essa antiga sociedade, da qual herdamos muitos dos nossos valores, estava em grande medida voltada para o sistema de dominação. Como vimos anteriormente, esse fato também se aplica à tradição judeu-cristã, a outra importante influência na cultura ocidental. A solidariedade, a não-violência e a empatia encontram-se na essência dos valores judeu-cristãos, mas muitas tradições bíblicas emergiram de brutais sociedades tribais. E ainda podemos divisar o efeito dessas tradições dominadoras gregas e judeu-cristãs nos sistemas econômicos até os nossos dias.

A DESUMANIDADE E INCAPACIDADE ECONÔMICAS

Uma dessas tradições é o controle econômico de cima para baixo. Nas sociedades tribais dominadoras, os chefes tinham mais esposas, gado e terra do que os outros homens. Por meio de ataques repentinos e, mais tarde, das guerras de conquista, alguns desses chefes vieram a controlar o grosso dos recursos produtivos, inclusive a mão-de-obra dos povos conquistados. Depois, quando esses homens transmitiram a sua riqueza para os filhos e estes para os seus, a linha divisória entre as classes alta e baixa se alargou.

Na Europa, essas classes superiores eram formadas pelos "nobres", cuja linhagem remontava a reis guerreiros que haviam acumulado uma enorme riqueza fundiária pela força da espada. E as leis que essas elites promulgavam para impor o seu domínio com freqüência lhes conferia literalmente o direito de apropriar-se e explorar o corpo daqueles que eles governavam.

Nas sociedades escravagistas da antiguidade ocidental, bem como no sul dos Estados Unidos pré-abolicionista, o corpo de muitos homens e mulheres (bem como o de meninas e meninos) era legalmente vendido e comprado, da maneira como hoje compramos gêneros alimentícios, mobília e roupas. Como eram propriedade, os escravos não podiam escolher os serviços (inclusive sexuais) que eram obrigados a prestar. Tinham pouca proteção legal, quando tinham alguma, e enfrentavam punições terrivelmente dolorosas ou passavam fome quando fugiam. As mulheres que não eram escravas ficavam debaixo de um rígido controle masculino, primeiro como filhas e depois como esposas.[11]

Durante o feudalismo medieval, as elites governantes ainda podiam se apropriar legalmente do trabalho físico dos servos tanto do sexo masculino quanto do feminino. Os servos moravam na propriedade do senhor feudal, cultivavam a terra dele e o serviam na guerra. O senhor da mansão senhorial tinha às vezes o direito ao que os historiadores chamam de *le droit du seigneur* ou *ius prima noctis,* o direito do senhor de "deflorar" ou possuir sexualmente a noiva antes do noivo na noite do casamento.[12]

As mulheres das elites feudais governantes também formavam uma subclasse, possuindo poucas opções econômicas ou direitos legais. Somente quando os homens iam para a guerra, como ocorreu durante as Cruzadas cristãs, mulheres como Eleonora de Aquitânia e a sua filha Marie detiveram um verdadeiro poder, pois as leis continuaram a tratar as mulheres casadas como propriedade dos maridos.

De acordo com o direito consuetudinário na Inglaterra, por exemplo, que foi exportado para as colônias americanas, a mulher não podia mover uma ação judicial ou ser processada por sua própria conta. Quando ela se feria por descuido, o marido podia ir ao tribunal buscar uma recompensa pelos serviços que ela deixara de lhe prestar, mas a mulher não tinha o direito de pedir uma indenização pelos danos que sofresse.[13]

A desautorização legal das mulheres prosseguiu na vigência do capitalismo até quando o século XIX já estava bem avançado, inclusive no Ocidente. As mulheres ainda eram destituídas dos direitos políticos, civis e proprietários mais básicos, desde o direito a votar e possuir propriedades ao acesso à instrução superior e a profissões como o direito e a medicina.

Na vigência do capitalismo inescrupuloso do século XIX e do início do século XX, as mulheres,

> *Durante grande parte da história documentada, o controle dos recursos produtivos, inclusive o trabalho das pessoas, estava nas mãos dos que estavam em cima.*

os homens e as crianças eram freqüentemente obrigadas a trabalhar longas horas por uma baixa remuneração em condições inseguras e anti-higiênicas, uma vez mais com pouca, ou nenhuma, proteção legal. Se não se sujeitassem a essa situação, passavam fome. Quando se rebelavam e tentavam se organizar, com freqüência enfrentavam a violência.

Depois das revoluções comunistas do século XX, o controle econômico de cima para baixo permaneceu em grande medida do mesmo jeito. Na antiga União Soviética, uma "ditadura do proletariado" restringia fortemente as opções de vida da maioria dos homens e mulheres por meio da força e do medo da dor. A mão-de-obra dessas pessoas, ao lado dos outros recursos econômicos da nação, eram basicamente propriedade de um estado no qual, uma vez mais, uma pequena elite de homens governava a partir do topo. Os serviços vitais e essenciais não-remunerados das mulheres de cuidar das crianças e assistir aos doentes e idosos ainda eram considerados uma obrigação dos homens. As mulheres suportavam o triplo fardo de cozinhar, fazer a limpeza e cuidar das crianças em casa, passando horas em longas filas para poder comprar os escassos artigos de primeira necessidade, além de trabalhar fora em empregos que geralmente pagavam menos do que os dos homens.

Hoje em dia, pelo menos em princípio, a propriedade do corpo de alguém e a apropriação dos serviços de uma pessoa por outra são quase universalmente consideradas ilegais. No entanto, apesar disso, as tradições da dominação econômica permanecem extremamente resistentes à mudança. A escravidão, inclusive a infantil, ainda é abertamente praticada em algumas partes da Ásia, da África e do Oriente Médio. Muitos povos indígenas da América Latina ainda são basicamente servos das classes proprietárias de terras. Condições de trabalho desumanas nos campos e nas fábricas prevalecem em muitos países. Ainda é negado às crianças, particularmente às meninas, o acesso à educação, e lhes é exigido que trabalhem de manhã à noite.

Mesmo em nações mais "adiantadas", o trabalho da atenção e da assistência ainda é geralmente relegado às mulheres por uma pequena remuneração, e às vezes sem nenhum pagamento, sem uma pensão por velhice, assistência médica ou outras redes de segurança econômicas. As hierarquias de dominação nas empresas e nos governos ainda são freqüentemente justificadas como sendo não apenas naturais mas também necessárias para a eficiência econômica. Tudo isso é a nossa herança de períodos mais voltados para o sistema de dominação.

Na verdade, o moderno local de trabalho foi criado para atender às exigências de uma organização social dominadora. O papel do gerente, fosse o de contramestre ou de alto executivo, era controlar os seus subordinados. Os monopólios ou a concorrência baseada na lei do cão eram a norma, e a solidariedade e a empatia eram vistas como sendo pouco importantes ou totalmente irrelevantes.

É claro que também havia vínculos baseados principalmente na confiança e na solidariedade, pois sem eles as pessoas não poderiam ter funcionado. No entanto, embora o valor dessas relações informais fosse freqüentemente exaltado, o que realmente contava era a posição da pessoa nas estruturas verticais mais formais. Desse modo, embora houvesse industriais e gerentes famosos pela solidariedade e empatia que demonstravam, eles eram, de um modo geral, exceções à regra.

A ECONOMIA DA DOMINAÇÃO 133

Esperava-se que o local de trabalho na indústria fosse governado por qualidades "sólidas e firmes" estereotipicamente masculinas, com pouca atenção dedicada à segurança, à saúde ou outras necessidades dos trabalhadores. Estes últimos eram vistos como peças na engrenagem industrial. Além disso, como é característico das hierarquias de dominação e não das de realização, a responsabilização e o respeito fluíam apenas de baixo para cima, e as ordens deviam ser obedecidas sem nenhum questionamento.[14]

O custo humano, tanto para os homens quanto para as mulheres, dessa maneira desequilibrada, baseada no medo, institucionalmente insensível e com excessiva freqüência ofensiva e desumana de administrar as empresas era enorme. Mas dizia-se, e de um modo geral acreditava-se, que ela era necessária para a produtividade econômica.

Até mesmo hoje em dia, algumas pessoas aceitam como verdadeiro o fato de que a eficiência econômica requer uma estrutura e cultura empresarial dominadoras. Não obstante, como vimos no Capítulo 3, essas convicções e instituições consagradas não representam incentivos e sim obstáculos à produtividade e à criatividade.[15]

Nos dias atuais, muitas pesquisas demonstram que o sistema de dominação reduz os recursos relacionais de uma organização, recursos esses críticos para o sucesso econômico, particularmente na economia pós-industrial.[16] A evidência empírica também invalida a idéia de que os sentimentos e comportamentos "suaves" são obstáculos à produtividade. Pelo contrário, como também observamos no Capítulo 3, pesquisas mostram que, novamente apropriando-me das palavras da professora Jane Dutton da University of Michigan, quando as pessoas sentem que são apreciadas, elas se tornam plenamente vivas — com tudo o que isso implica para a produtividade nos negócios e o desenvolvimento econômico.

PERPETUANDO A FOME E A POBREZA

Como vimos, um aspecto essencial dos sistemas de dominação é a subordinação das mulheres e qualquer coisa estereotipicamente considerada feminina. Ao longo das últimas décadas, a meta declarada da política de desenvolvimento internacional tem sido acabar com a pobreza e a fome crônicas. No entanto, tanto as autoridades do governo quanto a imprensa continuam a não dar atenção a um dado estatístico atordoante: as mulheres representam 70% do 1,3 bilhão de pessoas no mundo que vivem na mais absoluta pobreza.[17] Por conseguinte, como ressalta Joan Holmes, presidente do Hunger Project,* qualquer esforço

---

* Projeto contra a Fome. (N. da T.)

realista para modificar os padrões da fome e da pobreza crônicas exigem uma mudança nas tradições de discriminação contra as mulheres.[18]

Isso não significa de jeito nenhum que as mulheres sejam as únicas a sofrer nas sociedades voltadas para o sistema de dominação. Os homens também sofrem, e isso se aplica particularmente àqueles que estão na base da pirâmide dominadora.

O sucesso nos negócios e a ética comercial

Outra característica da economia dominadora é a falta de ética. À semelhança dos ditados populares do tipo "na guerra e no amor tudo é válido", o antigo slogan latino *caveat emptor* (compre ao seu próprio risco) é a nossa herança de épocas anteriores quando a idéia de que os negócios deveriam ser éticos teriam sido alvo de zombaria.

Hoje, como escreve Marjorie Kelly, editora da publicação *Business Ethics*, está claro que a falta de ética está por trás dos gigantescos fracassos comerciais como a falência da Enron, da WorldCom e da Refco. Ela observa que existe um crescente reconhecimento de que as práticas comerciais antiéticas não apenas prejudicam os consumidores, os credores e os funcionários, mas também colocam em risco o valor do negócio.[19] David Korten, um dos maiores defensores da economia ética, escreve que existe uma crescente conscientização de que "uma economia de mercado saudável depende de outras coisas além do lucro e da competição do mercado; ela precisa operar no contexto tanto de uma cultura ética que engrandeça a vida quanto de uma sólida estrutura de diretivas e regulamentações públicas".[20]

A má notícia, como enfatizam tanto Kelly quanto Korten, é que maneiras irresponsáveis de fazer negócio ainda são encorajadas por muitas regras e indicadores econômicos. A exigência de que as corporações apresentem relatórios financeiros trimestrais, por exemplo, estimula as empresas a se concentrar em metas a curto prazo em vez de a longo prazo, bem como a repassar os custos sociais e ecológicos para a sociedade. Quando as empresas esgotam o capital natural praticando a mineração a céu aberto, fazendo a derrubada das árvores e despejando nos depósitos de lixo resíduos industriais perigosos, essas coisas são simplesmente consideradas "externalidades" nos atuais indicadores e regulamentos. O mesmo é verdadeiro quando o capital humano e social é explorado e esgotado. Enquanto os indicadores e preceitos econômicos tratarem o dano causado à natureza e às pessoas como externalidades, as empresas poderão tratar os trabalhadores como commodities dispensáveis e prejudicar a saúde de comunidades inteiras — tudo em nome de maiores lucros.

A boa notícia é que a conversa a respeito dos negócios está mudando. À medida que mais pessoas estão reconhecendo a necessidade de substituir as regras econômicas deficientes por regras que estimulem e recompensem práticas comerciais solidárias e éticas, mais empresas estão fazendo escolhas éticas a longo prazo que engrandecem a vida.

Tendo sido criada em Cuba, para onde fomos quando fugimos de Viena em 1939, estou familiarizada com o quanto a pobreza custa aos homens, às mulheres e às crianças. Como os meus pais tiveram que deixar para trás tudo que possuíam, despencamos de uma vida de conforto em Viena e passamos a morar em hotéis e pensões com cheiro de mofo e caindo aos pedaços. Mesmo depois que meus pais conseguiram abrir um negócio bem-sucedido em Havana e a nossa vida mudou para melhor, eu ainda presenciava o sofrimento das pessoas ao meu redor enquanto a elite cubana, inclusive autoridades corruptas como o então presidente Fulgencio Batista, vivia no luxo e na opulência. Vi famílias amontoadas em casebres de um único cômodo infestados de baratas, crianças sem-teto pedindo esmola nas ruas, homens trabalhando arduamente carregando cargas pesadíssimas nas docas de Havana. No entanto, também percebi que o maior fardo recaía sobre as mulheres que labutavam do nascer ao pôr-do-sol como empregadas domésticas, costureiras ou pedintes, e que às vezes se tornavam prostitutas no então famoso bairro da luz vermelha de Havana para poder alimentar a si mesmas e aos seus filhos.

Esse ainda é o destino de milhões de mulheres em muitos países em desenvolvimento. Elas continuam a trabalhar mais horas do que os homens, fazendo freqüentemente o trabalho mais difícil, como carregar grandes jarros de água e pesadas cargas de lenha, como é costumeiro no caso das mulheres na África. No entanto, apesar disso, as famílias africanas chefiadas por mulheres são as mais pobres entre as pobres.

Em uma escala mundial, as mulheres ganham, em média, de dois terços a três quartos menos do que os homens pelo mesmo trabalho na economia de mercado. E a maior parte do trabalho que as mulheres fazem nas famílias — inclusive cuidar de crianças, de doentes e de idosos, executar serviços domésticos, cozinhar, catar lenha, puxar e carregar água, e praticar a agricultura de subsistência — não é considerado economicamente produtivo, não sendo portanto amparado pelas políticas econômicas.

Até mesmo em um país rico como os Estados Unidos, as famílias chefiadas por mulheres encontram-se no nível mais baixo da hierarquia econômica. Uma das conseqüências é que um em cada cinco filhos vive na pobreza — o maior índice de pobreza infantil das nações industrializadas.[21] Além disso, de acordo com o Serviço de Recenseamento americano, o índice de pobreza das mulheres com mais de 65 anos é quase o dobro do dos homens na mesma faixa etária.[22]

O fato de que a pobreza e fome mundiais afetam desproporcionalmente as mulheres e as crianças não é nem acidental nem inevitável. É o resultado direto de sistemas políticos e econômicos que ainda têm um forte cunho dominador. O fato de que até mesmo em um país rico como os Estados Unidos as mulheres mais velhas apresentam uma tendência tão maior de viver na pobreza do que os homens da mesma idade, por exemplo, deve-se, em grande medida, à circunstância de que o governo e as políticas comerciais deixam de proteger as mulheres idosas mediante estipêndios iguais de Previdência Social, pensão e aposentadoria.

Se examinarmos a distribuição de recursos financeiros a partir de uma perspectiva baseada no sexo das pessoas, veremos que a pobreza das mulheres e das crianças é em aspectos fundamentais um resultado direto das prioridades políticas e econômicas. Especificamente, essa pobreza resulta dos orçamentos do governo, das empresas e das famílias que são distorcidos para privilegiar os homens e discriminar as mulheres, e que ainda hoje são considerados normais pela vasta maioria tanto dos homens quanto das mulheres.

Percebemos esse padrão discriminatório com mais intensidade nos países mais pobres. Em muitas nações africanas e asiáticas, as despesas com a educação, por exemplo, são muito maiores com os homens do que com as mulheres. O mesmo é verdadeiro com relação aos gastos com a assistência médica e outros serviços públicos. Além disso, como escreve a economista Moni Mukherjee: "Uma parcela muito maior do dispêndio com a ordem e a segurança pública se faz necessária para os homens do que para as mulheres porque estas últimas têm menos tendência de praticar atividades criminosas do que os homens [...]. As despesas com os serviços econômicos também são distorcidas, com a parte do leão indo para os homens".[23] Em outras palavras, as esferas ocupadas essencialmente pelos homens recebem prioridade no financiamento.

> *O fato que a pobreza e fome mundiais afetam desproporcionalmente as mulheres e as crianças não é nem acidental nem inevitável. É o resultado direto de sistemas políticos e econômicos que ainda têm um forte cunho dominador.*

Os mesmos padrões são encontrados na distribuição de recursos dentro da família. Esses padrões distorcidos de alocação perpetuam ainda mais a fome e a pobreza, e representam um obstáculo no desenvolvimento econômico e humano.

A ECONOMIA FAMILIAR

A economia familiar ainda é em geral desconsiderada nas análises convencionais. O lar é encarado como uma unidade de produção ou de consumo, e não como um microcosmo do sistema econômico e político mais amplo. Como resultado, a maioria das análises não leva em consideração a alocação de recursos dentro da família.

A suposição habitual é que o chefe masculino da casa é quem provê basicamente o sustento da família. Essa suposição, contudo, despreza a realidade documentada por estudos científicos.

A ECONOMIA DA DOMINAÇÃO   137

Essa realidade é que, em muitas das regiões mais pobres do mundo, são as mulheres, e não os homens, que provêm a nutrição, a saúde e outros aspectos vitais da vida da família.[24] Em muitos lares as mulheres são na verdade as únicas responsáveis pelo sustento da família. Em quase todas as nações africanas, por exemplo, as mulheres praticam a agricultura de subsistência que mantém viva a família. Ou elas são mães solteiras ou o marido partiu para regiões urbanas onde freqüentemente toma outra esposa.

Ao longo das últimas décadas, também têm sido realizadas muitas pesquisas a respeito de como os recursos econômicos são usados nas famílias nas quais o pai e a mãe estão presentes. Esses estudos lançaram mais luz sobre como as premissas e políticas dominadoras atrapalham o desenvolvimento humano e econômico.

Como Judith Bruce e Daisy Dwyer escrevem no livro *A Home Divided*, é bastante comum que a tradição cultural defenda a idéia de que os homens têm o direito de ter dinheiro para gastos pessoais, dinheiro esse que é visto como uma necessidade ou merecimento, e que a renda das mulheres se destina a propósitos coletivos.[25] Por conseguinte, como Cynthia B. Lloyd e Judith Bruce relatam: "Existe uma considerável evidência empírica em diferentes culturas e grupos de renda de que as mulheres têm uma propensão maior de gastar dinheiro em mercadorias que beneficiam as crianças e aprimoram as suas habilidades".[26]

O quanto essa propensão pode ser maior é mostrada por Duncan Thomas no relatório "Intra-Household Allocation". Ele descobriu que "no Brasil, um dólar nas mãos de uma mulher brasileira tem o mesmo efeito na sobrevivência de uma criança do que 18 dólares nas mãos de um homem".[27] Analogamente, Bruce e Lloyd constataram que na Guatemala "11,40 dólares adicionais por mês nas mãos de uma mãe alcançaria o mesmo ganho de peso em uma criança do que 166 dólares recebidos pelo pai".[28]

É claro que existem homens que dão uma importância primordial à satisfação das necessidades da sua família, mesmo nas culturas rigidamente dominadas pelos homens. Caracteristicamente, contudo, os homens nessas sociedades são socializados para acreditar que têm a prerrogativa de usar os seus rendimentos para finalidades não relacionadas com a família, entre elas a bebida, o fumo e o jogo, e que quando as mulheres se queixam, elas são rabugentas e controladoras. Como comenta o dr. Anugerah Pekerti, presidente da World Vision, Indonésia, muitos homens que são pais não parecem ter nenhum problema em colocar os seus desejos imediatos acima das necessidades de sobrevivência dos filhos.[29]

No entanto, as teorias econômicas tradicionais, sejam elas capitalistas ou socialistas, baseiam-se na premissa que o chefe masculino da casa gastará os recursos que controla em benefício de todos os membros da família. Esse tem sido o pressuposto nas análises convencionais, que tratam o lar como uma unidade, e é uma das premissas por trás do fato que a maior ajuda no mundo em desenvolvimento tenha sido concedida aos homens.

Os programas de ajuda ao desenvolvimento ainda destinam uma quantidade imensa de recursos para programas em grande escala nos quais as mulheres têm pouca ou nenhuma influência, e dos quais as mulheres e as crianças pobres extraem pouco ou nenhum benefício. Até mesmo os recentes programas de microcrédito ou "village loan", que são em grande medida voltados para as mulheres, só disponibilizam quantias irrisórias. O grosso dos empréstimos bancários vai para as empresas que pertencem às elites masculinas ou para os "chefes de família" do sexo masculino.

Grande parte da ajuda humanitária do governo das nações desenvolvidas para os países em desenvolvimento acaba nas mãos de elites que depositam os recursos em bancos suíços, constroem mansões e enchem o bolso com eles de outras maneiras. Mesmo quando o dinheiro vai diretamente para os pobres, ele também acaba freqüentemente no bolso dos homens que o utilizam em benefício próprio em vez de destiná-lo à família. Não é difícil ver o efeito de tudo isso na qualidade geral de vida.

Uma vez mais, quero enfatizar que o que estou relatando não tem a intenção de culpar os homens pelos nossos problemas econômicos. Estamos lidando com um sistema no qual tanto as mulheres quanto os homens são socializados para aceitar a idéia de que metade da nossa espécie é colocada na Terra para ser servida e a outra metade para servir, e que as mães, mas não os pais, devem subordinar as suas necessidades e desejos aos da família.

Esse duplo padrão econômico emana da visão da humanidade que herdamos de culturas mais rigidamente voltadas para o sistema dominador, na qual o homem é superior e a mulher inferior. Além de prejudicar as mulheres, essa perspectiva é um modelo para igualar toda diferença — seja de raça, de religião ou de etnia — à superioridade e inferioridade, a servir e ser servido, a dominar e ser dominado.

No sistema de dominação, não existe a alternativa da parceria. São percebidas apenas duas escolhas: ou dominamos ou somos dominados, o que exerce claramente efeitos desastrosos nas relações humanas. Essa visão também produziu um sistema econômico ineficaz.

CRIANDO A ESCASSEZ

Provavelmente o aspecto mais ineficaz e destrutivo das economias e das políticas dominadoras é o fato de elas produzirem artificialmente a escassez. A criação e a perpetuação da escassez é um pré-requisito para a manutenção dos sistemas de dominação. É em grande medida por meio da escassez da produção que esse sistema, que usa o medo da dor como a sua principal motivação para o trabalho, se sustenta.

Não há dúvida de que circunstâncias ambientais ou de outros tipos podem provocar a verdadeira escassez, mas uma escassez artificial é constantemente criada pelas economias e políticas dominadoras por meio do excesso de consumo, do desperdício, da exploração, da guerra ou da preparação para a guerra, da espoliação ambiental e da omissão de investir no capital humano de alta qualidade por não ser atribuído valor à atenção e à assistência.

O consumo excessivo e o desperdício por parte dos que estão no topo é uma característica perene das culturas dominadoras. Quer isso tome a forma dos opulentos banquetes romanos ou das festas de um milhão de dólares oferecidas pelos milionários de hoje, dos ostentosos palácios dos reis, imperadores e ditadores, das extravagantes mansões dos CEOs da Enron e da WorldCom, dos milhares de sapatos de Imelda Marcos ou das imensas contas bancárias das famílias Sukarno e Suharto, tudo dá no mesmo. Os que estão em cima desperdiçam os recursos e os que estão embaixo lutam pelas sobras.

A competição pelas sobras freqüentemente assume conotações raciais, religiosas e étnicas. O preconceito latente é facilmente atiçado e transformado em chamas de ódio e, com freqüência, de violência. Os judeus são acusados de participar de nocivas conspirações econômicas, e pessoas de diferentes raças e religiões são difamadas, acusadas de roubar recursos daquelas que têm direito a eles.

Essa prática de usar as pessoas como bodes expiatórios atende a duas funções: divide os que estão embaixo, colocando-os uns contra os outros, e afasta a frustração e a raiva para longe daqueles cujas diretivas e hábitos são em grande medida responsáveis pela escassez de recursos dos que es-

> *Provavelmente o aspecto mais ineficaz e destrutivo das economias e políticas dominadoras é o fato de elas produzirem artificialmente a escassez.*

tão embaixo deles. Tudo isso sustenta um sistema de dominação e exploração no qual salários inadequados e a falta de uma rede de segurança social conduzem mais ainda à convicção de que não existem recursos suficientes para todos.

A mentalidade da escassez afeta tanto os ricos quanto os pobres. Desestimula a distribuição mais justa da riqueza por parte dos que estão em cima, por medo de que eles também possam vir a sofrer privações. A mentalidade do medo e da escassez também conduz a regras e políticas econômicas que permitem, e até mesmo promovem, as práticas comerciais predatórias, considerando-as necessárias para a sobrevivência. Tudo isso cria uma maior escassez de recursos por meio da eliminação dos concorrentes que, junto com os funcionários, perdem o seu meio de subsistência.

A escassez crônica de recursos vitais é causada ainda por outra característica prototípica do sistema de dominação: a canalização dos recursos para os armamentos e a guerra. O financiamento atual de um trilhão de dólares anuais de tecnologias de destruição e dominação esgota recursos que poderiam ser destinados aos cuidados com a saúde, a educação e o bem-estar das pessoas. As operações militares então aumentando o problema, destruindo recursos e pessoas, e produzindo uma escassez e uma miséria ainda maiores.

Segundo o *World Military & Social Expenditures,* o custo de um míssil balístico intercontinental dos Estados Unidos daria para alimentar cinqüenta milhões de crianças, construir 160 mil escolas ou abrir 340 mil centros de saúde.[30] De acordo com um relatório da UNICEF, o custo de um submarino nuclear forneceria água às regiões rurais a um custo baixo e serviços de saneamento para 48 milhões de pessoas, e o custo de onze bombardeiros construídos para evitar radares poderia proporcionar quatro anos de instrução fundamental a 135 milhões de crianças.[31]

Em 2005, o Institute for Policy Studies (IPS) e o Foreign Policy in Focus (FPIF) calcularam que o custo para o contribuinte das operações militares americanas no Iraque era de 5,6 bilhões de dólares por mês.[32] Entretanto, o mesmo Congresso que autorizou esse dispêndio astronômico cortou os investimentos federais nas áreas da saúde, da educação e da assistência social com a alegação de que não havia verba suficiente para eles.

Os sistemas econômicos dominadores também criam cronicamente a escassez por intermédio de um baixo investimento nos cuidados com o desenvolvimento físico, mental e emocional. Essa situação, aliada à alocação de quantias enormes para os armamentos — dinheiro que poderia ser usado para promover uma abundância mais generalizada por meio do investimento no capital humano de uma sociedade — impede a criação do "capital humano de alta qualidade" do qual tanto ouvimos falar. Tudo isso retarda o desenvolvimento economicamente capaz de evitar a escassez, a fome crônica e a pobreza.

Mas não são apenas os recursos naturais que são desperdiçados nos sistemas dominadores; os recursos emocionais também o são. Uma rígida classificação de cima para baixo, seja na família ou no estado, é uma barreira artificial à confiança, à empatia e à solidariedade. O controle tanto dos bens quanto de outros seres humanos torna-se um substituto para a satisfação das necessidades humanas básicas.

A ECONOMIA DA DOMINAÇÃO   141

O moderno marketing de massa conseguiu tirar proveito dessas necessidades não satisfeitas manipulando o anseio das pessoas de amor, segurança e confiança. Anúncios de todos os produtos, de desodorantes a diamantes, prometem amor. O sexo com mulheres maravilhosas está implícito nos comerciais de refrigerantes, hambúrgueres e carros. A segurança, a autenticidade e até mesmo o envolvimento emocional são prometidos pelas campanhas publicitárias das seguradoras e das corretoras da bolsa.

❏ *A verdadeira reforma da Assistência Social*

Mesmo quando são introduzidas políticas destinadas a proteger os necessitados, com freqüência elas têm sido implementadas de maneiras não-solidárias, porque não é atribuído um valor real à atenção e a assistência, atividade considerada "trabalho de mulher". O programa de assistência social americano é um bom exemplo. Quando o Presidente Franklin D. Roosevelt iniciou o seu famoso New Deal durante a Grande Depressão, ao lado da Previdência Social e outras iniciativas de seguro social surgiu um modesto programa chamado "Aid to Families with Dependent Children"*, ou AFDC. Em princípio, o AFDC destinava-se a ajudar famílias de mães solteiras que não tinham cobertura de programas de seguro social. Entretanto, na prática, o programa tornou-se um pesadelo burocrático para as beneficiárias, com métodos policiais opressivos de controle.

Os assistentes sociais recebiam ordens para realizar visitas-surpresa tarde da noite na casa dos beneficiários, sem mandados de busca, para procurar escovas de dente adicionais, roupas masculinas ou presentes que não tivessem sido deduzidos dos estipêndios da assistência social. Essas batidas policiais eram justificadas com a alegação de que se uma mulher tivesse um relacionamento com qualquer homem, ele deveria sustentá-la, bem como os seus filhos. Assim sendo, as mulheres eram não apenas economicamente penalizadas por ter relações sexuais, como também lhes eram negados os direitos mais fundamentais da privacidade e dos procedimentos legais.

Em 1970, depois de uma enorme pressão da parte das organizações das mães beneficiadas pela assistência social, as incursões noturnas foram declaradas inconstitucionais. No entanto, os estipêndios da assistência social ainda eram definidos como caridade. O AFDC continuou a ser uma versão burocrática da família dominadora, na qual o chefe masculino da casa concede à mãe uma pequena mesada para que ela possa comprar comida, sapatos e roupas para os filhos, sem que nenhum valor seja atribuído ao seu trabalho de atenção e assistência.

A "ociosidade" e a "fraude" das beneficiárias da assistência social podiam, portanto, ser facilmente usadas para justificar "campanhas de reforma da assistência social", que começaram com o "Plano de Assistência à Família" proposto pelo Presidente Richard Nixon. Na década de 1990, no governo do presidente democrata Bill Clinton e de um Congresso controlado pelos republicanos, a idéia que o governo tem a obrigação de ajudar as mães solteiras e as

---

* Ajuda às famílias com crianças dependentes. (N. da T.)

crianças que vivem na pobreza foi substituída pela idéia que as mães pobres precisam ter um emprego. A economista Randy Albelda escreve no livro *Lost Ground: Welfare Reform, Poverty, and Beyond* que ao mesmo tempo que era recomendado às mulheres da classe média que deixassem o emprego e ficassem em casa com os filhos, as mães pobres eram enviadas para o trabalho para ganhar menos do que o salário mínimo.[33]

Como resultado, muitas crianças ficaram sem os cuidados adequados, ou sem nenhuma atenção, o que aumentou muito o número daquelas que eram deixadas sozinhas em casa, às vezes também com terríveis conseqüências para outras crianças. Enquanto a mãe estava fora de casa, deslocando-se de um emprego mal remunerado para outro, um menino de Michigan de 6 anos, deixado sem supervisão, matou com um tiro uma menina de 6 anos da sua turma na escola. A mídia, naturalmente, colocou o caso nas manchetes, mas nunca estabeleceu uma ligação entre essa tragédia e uma "reforma da assistência social" que deixa de valorizar e proporcionar ajuda financeira ao trabalho "de mulher" da atenção e da assistência — "reforma" essa que continua a considerar os estipêndios da assistência social simplesmente como um auxílio para as necessidades das crianças, negando que o que as mães fazem seja um tipo de trabalho.

A verdadeira reforma da assistência social requer uma abordagem muito diferente: uma abordagem que possibilite que tanto os homens quanto as mulheres sejam pais competentes em casa e trabalhadores qualificados na economia de mercado. Essa é a abordagem da maioria dos países da Europa Ocidental, onde a assistência pública aos necessitados é considerada uma obrigação social. Essa abordagem contrasta fortemente com a dos Estados Unidos, onde os programas de assistência social foram estigmatizados como "doações tributárias" — enquanto são aprovados milhões de dólares em subsídios do governo para grandes empresas e gigantescas deduções de impostos para as pessoas abastadas. ▪

A mensagem não tão sutil desse tipo de promoção é que se quisermos satisfazer o nosso anseio de amor, realização, segurança e felicidade, o que temos que fazer é comprar e consumir. Por conseguinte, os pobres se amontoam nas lojas de artigos baratos, acumulando engenhocas e quinquilharias, enquanto os ricos acumulam casas e iates. E enquanto toda essa acumulação inútil entope as nossas casas e o planeta, os que estão na base da hierarquia dominadora continuam a morrer de fome e de doenças.

Isso nos conduz ainda a outra maneira pela qual as economias dominadoras produzem a escassez artificial: a espoliação ambiental. Os críticos freqüentemente culpam a industrialização pelos nossos crescentes problemas ambientais. No entanto, estes últimos não são exclusivos das economias industriais. A espoliação ambiental é característica do sistema de dominação. Ela recua a uma época muito distante, começando pelos pastores da pré-história que esgotavam os solos por meio do pastoreio excessivo, criando uma escassez que, por sua vez, favorecia as relações baseadas na dominação.

A CONQUISTA DA NATUREZA

O que é hoje o Deserto do Saara foi um dia uma terra verdejante e viçosa. Entre 40.000 e 23.000 a.C., bandos de elefantes, antílopes, avestruzes e girafas vagavam pelo norte da África. Amostras de solo de 12.000 a 4.000 a.C. indicam uma precipitação pluviométrica de cem a quatrocentos milímetros por ano onde hoje temos apenas dez milímetros. Nesse clima mais úmido, como escreve Brian Griffith na sua história de desertificação e mudança cultural, os rios corriam através do norte da África e a paisagem dos antílopes e dos gatos selvagens provavelmente se parecia muito com os parques nacionais do Quênia dos dias de hoje.[34]

Em vez de um deserto de pedras desnudas e dunas de areia, o Saara não era então apenas uma base para a colheita e a caça. Com a invenção da agricultura, a atividade rural tornou-se possível, mas por volta de 3.000 a.C. teve início um período de seca.

Parte da desertificação da região foi causada pelas mudanças climáticas. Usando um banco de dados computadorizados que correlaciona informações sobre mudanças climáticas ao longo de milhares de anos com dados arqueológicos, o geógrafo James DeMeo mapeou essas mudanças na grande região desértica que ele chama de Saarásia (que se estende aproximadamente a partir do norte da África, atravessa o Oriente Médio e penetra na Ásia central).[35] Ele descobriu que o que um dia foi um jardim de fartura e abundância tornou-se uma terra estéril e inóspita.

Mas a mudança climática foi apenas parte da história. Griffith escreve que quando a terra ficou mais seca, a lavoura tornou-se impossível, e até mesmo criar e arrebanhar animais ficou mais difícil. À medida que a seca avançou e a vegetação tornou-se ainda mais escassa, a atividade humana em si passou a ser uma causa da desertificação.

Como os pastores pastoreavam os bodes e os carneiros nas mesmas áreas o ano inteiro, os pastos diminuíram mais ainda. Árvores foram derrubadas para criar mais pastos. À medida que as árvores e as plantas iam desaparecendo, passou a chover menos ainda, como acontece quando as florestas são dizimadas hoje em dia. E à medida que rebanhos pastavam um número cada vez maior de pastos, os solos foram ficando ainda mais estéreis.

Esses ciclos de exploração da terra deram origem a uma escassez ainda maior, enquanto os sistemas vitais da natureza iam pouco a pouco se exaurindo. Entretanto, os ciclos de dominação e exploração não estavam restritos à natureza. Nesse ambiente cada vez mais inóspito, os hábitos de dominação e exploração tornaram-se rotineiros.

Alguns grupos começaram a lutar uns com os outros pelo acesso aos pastos e à água. E à medida que os homens passaram cada vez mais a se apoiar na força bruta para ganhar a vida, as mulheres perderam status e poder.

Como escreve Griffith: "É bem possível que os domadores originais dos carneiros e bodes tenham sido mulheres. Depois que os caçadores matavam uma cabra selvagem, eles talvez levassem os filhotes para casa, e as mulheres decidiam então criar os pequenos órfãos. Esses cuidados com os animais domesticados teriam sido tarefas principalmente femininas, como ocorre hoje em dia na Índia e na China".[36] Mas enquanto as mulheres sem dúvida continuavam a cuidar dos animais domésticos e executar outras atividades com valor econômico, à medida que os pastos foram ficando mais escassos e mais afastados uns dos outros, os homens passaram a assumir um papel mais ativo e muito diferente. A função deles agora era não apenas viajar cada vez mais para longe com os rebanhos, assim como defendê-los de assaltantes e também praticar assaltos. Com o tempo, as contribuições econômicas dos homens — especificamente o fato de usarem a força para fazê-las — começaram a ser consideradas primordiais, e o trabalho das mulheres se desvalorizou.

Griffith comenta que "a escassez promove a coerção como uma forma de satisfazer as necessidades básicas".[37] Gradualmente, então, à medida que o uso da coerção passou a fazer parte da cultura, os ataques e a matança se espalharam do deserto para as áreas mais férteis.

DeMeo chegou a essa mesma conclusão na sua análise do comportamento humano e das instituições sociais. Ele escreve que houve historicamente uma correlação entre o ambiente inóspito, a rígida subordinação social e sexual das mulheres e a equiparação da masculinidade ao vigor e à belicosidade.[38] Ele também apresenta dados indicando que, quando as mais severas mudanças ambientais tiveram lugar, as incursões dos pastoreadores nômades nas áreas adjacentes se intensificou.

Quando percorriam distâncias maiores, as tribos nômades dos solos improdutivos cobiçavam a riqueza e a segurança que viam nas terras irrigadas.[39] Desse modo, esses pastores e assaltantes começaram a invadir as áreas mais férteis, primeiro por meio de incursões ocasionais e, mais tarde, como conquistadores que impunham o seu domínio.

Quando se estabeleceram no Crescente Fértil, os chefes nômades trouxeram com eles hábitos de dominação. Para eles, as mulheres das regiões conquistadas eram presas de guerra a ser apropriadas como concubinas ou escravas, ou simplesmente estupradas e assassinadas à vontade. À medida que os invasores foram se estabelecendo, a situação das mulheres "deles" também se deteriorou ainda mais.

Griffith escreve que: "Antes, na vida no deserto, essas mulheres eram freqüentemente encaradas como uma mercadoria sexual fundamental, mas pelo menos eram livres para andar de um lado para o outro e trabalhar ao ar livre no campo. Agora, elas se tornaram uma mercadoria sexual ciumentamente protegida que tinha que ser isolada da comunidade circundante".[40] À medida que os maridos guerreiros as segregaram do contato com os povos conquistados, a condição restrita delas logo se tornou a ideal para a população em geral.[41] As mulheres ficavam agora confinadas a alojamentos especiais e tinham que usar um véu quando saíam, como também aconteceu na Índia depois das invasões nômades arianas.

As leis e os costumes das terras conquistadas também mudaram radicalmente quando as mulheres se tornaram propriedade dos homens. "Na antiga Suméria até 2371 a.C.," observa Griffith, "as leis relacionadas com o casamento e a propriedade eram praticamente iguais para os homens e as mulheres."[42] Entretanto, na época da Babilônia (a partir de aproximadamente 1750 a.C.) e da Assíria (a partir de mais ou menos 1200 a.C.), o controle dos homens sobre as mulheres tornou-se draconiano. As mulheres que roubavam coisas do marido poderiam ser executadas. As que não usavam o véu obrigatório eram açoitadas com varas. As mulheres que abrigavam uma esposa fugitiva tinham as orelhas decepadas. As que faziam um aborto por conta própria eram empaladas em estacas para sofrer uma morte lenta.

Tudo agora estava organizado para a conquista e o controle — das mulheres, dos homens "inferiores" e da terra. Os povos subjugados eram cruelmente explorados. Até mesmo os sistemas de irrigação necessários para abastecer a população eram negligenciados, e os recursos desviados para financiar ataques que aumentavam cada vez mais, algo que, à semelhança do que ocorria nos antigos períodos nômades, tornou-se uma importante fonte de riqueza.

As brutais conquistas dos assírios construíram um império amparado em exorbitantes impostos anuais. Os agricultores conquistados sabiam que seriam massacrados se deixassem de pagá-los. Assim sendo, eles cultivavam os produtos agrícolas o ano inteiro, exaurindo o solo. Nada disso interessava aos dominadores, já que, escreve Griffith, parece que os assírios viam o seu império como um enorme território de invasões. Quando uma região ficava esgotada, eles podiam simplesmente expandir as suas conquistas, "como nômades em busca de pastos que estavam se tornando cada vez mais escassos".[43]

Essa mentalidade de conquista — da natureza, das mulheres e de outros homens — também era a marca registrada do posterior rei persa Dário. Durante o seu reinado (mais ou menos de 500 a 328 a.C.), ele extraiu quantias astronômicas do Oriente Médio para sustentar os seus exércitos e a sua corte. Ele também não se importava com o enorme custo ambiental de pressionar tanto as pessoas. Tendo que pagar impostos equivalentes à metade das suas colheitas, para que o rei pudesse contratar mais mercenários, os agricultores praticamente não tinham escolha. Eram forçados a cultivar o solo ininterruptamente para poder cumprir as cotas de produção anual. Além disso, como os gastos com a guerra eram sempre prioritários, os sistemas de conservação e irrigação eram freqüentemente abandonados e ficavam em uma situação precária. Como escreve Griffith, o ciclo se repetia continuamente: "a dessecação dava origem aos chefes guerreiros, e estes geravam a dessecação".

E esse ciclo está longe de ter acabado, pois os hábitos de dominação continuam até hoje. A diferença é que no nosso nível de desenvolvimento tecnológico, eles não ameaçam apenas uma única região e sim todo o ecossistema. Os cientistas recomendam com insistência que deixemos de conquistar e explorar a natureza e passemos a cuidar do nosso hábitat. Relatório após relatório adverte que o nosso rumo atual não é sustentável.

> *Os cientistas recomendam com insistência que deixemos de conquistar e explorar a natureza e passemos a cuidar do nosso hábitat. Relatório após relatório adverte que o nosso rumo atual não é sustentável.*

A *Avaliação Ecossistêmica do Milênio* de 2005 patrocinada pelas Nações Unidas informa que, ao longo dos últimos cinqüenta anos, a atividade humana esgotou 60% dos pastos, florestas, terras cultiváveis, rios e lagos do mundo. Compilada por 1.360 cientistas de 95 países, essa avaliação do dano causado ao nosso hábitat também relata que um quinto dos recifes de coral e um terço dos mangues do planeta foram destruídos em apenas algumas décadas.[44]

As emissões de carros e centrais elétricas são responsáveis pelas temperaturas mais elevadas que estão derretendo tão rapidamente a calota polar que as geleiras da Groenlândia estão deslizando para o oceano duas vezes mais rápido do que há apenas cinco anos, os ursos polares estão se afogando, e muitas outras espécies estão ameaçadas de extinção. No entanto, essas emissões continuam a liberar todos os anos mais de 25 bilhões de toneladas métricas de dióxido de carbono no ar, dando origem a advertências científicas de que o aumento do nível do mar poderá engolir as cidades litorâneas em apenas algumas décadas.

Outro relatório de 2005 apresentado por cientistas da British Royal Society documenta que os nossos oceanos estão se tornando ácidos. O relatório adverte que as reações químicas às emissões industriais que produzem ácido carbônico estão afetando de um modo adverso todos os organismos que têm esqueleto ou concha. Eles estão causando um dano irreversível à vida marinha da qual nós e outras espécies dependemos para nos alimentar.[45]

Na verdade, quase todos os dias um novo trabalho detalha a insanidade do nosso rumo atual. Entretanto, os nossos antigos hábitos de dominação e exploração estão de tal maneira entranhados nos nossos modelos, políticas e práticas econômicas, que essas advertências passam em grande medida desapercebidas.

É como se ninguém se importasse, pelo menos aqueles que estão em posição de fazer alguma coisa para modificar esse curso irracional. As gigantes corporativas e os governos que elas controlam continuam a destruir as florestas tropicais da Terra, a poluir o nosso ar e a nossa água, e a criar uma escassez artificial desviando recursos para armas e guerras. A pilhagem da natureza, hoje auxiliada por poderosas tecnologias que causam um dano terrível em uma questão de anos ou até mesmo de meses e dias, continua a pleno vapor.

No entanto, nada disso é inevitável e certamente pode ser mudado.

CAPÍTULO 7

A economia da participação

As nossas idéias e histórias são os projetos do nosso futuro. É claro que essas idéias e histórias não surgem do nada. Elas têm origem em épocas e lugares particulares. No século XVIII, uma vigorosa idéia ganhou força. As pessoas começaram a acreditar que o anseio humano de uma vida melhor na Terra não poderia se realizar.

Na maior parte da história documentada, seja ela ocidental ou oriental, a grande maioria das pessoas era pobre, e como tinham aprendido a fazer, aceitavam a pobreza como o seu destino inevitável. Ninguém menos do que Aristóteles havia declarado que todo mundo nasce na sua devida posição social na vida: os escravos estão destinados a ser escravos, e as mulheres estão destinadas a ser subordinadas aos homens. "Desde a hora do nascimento", escreveu ele, "alguns estão marcados para obedecer, e outros para mandar."[1] Mais tarde, a Igreja ensinou aos cristãos que o sofrimento é o castigo de Deus para a nossa natureza maléfica e egoísta. Quanto à pobreza, o Evangelho de Mateus não citou Jesus como tendo dito: "Tendes os pobres sempre convosco"?

Entretanto, quando a revolução industrial ganhou força na Europa, o mesmo aconteceu com a possibilidade de que o mundo pudesse mudar. Na verdade, o mundo estava mudando rapidamente, à medida que novos métodos de trabalho e estilos de vida iam substituindo os antigos.

Em meados do século XVIII, a visão do progresso por meio da intervenção humana se aplicava à economia. Já que as pessoas eram capazes de melhorar os meios de produção, talvez também pudessem aprimorar o sistema econômico. Com um entendimento melhor de como funcionam os sistemas econômicos, poderíamos fazer com que trabalhassem para o bem de todos.

Duas teorias econômicas emergiram dessa nova investigação dos padrões econômicos. A primeira descrevia o que hoje chamamos de *capitalismo*. A segunda é o que os seus defensores chamam de *socialismo*.

Freqüentemente nos dizem que as teorias são meras abstrações sem nenhum impacto prático verdadeiro. No entanto, nada poderia estar mais longe da verdade. Na verdade, dificilmente algo afetou mais profundamente a história moderna do que essas duas teorias econômicas.

Cada uma delas ofereceu uma história de como os sistemas econômicos funcionam, e de como podem ser melhorados. E essas histórias não apenas transformaram as políticas e práticas econômicas, como também transformaram a maneira como as pessoas pensavam e viviam.[2]

Para seguir adiante, precisamos entender essas teorias e os períodos em que surgiram. Precisamos particularmente entender os pressupostos dominadores nelas incorporados. Esse entendimento é fundamental para que possamos construir uma nova teoria econômica — uma teoria que realmente funcione para o bem de todos.

A VISÃO CAPITALISTA

Adam Smith, o homem que escreveu a "bíblia" da teoria capitalista, nasceu na Escócia em 1723. Ele era brilhante, excêntrico e gregário. Embora nunca tenha se casado, tinha um amplo círculo de amigos, colegas e admiradores, entre eles algumas das mais proeminentes figuras da vida britânica. A sua eminente carreira profissional variou entre lecionar em Oxford e viajar pela Europa com o descendente de uma família aristocrática, pelo que foi generosamente remunerado. Smith só começou a carreira de escritor em 1759, quando publicou o livro hoje raramente lembrado: *The Theory of Moral Sentiments*. Depois, em 1776, no mesmo ano em que nasceram os Estados Unidos, ele publicou o seu famoso *Inquiry into the Nature and Cases of the Wealth of Nations,* mais conhecido simplesmente como *The Wealth of Nations [A Riqueza das Nações].*[3]

Smith tinha uma visão otimista do futuro. Ele aceitava basicamente a crença dominadora de que as pessoas são inerentemente egoístas. Mas na visão dele, esse egoísmo poderia trabalhar para o bem comum, desde que fosse permitido ao mercado regular a produção e o comércio sem a interferência do governo.

Dito isso, Smith de modo nenhum acreditava que o egoísmo fosse a única motivação humana, embora esse ponto de vista lhe seja freqüentemente atribuído. Ele deixou claro em *The Theory of Moral Sentiments* que os seres humanos podem agir, e efetivamente agem, em função do seu "sentimento" pelos outros, e acreditava que o altruísmo é uma motivação importante nas famílias, particularmente no caso das mulheres.

Smith também é com freqüência chamado de antigovernamental. No entanto, as suas invectivas contra o controle econômico do estado assumem um significado muito diferente quando observadas no seu contexto histórico.

Smith escreveu em uma época de grandes tumultos sociais e econômicos. A pequena nobreza havia se apropriado da maior parte das terras que pertenciam ao povo, e multidões de agricultores desapropriados reduzidos a indigentes perambulavam pelo campo. Também já havia indícios do que iria acontecer com o advento da total industrialização do século XIX. Em alguns lugares, crianças pequenas e mulheres trabalhavam nas minas doze horas por dia, inclusive mulheres grávidas, que às vezes davam à luz nos túneis das minas. As condições em algumas cidades industriais não eram muito melhores, onde crianças cuidavam das máquinas dia e noite, trabalhando de doze a quatorze horas ininterruptas.[4] No entanto, o governo, que estava totalmente nas mãos das classes fundiária e mercantil, nada fazia para mudar a situação. Em vez disso, freqüentemente exacerbava as coisas com políticas tacanhas concebidas para promover os interesses econômicos limitados dos que detinham o poder.

Smith não disse que o governo não tinha nenhuma função e tampouco defendia a privatização de serviços do governo.

Quando Smith atacava a interferência do governo, ele estava indiretamente contestando o controle econômico das classes superiores. Ele teria estremecido diante da idéia de que a sua teoria econômica iria ser usada para justificar a avidez e a ganância porque ele, na verdade, as condenava. Smith criticava duramente a classe mercantil em ascensão pela sua "mesquinha avidez", escrevendo que os seus membros "não são, e nem deveriam ser, os governantes da humanidade".[5] Ele também escreveu que "nenhuma sociedade, cuja maior parte dos membros é pobre e miserável, pode ser próspera e feliz".[6]

Smith não disse que o governo não tinha nenhuma função e tampouco defendia a privatização de serviços do governo. Ele declarou que o governo tem o dever de prover uma "precisa administração da justiça" para todos os cidadãos. Ele também escreveu que os governos precisam edificar e manter "as instituições e as obras públicas que poderão ser vantajosas, no mais elevado grau, para uma grande sociedade" — observando que "a natureza delas é tal que o lucro nunca poderia reembolsar o custo para nenhuma pessoa isolada ou um grupo pequeno de pessoas". E Smith advertiu que os industrialistas em ascensão "geralmente têm interesse em enganar e até mesmo oprimir o público".[7]

Não obstante, no centro do pensamento de Smith estava a convicção de que o principal mecanismo para a construção de uma sociedade melhor residia no mercado, ou seja, na produção e na troca de mercadorias com fins lucrativos por intermédio de transações comerciais. Ele acreditava que as forças do mercado se oporiam ao egoísmo por meio da concorrência. Nas palavras dele, a "mão invisível do mercado" garantiria que o público não seria enganado e que os padrões de vida subiriam.[8]

Esse argumento, que ele explicou nas novecentas páginas de *A Riqueza das Nações,* tornou-se o fundamento lógico do capitalismo.

A VISÃO SOCIALISTA

Em importantes aspectos, o capitalismo foi um passo à frente na passagem de um estilo de vida dominador para um de participação. Ele serviu de incentivo a formas políticas com uma maior responsabilidade social, como o fizeram as monarquias constitucionais e a república, e foi um fator importante no surgimento da classe média. Sem dúvida o capitalismo foi preferível aos sistemas econômicos feudais e mercantis nos quais os nobres e os reis eram donos de quase todos os recursos econômicos.

Entretanto, o capitalismo enfatizava o consumismo e a ganância individuais (o motivo do lucro), apoiava-se na categorização (a estrutura de classes), deu seguimento a tradições de violência (conquistas e guerras coloniais) e deixou de reconhecer a importância econômica do "trabalho das mulheres" da atenção e da assistência. Dessas e de outras maneiras, o capitalismo reteve importantes elementos dominadores.

No século XIX, quando ficou claro que o capitalismo não estava consumando a visão de Smith de uma economia que trabalharia para o bem comum, Karl Marx e Friedrich Engels apresentaram uma teoria muito diferente. Essa teoria viria a ser conhecida como *socialismo científico* e contestava praticamente tudo o que Smith acreditara, particularmente a sua fé nas forças do mercado.

Engels nasceu na Alemanha em 1820, mas passou grande parte da sua vida na Inglaterra administrando a fábrica de tecidos do pai em Manchester. Ao contrário de muitas pessoas da sua classe, ele convivia livremente com os pobres. Apaixonou-se por uma mulher da classe trabalhadora, tendo com ela um caso que durou até a morte dela, passando depois a viver com a irmã dela, com quem se casou no leito de morte da primeira. Tendo visto de perto as circunstâncias desesperadas das famílias da classe trabalhadora, Engels publicou em 1844 *The Condition of the Working Class in England.*[9] A obra era um relato pormenorizado de um sistema capitalista que condenava as pessoas a trabalhar de manhã à noite e ainda a viver em moradias imundas e repulsivas, mal tendo o suficiente para manter juntos o corpo e a alma. Engels já abraçara os ideais igualitários do comunismo quando visitara Marx em Paris no verão de 1844. A visita estava programada para durar apenas algumas horas, mas transformou-se em dez dias de intensas conversas e colaboração. No final, Engels tornou-se amigo e colega de trabalho de Marx para o resto da vida, e à medida que o tempo foi passando, passou a representar o único respaldo financeiro de Marx, da sua esposa Jenny e dos filhos do casal.

Marx nem sempre fora pobre. A sua pobreza foi resultado das suas convicções políticas, que ele expressou inicialmente em artigos de jornal e, com o tempo, no *Das Kapital* [*O Capital*], o seu monumental tratado econômico. Karl Marx nasceu em 1818 na Alemanha no seio de uma próspera família judia liberal, que mais tarde converteu-se ao cristianismo para que o pai de Marx pudesse exercer a advocacia com menos restrições. Karl foi enviado para as universidades de Bonn e Berlim para estudar direito. Lá, ele sofreu a influência da teoria da mudança dialética do filósofo Georg Wilhelm Friedrich Hegel — como toda força histórica tem o seu oposto (antítese) e como o conflito das duas com o tempo produz uma síntese, que por sua vez contém as suas próprias contradições. Essa teoria influenciou Marx profundamente, que decidiu tornar-se filósofo, e tentou obter um cargo na universidade. No entanto, foi obrigado a escolher entre aplacar as reacionárias autoridades prussianas ou desistir da esperança de seguir uma carreira acadêmica. Ele escolheu esta última opção, e aos 23 anos deixou a universidade para tentar trabalhar com jornalismo. Editou um jornal liberal, meteu-se em apuros por criticar um governo autocrático e teve que deixar a Alemanha. Esse padrão se repetiria durante toda a vida de Marx. Ele e sua família tiveram que vagar de um lado para o outro. Não teriam conseguido sobreviver não fosse a generosidade de Engels, que via em Marx um gênio que criaria os meios para que a massa dos oprimidos alcançasse a liberdade e a prosperidade.

O socialismo científico de Marx e Engels era uma alternativa para o que eles descartaram como o *socialismo utópico* de teóricos como Robert Owen e Charles Fourier.[10] À semelhança da obra do filósofo britânico John Stuart Mill sobre economia política,[11] Marx e Engels se preocupavam com a interação entre os processos políticos e as variáveis econômicas, especialmente as políticas econômicas. No entanto, eles foram além da análise econômica liberal de Mill para examinar a economia sob o aspecto da luta pelo controle dos meios de produção.

Marx e Engels acreditavam que os conflitos de classe são historicamente inevitáveis, e que a vitória da *burguesia* ou classe mercantil sobre a aristocracia fundiária feudal seria inevitavelmente seguida pela vitória da classe trabalhadora ou *proletariado*. Mas eles não estavam apenas empenhados em construir uma nova teoria econômica; eles também estavam empenhados em vê-la posta em prática.

Enquanto Marx e Engels desenvolviam a sua teoria da luta de classes, houve de fato rebeliões de trabalhadores por toda a Europa. Primeiro na França, em seguida na Bélgica e na Alemanha, brotaram revoltas armadas. No entanto, todas foram alvo de uma grande violência e esmagadas.

Não obstante, Marx e Engels acreditavam que o tempo estava do lado deles. Eis o que escreveram no *Manifesto Comunista* de 1848:

> A sociedade burguesa moderna, com as suas relações de produção e de propriedade, uma sociedade que conjurou gigantescos meios de produção e de troca, assemelha-se ao feiticeiro que já não consegue controlar as forças do inferno que evocou com os seus encantamentos [...]. As armas que a burguesia utilizou para abater o feudalismo voltam-se hoje contra a própria burguesia. Mas a burguesia não forjou somente as armas que lhe trarão a morte; ela também produziu os homens que manejarão essas armas — a classe operária moderna — os proletários [...]. O que a burguesia produz, portanto, são os seus próprios coveiros. A sua queda e a vitória do proletariado são igualmente inevitáveis. [12]

A REVOLUÇÃO E A DECADÊNCIA

Com o tempo, o sonho de Marx e Engels de uma revolução comunista bem-sucedida tornou-se realidade. No entanto, ela não teve lugar em uma nação capitalista industrializada, como eles haviam prognosticado. Em vez disso, a revolução aconteceu em uma sociedade agrícola, semifeudal: a Rússia dos czares e nobres autocráticos.

Embora as políticas socialistas tivessem acabado com a fome e a extrema pobreza das massas, e melhorado imensamente o sistema de saúde e a educação, as tradições de dominação tanto na família quanto no estado não mudaram. O que Marx chamava de ditadura do proletariado tornou-se exatamente isso: outro regime violento e despótico.

Os planejadores centrais criaram uma forma de cima para baixo de capitalismo estatal na qual os recursos eram controlados por um pequeno grupo de homens do topo. Em Moscou, os *apparatniks* tinham privilégios como casarões à beira-mar e suntuosos banquetes, enquanto as pessoas do povo moravam em apartamentos superlotados e freqüentemente careciam de bens de primeira necessidade. Nas províncias, os comandantes militares se tornaram comissários comunistas e continuaram a aterrorizar o povo.

Parte do problema residia na própria teoria comunista. Ela não apenas determinava a extinção da propriedade privada e da luta de classes; ela também deixou de abandonar o princípio dominador que diz que a violência é o meio de se chegar ao poder, como no conhecido ditado: "O fim justifica os meios". Mas uma parte ainda maior do problema era a rígida natureza dominadora da cultura que precedeu a União Soviética.

Os czares russos eram autocratas despóticos em uma sociedade em grande medida feudal. Os servos só foram libertados no século XIX. E essa liberdade, como a dos escravos libertos do Sul dos Estados Unidos, era amplamente ilusória já que a estrutura de poder não mudou realmente. Além disso, a União Soviética assumiu o controle de uma cultura que era rigidamente dominada pelos homens. Essa dominação de uma das metades da humanidade pela outra, reforçada por tradições do espancamento das esposas e de outras formas de violência, forneceu um modelo básico para a desigualdade e a exploração.

Essa associação entre o sexo, a política e a economia é uma das lições mais instrutivas da história moderna. Nós a presenciamos vividamente no regime brutalmente autocrático de Stalin. Quando subiu ao poder, Stalin revogou políticas soviéticas aprovadas no governo de Lenin que visavam estabelecer relações mais igualitárias entre as mulheres e os homens. Ao mesmo tempo, a União Soviética retornou a mais violência e um controle econômico de cima para baixo, o que inclui o assassinato de milhões de pequenos camponeses proprietários de terras e a eliminação de qualquer pessoa que Stalin considerasse uma ameaça ao seu controle absoluto.

Nesse retorno a uma configuração dominadora mais rígida, o regime totalitário de Stalin não era diferente do regime totalitário fascista de Hitler na Alemanha. Para Hitler, bem como para o famoso filósofo alemão Friedrich Nietzsche, a igualdade, o humanitarismo e a emancipação das mulheres eram idéias "degeneradas" e "efeminadas". Para ele, bem como para Stalin, o controle era uma obsessão: assim como os homens "socialmente puros" devem dominar o resto da humanidade, os homens devem controlar as mulheres.[13]

Por meio da ajuda econômica e militar, da conquista e da propaganda, a União Soviética espalhou o socialismo pelo mundo inteiro. Durante algumas décadas, metade do mundo era socialista, inclusive a Europa Oriental, partes da África, a China e outras nações asiáticas, e até mesmo alguns países das Américas.

> *O que Marx chamava de ditadura do proletariado tornou-se exatamente isso: outro regime violento e despótico.*

Mais tarde, depois da queda do muro de Berlim em 1989, o regime comunista da União Soviética desmoronou. O capitalismo passou a ser o novo sistema econômico da Rússia e da Europa Oriental. A China também se voltou para o empreendimento privado, e logo se pôs a caminho (ainda sob o controle do partido comunista) de tornar-se uma importante potência capitalista.

O capitalismo foi declarado vencedor na luta ideológica que travou com o socialismo. Mas embora isso tenha sido aclamado como um grande benefício para a prosperidade econômica, logo ficou evidente que se tratava de uma vitória vazia, pelo menos para a grande maioria dos habitantes do mundo. À medida que as bolsas subiam, os lucros das grandes empresas aumentavam vertiginosamente e os salários dos CEOs alcançavam cifras astronômicas, relatório após relatório mostrava que as condições estavam ficando piores para uma grande parte da população.

As Nações Unidas relataram em 2005 que a globalização de um sistema de mercado não-regulamentado era na verdade um fator fundamental no surgimento da pobreza.[14] A mortalidade infantil e materna estava aumentando em algumas regiões. Na próspera nação dos Estados Unidos, um quinto das crianças estava vivendo na pobreza. Já em 2003, o Relatório de Desenvolvimento Humano das Nações Unidas constatou que, em comparação com 1990, 54 países haviam ficado mais pobres, e em 21 países o número de pobres havia aumentado em vez de diminuído.[15] A muito celebrada globalização de um livre mercado estava gerando mais pobreza em vez de menos.

DO CAPITALISMO E SOCIALISMO AO PARTICIPACIONISMO

Tanto as teorias de Smith quanto as de Marx e Engels contribuíram enormemente para o nosso entendimento da economia. Entretanto, como são oriundas de sociedades que haviam avançado apenas alguns passos em direção a um sistema de participação, a abrangência do que eles examinaram e propuseram não foi suficientemente ampla. Na verdade, as análises que fizeram perpetuaram uma visão da economia excessivamente limitada.

A perspectiva de Smith de como os mercados funcionam pressupunha um livre mercado de pequenas entidades. Ele descreveu uma imagem idealizada dos mercados como uma espécie de *deus ex machina* que garantiria a justiça e a prosperidade. Além disso, Smith basicamente desconsiderou as interações entre as instituições sociais e econômicas.

Embora Marx e Engels reconhecessem o relacionamento entre as instituições econômicas e o sistema social mais amplo, eles o viam de um modo geral como uma rua de mão única na qual quem controla os meios de produção é o fator primário. Além disso, os tratados de Marx sobre economia se concentravam principalmente em uma crítica dos mercados capitalistas, e a solução que ele apresentou de um socialismo controlado a partir do topo por uma "ditadura do proletariado" nunca se transformou na sociedade comunista ideal que ele prefigurara como o resultado final.

Nem as teorias de Marx e Engels nem as de Smith alcançaram a meta de criar uma economia que funcionasse para o bem do todo. Tampouco essa meta teria sido atingida no contexto de sociedades ainda amplamente voltadas para o sistema dominador, no qual tanto as estruturas sociais e econômicas quanto os valores culturais mantêm uma classificação de dominação de cima para baixo e inibem as práticas e as políticas solidárias.

O livre mercado visualizado por Smith nunca se concretizou. O pressuposto dele de que a concorrência deteria o interesse pessoal não levou em conta o surgimento de financistas agressivos como J. P. Morgan e Cornelius Vanderbilt, que usaram sem piedade a trapaça, o suborno e a força para esmagar tanto os concorrentes quanto os organizadores dos sindicatos.[16]

O socialismo imaginado por Marx e Engels tampouco se concretizou. Em vez de um sistema justo e igualitário, o que emergiu foi um sistema controlado a partir de cima por homens implacáveis.

Como demonstra a história, não basta mudar quem controla os meios de produção. Se o controle for exercido dentro dos parâmetros de um sistema de dominação, um tipo de controle de cima para baixo substituirá o anterior, como aconteceu na União Soviética quando poderosos dirigentes bolchevistas assumiram o controle dos recursos da Rússia.[17] Tampouco é suficiente focalizar o mecanismo do mercado. Para ir além da desumanidade e da irracionalidade que causam tanto sofrimento e devastação, temos que levar em conta todos os setores econômicos bem como a interação entre a economia e o sistema social mais amplo.

Os sistemas econômicos refletem e perpetuam a estrutura e os valores sociais subjacentes, em um processo constantemente interativo. Se a estrutura social e os valores estiverem voltados para o sistema de dominação, o mesmo acontecerá com a economia. No entanto, ao mesmo tempo, como reconheceram Marx e Engels, a maneira como os sistemas econômicos estão estruturados desempenha um enorme papel no tipo de estruturas e valores sociais que nós temos.

É por esse motivo que precisamos com urgência de uma nova história do que é a economia e do que ela pode ser. Uma parte fundamental dessa história é uma nova teoria para a economia, teoria essa que inclua os elementos de participação do capitalismo e do socialismo, mas que transcenda os dois para garantir que as aptidões e as necessidades humanas sejam satisfeitas e o nosso hábitat seja conservado.

Chamo essa nova teoria econômica evolutiva de *participacionismo*. É uma teoria que está em andamento e que exigirá a contribuição e a criatividade de muitos de nós. Na verdade, um paradigma econômico participacionista completamente formado provavelmente não surgirá enquanto não afrouxarmos ainda mais o controle das tradições dominadoras. No entanto, nós podemos — e devemos — mudar para novas maneiras de pensar a respeito da economia para que possamos lidar de uma maneira mais eficaz com os nossos desafios globais sem precedente.

Nem a teoria capitalista nem a socialista reconheceram o que está se tornando evidente à medida que avançamos em direção à economia da informação pós-industrial: o fato de que uma economia e uma sociedade saudáveis requerem um sistema econômico que respalde o desenvolvimento humano ótimo.[18] Em contrapartida, o participacionismo reconhece que o desenvolvimento de um capital humano de alta qualidade — ou seja, das aptidões humanas — é (associado a um ecossistema saudável) o componente mais valioso de uma economia bemsucedida. Como ressalta Amartya Sen, a meta suprema da política econômica não deve ser o nível da renda monetária per capita, mas sim o desenvolvimento das aptidões humanas de cada pessoa.[19]

Isso nos conduz ao problema seguinte das teorias anteriores, ou seja, o fato que elas deixaram de reconhecer a importância para o desenvolvimento humano daquilo que os economistas chamam de "trabalho reprodutivo": dar a vida e cuidar dela.

Sabemos hoje, tanto a partir da psicologia quanto da neurociência, que a qualidade dos cuidados que as crianças recebem exerce um impacto direto no grau máximo em que os adultos desenvolvem as suas aptidões. A neurociência mostra que o desenvolvimento do nosso cérebro é profundamente afetado pelas nossas primeiras experiências. Como escreve o neuropsiquiatra Bruce Perry: "É durante esses momentos da vida que as experiências sociais, emocionais, cognitivas e físicas moldarão os sistemas neurais de maneiras que influenciarão o seu funcionamento durante a vida inteira".[20] Perry e outros cientistas até mesmo descobriram que se as crianças sofrerem um grave abuso ou forem negligenciadas, as medidas da circunferência occipitofrontal (que nas crianças pequenas é um bom indicador do tamanho do cérebro, e portanto um possível determinante do desenvolvimento mental e emocional) podem ser anormalmente baixas.[21]

Esse conhecimento científico requer a reconceituação da teoria econômica. Ele mostra que precisamos levar em conta a importância da atenção e da assistência como um requisito para uma economia otimamente produtiva.

Uma vez que reconhecemos a importância da solidariedade na economia, também percebemos que muitos dos nossos problemas sociais e ambientais resultam de regras, práticas e políticas econômicas que promovem, e freqüentemente até exigem, a falta de solidariedade. O fato de a maioria dos economistas não mencionar a solidariedade é estarrecedor, mas é, no entanto, compreensível, já que as duas teorias que moldaram a economia moderna surgiram em épocas nas quais a maioria das pessoas aceitava a superioridade dos homens sobre as mulheres, e por conseguinte, a desvalorização de qualquer coisa considerada "feminina" em vez de "masculina" — inclusive a atenção e a assistência.

Embora Smith esperasse que as mulheres cuidassem abnegadamente dos outros, ele encarava esse "trabalho das mulheres" como improdutivo e considerava natural a subordinação do sexo oposto. Apesar da sua ambivalência com relação ao que chamavam de a "questão da mulher", Marx e Engels condenavam a dominância masculina. No entanto, em vez de reconhecer o valor das contribuições econômicas das mulheres no lar, eles também relegavam o trabalho da atenção e da assistência à "reprodução" em vez de à "produção". E como a ênfase deles recaía em quem controlava os meios de produção, esse tipo de trabalho não tinha muita importância na sua análise econômica.

> *Como deixaram de reconhecer a importância das atividades vitais na família, na economia comunitária não-remunerada e na natureza, as teorias capitalistas e socialistas se baseiam em um modelo incompleto da economia.*

Quanto à natureza, nem Smith nem Marx incluíram as suas atividades vitais nas teorias que formularam. Para eles, a natureza existia para ser explorada pelos homens para a obtenção de alimentos, abrigo e matéria-prima para as fábricas.

Como deixaram de reconhecer a importância das atividades vitais — fosse na família, na economia comunitária não-remunerada ou na natureza — essas teorias se baseiam em um modelo incompleto da economia. Elas só levam em consideração parte das atividades necessárias para o funcionamento e a sustentabilidade da economia.

Além disso, essas teorias estão fundamentadas em um modelo incompleto das necessidades humanas. Só levam em conta a nossa necessidade de sobrevivência material, o que talvez seja compreensível, se considerarmos a fome e a pobreza predominantes na Europa da sua época. Elas deixam de incluir o fato que nós, seres humanos, temos necessidades básicas que vão além da subsistência material.

Como vemos à nossa volta, as atuais estruturas, políticas e práticas econômicas não estão satisfazendo adequadamente as necessidades materiais da humanidade, e muito menos a nossa necessidade de dignidade pessoal, significado, ligação afetiva e liberdade com relação à violência. Para desenvolver sistemas que melhor satisfaçam esses conjuntos de necessidades, precisamos de uma teoria econômica baseada em um entendimento mais completo da evolução e do nosso lugar no drama da vida que se desenvolve na Terra.[22] Essa teoria precisa reconhecer que, no decurso da evolução, tanto os homens quanto as mulheres desenvolveram uma enorme capacidade para a solidariedade, a criatividade e a consciência — e que regras e práticas que estimulem essa capacidade em vez de inibi-la são fundamentais para um sistema econômico que funcione para todos. Essa é uma questão muito prática para que possamos construir sistemas econômicos que respaldem a expressão e o desenvolvimento das aptidões que nos tornam plenamente humanos: a nossa grande capacidade para a solidariedade, a consciência e a criatividade.

Além disso, precisamos com urgência de uma teoria econômica que mostre aos elaboradores das políticas econômicas que eles precisam levar em conta mais do que apenas considerações a curto prazo. Muitas regras econômicas atuais, como a exigência da U.S. Security Exchange Comission de que as corporações apresentem relatórios trimestrais, pressionam as empresas a se concentrar apenas no curto prazo. Entretanto, está claro que o planejamento a longo prazo é essencial para proteger os nossos frágeis sistemas ecológicos, que precisamos considerar os efeitos a longo prazo dos novos avanços tecnológicos e que os nossos filhos e netos irão sofrer enormemente se não pensarmos mais à frente. O planejamento a longo prazo também é essencial para que as sociedades façam o investimento necessário no capital humano indispensável para a economia pós-industrial. E esse investimento, por sua vez, é um fator fundamental na construção de um mundo mais justo e menos violento para nós mesmos e para as gerações futuras.

Além do mais, como foi observado no Capítulo 1, para aferir adequadamente o valor de uma atividade econômica, temos que levar em conta o seu horizonte de planejamento. Este é o início a ser reconhecido com relação ao enorme custo de administrar o atual sistema de justiça penal em comparação com o custo de evitar o crime por meio do apoio à assistência e educação de qualidade. Precisamos de teorias econômicas que levem em conta as conseqüências a longo prazo de todas as atividades econômicas, tanto o seu custo efetivo (por exemplo, as despesas originárias do crime que hoje são "externalizadas" para ser sustentadas pela sociedade) quanto o custo da oportunidade ou potencial perdido (por exemplo, como uma pessoa poderia ter contribuído mais para a sociedade caso tivesse recebido mais cuidados e apoio no início da vida). Os economistas utilizam equações para determinar o valor, e desta vez o horizonte tem sido um fator ausente nas suas teorias e cálculos.

Uma teoria econômica participacionista também precisa levar em conta o que estamos aprendendo hoje a respeito da auto-organização dos sistemas, e como as regras e estruturas econômicas estão em um circuito de *feedback* constantemente interativo. A teoria precisa investigar os tipos de estruturas econômicas que são ao mesmo tempo eficazes e justas. Também precisa exa-

> *Uma teoria econômica participacionista reconhece que no decurso da evolução tanto os homens quanto as mulheres desenvolveram uma enorme capacidade para a solidariedade, a criatividade e a consciência — e que regras e práticas que estimulem essa capacidade em vez de inibi-la são fundamentais para um sistema econômico que funcione para todos.*

160 A VERDADEIRA RIQUEZA DAS NAÇÕES

minar de que maneira a estrutura das instituições econômicas está relacionada com a estrutura de outras instituições, como a família e o governo. Em resumo, a nova teoria econômica tem que reconhecer que sem modificar as estruturas econômicas e sociais que estão por trás das políticas, regras e práticas insensíveis, não podemos esperar ter um sistema que promova a saúde econômica a longo prazo, a sustentabilidade ambiental e relações justas para todo mundo.

A ECONOMIA E OS RELACIONAMENTOS

A questão dos relacionamentos é crucial para o desenvolvimento de uma nova teoria e história para a economia. Focalizar os relacionamentos pode nos ajudar a enxergar o que está nos refreando e o que precisamos para avançar.

A minha pesquisa emprega um método que chamo de estudo da *dinâmica relacional*. Com isso estou me referindo ao exame de duas dinâmicas principais. A primeira é a maneira como as diversas partes de um sistema social se relacionam umas com as outras em um processo de auto-organização constantemente interativo. A segunda é o modo como as pessoas dentro do sistema se relacionam umas com as outras e com o seu ambiente natural.

Como vimos anteriormente, esses dois conjuntos de relações são diferentes dependendo do grau em que uma cultura ou subcultura está orientada para uma das extremidades do continuum participação-dominação. No sistema de dominação, os que estão em cima controlam os que estão embaixo, seja nas famílias, na política ou na economia. Em contraposição, o sistema de participação incentiva as relações que comportam o respeito e a solidariedade mútuos.

Enquanto uma cultura se baseia principalmente no sistema de dominação, não podemos deixar para trás políticas e práticas econômicas injustas, ineficazes e ambientalmente destrutivas. É somente quando avançamos em direção ao sistema de participação que as políticas e as práticas são capazes de respaldar tanto as nossas necessidades básicas de sobrevivência quanto as nossas necessidades de associação, criatividade, significado e solidariedade — em outras palavras, a realização dos nossos mais elevados potenciais humanos.

A realização dessa mudança requer que as teorias e os modelos econômicos prestem atenção à dinâmica das relações em todas as esferas da vida e não apenas na economia. A inclusão dessa dinâmica relacional mais ampla no pensamento econômico torna possível levar em conta novas e importantes constatações das ciências naturais e sociais que são desprezadas nas teorias convencionais.

Não podemos mais deixar de considerar as descobertas científicas que mostram que as experiências e os relacionamentos do início da infância desempenham um papel fundamental no desenvolvimento das faculdades necessárias para uma economia saudável. Tanto a psicologia quanto novas pesquisas na área da neurociência demonstram a importância dessas relações para o desenvolvimento das aptidões que tornam as pessoas trabalhadores eficientes, cidadãos responsáveis e seres humanos realizados.

Tampouco podemos desprezar a ligação entre a prosperidade e a justiça econômica, e a condição das mulheres. Como vimos anteriormente, temos até estudos estatísticos como *Women, Men, and the Global Quality of Life* que mostram que a justiça e a injustiça social desempenham um papel fundamental na qualidade de vida de um país.[23]

Esses estudos verificam empiricamente o que alguns economistas de renome já haviam reconhecido intuitivamente há mais de cem anos. O popular *Economics and Women* de 1898 de Charlotte Perkins Gilman, por exemplo, apresentou a idéia de que um sistema econômico mais justo e produtivo requer a igualdade de oportunidades para as mulheres. *The Theory of the Leisure Class,* o *best-seller* de Thorsten Veblen de 1899, denunciou "a condição primitiva das mulheres" e argumentou que as atividades delas precisavam ser incluídas no que ele chamava de aprovisionamento econômico.[24]

Entretanto, essas idéias não se tornaram parte do cânone econômico transmitido de geração em geração por intermédio de livros escolares e aulas. Na segunda metade do século XX, quase tudo que era ensinado nas aulas de economia nos Estados Unidos dizia respeito principalmente à produção do mercado e ao consumo, bem como à maneira como o "homem econômico racional" fazia escolhas orientado pelo interesse pessoal egoísta. A unidade familiar só era mencionada para reiterar outro mito: o de que o homem, apesar do seu comportamento egoísta no mercado, é altruísta no que diz respeito à família — embora muitas das pesquisas que examinamos mostrem que muitos homens não usam os seus recursos econômicos para o bem-estar da família.

É claro que alguns teóricos do século XX, como John Maynard Keynes e John Kenneth Galbraith, alimentavam uma visão diferente. Embora também se concentrassem em grande medida nos mercados, eles enfatizavam a necessidade da regulamentação do governo, preocupavam-se profundamente com o bem-estar das pessoas e, no caso de Galbraith, escreviam a respeito de como as mulheres eram o que ele chamava de "criadas secretas" mesmo no Ocidente democrático.[25] Havia até divisões da economia conhecidas como economia institucional e sociologia econômica, que baseavam-se no reconhecimento de que as análises "formalistas" fornecem uma falsa imagem da realidade porque não levam em conta o contexto cultural da economia.[26]

Mas a ênfase fundamental nas escolas de economia americanas, freqüentemente a única, continuava a recair no mercado. Na verdade, a economia tornou-se em grande medida uma disciplina de teoremas abstratos e equações matemáticas que, com freqüência, deixam de incluir o que realmente importa na nossa vida: os nossos relacionamentos uns com os outros e com a Mãe Terra.[27]

Hoje em dia, um número crescente de pensadores econômicos está adotando uma visão mais ampla da economia. Figuras em evidência como Amartya Sen, Herman Daly, Paul Hawken, David Korten, Paul Krugman, Manfred Max-Neef, Robert Reich, Hernando de Soto e Joseph Stiglitz reconhecem que vivemos em um dos períodos mais instigantes da história do nosso planeta. Eles argumentam que os transtornos causados pelas rápidas mudanças tecnológicas e econômicas, o aumento progressivo da violência e do terrorismo, a ampliação do abismo entre ricos e pobres, a exterminação de espécies inteiras e as gigantescas ameaças ao nosso hábitat exigem um sistema econômico ambientalmente mais responsável e justo.

A necessidade de fazer uma reavaliação na economia também tem sido o tema de pensadores cujas obras ainda não foram publicadas, como Barbara Brandt, Edgar Cahn, Nancy Folbre, Janet Gornick, Mona Harrington, Heidi Hartmann, Hazel Henderson, Duncan Ironmonger, Julie Nelson, Hilkka Pietila e Marilyn Waring. Esses pensadores fazem a análise econômica dar um importante passo à frente ao levar em conta a contribuição econômica da família e da economia comunitária não-monetizada.[28]

Uma premissa comum dessas mulheres e desses homens é que a teoria econômica precisa ir além do mercado — e mais especificamente, que ela precisa reconhecer o valor da atenção e da assistência. Nelson escreve que "Continuar a pensar na economia como sendo de alguma maneira contrária ao comportamento solidário e ético coloca a solidariedade em uma posição vulnerável e subordinada".[29]

Este é um tema central no livro *The Invisible Heart* de Folbre, no qual ela escreve que não podemos entender ou mudar a economia sem levar em conta as atividades solidárias tradicionalmente praticadas nas unidades familiares pelas mulheres.[30] Pietila escreve que "a maior contribuição individual ao bem-estar cotidiano da maioria das famílias ainda é o trabalho não-remunerado ou extra-mercado".[31] À semelhança de Folbre, ela também ressalta que os modelos econômicos atuais deixam de levar em consideração as atividades vitais da natureza.

Henderson apresenta um argumento semelhante quando observa que as atuais idéias econômicas (e as medidas) deixam de lado a contribuição não-remunerada da economia da família e da comunidade. Ela escreve que a economia de mercado "canibaliza" essa contribuição, e que toda a estrutura econômica repousa sobre ela. A autora critica vigorosamente as medidas econômicas por deixar de distinguir entre o que ela chama de "coisas boas" e "coisas más", ou

A ECONOMIA DA PARTICIPAÇÃO 163

seja, entre as atividades que beneficiam e as que prejudicam os seres humanos e a natureza. À semelhança de Brandt, Folbre, Harrington, Harmann, Nelson, Pietila, Waring e outros economistas feministas, ela também enfatiza repetidamente a importância do trabalho da atenção e da assistência.

REVENDO A ECONOMIA

Essas análises econômicas alternativas apresentam importantes constatações para a construção de uma teoria econômica de participação. Como vimos no início deste livro, elas fornecem elementos básicos para um modelo econômico que inclui os seis setores que efetivamente compõem os sistemas econômicos: a economia familiar, a economia comunitária não-remunerada, a economia de mercado, a economia ilegal, a economia governamental e a economia natural. Tão logo reconhecemos todos esses setores econômicos, podemos prefigurar uma nova estrutura teórica para a economia.

Essa estrutura teórica não se aglutinará de repente. Haverá muitos subconjuntos de teorias,[32] mas à medida que a demanda por um maior número de estruturas e regras solidárias for aumentando no mundo inteiro, poderemos começar a rever a economia de maneiras que respaldem mudanças positivas nas políticas e nas práticas econômicas.

🔲 *Uma invenção econômica que dá valor à atenção e à assistência na economia comunitária*

Dólares de tempo são uma moeda comunitária inventada pelo advogado, escritor, professor universitário e ativista social Edgar Cahn. Em vez de contar apenas com o dinheiro posto em circulação pelo governo, as pessoas podem ganhar dólares de tempo usando as suas habilidades e recursos para ajudar os outros (cuidando de crianças ou de idosos, oferecendo transporte, cozinhando, fazendo reformas na casa e assim por diante). As pessoas podem então depois usar os dólares de tempo que ganharam para obter ajuda para si mesmas ou para a sua família, ou para ingressar em um clube que lhes ofereça descontos em alimentos ou serviços de saúde de empresas da localidade.

Os dólares de tempo também são ferramentas para o que Cahn chama de *co-produção*, um método para transformar a caridade unilateral em reciprocidade, ou nas palavras de Cahn, tornar a decência, a solidariedade e o altruísmo um catalisador para contribuições que ratificam a si mesmas pelos que recebem ajuda. "A co-produção", escreve ele, "confere um valor real à atenção e à assistência, redefinindo o trabalho produtivo além do que é reconhecido no mercado."[33]

A utilização dos dólares de tempo do Professor Cahn como uma estratégia econômica para lidar com os problemas sociais está sendo implementada em 36 estados americanos, bem como na Suécia, Japão e Canadá. Maiores informações sobre o Time Dollar Institute, com sede em Washington, D.C., e sobre a co-produção, são encontradas em www.timedollar.org. ∎

Essas mudanças começam com o primeiro setor econômico: a família, no qual a força de trabalho necessária para uma economia eficiente é produzida, cultivada e desenvolvida. Precisamos de novos indicadores econômicos que levem em conta o valor das atividades solidárias executadas nas unidades familiares. Necessitamos também de invenções econômicas que recompensem esse trabalho de maneiras que coloquem comida na mesa e paguem o aluguel. Já existem algumas invenções desse tipo, como a ajuda de custos para os serviços de puericultura e a licença parental remunerada, que deveriam ser reproduzidas no mundo inteiro. Mas precisamos de muito mais invenções, mesmo que seja apenas por elas serem fundamentais para a produção do capital humano de alta qualidade do qual tanto ouvimos falar hoje em dia.

No segundo setor econômico, a economia comunitária não-remunerada, as atividades de atenção e assistência dos voluntários também podem ser reconhecidas por meio de invenções econômicas como custos reduzidos de transporte e outros "privilégios" em retribuição aos serviços prestados gratuitamente. Os sistemas de troca como as moedas locais, por intermédio das quais as pessoas e as pequenas empresas trocam bens e serviços, são uma outra invenção econômica que pode ser usada para reconhecer o verdadeiro valor desse trabalho essencial. Os dólares de tempo, uma moeda comunitária inventada por Edgar Cahn, são um exemplo digno de nota.

À medida que a demanda por um maior número de estruturas e regras solidárias for aumentando no mundo inteiro, poderemos começar a rever a economia de maneiras que respaldem mudanças positivas em todos os setores econômicos.

O terceiro setor econômico, a economia de mercado, também necessita de invenções econômicas que confiram visibilidade e valor à atenção e à assistência. Uma vez mais, já existem algumas dessas invenções. Por exemplo, um treinamento de melhor qualidade para a puericultura, enfermagem, assistência aos idosos e outras profissões humanitárias há muito apresentado como fundamental para o movimento do "valor equivalente", ou seja, uma remuneração equivalente para as profissões que requerem níveis semelhantes de aptidão e treinamento.

Outra invenção econômica que confere visibilidade e valor à solidariedade no mercado é a indústria em rápido crescimento de investimentos socialmente responsáveis, que oferece um instrumento para que os investidores respaldem práticas e políticas comerciais mais solidárias. Ela torna possível evitar a compra de ações de companhias que não se interessam pelo bem-estar dos funcionários, dos clientes, dos consumidores, da comunidade mais ampla e do ambiente natural.[34]

Além disso, como explicarei mais detalhadamente no final deste capítulo, precisamos de regras e estruturas econômicas que garantam que as empresas tenham incentivos legítimos para ser mais solidárias. Lamentavelmente, alguns executivos das grandes companhias têm consciência do dano que causam à saúde e ao meio ambiente, e deliberadamente escondem essa informação enquanto acham que conseguem escapar impunes.[35] No entanto, de um modo geral, o problema não são as pessoas más e sim os critérios econômicos perniciosos que derivam das estruturas e das relações econômicas dominadoras e ajudam a mantê-las, critérios que podem — e precisam — ser mudados.

Isso não implica a substituição dos mercados pelo planejamento central. Embora algum planejamento sem dúvida seja necessário, os mercados têm uma importante função. Na verdade, eles desempenham um papel fundamental em uma economia saudável. Entretanto, como já vimos, as atuais avaliações do mercado baseiam-se freqüentemente em um sistema distorcido de valores culturais. E o que é com freqüência descrito como apenas a dinâmica da oferta e da procura, na verdade consiste em uma demanda de produtos perniciosos criada artificialmente.

Além disso, para que os mercados funcionem com eficácia e justiça, os sistemas de preço não podem mais exteriorizar os custos relacionados com a exploração da natureza e das pessoas. Estou enfatizando isso, porque os critérios econômicos atuais na verdade encorajam as empresas a computar lucros de maneiras que causam dano tanto às pessoas quanto à natureza.

A questão do dano conduz ao quarto setor econômico: a economia ilegal que é extremamente nociva para as pessoas e para a natureza. Como a globalização reduziu as barreiras tanto para o comércio ilegal quanto para o legítimo, a economia ilegal é hoje uma indústria de muitos bilhões de dólares. De 1992 a 2002, o tráfico de drogas internacional mais do que duplicou, chegando a 900 bilhões anualmente. As mercadorias falsificadas são responsáveis por outros 630 bilhões anuais. O comércio ilegal de armas, que abastece os terroristas e os guerrilheiros na África, na Ásia, no Oriente Médio e na América Latina, adiciona mais cem bilhões de dólares a essa conta.[36] Um dos comércios ilícitos mais lucrativos e que está crescendo mais rápido é o de seres humanos. Centenas de milhares de pessoas, entre elas crianças, são vendidas anualmente como escravas no comércio sexual internacional e em outras formas de servidão. Segundo a UNICEF, mais de cem mil meninas e mulheres foram traficadas só da Albânia, muitas delas tendo sido vendidas como prostitutas pela própria família.[37]

Nada disso poderia continuar na presença da solidariedade. Tampouco a economia ilegal teria se tornado tão poderosa não fosse o fato de que servidores públicos de todos os níveis freqüentemente participam dela como cúmplices por meio de propinas, e até mesmo, em alguns lugares, por intermédio do controle parcial de facções do crime organizado.

Isso nos conduz ao quinto círculo econômico: a economia governamental. É responsabilidade do governo pôr em prática políticas que garantam a segurança e o bem-estar do povo de uma nação. Quase todos os países industrializados, com exceção dos Estados Unidos, compreenderam que os cuidados com as necessidades humanas básicas não podem ser deixados nas mãos do mercado. Na verdade, é um mistério o fato de as grandes empresas americanas não insistirem em que o governo tenha um programa de serviços de saúde, já que o custo da assistência médica torna as companhias americanas menos competitivas na economia global — enquanto, ao mesmo tempo, como vimos no Capítulo 3, o atual sistema dos Estados Unidos é na verdade mais dispendioso e menos eficaz do que o de outras nações industrializadas.

Como observa o economista Randy Albelda da University of Massachusetts, o local de trabalho pode e deve fazer algumas coisas para os seus funcionários, mas as companhias não podem fazer tudo. O papel das políticas públicas é definir as expectativas para o que as empresas devem fazer e depois tomar providências para complementar as diretivas e os programas dos locais de trabalho.[38]

Os elaboradores das políticas econômicas também precisam levar em conta as constatações de que o apoio à atenção e à assistência é necessário para solucionar um dos problemas mais incômodos das famílias americanas nas quais o pai e a mãe trabalham fora: o stress causado pela falta de tempo para estar com a família. Como já vimos, essa é uma das principais causas não apenas do absenteísmo e da baixa produtividade dos trabalhadores, como também do fato que estes últimos são menos felizes do que os trabalhadores dos países em que a licença parental, os serviços de puericultura de alta qualidade, as opções de horas flexíveis no trabalho e outras políticas que beneficiam a família são a norma.[39]

Como o setor governamental também fornece serviços públicos, seja de forma direta ou contratando empresas privadas para executá-los, ele deve reforçar os padrões de solidariedade para os funcionários e os contratados pelo governo. Além disso, é claro, o setor governamental também deve criar e fazer cumprir regras para a honestidade e a responsabilidade nos negócios, além de, é claro, viver de acordo com esses padrões.

Da maneira como as coisas são atualmente, o governo dos Estados Unidos distribui bilhões de dólares de dinheiro público para doadores políticos. Precisamos acabar com essa corrupção por meio de uma verdadeira campanha de reforma financeira e de outras regras que garantam que os governos promovam o bem-estar da nação em vez de enriquecer os colegas políticos.

Esse problema da corrupção política é um fator fundamental no fracasso das políticas econômicas de proteger o sexto setor econômico: a economia natural. Embora ele nem sempre possa ser chamado de corrupção, quando poderosos interesses das grandes empresas basicamente compram proteção para políticas ambientalmente destrutivas, isso é corrupção.

No entanto, mesmo agora, quando está claro que a base de recursos naturais sobre a qual repousa toda a economia está se tornando excessivamente explorada, a solução oferecida por alguns economistas é transformar ainda mais a natureza em uma mercadoria. Eles argumentam que se a água, a energia e até mesmo a atmosfera da Terra se tornarem propriedade privada, esses recursos serão administrados com mais eficiência.

⬜ *Como criar bens públicos globais*

Inge Kaul, Isabelle Grunberg e Marc Stern, bem como vários economistas de renome, entre eles Jeffrey Sachs, Amartya Sen e Joseph Stiglitz, propuseram um novo conceito capaz de ajudar a promover a segurança, a sobrevivência e o desenvolvimento humano: eles o chamam de *bens públicos globais*.

Há muito tempo os economistas usam a expressão bens públicos para descrever bens ou serviços que podem ser usados por qualquer pessoa, como os parques, a educação, a polícia e a proteção contra incêndios. Mas o conceito de bens públicos globais vai muito além. Ele abarca a paz, a justiça, a estabilidade financeira e a sustentabilidade ambiental. E o conceito atravessa fronteiras.

O desafio, como enfatiza a inovadora econômica Hazel Henderson, é organizar e criar bens públicos globais por intermédio de uma parceria de mercados, de organizações civis, de autoridades locais e de governos nacionais. Ela sugere invenções econômicas para ajudar a evitar o que os economistas chamam de externalidades negativas e, em vez disso, promover o que chama de externalidades positivas. "Um primeiro passo", escreve Henderson, "é que todas as nações estabeleçam perfis de externalidades — ou seja, os bons e os maus 'excedentes' que produzem além das suas fronteiras. Esses perfis nacionais podem facilitar negociações realistas entre os países." Outra sugestão prática é a criação de perfis de impostos dos países. Essas invenções econômicas, argumenta Henderson, são necessárias para que possamos abordar com mais eficácia problemas como os paraísos fiscais, a evasão do capital e a lavagem de dinheiro por meio de mecanismos internacionais.

> Tanto Henderson quanto Kaul admitem que os mercados podem trazer grandes benefícios, mas também reconhecem a necessidade de regras e mecanismos que equilibrem a globalização dos mercados com a criação e a distribuição justa dos bens públicos. Kaul escreve que "Até mesmo a pessoa mais rica do mundo não pode dispensar os bens públicos, inclusive os bens públicos globais. E os mercados também não podem. Para funcionar com eficiência, eles precisam dos direitos de propriedade, das instituições legais, da nomenclatura, das pessoas cultas, da paz e da segurança". Ou então, nas palavras de Henderson, existem domínios que são "de uso comum" — dos oceanos e a atmosfera ao espectro eletromagnético e o ciberespaço. O uso e a alocação desses recursos precisam ser regulados por intermédio de tratados internacionais nos quais os governos, as empresas, as comunidades locais e os grupos populares possam opinar.[40]

Esse argumento desconsidera a realidade que vemos à nossa volta, de empresas que freqüentemente operam com o mais cínico descaso pelo dano que causam aos nossos sistemas naturais vitais. Como ressalta Inge Kaul, diretora dos Estudos de Desenvolvimento da ONU, precisamos na verdade de regras internacionais que tornem possível administrar coletivamente os nossos recursos naturais de maneiras mais sustentáveis e justas.[41] Esses recursos são o que ela e outros pensadores econômicos chamam de "bens públicos globais". E a proteção desses bens públicos globais requer indicadores, regras e práticas econômicos que reconheçam que precisamos conferir um verdadeiro valor à solidariedade, inclusive para com a Mãe Terra.

Na verdade, quase tudo que acabamos de examinar corresponde a uma única coisa: à criação de regras, políticas e estruturas que encorajem e apóiem a solidariedade para com nós mesmos, os outros e a natureza.

A ESTRUTURA DAS INSTITUIÇÕES ECONÔMICAS

Quero encerrar este capítulo abordando de modo mais completo a questão crucial das estruturas econômicas, porque se não dermos atenção a esse assunto não poderemos avançar em direção a uma economia solidária.

Como comentei anteriormente, ao contrário das casas, das máquinas e de outras estruturas materiais, as empresas, os governos e as famílias são estruturas vivas. Essas estruturas não estão aglutinadas com cimento ou com porcas e parafusos. Elas se mantêm coesas pelos hábitos de pensar e agir, bem como pelas histórias e regras que moldam esses hábitos.

Mudar para um sistema econômico que melhor satisfaça as necessidades humanas acarreta mudanças nas estruturas materiais — construir fábricas e escritórios com espaços verdes e creches no local. No entanto, mais importantes ainda são as mudanças nas nossas estruturas de vida: nos padrões de interações que formam famílias, empresas, governos e outras instituições sociais.

Esses padrões são em grande medida determinados pelas leis, critérios e convicções que governam a sua construção. E essas leis, critérios e convicções são muito diferentes dependendo do grau em que a sociedade se inclina para a extremidade da participação ou da dominação no continuum participação-dominação.

Como vimos, as estruturas que herdamos de épocas voltadas mais rigidamente para o sistema de dominação eram desenvolvidas para concentrar e manter o controle nas mãos dos que estão no topo. Este ainda é o caso em muitas das estruturas econômicas de hoje, entre elas a entidade economicamente mais dominante da atualidade: a corporação de responsabilidade limitada.

As grandes empresas, corporações ou sociedades anônimas que conhecemos hoje descendem de entidades que tinham concessões da Coroa Britânica, como a Companhia Britânica das Índias Orientais e a Hudson Bay Company, que foram concebidas como instrumentos para a dominação e a exploração das colônias britânicas. Como escreve o economista David Korten, elas eram formadas "para explorar territórios coloniais por meio da extração dos seus recursos e mão-de-obra, e da monopolização dos seus mercados".[42]

Essa herança dominadora ainda permeia o atual modelo e prática corporativos. Embora os acionistas tenham substituído os reis, a empresa de grande porte moderna é basicamente uma máquina de fazer dinheiro, pouco se importando com qualquer outra coisa, inclusive as pessoas e a natureza. E embora as regras para a criação e a operação das grandes empresas sejam formuladas por autorizações do governo, estas últimas ainda definem as corporações comerciais exclusivamente como instrumentos para produzir lucros a curto prazo para os acionistas e acumular ativos financeiros.

Esses ativos financeiros estão atualmente cada vez mais concentrados nas megacorporações que se tornaram os feudos de hoje. Na verdade, essas megacorporações controlam mais ativos do que muitas nações. Cinqüenta e um por cento das cem maiores economias do mundo, por exemplo, são hoje em dia corporações e não países.[43]

Em resumo, as megacorporações da atualidade tornaram-se instrumentos para o sistema de dominação, consolidando ainda mais a concentração do poder econômico. Elas controlam mercados, tornando a idéia do livre mercado uma ficção. Para enriquecer os seus cofres, as poderosas estratégias de propaganda dessas grandes empresas moldam os padrões de compras do consumidor. Por intermédio do apoio legal e ilegal aos políticos, elas controlam muitas políticas do governo, obtêm gigantescos subsídios financiados pelos impostos e combatem, com sucesso, as regulamentações ambientais e trabalhistas. Além disso, elas não exercem apenas individualmente o seu enorme poder econômico e político; elas o fazem em conjunto.

Essas gigantes corporativas exercem o seu poder por meio de várias instituições internacionais como a Organização Mundial do Comércio e o Fundo Monetário Internacional que formulam as regras do comércio internacional. Assim sendo, ironicamente, embora os chamados economistas neoliberais se oponham duramente ao planejamento central socialista, os interesses corporativos determinam hoje um planejamento em uma escala global sem precedente.[44]

Tudo isso foi detalhadamente documentado por David Korten, Thom Hartmann, Paul Hawken e muitos outros que propõem que as regras e autorizações que governam as corporações precisam ser modificadas.[45] Como essas grandes empresas são criaturas ficcionais criadas com a permissão do governo, mudanças para torná-las mais responsáveis, para limitar os seus poderes monopolistas e para garantir que as suas atividades não esgotem o capital humano e o natural em nome da criação da riqueza são possíveis — e urgentemente necessárias. Por exemplo, as condições para a obtenção de autorizações poderiam conter a exigência que o conselho diretor das corporações incluísse representantes dos funcionários e da comunidade como um meio de garantir uma maior responsabilização. As leis antimonopólio já aprovadas também podem, e devem, ser postas em vigor e fortalecidas para que possamos ter o livre mercado prefigurado por Smith.

Além disso, precisamos de mudanças nas regras para outra importante estrutura econômica: as bolsas de valores que ajudam as grandes empresas promovendo a venda e a compra das suas ações. Hoje, muitas dessas transações são uma mera especulação, jogos que, como ressaltam Korten, Jeff Gates e outros, não criam nenhum valor real.[46] Ou então como Hazel Henderson sucintamente expressa, temos hoje "um cassino global" no qual os jogadores apostam se o preço de uma ação vai subir ou cair.

Tudo isso precisa, e pode, ser mudado por meio de leis, regras e regulamentações mais sensíveis. Uma rígida tributação nacional e internacional sobre as transações de muito curto prazo pode ser usada para desestimular a especulação financeira desenfreada que não contribui com bens ou serviços de valor. As entidades nacionais e internacionais também podem instituir regras que não mais permitam que as corporações "externalizem" — ou seja, repassem para a sociedade — os custos humanos e ecológicos de práticas que prejudiquem as pessoas e a natureza.

Como a enorme concentração de riqueza e de poder econômico nas grandes empresas deu origem a uma grande quantidade de abusos, alguns economistas chegaram até mesmo a sugerir que as grandes corporações de capital aberto devem ser extintas, argumentando que a própria estrutura delas estimula atividades que causam danos sociais e ambientais.[47] Alguns economistas também sugeriram que devemos interromper a globalização e voltar às pequenas unidades econômicas localizadas para que possamos ter um sistema econômico mais justo e sustentável. Eles argumentam que, dessa maneira, as comunidades locais terão uma voz mais ativa nas decisões econômicas. Eles também alegam que as pessoas que dirigem empreendimentos locais estão menos inclinadas a causar um dano grave às suas comunidades e ao seu ambiente já que precisam viver neles.[48]

Como escreve Korten, as grandes corporações certamente se revelaram veículos ideais para que a propriedade e o poder se concentrem nas mãos de um número cada vez menor de pessoas. As normas para a globalização impostas por essas corporações também colocaram estas últimas progressivamente fora do alcance da responsabilização democrática — na verdade, até mesmo fora do alcance dos governos nacionais. Nas palavras de Korten, "A economia global sem fronteiras de hoje faz com que cada pessoa, comunidade e empresa dispute uma corrida inexorável no sentido descendente, enquanto o poder da economia privada se expande e os governos competem entre si para atrair empregos e investimentos oferecendo os maiores subsídios e os mais baixos padrões reguladores".[49] Além disso, a própria despersonalização das grandes instituições, com a sua burocracia comercial ou governamental, também conduz freqüentemente a práticas e políticas insensíveis.

Não obstante, historicamente, muitas estruturas menores tiveram os mesmos problemas. As pequenas empresas dificilmente estão imunes ao sobrepreço e outras práticas desonestas, e as pequenas fábricas continuam a explorar os seus operários e a poluir o meio ambiente. Na verdade, uma das explorações mais brutais da economia global dos nossos dias é a dos trabalhadores que se esgotam trabalhando para pequenas entidades locais. Alguns desses empreendimentos utilizam até mesmo escravos, inclusive crianças: posso dar como exemplo lojas de tapetes na Índia e no Paquistão nas quais as crianças ficam cegas com o tempo devido às longas horas que passam costurando; as casas de prostituição tailandesas, indianas e birmanesas nas quais meninas de 10 e 11 anos de idade são maltratadas e escravizadas; e os ringues de corrida de camelos no Oriente Médio, nos quais jóqueis infantis — meninos comprados por comerciantes e vendidos como jóqueis — são tratados com mais brutalidade do que os próprios camelos.[50] Além disso, as condições de trabalho de muitos subempreiteiros das corporações globais também são péssimas — e esses empreendimentos são dirigidos por empresas locais.[51]

É claro que essas práticas desumanas não são novas. Como vimos no Capítulo 6, elas estão radicadas em antigas tradições de exploração e desumanização inerentes à economia de dominação, quer em pequena ou em grande escala.

Devo acrescentar que, seguindo o exemplo do "nobre selvagem" da idealização de Rousseau, as sociedades tribais ainda são freqüentemente idealizadas. No entanto, uma vez mais, a realidade é bem mais complexa. Algumas sociedades tribais como a dos teduray mencionados no Capítulo 5 são mais pacíficas e justas. Entretanto, também existem sociedades tribais injustas e violentas. Os masai da África pré-colonial, por exemplo, eram o flagelo dos seus vizinhos, que eram periodicamente atacados, assassinados, estuprados e saqueados por eles. Além disso, as mulheres masai eram ritualmente humilhadas, sexualmente mutiladas e economicamente exploradas por meio de métodos extremamente brutais.[52]

Tudo isso aponta para o fato de que a mudança para um sistema econômico mais justo e sustentável não pode ser realizada por uma mera redução do tamanho ou do local das operações comerciais. Embora unidades menores e localizadas favoreçam o aumento do contato humano, a economia solidária exige mudanças mais fundamentais. Ela requer que aceleremos a mudança para um sistema que uniformemente apóie — quer nas grandes, quer nas pequenas organizações — os relacionamentos de participação e não os de dominação.

Assim sendo, uma vez mais, retornamos a alguns dos temas principais deste livro. Voltamos à necessidade da mudança da dominação para a participação em todas as instituições. Também retornamos à necessidade de uma mudança nos valores culturais para que o trabalho vital e essencial da assistência, junto com qualidades "femininas" como a sensibilidade e a solidariedade, deixem de ser sistematicamente desvalorizados para que a rígida categorização da dominação possa ser mantida.

Um sistema econômico que não mais esgote o capital humano e o natural requer mudanças estruturais nas instituições econômicas e mudanças culturais nos valores que permeiam essas instituições. Acima de tudo, um sistema econômico assim exige uma nova maneira de pensar a respeito da economia que leve em conta questões não abordadas nas teorias anteriores.

A construção de um sistema econômico que realmente funcione para o bem do todo levará tempo e exigirá o esforço de muitas pessoas. Mas ele é essencial. Na verdade, como veremos no próximo capítulo, mudar para uma economia solidária está se tornando cada vez mais urgente à medida que avançamos mais na era pós-industrial.

CAPÍTULO 8

A tecnologia, o trabalho e a era pós-industrial

Quando o dramaturgo checo Karel Capek inventou a palavra *robot* em 1920, mecanismos que agem, trabalham e pensam como seres humanos eram uma fantasia. Hoje, a robótica e outras formas de automação são uma realidade. Os robôs são rotineiramente utilizados no setor industrial nos Estados Unidos, no Japão e em outros países industrializados. Mecanismos automatizados processam milhões de vendas na Internet, realizam operações bancárias e outras transações comerciais, atendem telefonemas de clientes, classificam e avaliam informações militares, controlam operações das bolsas de valores e executam milhares de outras funções que até recentemente eram realizadas exclusivamente por pessoas.

Robôs humanóides como os encantadores R2D2 E 3CPO de *Guerra nas Estrelas* também eram, até relativamente pouco tempo, criaturas de ficção científica. Agora, eles também estão se tornando uma realidade. Nos Estados Unidos, a equipe da Carnegie-Mellon University desenvolveu um companheiro robótico móvel para o lar que usa comandos de voz em linguagem natural e oferece informações da Internet, como as condições do tempo e a programação da televisão.[1] Até mesmo cães robôs estão a caminho. Cynthia Breazeal do MIT Media Lab está montando um cachorro computadorizado que lê pedômetros e balanças de banheiro para reunir informações a respeito do peso, da atividade e dos hábitos alimentares. O cão robô ajudará as pessoas a perder peso monitorando o seu consumo diário de comida e os níveis de exercício, avisando-as que não devem comer alimentos proibidos.[2]

É claro que hoje um futuro no qual os robôs substituem os seres humanos só existe em *Eu, Robô* e outros filmes de ficção científica. No entanto, alguns robôs "inteligentes" já estão no mercado. Em setembro de 2005, um robô com pouco mais de noventa centímetros de altura capaz de reconhecer dez mil palavras e dez rostos diferentes foi colocado à venda pela Mitsubishi Heavy Industries. Os robôs inteligentes logo serão um grande negócio. A Japan Robot Association espera que o mercado japonês para robôs da nova geração chegue aos 14 bilhões de dólares em 2010 e a mais de 37 bilhões em 2025.[3]

A revolução tecnológica na robótica é apenas uma pequena parte do que os cientistas chamam de *nova convergência tecnológica*. Existe a biotecnologia, que abre a porta para a mudança da estrutura genética dos organismos vivos. Há a nanotecnologia, que coloca a reorganização de átomos e moléculas tanto da matéria viva quanto da inanimada nas mãos humanas. Temos a inteligência artificial, que é capaz de executar um complexo raciocínio humano, só que milhares de vezes mais rápido. Outros avanços tecnológicos anteriormente impensáveis já são considerados possíveis um pouco mais à frente.

Alguns cientistas e empresários encaram essas tecnologias pós-industriais como varinhas de condão. Eles pintam uma imagem resplandecente de como os avanços tecnológicos irão criar um maravilhoso mundo novo. Outros pintam um retrato muito diferente. Eles enxergam enormes perigos nesses poderes sem precedente. Argumentam que a modificação das células e dos átomos deveria ser deixada para Deus e para a natureza. Alguns até mesmo temem que a utilização dessas tecnologias causarão o fim da humanidade como a conhecemos.

No entanto, quando um gênio tecnológico sai da garrafa, ele não pode ser empurrado de volta para dentro. A história mostra que quando novas tecnologias são desenvolvidas, elas são usadas. A solução não é enfiar a cabeça na areia e fazer de conta que as novas tecnologias irão embora. A solução é garantir que elas serão usadas para nos ajudar a criar um mundo mais humano e próspero, em vez de para destruir e dominar.

Isso não significa que os avanços tecnológicos por si só irão resolver os nossos problemas globais. No entanto, a maneira como os governos, as empresas e todos nós orientarmos a sua utilização afetará profundamente o nosso futuro social e econômico.

A TECNOLOGIA E O FUTURO DO TRABALHO

A robótica e outras formas de automação já modificaram a nossa paisagem econômica de maneiras sem precedente. Apenas nos Estados Unidos, 50% das funções dos operários manuais foram eliminadas entre 1969 e 1999 devido à robótica e à tecnologia da informação.[4] E essa onda de perda de emprego, na qual mais de dez milhões de atividades que envolvem o trabalho físico e atividades repetitivas foram substituídas pelo automatismo, representa apenas uma parte da história. Milhões de cargos administrativos, como os de telefonista e recepcionista, também foram desativados pelo automatismo. Além disso, muitas outras funções bem remuneradas desapareceram.

A perda de empregos nas áreas administrativa e de produção, e cada vez mais, também, na área da programação e da alta tecnologia, deve-se em parte ao fato de esses cargos terem sido terceirizados em países com um custo menor de mão-de-obra. No entanto, à medida que a automação vai se tornando mais barata e mais predominante, ela também passará a controlar, em grande medida, muitas dessas atividades.

Um relatório de 2005 elaborado pela firma de pesquisas Strategy Analytic prevê que muitas funções de primeiro nível nas indústrias de prestação de serviços relacionadas com o atendimento ao cliente, o órgão de suporte e o auxílio à lista logo passarão a ser executadas por sistemas inteligentes.[5] Harvey Cohen, o autor da pesquisa, também adverte que os empregos de médio e alto nível também estão ameaçados por causa da expansão dos sistemas inteligentes automatizados capazes de tomar decisões e exercer funções consultivas e analíticas. Embora não seja provável que esses sistemas substituam completamente os seres humanos, escreve ele, eles reduzirão acentuadamente o número de pessoas necessárias para sustentar as atividades comerciais e governamentais.[6]

As conseqüências, não apenas do desemprego e do subemprego mas também de uma base de consumidores financeiramente menos estável, já estão sendo sentidas nos Estados Unidos. Existe uma polarização de empregos, com os cargos bem pagos exigindo em grande medida diplomas de especialização ou conhecimentos de alta tecnologia, por um lado, e um grande número de pessoas relegadas a funções mal-remuneradas que são freqüentemente oferecidas em regime de meio expediente e sem benefícios, pelo outro.

À medida que avançamos mais na economia pós-industrial, as previsões são que a base de empregos na indústria americana encolherá tão radicalmente quanto a base de empregos agrícolas o fez anteriormente, deixando de contratar a maioria dos trabalhadores e passando a empregar apenas 5% deles. No entanto, ao contrário da industrialização, a automação não oferece grandes quantidades de cargos substitutos, especialmente nas ocupações não-especializadas, que até agora forneciam emprego para as massas.

A questão é o que fazer com as populações "excedentes" que os avanços tecnológicos como a automação, a robótica e a inteligência artificial deixam atrás de si. Por antever esse problema e o sofrimento que ele trará para o povo, o economista liberal Robert Theobald propôs a criação de uma renda anual garantida para ajudar os que dela possam precisar.[7] Por razões semelhantes, bem como para prevenir a violência extensiva e o colapso de infra-estruturas sociais e econômicas, o economista conservador Milton Friedman sugeriu um imposto de renda negativo. Essa medida também daria às pessoas sem rendimentos ou de baixa renda um estipêndio do governo.[8]

Essas providências, no entanto, não são respostas apropriadas para as projeções de que grande parte do que tem sido até hoje considerado um trabalho produtivo será gradualmente eliminada pelas novas tecnologias na agricultura, na produção e na economia do conhecimento. Essas medidas simplesmente acarretam necessariamente a distribuição de dinheiro para os desempregados e não contribuem de nenhuma maneira para o desenvolvimento econômico ou pessoal.

Nem uma renda anual garantida nem um imposto de renda negativo estimulam a produtividade e a criatividade. Nenhum dos dois confere aos que os recebem a oportunidade de realizar um trabalho significativo, privando as pessoas do sentimento de que estão fazendo uma coisa importante.

Tampouco uma renda anual garantida ou um imposto de renda negativo gratificam os comportamentos positivos e desencorajam os prejudiciais. Nenhuma das duas medidas trata das políticas econômicas e das práticas comerciais insensíveis. Nenhuma das duas leva em conta o dano à nossa saúde e ao nosso hábitat dessas políticas e práticas, e nem a perda do potencial humano que elas acarretam. Em resumo, essas medidas não lidam com os desequilíbrios do poder que são a razão oculta da injustiça e da ineficácia econômicas crônicas.

Existe uma resposta mais apropriada aos desafios do mundo pós-industrial: *se passarmos a viver em uma economia solidária, a mudança para as tecnologias pós-industriais automatizadas não precisará ser uma má notícia.*[9] Pelo contrário, essas tecnologias abrem a porta para a redefinição do que é o trabalho produtivo de maneiras que utilizem as nossas aptidões humanas especiais — maneiras essas apropriadas para um mundo mais humanitário e próspero.

O avanço para a era pós-industrial requer políticas econômicas que respaldem e recompensem atividades que as máquinas e os mecanismos de alta tecnologia, por mais sofisticados que sejam, não possam executar: ser criativo, flexível e solidário. Esse avanço exige o investimento na educação para a solidariedade e em recompensas adequadas para esse trabalho essencial.

Em vez de uma renda anual garantida ou um imposto de renda negativo, o Congresso e os governadores dos estados — estimulados pelas empresas, sindicatos e ativistas — precisam lançar o quanto antes programas que invistam no desenvolvimento de um capital humano de alta qualidade *capaz* de enfrentar os desafios que temos diante de nós. Isso significa modificar as regras do jogo para que o trabalho essencial de cuidar de nós mesmos, dos nossos filhos e de uma população cada vez maior de idosos tenha um grande valor, com recursos alocados para o treinamento e o serviço de apoio.

Na vigência dessas novas regras, os gastos para atender à licença parental, aos serviços de puericultura, à educação e aos serviços de saúde não mais serão debitados todos os anos, aumentando o déficit do governo, como é hoje o caso. Esses gastos serão reconhecidos como investimentos essenciais no ativo mais importante da nação: o seu futuro capital humano. Eles serão amortizados no intervalo de uma geração, como é feito no caso de investimentos nas outras infra-estruturas que possibilitam que as organizações funcionem eficazmente.

Estipêndios do governo, quando dados, o devem ser para remunerar o trabalho da atenção e da assistência, seja para com os seres humanos ou para com os sistemas vitais da natureza, na economia familiar e comunitária. Eles também devem financiar o treinamento para o tipo de solidariedade de alta qualidade que tanto a psicologia quanto a neurociência demonstram ser fundamental para o desenvolvimento humano ótimo.

Essas tecnologias pós-industriais automatizadas abrem a porta para a redefinição do que é o trabalho produtivo de maneiras que utilizem as nossas aptidões humanas especiais — maneiras essas apropriadas para um mundo mais humanitário e próspero.

Essa abordagem ajudará a garantir que teremos as pessoas flexíveis, inovadoras e solidárias necessárias para a força de trabalho pós-industrial. Na verdade, as projeções indicam que o mercado de trabalho que crescerá mais rápido nos Estados Unidos será no setor de serviços, no qual a solidariedade é supremamente importante.

Conferir um valor elevado aos cuidados com as pessoas e com a natureza também ajudará a garantir que os nossos recursos naturais não serão poluídos e esgotados, e que haverá menos violência e opressão no mundo inteiro. Isso dará origem a famílias mais solidárias e a seres humanos mais realizados e evoluídos.

Quando exigidas pelo povo do mundo e implementadas de forma global, as políticas que promovem a solidariedade resultarão em práticas e políticas comerciais e governamentais de um modo geral mais solidárias e eficazes no mundo inteiro. E como as pessoas aprenderão a realmente valorizar a solidariedade, essa abordagem conduzirá a um etos mais responsável e solidário para a ciência, e, por conseguinte, também para o desenvolvimento da tecnologia.

O USO E O ABUSO DA TECNOLOGIA

Os efeitos destrutivos das modernas tecnologias estão à nossa volta, desde a devastação causada pelas guerras de alta tecnologia à poluição industrial e ao aquecimento global. É compreensível que algumas pessoas culpem a tecnologia pelos nossos males. Entretanto, o problema não é a tecnologia.

Nada é determinado com relação à maneira como um avanço tecnológico particular é utilizado. O mesmo avanço tecnológico pode conduzir a aplicações muito diferentes, dependendo do fato de as estruturas e convicções sociais promoverem relações de dominação e exploração ou de benefício mútuo e solidariedade.

Não havia nenhuma razão intrínseca para que as instalações fabris tivessem que ser projetadas como linhas de montagem nas quais os seres humanos se tornavam uma peça na engrenagem industrial. Essa disposição desumana não foi determinada pela invenção das máquinas, e sim por um etos de dominação e pelo sistema social e econômico que esse etos respalda.

As fábricas poderiam ter usado os métodos industriais da democracia que foram posteriormente desenvolvidos em nações nórdicas mais orientadas para a participação como a Noruega e a Suécia. Elas poderiam ter sido organizadas em hierarquias de realização em vez de dominação. Poderiam ter utilizado métodos de produção nos quais as pessoas trabalhassem em equipes, os trabalhadores usassem a criatividade e os gerentes procurassem ajudar em vez de controlar e coagir.

Tampouco havia qualquer coisa inerente à tecnologia industrial que levasse à criação das confecções com péssimas condições de trabalho, das minas e de outros empreendimentos comerciais que praticamente escravizam os homens, as mulheres e as crianças em locais de trabalho perigosos. Pelo contrário, essas tecnologias poderiam ter sido usadas para libertar os seres humanos do trabalho extenuante e desumano.

Tampouco as tecnologias industriais encerravam qualquer coisa que exigisse que fossem usadas para uma espoliação ambiental cada vez mais eficiente. Isso também foi resultado de um etos dominador no qual as qualidades revigorantes e sustentadoras da natureza — como as mesmas qualidades da mulher — são encaradas como pertencendo por direito, de forma natural, ao homem — para que ele as utilize, ou abuse delas, como julgar conveniente.

A questão básica é se a tecnologia é guiada por um etos de dominação ou de participação. E a cada dia, essa questão torna-se mais urgente, pois os cientistas estão realizando avanços antes inimagináveis em novos campos, como o da biotecnologia e da nanotecnologia.

A biotecnologia pode trazer enormes benefícios. Descobertas realizadas no projeto do genoma humano e na pesquisa da célula-tronco poderiam conduzir a melhores condições de saúde e a um tempo de vida maior. Poderiam trazer a cura para doenças hoje incuráveis, como a de Parkinson, a de Alzheimer, a AIDS e o câncer. A cirurgia genética no estágio embriônico ou fetal poderia evitar anomalias que causam um terrível sofrimento. Dizem que as safras produzidas pela engenharia genética são a resposta para a fome mundial, particularmente no mundo em desenvolvimento.

Entretanto, ao mesmo tempo, essas novas aplicações tecnológicas levantam sérias questões. Existem, por exemplo, preocupações a respeito dos riscos para a saúde apresentados pelos alimentos geneticamente modificados. Alguns cientistas temem que as safras geneticamente modificadas que contêm genes antibióticos possam gerar uma resistência aos antibióticos nos animais de fazenda ou nos seres humanos. Existe o risco ambiental de os transgênicos escaparem de safras cultivadas para espécies silvestres afins, ou de contaminarem variedades orgânicas ou simplesmente regulares em propriedades agrícolas próximas — como já está acontecendo. Há também o problema de companhias gigantes como a Monsanto moverem ações judiciais contra os agricultores pela violação da patente de sementes, como aconteceu recentemente quando a sua semente desenvolvida por engenharia genética foi carregada pelo vento para a propriedade de um agricultor canadense, que por sua vez processou a Monsanto por contaminar o seu solo.[10] Além disso, existe ainda a preocupação de que safras desenvolvidas pela engenharia genética possam dar origem a interações não previstas dentro do genoma, gerando efeitos desconhecidos.[11]

As inovações genéticas usadas para fins militares representam um perigo mais imediato. Saddam Hussein usou armas biológicas no Iraque contra os curdos, e o Center for Nonproliferation Studies informa que dezenas de países, entre eles a Algéria, o Canadá, a China, a França, a Alemanha, o Irã e os Estados Unidos desenvolveram ou estão desenvolvendo armas químicas e biológicas usando substâncias que variam do antraz e o botulino à varíola e ao tifo.[12] Além disso, o espectro do terrorismo biológico assoma no horizonte, de armas químicas e biológicas usadas contra civis "inimigos" em ataques da parte de pessoas agindo como agentes de governos ou por conta própria.

Há também o espectro da engenharia genética como instrumento de controle do pensamento e do comportamento. Substâncias biológicas poderiam ser usadas pelas forças armadas para controlar soldados e civis, ou por regimes autoritários e pseudo-autoritários para controlar o seu próprio povo.

Além disso, como ressalta Jeremy Rifkin em *The Biotech Century*, em uma época na qual a purificação racial e outras políticas de genocídio são uma trágica realidade, a biotecnologia também se presta a programas eugênicos concebidos para eliminar populações "indesejáveis". Ele salienta que isso foi prenunciado por programas nazistas eugênicos que resultaram no assassinato de seis milhões de judeus além de vários milhões de outros "indesejáveis" como os poloneses e os ciganos, bem como na intoxicação por gases de alemães portadores de deficiências. É lamentável também que, à medida que o virulento ressurgimento de

180   A VERDADEIRA RIQUEZA DAS NAÇÕES

grupos brancos supremacistas e neonazistas se torna visível, a visão do "super-homem" de Nietzsche e de Hitler não é necessariamente uma coisa do passado.[13]

Rifkin também escreve que a não ser que uma verdadeira precaução seja empregada com relação à imensamente exaltada utilização da engenharia genética para eliminar seletivamente genes "imperfeitos", o resultado poderá ser um perigoso estreitamento do pool de genes humano. As mutações desempenharam um papel fundamental na evolução da vida e, com o tempo, esse uso da engenharia genética poderia afetar nada menos do que a evolução humana.

> *O mesmo avanço tecnológico pode conduzir a aplicações muito diferentes, dependendo do fato de as estruturas e convicções sociais promoverem relações de dominação e exploração ou de benefício mútuo e solidariedade.*

O recente acoplamento de células cerebrais com circuitos de silicone realizado por cientistas italianos levanta questões igualmente cabeludas (e assustadoras). Enaltecido como uma maneira de desenvolver computadores orgânicos que tritura números usando neurônios vivos, esse avanço também é um primeiro passo em direção a outro possível pesadelo evolucionário: uma nova espécie que combina características humanas e eletrônicas.[14]

Questões difíceis também surgem no que diz respeito à nanotecnologia, que combina componentes incrivelmente minúsculos em novas estruturas atômicas e moleculares. Um nanômetro é um bilionésimo do metro. Trabalhar com componentes dessa magnitude anteriormente parecia inconcebível, mas hoje os cientistas estão fazendo exatamente isso em experiências concebidas para revolucionar tudo, desde a produção em larga escala à medicina.

Acredita-se que a nanotecnologia também vá mudar radicalmente a medicina por intermédio de dispositivos biomédicos inseridos no corpo para uso em diagnósticos e administração de medicamentos. Não existem hoje em dia, por exemplo, métodos de diagnóstico que detectem o câncer nos seus estágios iniciais. Os transistores nanofluídicos prometem um diagnóstico em um estágio no qual existem apenas duas ou três células cancerosas, melhorando substancialmente as chances de que o desenvolvimento da doença seja interrompido.[15]

As previsões são de que a nanotecnologia também mudará radicalmente a maneira como quase tudo é desenvolvido e produzido, desde as vacinas, computadores e pneus de automóveis a objetos ainda nem imaginados. Os chamados nanotubos, moléculas minúsculas porém extremamente fortes que se agrupam espontaneamente a partir do carbono e de outros átomos, poderiam alterar completamente o processo de fabricação da maneira como o conhecemos.[16] Pesquisadores da University of California em Berkeley já criaram nanotransistores para controlar eletricamente as moléculas, um avanço que poderia conduzir a *labs-on-a-chip** para o controle computadorizado do processamento químico e biológico.[17]

Esse tipo de descobertas poderia livrar os seres humanos do trabalho de rotina. Ao lado da automação, elas poderão anunciar uma era na qual os seres humanos serão livres para desenvolver e usar habilidades que nos tornam exclusivos. A nanotecnologia poderia até mesmo modificar avaliações econômicas que dependem da escassez.

Experimentos indicam, por exemplo, que podemos ser capazes de reorganizar os átomos do carvão para produzir diamantes. Se fizermos isso para produzir diamantes a partir do carvão, os diamantes deixarão de ser escassos; na verdade, passarão a ser abundantes no mercado. Isso abre a porta para uma nova conversa a respeito do que é realmente valioso, como as atividades vitais das famílias, das comunidades e da natureza.

Mas apesar das previsões de estonteantes avanços na medicina, nos supercomputadores e na energia, a nanotecnologia também apresenta riscos aterrorizantes. Ninguém está bem certo de como se comportariam produtos tão pequenos a ponto de ser invisíveis para o olho humano, particularmente se levarmos em conta que os elementos do projeto básico do mundo nano — os átomos e as pequenas moléculas — são governados pelas leis pouco compreendidas da mecânica quântica em vez de pelas leis mais conhecidas da física newtoniana dos grandes objetos.

Uma das preocupações é que sem uma quantidade muito maior de testes rigorosos, os nanotecnólogos poderiam liberar monstros como Frankenstein. O dr. Mark Weisner, professor da Rice University, adverte que os nanotubos, devido ao seu formato semelhante a uma agulha, poderiam se tornar os próximos asbestos. Outros cientistas se preocupam com a possibilidade de que as características que tornam os nanotubos e outras partículas da escala nano candidatos atraentes para conduzir medicamentos para o cérebro também possam possibilitar que essas partículas transportem toxinas. Outros ainda se preocupam com a falta de pesquisas sobre a maneira como as nanopartículas absorvidas pelas bactérias poderiam penetrar na cadeia alimentar.[18]

O supremo pesadelo é o que alguns cientistas chamam de catástrofe Gray Goo. Nesse cenário, robôs microscópicos do tamanho de bactérias, que se autoreproduzem, invadem o mundo e exterminam a humanidade.[19]

---

* *Labs-on-a-chip* (LOC) é um termo para dispositivos que integram múltiplas funções de laboratório em um único *chip,* cujo tamanho varia de milímetros a alguns centímetros quadrados e que são capazes de lidar com volumes fluidos extremamente pequenos, de menos do que um trilionésimo de litro. (N. da T.)

DO DISTANCIAMENTO À SOLIDARIEDADE

A maneira como os avanços científicos são aplicados depende em grande medida do etos que orienta a ciência. Hoje, o etos que influencia a ciência ainda é o da "objetividade desinteressada". À primeira vista, esse tipo de objetividade pode parecer positivo, pois implica imparcialidade. No entanto, na verdade, cada um de nós, inclusive os cientistas, tem interiorizadas muitas tendenciosidades que sustentam os sistemas de dominação. Desse modo, ser "neutros com relação aos valores", como muitos cientistas proclamam que devem ser, simplesmente reforça e mantém os pressupostos e crenças predominantes. Além disso, se fizermos um exame mais atento, o que passa por distanciamento é com freqüência a supressão de qualidades "delicadas", como a empatia e a solidariedade, disfarçada pelo argumento de que não é apropriado introduzir a "subjetividade" na ciência "objetiva".

Essa maneira de encarar a ciência é a nossa herança de épocas mais rigidamente dominadoras. Como o historiador da ciência David Noble demonstra no livro *A World Without Women: A Christian Clerical Culture of Western Science*, a ciência moderna surgiu de uma cultura clerical cristã (freqüentemente monástica) que se baseava em uma visão do mundo que desprezava as mulheres e tudo que era delicado ou estereotipicamente feminino. Tão arraigada era essa depreciação da mulher e do feminino que o clero não apenas excluía as mulheres; os monges até mesmo evitavam qualquer contato com as mulheres que os procuravam para se purificar.[20]

Embora a ciência moderna tenha rompido com o dogma religioso, ela deu seguimento à depreciação por parte da cultura clerical das mulheres e de qualquer coisa relacionada com elas. Um dos resultados, como documenta Noble, foi uma ciência caracterizada pela supressão da empatia e da solidariedade. Outro resultado foi uma ciência caracterizada pela ausência do holismo e do pensamento relacional.

Em anos recentes, o ingresso das mulheres na ciência começou a modificar essa exclusão da metodologia científica da empatia e de outras características consideradas estereotipicamente femininas. O trabalho de Barbara McClintock na genética das plantas, por exemplo, pelo qual ela ganhou um prêmio Nobel em 1983, utilizou a abordagem descrita por Evelyn Fox Keller como o "sentimento pelo organismo". Outro exemplo de uma abordagem científica mais empática e holística é o trabalho de etnologistas de animais como Jane Goodall, Dian Fossey e Cynthia Moss. Essas mulheres revolucionaram as suas áreas ao combinar a abordagem empática com a observação meticulosa. Em decorrência disso, um número crescente de cientistas de ambos os sexos está passando a adotar uma combinação de métodos intuitivos/empáticos e objetivos.[21]

Muitos cientistas também estão rejeitando a idéia de que a ciência precisa ser neutra com relação aos valores. Um número crescente de cientistas está expressando preocupação a respeito do desenvolvimento de tecnologias cada vez mais poderosas com pouca atenção aos efeitos que elas possam exercer a longo prazo sobre nós e o nosso planeta.

O tema de um artigo de 2000 de autoria de Bill Joy, o principal cientista da Sun Microsystem, foi o perigo de as novas tecnologias ficarem descontroladas. Como Joy sempre esteve muito em evidência por ser um dos pioneiros da tecnologia da informação, o seu artigo "Why the Future Doesn't Need Us" ["Por Que o Futuro Não Precisa de Nós"], recebeu atenção internacional.[22]

Joy assinalou que as tecnologias nucleares, biológicas e químicas do século XX (NBC)* exigem o acesso a vastas quantidades de matérias-primas (freqüentemente raras), informações técnicas e indústrias em grande escala. Em contraposição, as tecnologias do século XXI da manipulação genética, da nanotecnologia e da robótica (GNR) não necessitam de grandes instalações ou de matérias-primas raras. Além disso, algumas dessas novas tecnologias podem se reproduzir, ou seja, construir novas versões de si mesmas. As bombas nucleares não desenvolveram mais bombas e os vazamentos tóxicos não criaram mais vazamentos. Se as novas tecnologias GNR que se auto-reproduzem forem liberadas no mundo, cancelá-las ou controlá-las poderá tornar-se quase impossível. Por conseguinte, Joy chamou a atenção para o que chamou de "destruição em massa possibilitada pelo conhecimento" (KMD).** A não ser que interrompamos o confuso desenvolvimento e utilização das tecnologias GNR, escreveu ele, poderemos ser a última geração de seres humanos.

Esse cenário talvez seja exageradamente catastrófico, mas Joy sem dúvida tem certeza de que precisamos com urgência de novos padrões orientados por um etos de solidariedade e responsabilidade pelo desenvolvimento da biotecnologia, da nanotecnologia, da robótica e de outras novas e poderosas tecnologias.

Isso não significa que devamos interromper as pesquisas. Pelo contrário, temos que continuar a fazer investimentos substanciais tanto na pesquisa pura quanto na aplicada. Além de ser economicamente lucrativa, a pesquisa científica oferece um grande benefício humano. Ela conduziu a maravilhosas aplicações tecnológicas, como os chips de computador, os lasers, a Internet e a cirurgia do transplante de coração. No entanto, precisamos de regulamentações que assegu-

---

* Sigla da expressão em inglês: "Nuclear, biological and chemical". (N. da T.)

** Sigla da expressão em inglês: "knowledge-enabled mass destruction". (N. da T.)

rem uma avaliação de risco adequada antes que as aplicações tecnológicas sejam comercialmente exploradas.

No entanto, a avaliação de risco responsável é na verdade desencorajada, em vez de estimulada, pelos atuais modelos econômicos e regras do jogo. Se a produtividade econômica for apenas medida em função das vendas e lucros a curto prazo no mercado, as políticas seguirão esse exemplo. Elas continuarão a desconsiderar "externalidades" como os riscos para a saúde e o meio ambiente, bem como o seu custo social e econômico.

Na verdade, embora os seus efeitos a longo prazo estejam longe de ser conhecidos, as aplicações comerciais da nanotecnologia já fazem parte da nossa vida do dia-a-dia. Partículas em escala nano já estão incrustadas em produtos de consumo como filtros solares, tecidos cáqui resistentes a manchas e curativos para ferimentos. Outras aplicações que usam os muito enaltecidos nanotubos encontram-se nas pranchetas, sem que os seus efeitos a longo prazo sejam realmente testados.

◻ *Quando as regras prejudiciais do mercado atrapalham tecnologias saudáveis*

A idéia de que tudo o que importa é o lucro financeiro a curto prazo não apenas atrapalha a avaliação responsável dos efeitos dos novos produtos, como quando a Merck precisou tirar o analgésico Vioxx do mercado devido aos efeitos colaterais fatais do medicamento. As regras econômicas que colocam o lucro acima de tudo também podem impedir que produtos que realmente causam a cura tornem-se disponíveis para as pessoas doentes.

Sabe-se há séculos, por exemplo, que a casca de bétula, ou vidoeiro, tem poderes curativos. Os índios americanos ainda conferem à bétula um status quase sagrado, devido às suas propriedades práticas, medicinais e espirituais. Os antigos russos sabiam que as feridas cicatrizavam mais rápido quando a casca de bétula era aplicada sobre elas. E a casca de bétula é barata e amplamente disponível. No entanto, segundo Robert Carlson, professor de química da University of Minnesota-Duluth e um dos pioneiros da pesquisa sobre as aplicações da bétula, embora ele e outros cientistas tivessem demonstrado que o extrato de bétula pode curar o herpes, "como o extrato não era sintético, os laboratórios farmacêuticos hesitaram". Eis como Carlson resumiu o que aconteceu: "Embora possamos patentear processos, não é possível patentear a natureza. Assim sendo, o melhor medicamento para o herpes continua indisponível uma década depois de ter sido descoberto".[23]

O problema nesse caso não está relacionado com as leis da patente, que estão sendo na verdade alterados pela pressão das companhias bioquímicas para permitir até mesmo o registro de patentes de genes. O problema é que as gigantes farmacêuticas que fabricam compostos sintéticos têm, de um modo geral, sido contra medicamentos de baixo custo como as plantas medicinais e outros remédios tradicionais, padrão que só se modificará quando o

A TECNOLOGIA, O TRABALHO E A ERA PÓS-INDUSTRIAL   185

> estatuto social das grandes empresas exigirem atenção para os interesses a longo prazo de todos os *stakeholders* e não apenas para os lucros a curto prazo da empresa. ▪

Muitos de nós estamos preocupados com essa situação, mas embora tenha havido muita conversa, poucas mudanças têm acontecido nas regras científicas e tecnológicas do jogo.

UMA NOVA MANEIRA DE ENCARAR A TECNOLOGIA

A garantia de que a convergência tecnológica pós-moderna será usada para finalidades positivas requer que prestemos atenção aos valores culturais e às instituições sociais que moldam as nossas idéias a respeito dos tipos de tecnologia que devemos, ou não devemos, desenvolver e comercializar. Podemos começar ampliando a nossa definição de tecnologia para que ela inclua todas as ferramentas que nós, seres humanos, usamos para alcançar os nossos objetivos.

As tecnologias não são apenas o que o historiador de tecnologia Lewis Mumford chamou de *technics:* artefatos materiais como martelos, aspiradores de pó e computadores. Expandindo as idéias do legendário futurista Buckminster Fuller, proponho uma definição mais ampla da tecnologia que abranja não apenas os *technics* como também as nossas ferramentas exclusivamente humanas para criar novas realidades: as nossas mãos e o nosso cérebro.

Os artefatos e processos que o nosso cérebro imagina são criações humanas. Desde o início, a nossa principal ferramenta para alcançar as metas definidas pelos seres humanos era o cérebro. São as idéias que o nosso cérebro cria, e não os *technics* em si, que determinam as finalidades nas quais as tecnologias são utilizadas.

Concentrando-nos nos fins, podemos distinguir entre as utilizações positivas e as negativas da mesma base tecnológica. Em vez de ver a tecnologia como uma grande categoria na qual jogamos tudo, de abridores de latas a bombas de hidrogênio, podemos dividir as tecnologias em três tipos básicos.

As primeiras são as tecnologias de *apoio à vida.* Elas são concebidas para manter a vida e a saúde do nosso corpo e do meio ambiente. Elas abarcam a agricultura, a tecelagem, a construção e outras maneiras de satisfazer as necessidades básicas de sobrevivência. Além disso, elas incluem um vasto conjunto de tecnologias de comunicação e transporte, que vão da linguagem e das nossas pernas a aviões a jato, rádios, telefones e e-mails.

As tecnologias de apoio à vida também abarcam métodos que propiciam partos saudáveis e possibilitam que os pais espacem os nascimentos dos filhos para que possam prover a subsistência deles. Elas também incluem tecnologias para evitar e curar doenças e tecnologias que impedem o esgotamento e a poluição do nosso ambiente natural.

O segundo tipo envolve tecnologias concebidas para nos ajudar a realizar os nossos potenciais mais elevados: a nossa capacidade de conscientização, raciocínio, empatia, criatividade e amor. Eu as chamo de *tecnologias de realização*. Elas nos ajudam a satisfazer os nossos profundos anseios humanos de ligações solidárias, significado, justiça e liberdade.

As tecnologias de realização também abrangem os processos materiais e não-materiais. Antigos exemplos de tecnologias de realização são a música, a arte, a meditação e outras técnicas de crescimento espiritual. Muitas tecnologias de realização são relacionais, como métodos melhores de puericultura e educação. São também tecnologias sociais, como a educação pública, a política democrática representativa, a economia justa e outras invenções humanas.

O terceiro tipo envolve o que chamo de *tecnologias de destruição*, que são muito diferentes dos dois primeiros. O seu objetivo é destruir em vez de criar. Elas abarcam todos os *technics* do terror, começando pela espada afiada do antigo guerreiro e culminando com as armas atuais destinadas à guerra nuclear e ao terrorismo bacteriológico.

É claro que as tecnologias de apoio à vida e de realização não são necessariamente usadas para o bem comum. Se orientadas por um etos de dominação, elas serão utilizadas de maneiras que beneficiem principalmente os que estão no topo, com apenas benefícios "trickle down"* para o restante da população. Ou então serão usadas de maneiras que nos desumanizem. E isso se aplica até mesmo aos avanços tecnológicos que em um sistema voltado para a participação poderiam livrar a humanidade do trabalho monótono e enfadonho.

No entanto, o maior perigo para o nosso futuro reside no fato que nas culturas basicamente orientadas para o sistema de dominação não existe nenhuma maneira de impedir que os avanços tecnológicos sejam usados para a destruição. A história demonstra que nessas culturas as tecnologias de destruição sempre foram a principal prioridade.

Hoje em dia, o poder destrutivo das tecnologias nucleares e biológicas é tão grande quanto aquele que um dia foi atribuído apenas a um Deus Pai todo-poderoso e colérico: o poder de destruir toda a vida. E a pesquisa nas áreas da biotecnologia, da nanotecnologia e da robótica está impelindo a tecnologia militar para esferas ainda desconhecidas.

---

* Referência a uma teoria econômica que sustenta que ao apoiar os negócios e permitir que eles prosperem, os benefícios com o tempo gotejarão (trickle down) para as pessoas de média e baixa renda, que serão favorecidas por uma maior atividade econômica e um menor desemprego. (N. da T.)

A tecnologia e a nossa vida

As tecnologias eletrônicas de hoje, como a televisão, os computadores, os vídeos, os aparelhos de fax, o e-mail e os telefones celulares, nos oferecem novas e incríveis maneiras de aprender, criar e comunicar-nos. Podemos assistir a acontecimentos ao vivo nos locais mais distantes do mundo, comunicar-nos instantaneamente através de grandes distâncias e usar os nossos computadores para escrever e editar livros inteiros, e até mesmo para publicá-los nós mesmos.

Mas essas maravilhas tecnológicas também estão enredadas em um arsenal de novos problemas. Presenciamos uma epidemia de crime e obesidade infantil, enquanto as crianças ficam longas horas sentadas assistindo a programas de televisão (inclusive desenhos animados que contêm em média 25 atos violentos por hora),[24] ou jogando videogames brutalmente violentos. Psicólogos até mesmo identificaram um novo vício: a obsessão das crianças por videogames, por surfar na Internet ou visitar salas de bate-papo, o que está interferindo com o dever de casa e a vida delas.

É claro que muitos adultos também são eletronicamente dependentes. E isso não é tudo. Tecnologias eletrônicas avançadas — da Internet, telefones celulares, aparelhos de fax, caixa postal, e-mail e *BlackBerries* — estão consumindo uma parcela cada vez maior do nosso tempo. Enquanto as notícias na televisão e na Internet nos bombardeiam com frases curtas e fáceis de lembrar, também nos encontramos em uma tal sobrecarga de informações que é difícil para nós entender o que realmente está acontecendo no mundo. E em vez de encurtar a jornada de trabalho nos Estados Unidos, a velocidade de comunicação que se tornou possível em função das novas tecnologias eletrônicas tem sido amplamente utilizada para pressionar as pessoas a trabalhar mais arduamente e por mais tempo.[25]

O fato que isso não é inevitável é demonstrado pelos países da Europa Ocidental, nos quais os funcionários estão trabalhando menos horas do que antes. Também podemos encurtar a jornada de trabalho nos Estados Unidos para que tanto as mulheres quanto os homens possam passar mais tempo com a família e os amigos, medida que não reduzirá a produtividade, pois as pessoas são mais eficientes quando estão menos cansadas e estressadas. Tampouco o isolamento social, o distanciamento e o entorpecimento mental causado pelas tecnologias eletrônicas são inevitáveis. As tecnologias podem ser projetadas de modo a levar em consideração as necessidades humanas. Podemos adotar um sistema econômico que use tecnologias avançadas de maneiras que levem em conta os ritmos do nosso corpo em vez de nos impelir para um compasso cada vez mais frenético, assim como podemos desenvolver e utilizar tecnologias que levem em consideração os ritmos da natureza. ▨

Uma repartição do Pentágono testou recentemente veículos logísticos não tripulados capazes de raciocinar a respeito do seu ambiente imediato, distinguir o céu do solo, da estrada e das árvores, bem como de tomar decisões instantâneas. E isso é apenas o começo.

188 A VERDADEIRA RIQUEZA DAS NAÇÕES

Em 2004, um alto funcionário do U.S. Joint Forces Research Center disse ao *New York Times* que a questão não era se a robotização das forças armadas seria posta em prática e sim quando isso aconteceria. Não existe nenhuma dúvida de que serão desenvolvidas máquinas computadorizadas avançadas capazes de tomar a decisão de matar, afirmou. "Os advogados me disseram que não existe nenhuma proibição contra robôs tomarem decisões de vida ou morte."[26]

Usar robôs para tomar decisões de vida ou morte pode parecer loucura, mas para a mente dominadora isso faz bastante sentido. Os seres humanos às vezes hesitam em mutilar e matar. Os robôs não terão esses escrúpulos. Assim sendo, a não ser que a convergência tecnológica pós-moderna seja usada para finalidades positivas, essa é ainda outra maneira pela qual o cenário visualizado pelo livro *Why the Future Doesn't Need Us* poderá acontecer.

DAS FANTASIAS TECNOLÓGICAS PARA AS REALIDADES GLOBAIS

Todo pai e toda mãe, bem como todo elaborador de políticas do governo e da indústria, deveria verificar atentamente se o desenvolvimento e a utilização das novas tecnologias são orientados por um etos de solidariedade e responsabilidade. No entanto, os relatórios das empresas e do governo raramente mencionam essa questão vital.

Quase todos os relatórios empresariais se concentram totalmente nos lucros das novas tecnologias para os Estados Unidos e outras nações tecnologicamente avançadas. Um relatório de 2002 do Economic Research Institute, por exemplo, previu que a conexão de redes inteligentes nos lares, carros e escritórios logo se tornaria uma atividade de 350 bilhões de dólares. O relatório previu ainda que a nova indústria de espécies ou organismos geneticamente modificados (GMOs)* logo chegaria aos 140 milhões de dólares, e que a automação da agricultura seria em poucos anos um setor de 160 bilhões. Os computadores óticos operados por ondas de luz (lasers/fibra ótica) em vez de eletricidade logo seriam um segmento de 120 bilhões de dólares, e os robôs inteligentes capazes de executar tarefas em qualquer lugar, da casa à fábrica, logo se tornaria uma indústria de 90 bilhões.[27]

Relatórios do governo americano também expressam entusiasmo a respeito de como as novas tecnologias trarão enormes benefícios. O relatório *Global Trends 2015* do National Intelligence Council da CIA manifesta-se animadamente com relação ao impacto econômico de um grande número de novos produtos que são inteligentes, multifuncionais, compatíveis com o meio ambiente, pre-

---

* Sigla da expressão em inglês: "Genetically modified species or organisms". (N. da T.)

vendo que eles beneficiarão enormemente o setor industrial, a logística e o estilo de vida das pessoas.[28] Um relatório do governo dos Estados Unidos patrocinado pela National Science Foundation e pelo Ministério do Comércio afirma que essas tecnologias marcarão o início de uma "idade do ouro que será um ponto memorável na história humana", prevendo que a nanotecnologia, a biotecnologia e a inteligência artificial irão alterar a evolução humana em um prazo de vinte anos.[29]

De vez em quando, esses relatórios contêm breves digressões que reconhecem que os novos avanços tecnológicos suscitam questões morais, legais, ambientais e sociais. Entretanto, raramente mencionam os riscos de dar seguimento, a todo vapor, às aplicações comerciais ou militares desses avanços. Tampouco as auspiciosas projeções de uma utopia tecnológica desses relatórios fazem qualquer menção ao que está efetivamente acontecendo à vasta maioria das pessoas do mundo à medida que ingressamos na era pós-industrial.

Em um grande número de países, as condições da maioria das pessoas na verdade pioraram na última década, à medida que aumenta o hiato entre os que estão em cima e os que embaixo. Um relatório da ONU publicado em 25 de agosto de 2005 informou que apenas na África subsaariana, o número de pobres teve um aumento de quase noventa milhões em pouco mais de uma década (de 1990 a 2001). Na América Latina, o desemprego subiu de quase 7% em 1995 para 9% em 2002.

Apesar das alegações de que a globalização do capitalismo está elevando o padrão para todas as pessoas, o relatório da ONU de 158 páginas, *The World Social Situation: The Inequality Predicament* [*A Situação Social do Mundo: A Difícil Situação da Desigualdade*], assinalou que a maior globalização econômica se fez acompanhar de uma maior desigualdade entre os países e também dentro deles. Até mesmo nações relativamente ricas como os Estados Unidos, o Canadá e a Grã-Bretanha não conseguiram escapar dessa tendência. E embora a China e a Índia tenham presenciado um considerável crescimento econômico, a desigualdade continua a existir nessas duas maiores nações asiáticas, sendo que na China ela está piorando.[30]

Uma das formas mais generalizadas de desigualdade, segundo constatou o relatório *The World Social Situation*, continua a ser a discriminação sexual. Embora o ingresso de um maior número de mulheres na força de trabalho tenha conferido a muitas delas uma maior independência econômica, as mulheres no mundo inteiro ainda ganham substancialmente menos do que os homens. Particularmente no mundo em desenvolvimento, elas ficam freqüentemente restringidas à economia de mercado não-regulamentada ou informal, na qual, como escreve Lin Chew, ativista dos direitos humanos, as condições de trabalho são "apropriadamente descritas como sórdidas, perigosas e degradantes".[31]

Cerca de 60% das pessoas no mundo que trabalham no setor do mercado informal são mulheres, o que é uma proporção enorme se levarmos em consideração o fato de que as mulheres têm um nível mais baixo de participação na força de trabalho do que os homens. E embora um maior número de mulheres e meninas esteja recebendo instrução, as estatísticas para as mulheres se estagnaram ou até mesmo diminuíram em algumas partes do mundo, com milhões de mulheres que tentam prover o próprio sustento e o dos seus filhos mal conseguindo ganhar a vida — e, com excessiva freqüência, sendo incapazes de fazê-lo.

☐ Globalização, dominação e participação

A globalização às vezes leva a culpa dos males do mundo. Na verdade, o quadro da globalização é mais complexo.

Sem dúvida, como ressaltam David Korten e outros críticos da globalização, acordos comerciais que exigem fronteiras livres e mercados não-regulamentados freqüentemente promovem salários mais baixos, condições de trabalho que exploram os trabalhadores e a exploração predadora da natureza. Korten e outros também enfatizam que as comunidades locais podem ser economicamente mais protegidas se as suas necessidades básicas de mercadorias, serviços e emprego forem atendidas localmente. Ao contrário das corporações nas quais o proprietário está ausente, as empresas da localidade também podem ser mais propensas a administrar os recursos locais com mais responsabilidade, já que dependem deles para o seu próprio bem-estar e terão que conviver com quaisquer danos ambientais e prejuízos à saúde que as suas atividades possam causar.

No entanto, tornar a economia local não é uma panacéia. As tradições culturais locais, bem como as estruturas sociais e econômicas, podem ser extremamente injustas.

Augusto Lopez-Claros, economista principal e diretor da Global Competitiveness Network, destaca o seguinte a respeito dos fracassos da globalização: "Muitos dos problemas dos quais ela é considerada culpada são mais adequadamente vistos como o resultado de políticas sociais insensatas, ou como a imposição de hábitos e tradições culturais que não têm nada a ver com o fenômeno da globalização em si". Lopez-Claros fornece o exemplo de que "a maneira como o dinheiro do cultivo comercial é despendido pelos homens que o percebem tem muito mais a ver com problemas sociais profundamente entranhados, como os alcoolismo e o sexismo, do que com a globalização". Ele também ressalta que, nas regiões nas quais ainda existe uma extrema dominância masculina, a globalização está ajudando as mulheres a ter acesso ao emprego e, portanto, à possibilidade de escapar de situações violentas ou abusivas. Assim sendo, uma vez mais, vemos que as práticas e as políticas econômicas não podem ser modificadas se nos concentrarmos exclusivamente na economia.

A TECNOLOGIA, O TRABALHO E A ERA PÓS-INDUSTRIAL   191

A mudança para um sistema econômico mais justo e sustentável requer um exame da cultura mais ampla.

O fato de a globalização dos mercados exercer efeitos positivos ou negativos depende em grande medida das regras e políticas que a governam. Depende de se existe ou não uma defesa para os trabalhadores e consumidores, uma proteção para os recursos naturais e outras políticas nacionais e internacionais solidárias. Para que o comércio global efetivamente eleve o padrão de vida para todos, como pretendem os seus defensores, é preciso que ocorra uma mudança nas estruturas e regras econômicas. São necessários estatutos internacionais que impeçam que as megacorporações dominem não apenas a economia como também a política. São necessários regulamentos que exijam a responsabilidade social e ecológica, bem como a ênfase em metas a longo prazo em vez de apenas em objetivos corporativos de curto prazo.

Apropriando-me uma vez mais das palavras de Lopez-Claros: "A economia da globalização precisa caminhar lado a lado com a intervenção na política social que preserva e acentua os efeitos positivos da globalização". E, em última análise, seja local ou internacionalmente, o fato de a economia funcionar apenas para uns poucos ou para o bem de todos depende de as estruturas sociais e os valores culturais subjacentes estarem voltados para o sistema de dominação ou de participação.

No final, tudo se resume no seguinte: a globalização do comércio é um fato da vida econômica na era pós-industrial. A questão é se ela é governada por um etos de dominação ou de participação.[32] ▨

De acordo com o relatório *The State of the World's Children 2005: Childhood Under Threat* [*A Situação das Crianças no Mundo em 2005: a Infância Ameaçada*] da UNICEF, mais da metade das crianças do mundo estão sofrendo de uma extrema privação por causa da pobreza, da guerra e do HIV/AIDS. Essa privação está causando um dano permanente às crianças e impedindo o progresso em direção aos direitos humanos e ao desenvolvimento econômico.[33] Segundo um relatório da Organização Mundial de Saúde publicado em 2005, em vez de viver mais tempo, 35% das crianças africanas enfrentam hoje um risco maior de morrer do que enfrentavam há dez anos.

Essas estatísticas são o resumo de um terrível sofrimento. Elas não mostram o rosto dos milhões de crianças que estão morrendo por não ter o que comer. Não exibem a dor dos órfãos que acabam nas ruas, dos homens e mulheres que labutam do nascer ao pôr-do-sol, das mulheres que morrem de parto por falta de assistência médica.

Como escrevem os autores de *The World Social Situation*, a ênfase exclusiva no crescimento econômico e na geração de renda como estratégia de desenvolvimento é ao mesmo tempo desumana e ineficaz. Eles ressaltam que essa abordagem está conduzindo não apenas à acumulação da riqueza por parte de uns poucos e intensificando a pobreza de muitos, como também à instabilidade social, "pela qual todos terão que pagar o preço".[34]

É óbvio que se a maioria das pessoas continuar a viver na pobreza, as projeções de que as tecnologias avançadas estão nos conduzindo a "uma idade do ouro" são absurdas. Para avançar em direção a uma era melhor para a humanidade, temos que lidar com as realidades da vida das pessoas.

Temos que lidar com o fato de que a cada minuto uma criança morre de causas evitáveis e que a cada ano centenas de milhares de mulheres morrem devido a complicações relacionadas com a gravidez, freqüentemente causadas por abortos ilegais realizados por mulheres desesperadas que não querem de jeito nenhum ter outro filho. Precisamos lidar com o crescimento exponencial da população em uma época na qual as tecnologias industriais já estão substituindo pessoas por máquinas inteligentes e a produção de muitos artigos e serviços básicos deixará de exigir uma grande força de trabalho humano.

Temos que lidar com o fato de que, em grande medida devido ao crescimento exponencial da população, mais de um terço das espécies não-humanas correm hoje o risco de extinção. De acordo com cientistas, além das espécies que já foram perdidas, cerca de 24% das espécies (1.130) de mamíferos e 12% (1.183) das espécies de pássaros estão ameaçadas.[35]

Precisamos lidar com a preocupação de um número crescente de cientistas de que as atividades humanas estão destruindo os nossos sistemas naturais vitais. De acordo com a *UN Millennium Ecosystem Assessment* [Avaliação da ONU do Ecossistema do Milênio], nos últimos cinqüenta anos, enquanto a população mundial duplicava, perdemos mais da metade dos pastos, das florestas, das terras cultiváveis, dos rios e dos lagos. O consenso dos cientistas de 95 países que compilaram essa avaliação foi que, a não ser que tenham lugar importantes mudanças nas políticas e nas instituições, quando a população mundial crescer dos atuais 6,5 bilhões de habitantes para os projetados 9,1 bilhões nos próximos cinqüenta anos, a crescente demanda de comida, água potável e combustível terá resultados desastrosos. Entre as projeções estão o surgimento de novas doenças, a deterioração da qualidade da água, "zonas mortas" ao longo dos litorais, o colapso da indústria pesqueira e grandes mudanças nos climas regionais.[36] E já estamos começando a presenciar alguns desses problemas.

O crescimento populacional e as desigualdades econômicas também estão alimentando o terrorismo e as hostilidades mundiais. É claro que essa violência não é apenas uma questão de as pessoas financeiramente menos favorecidas estarem lutando pelo controle dos recursos econômicos, como é freqüentemente declarado. O problema é muito mais profundo, estando relacionado com a tradição de usar a violência para controlar outras pessoas, que começa nas famí-

A TECNOLOGIA, O TRABALHO E A ERA PÓS-INDUSTRIAL 193

lias dominadoras. Quase todos os terroristas envolvidos no atentado de 11 de Setembro, por exemplo, eram provenientes de famílias sauditas abastadas nas quais as mulheres e as crianças vivem debaixo de um controle rígido, freqüentemente brutal. Mas o crescimento populacional, o grande percentual de jovens nas nações pobres e as grandes discrepâncias econômicas entre os países e dentro deles são importantes fatores que alimentam a violência internacional.

As novas tecnologias não vão resolver esses problemas. Elas podem, sem dúvida, ajudar as pessoas a sobreviver e ter uma vida melhor, mas isso significa que os investimentos econômicos precisam se concentrar não apenas em tecnologias que produzem lucros corporativos a curto prazo, mas também naquelas que geram lucros sociais e ambientais a longo prazo. Isso envolve maciços investimentos em tecnologias relacionadas com o planejamento familiar para ajudar a estabilizar o crescimento populacional e uma maior utilização de tecnologias de comunicação para mudar normas que definem as mulheres como tecnologias de reprodução controladas pelos homens. Significa financiar intensamente fontes de energia descentralizadas como as células solares de baixo custo e investir em fornos solares para as nações em desenvolvimento para evitar que a terra seja despojada de árvores e salvar vidas que podem ser perdidas por causa dos vapores e das chamas dos fornos de lenha e carvão. Acarreta padrões para a ciência e a tecnologia que canalizam a convergência tecnológica pós-moderna para tecnologias de apoio à vida e de realização em vez de destruição.

No entanto, mesmo que a nanotecnologia, a biotecnologia e a robótica sejam usadas como tecnologias de apoio à vida e de realização, isso não será suficiente para enfrentar os desafios que temos diante de nós. Não existem paliativos, muito menos paliativos por meio de avanços nas tecnologias materiais. Temos que nos concentrar tanto nas tecnologias materiais quanto nas sociais.

A questão mais crucial para o nosso futuro não é a tecnológica, e sim como podemos deixar de negar o que está realmente acontecendo no mundo e o que precisamos fazer para adotar um estilo de vida e uma maneira de ganhar a vida que promova a solidariedade para com os seres humanos e o respeito pelo nosso ambiente natural. Como veremos nos dois próximos capítulos, podemos fazer essa transição, mas somente depois que modificarmos convicções profundamente arraigadas sobre o que nós, seres humanos, somos e podemos ser.

CAPÍTULO 9

Quem somos e onde estamos

Ryan Hreljac tinha 6 anos de idade quando sua professora do primeiro ano primário em North Grenville, Canadá, disse à sua turma que crianças na África estavam ficando doentes e morrendo porque não tinham acesso à água potável. Ryan decidiu começar a levantar dinheiro para ajudar. Ele executou mais tarefas domésticas para ganhar os seus primeiros setenta dólares, e depois aliciou outras pessoas para angariar os dois mil dólares necessários para que, em 1999, um poço de água fosse perfurado perto da Escola Angolo na Uganda do Norte. A partir de então, com a ajuda de organizações sem fins lucrativos como a WaterCan e a Free the Children, a Ryan's Well Foundation arrecadou mais de um milhão de dólares para ajudar a construir 196 poços em dez países que atendem a mais de 350 mil pessoas.[1]

Quando Clara Hale morreu em 1992, aos 87 anos de idade, ela havia cuidado de oitocentas crianças com AIDS, filhos de mães viciadas em drogas, crianças que ninguém queria. No início, ela cuidou de crianças abandonadas no seu pequeno apartamento no Harlem. Nos primeiros seis meses, o número de crianças chegou a 22, todas bebês portadores de HIV. À medida que o tempo ia passando, com a ajuda de funcionários do governo municipal, ela conseguiu comprar uma casa geminada simples. Nela, Clara Hale e a sua equipe continuaram a pôr em prática o seu credo de que todas as crianças precisam e merecem ser amadas.[2]

Esses são apenas dois exemplos de pessoas que decidiram ajudar completos desconhecidos. Existem milhares delas no mundo. Às vezes elas até mesmo arriscam a vida para salvar a de pessoas que nunca conheceram. Mergulham em águas perigosas para tentar salvar alguém que esteja se afogando, ou entram em um prédio em chamas para tentar retirar alguém que esteja preso dentro dele. Algumas até mesmo arriscam a vida de toda a sua família para ajudar desconhecidos, como as pessoas que escondiam os judeus de nazistas durante a Segunda Guerra Mundial, sabendo que se fossem descobertas seriam sumariamente mortas a tiros, junto com toda a família.

Esses atos altruístas de bondade contrariam a convicção convencional de que um mundo mais solidário vai contra a nossa natureza inerentemente má e egoísta. No entanto, essa crença está profundamente arraigada nas histórias populares a respeito da natureza humana, que vão do mito religioso a respeito de uma humanidade fatalmente culpada do "pecado original" às teorias socio-biológicas que sustentam que a evolução humana foi impulsionada por "genes egoístas" que nos programam para ajudar os outros somente quando isso nos beneficia direta ou indiretamente.[3]

É claro que se considerarmos o mundo interligado de hoje no qual os acontecimentos em um canto remoto do planeta podem nos afetar de um modo favorável ou desfavorável, seria possível argumentar que ajudar pessoas em locais distantes efetivamente nos beneficia. Assim sendo, as ações solidárias e empáticas dirigidas a desconhecidos ainda poderiam ser atribuídas ao interesse pessoal, que é obviamente uma importante motivação humana.

Entretanto, o comportamento e a natureza humanos encerram muito mais do que o mero egoísmo. Somos certamente capazes de ser insensíveis, cruéis, gananciosos e violentos, mas também somos capazes de ser sensíveis, solidários, generosos e empáticos.

A nossa capacidade de ser solidários está tão programada em nós pela evolução quanto a de ser cruéis, talvez até mais. A solidariedade é necessária para a perpetuação da nossa espécie. Um certo carinho pela prole já era um requisito para a sobrevivência de outros mamíferos. No entanto, como os bebês humanos dependem totalmente de cuidados durante um longo tempo, a solidariedade tornou-se ainda mais indispensável quando a nossa espécie surgiu no cenário evolucionário.

Por obra e graça da evolução, nós, seres humanos, estamos equipados com uma composição neuroquímica que nos confere prazer quando cuidamos de outros seres. Todos já tivemos essa sensação. Nós nos sentimos bem quando cuidamos de uma criança, de um namorado, de um amigo ou até mesmo de um animal de estimação. Nós nos sentimos bem quando somos úteis, até mesmo para desconhecidos.

O impulso humano de cuidar dos outros e ajudá-los já está presente nos bebês, o que foi recentemente demonstrado por Felix Warneken, cientista do Max Planck Institute for Evolutionary Anthropology. Warneken projetou um experimento no qual bebês de 18 meses o observavam enquanto ele se "esforçava" para executar tarefas comuns como pendurar toalhas com pregadores de roupa ou empilhar livros. Repetidamente, quando ele "acidentalmente" deixava cair um pregador ou derrubava alguns livros, cada um dos 24 bebês que estavam participando da experiência se ofereciam para ajudá-lo no intervalo de segundos.

Entretanto, eles só faziam isso quando Warneken parecia estar precisando de ajuda. Quando ele jogava um pregador no chão ou deliberadamente deixava cair um livro, os bebês não reagiam. Por outro lado, se ele dava a impressão de estar precisando de ajuda, os bebês rapidamente se deslocavam com passinhos incertos, pegavam o objeto e o entregavam, entusiasmados, para ele.[4]

Para testar a motivação dos bebês, Warneken decidiu não agradecer a eles. O que ele descobriu confirmou que os motivos deles eram a empatia e o altruísmo, e não a expectativa de elogios ou de algum outro tipo de recompensa. Os bebês estavam simplesmente respondendo às necessidades de um desconhecido propondo-se a ajudar.

Podemos então defender a tese de que nós, seres humanos, estamos fortemente programados pela nossa biologia para agir de uma maneira prestativa e solidária. Por que então, podemos perguntar, existe tanta falta de prestabilidade e solidariedade no mundo? Para responder a essa pergunta, deixamos a biologia e migramos para a cultura.

LIÇÕES DE ECONOMIA DA NEUROCIÊNCIA

No decorrer das últimas décadas, os cientistas realizaram grandes avanços no entendimento de como o nosso cérebro interage com o ambiente. O antigo argumento da natureza *versus* o aprendizado está lentamente dando lugar à interpretação de que os dois funcionam em conjunto.

Cientistas demonstraram que o desenvolvimento do cérebro ocorre em grande medida depois do nascimento, e que as nossas primeiras experiências desempenham um importante papel no rumo desse desenvolvimento. A arquitetura neural do cérebro é moldada pela interação dos nossos genes com o nosso ambiente inicial, particularmente com o ambiente humano e o tipo de cuidados que recebemos.

Isso não significa que o nosso comportamento seja determinado pelas nossas primeiras experiências. Embora estas sejam decisivas, o cérebro continua a mudar nos anos da idade adulta por meio da interação dos nossos genes, do nosso ambiente e das nossas escolhas.

As escolhas que fazemos desempenham um papel importante na maneira como nos comportamos. É claro que essas escolhas são afetadas tanto pelas nossas experiências na vida quanto pelos nossos genes. Entretanto, os seres humanos estão singularmente equipados para tomar decisões conscientes.

A evolução nos guarneceu de lobos frontais que nos permitem transcender os impulsos inconscientes e fazer escolhas deliberadas. E essas escolhas, por sua vez, afetam as nossas experiências na vida e os nossos ambientes culturais.

Na verdade, estudos científicos demonstraram que as escolhas que fazemos afetam o que acontece no nosso cérebro. Em 2002, neurocientistas da Emory University empregaram uma técnica chamada imagens por ressonância magnética funcional, conhecida na literatura especializada por fMRI, para examinar o que acontece no cérebro das pessoas quando elas decidem agir meramente por ganância ou tendo em vista um benefício mútuo.[5] Para sua surpresa, os pesquisadores descobriram que as reações mais intensas do cérebro *não* estavam associadas a ganhar ou perder em um jogo cujo objetivo era o ganho monetário. O cérebro se iluminava quando os jogadores escolhiam o mutualismo em detrimento do "tudo para mim". E o que se animava eram os circuitos associados às sensações prazerosas.[6]

O dr. Gregory S. Berns, um dos pesquisadores, disse ao *New York Times* que os sinais mais brilhantes surgiam nas ligações de cooperação, e apareciam nas áreas do cérebro que sabidamente reagem a sobremesas, fotos de rostos atraentes, dinheiro, cocaína e vários outros prazeres lícitos e ilícitos.[7] Em outras palavras, os sinais se manifestavam nos centros de prazer do cérebro.

Quanto mais tempo os jogadores se envolviam com uma estratégia mutuamente benéfica, mais intensamente o sangue fluía para os trajetos de prazer do cérebro. No entanto, quando eles jogavam contra um computador em vez de contra uma pessoa, apresentavam uma tendência menor de cooperar.

Por obra e graça da evolução, nós, seres humanos, estamos equipados com uma composição neuroquímica que nos confere prazer quando cuidamos de outros seres — seja de uma criança, de um namorado, de um amigo ou até mesmo de um animal de estimação.

E embora o incentivo para participar da pesquisa fosse o ganho financeiro, durante o jogo em si o prazer do mutualismo repetidas vezes prevalecia sobre a motivação monetária.[8]

O fato de que a idéia de um vínculo humano, e não a de um ganho monetário, produzia um prazer maior indicaria que estamos programados pela evolução para a reciprocidade e a solidariedade mútua como uma estratégia eficaz de sobrevivência. Também indicaria que quando, à semelhança dos jogadores do experimento que acaba de ser descrito, temos opções claras, nós nos mostramos inclinados a escolher a reciprocidade e a solidariedade mútua em detrimento da ganância e do simples egoísmo, porque essa escolha nos dá mais prazer.

Geralmente pensamos na escolha como uma questão individual. Em última análise, isso é verdade, mas as escolhas que fazemos são limitadas pelas opções que temos ou julgamos ter.

No experimento da Emory, as opções dos jogadores eram determinadas pelos pesquisadores. Entretanto, na vida real, as nossas opções são em grande medida definidas pelo tipo de cultura em que vivemos. Se a nossa cultura estiver fortemente voltada para o sistema de dominação, as opções efetivas e/ou percebidas pelas pessoas serão limitadas, e as escolhas serão freqüentemente feitas com pouca ou nenhuma consideração por aqueles que se encontram nos degraus inferiores da hierarquia social.

Uma família pobre na Índia, por exemplo, pode decidir vender a filha de 11 anos como escrava no tráfico sexual, mesmo sabendo que isso a condenará a uma vida de degradação e violência e, com o tempo, a ser infectada pelo HIV. Os pais podem achar que não têm alternativa, que essa é a única maneira de conseguir o dinheiro de que desesperadamente precisam, evitar as despesas com o dote e conseguir recursos para mandar o filho para a escola. Para eles, essa escolha parece uma opção razoável, uma simples extensão do costume da "noiva menina", tradicional em algumas partes do sudeste asiático.[9] Até mesmo a menina provavelmente escolherá concordar, porque ela também aprendeu a se desvalorizar nessa cultura onde as meninas são consideradas menos valiosas do que os meninos. Além disso, de qualquer modo, ela não tem para onde fugir, já que essas vendas são toleradas no seu povoado.

Podemos perguntar como os pais podem ser tão cruéis com a própria filha. Sem dúvida os fatores culturais podem ser um fator importante; no entanto, uma vez mais, constatações da neurociência fornecem algumas respostas mais básicas. Elas demonstram que o stress grave ou crônico inibe a nossa capacidade de sentir empatia, bem como a de perceber opções e fazer escolhas fundamentadas e conscientes.

A neurocientista Debra Niehoff documentou que a composição neuroquímica do stress torna mais difícil permanecermos conscientes dos outros, ou mesmo plenamente conscientes de nós mesmos, já que uma grande parte da energia é canalizada para encontrar maneiras de escapar da dor ou, pelo menos, de ter menos consciência dela. A "empatia", escreve ela, "é colocada em segundo plano quando se trata de obter alívio do desconforto entorpecedor de um sistema nervoso insensibilizado pelo stress".[10] E a empatia, é claro, é um dos principais componentes da solidariedade. O stress também inibe a nossa capacidade de perceber alternativas. Nas palavras do especialista em stress Bruce McEwen: "As pessoas dizem que 'o stress nos torna obtusos'. Mas na verdade, o que ele faz é limitar as nossas opções".[11]

É claro que algum stress sempre está presente na vida. Às vezes ele pode ser um desafio para que exploremos novas oportunidades e desenvolvamos nossas habilidades. No entanto, quando o stress é extremo ou crônico, como o é para muitas pessoas nos sistemas de dominação, os seus efeitos são muito diferentes.

Um dos efeitos colaterais do stress crônico é tornar-nos menos conscientes do que está acontecendo conosco e à nossa volta. Citando uma vez mais Niehoff: "À medida que o stress corrói o sistema nervoso, a avaliação do risco vai ficando cada vez menos precisa. Insultos sem importância são vistos como grandes ameaças. Detalhes benignos assumem uma nova premência emocional [...]. Cercado por todos os lados por ameaças reais e imaginárias, a pessoa recorre às estratégias de sobrevivência consagradas pelo tempo: lutar, fugir ou ficar imobilizado".[12]

Assim sendo, o stress atrapalha a nossa capacidade de fazer boas escolhas e, até mesmo, de perceber todas as nossas opções de escolhas. Ao mesmo tempo, o stress inibe a expressão da nossa capacidade natural de sentir empatia e solidariedade.

Essa supressão da empatia e da solidariedade relacionada com o stress ajuda a explicar como a família indiana poderia ser tão cruel. Com a capacidade emocional e cognitiva entorpecidas pelo stress da exaustiva pobreza e de todos os outros tipos de stress incorporados a relações de rígidas classificações de cima para baixo, os pais poderiam justificar fazer essa coisa terrível com a própria filha. E como a cultura deles considera as meninas menos valiosas do que os meninos, os pais poderiam até mesmo racionalizar a sua atitude alegando que ela era necessária para que pudessem pagar a educação do filho.

A crueldade da família indiana é um caso extremo. No entanto, geração após geração, muitos pais têm tratado os filhos de um modo cruel e abusivo porque nas culturas dominadoras a criação dos filhos é associada a uma obediência cega e a severos castigos; em resumo, à coerção e à dor. Esse tipo de educação infantil requer a repressão da consciência, de modo que encontramos pais que declaram amar os filhos ao mesmo tempo que os maltratam.

Poderíamos descartar esses protestos de amor como hipocrisia. No entanto, a maioria dos pais ama os filhos. O que torna possível para os pais tratar os filhos de uma maneira não-empática é um mecanismo induzido pelo stress para a subsistência dos sistemas de dominação: a negação. Ao negar a sua própria crueldade, os pais nos sistemas de dominação freqüentemente repetem a negação da crueldade que eles próprios sofreram na infância nas famílias dominadoras.

A negação ocorre quando reprimimos autênticas idéias e experiências humanas e as enviamos para o inconsciente. Nas rígidas famílias dominadoras, as crianças freqüentemente aprendem a negar que exista qualquer coisa errada com o abuso e a violência contra aqueles que "os merecem", como repetidas vezes ouvem a respeito de si mesmas. Por medo de sentir mais dor, elas aprendem a não expressar raiva ou frustração diante dos adultos que lhes causam dor. Como não podem expressar diretamente esses sentimentos negativos, as crianças com freqüência os desviam para pessoas que elas aprendem a perceber como inferiores, imorais ou menos poderosas.[13]

Por sorte, isso não acontece com todo mundo que é criado em uma família dominadora. Algumas pessoas quando crescem passam a rejeitar esse tipo de criação e até mesmo a trabalhar contra a insensibilidade, a crueldade e a injustiça em outras esferas da vida. Isso também não significa que as pessoas não possam mudar. Elas não só podem, como o fazem.

No entanto, para mudar, as pessoas precisam conscientizar-se de que existem alternativas. E para aprender quais são as alternativas para as convicções, instituições e comportamentos dominadores, elas precisam ser expostas à possibilidade de convicções, instituições e comportamentos orientados para a participação.

A ECONOMIA, A POLÍTICA E O STRESS

Muitas histórias culturais no mundo inteiro apresentam o sistema de dominação como a única alternativa humana. Os contos de fadas romantizam o domínio dos reis e rainhas sobre "as pessoas comuns". Clássicos como a *Ilíada* de Homero e a trilogia dos reis de Shakespeare romantizam a "violência heróica". Muitas histórias religiosas apresentam o fato de os homens controlarem as mulheres, e até mesmo serem donos delas, como normal e compatível com os princípios da moralidade.

Essas histórias são oriundas de épocas muito mais estreitamente voltadas para um sistema "puro" de dominação. Ao lado de histórias mais novas que perpetuam essas convicções limitadas a respeito da natureza humana, elas desempenham um papel importante na maneira como encaramos o nosso mundo e como vivemos nele.[14] Mas precisamente porque as histórias são tão importantes para moldar os valores, as novas narrativas podem ajudar a modificar valores perniciosos.

Particularmente importantes são as novas histórias a respeito da natureza humana. Precisamos de novas narrativas que nos ofereçam uma imagem mais complexa e precisa de quem somos e de quem podemos ser — histórias que mostrem que a nossa enorme capacidade de ser conscientes, criativos e solidários são essenciais para a evolução humana, que é essa capacidade que nos torna caracteristicamente humanos.[15]

É claro que modificar as histórias não é suficiente. As histórias culturais e as estruturas sociais caminham lado a lado. Também precisamos trabalhar para substituir as estruturas dominadoras por estruturas de participação em todas as instituições, tanto na esfera pública da política e da economia quanto na esfera privada da família e de outros relacionamentos íntimos.

QUEM SOMOS E ONDE ESTAMOS

Como vimos, as estruturas dominadoras produzem artificialmente o stress, e a produção deste último é uma maneira de impor e manter as relações de dominação e submissão. Como também vimos, o stress grave ou crônico, particularmente nos primeiros anos de vida, causa estragos na nossa capacidade interior de consciência e solidariedade.

As crianças criadas em ambientes familiares nos quais a hierarquia da dominação é dolorosamente imposta freqüentemente adotam o ponto de vista de que esse tipo de relação é inevitável em outros relacionamentos. Com freqüência elas levam essa maneira de ver as coisas para os seus grupos de amigos e colegas, às vezes expressando-a e intimidando outras crianças. E quando outros elementos na cultura da criança, como brinquedos, jogos, a educação, a religião e os meios de comunicação de massa, também retratam essa maneira de estruturar os relacionamentos como normais, éticos e até mesmo divertidos, esses padrões tornam-se parte do mapa cognitivo e emocional de todas as relações da criança.[16]

Se acrescentarmos a tudo isso o fato que é transmitida às crianças, nas famílias dominadoras, uma visão da nossa espécie na qual o homem é superior e a mulher inferior, a convicção de que as hierarquias de dominação são normais torna-se ainda mais reforçada. Nessas famílias, as crianças observam que a diferença é equiparada à superioridade ou à inferioridade, a dominar ou a ser dominado, a ser servido ou servir. A não ser que sejam expostas a outra alternativa, elas freqüentemente tenderão a aceitar a desigualdade econômica e social como "apenas a maneira como as coisas são".

Como a psicóloga Else Frenkel-Brunswick demonstrou em pesquisas do que ela chamou de personalidade autoritária, nas famílias que se apóiam intensamente no medo e na punição, e nas quais "os relacionamentos se baseiam em papéis claramente definidos em função da dominação e da submissão [...] certos aspectos da experiência precisam ser mantidos fora da percepção consciente". Nessas famílias cronicamente estressadas, a repressão da percepção consciente serve "para reduzir o conflito e a ansiedade, bem com para manter padrões estereotipados".[17]

Frenkel-Brunswick, cuja pesquisa foi parte de um esforço para entender o que aconteceu na Alemanha nazista, também descobriu que as crianças nas famílias dominadoras tendem a enfatizar exageradamente a hostilidade e o perigo, porque isso corresponde à suas experiências cotidianas. Isso conduz a uma visão antagônica do mundo no qual uma perpétua rigidez e cegueira diante do que está efetivamente acontecendo com freqüência resulta em um comportamento pessoal e político não-adaptativo.

Essa dinâmica ajuda a explicar as diretivas de líderes aprisionados em mentalidades dominadoras e hábitos emocionais. Os líderes criados em famílias dominadoras, nas quais os fortes estão sempre certos e os fracos sempre errados, freqüentemente reproduzem essas condições a não ser que sejam expostos a alternativas mais justas. E como nessas famílias o "trabalho feminino" da assistência é considerado menos valioso do que as atividades designadas aos homens, estes também aprendem a desvalorizar a atenção e a assistência.

As relações familiares baseadas na dominação e na submissão também ensinam, com freqüência, importantes lições sobre a violência. Quando as crianças sofrem a violência, ou presenciam a violência contra as suas mães, elas aprendem que é aceitável usar a força para impor a vontade aos outros. Essa atitude é então freqüentemente transferida para outros relacionamentos, inclusive os internacionais. As pessoas com essa atitude tendem a acreditar que a segurança nacional precisa se apoiar na violência e a não apoiar políticas que modifiquem condições sociais e econômicas que promovam a violência.

As estruturas dominadoras produzem artificialmente o stress, o stress grave ou crônico, particularmente nos primeiros anos de vida, causa estragos na nossa capacidade de conscientização e solidariedade.

Em resumo, quando as pessoas são criadas em situações nas quais as relações de participação não são apresentadas como modelo, elas freqüentemente acreditam que a única alternativa é dominar ou ser dominado. Elas também acreditam com freqüência que a natureza humana é insensível e violenta, e que qualquer coisa associada às mulheres e ao "feminino" — como a atenção e a assistência — é inferior a qualquer coisa estereotipicamente vinculada aos homens e ao "masculino".

Esse é o tipo de dinâmica que está por trás das decisões políticas e econômicas que desconsideram, e até mesmo agravam, os problemas globais como a fome crônica e a pobreza, a superpopulação e a devastação ambiental. Ela está por trás das políticas que evidenciam a falta de empatia por aqueles que elas prejudicam e que, no nosso mundo interligado, em última análise prejudicam a todos nós.

Quero enfatizar uma vez mais que nem todas as pessoas expostas ao stress nas famílias dominadoras aceitam e perpetuam as relações de dominação e submissão. Algumas às vezes rejeitam essas tradições dominadoras, e até mesmo se esforçam para modificá-las.

Desejo também novamente salientar que as experiências estressantes da infância nas famílias dominadoras não são o único motivo pelo qual muitas pessoas aceitam relacionamentos injustos. A situação é muito mais complexa: as famílias, a educação, a mídia e outras instituições dominadoras interagem com o processo de criação das crianças e outras experiências do início da vida, reforçando-se mutuamente. E as políticas e práticas econômicas dominadoras desempenham um papel fundamental nesse ciclo vicioso.

Como vimos no Capítulo 6, dados antropológicos e arqueológicos indicam que as culturas dominadoras se originaram em ambientes inóspitos, como desertos, estepes e regiões destruídas pela seca, nos quais os recursos eram escassos.[18] Entretanto, como também vimos, até mesmo nos ambientes favoráveis como em vales férteis ou áreas litorâneas, os sistemas econômicos dominadores se sustentam criando a escassez crônica, e com isso, o stress crônico.

As implicações da neurociência nas políticas econômicas

As escolhas que fazemos afetam a composição neuroquímica do nosso cérebro durante a vida inteira. Estamos aprendendo que a meditação, as mudanças na alimentação e os exercícios afetam a composição neuroquímica do cérebro. As modificações nos tipos de relacionamentos que temos podem fazer uma enorme diferença. E o mesmo é verdade com relação às crenças e às estruturas sociais. Tudo isso afeta a composição neuroquímica do cérebro e, portanto, a maneira como pensamos, sentimos e agimos.

Mudanças radicais na consciência e no comportamento podem até mesmo ocorrer nos adultos. Entretanto, as primeiras experiências na vida desempenham um papel fundamental na maneira como ocorre o nosso desenvolvimento neural e bioquímico. Como ressaltam o dr. Bruce Perry e outros neurocientistas, as experiências da infância fornecem a estrutura organizadora do nosso cérebro — e de muitas das nossas características e comportamentos.[19]

As pesquisas de Perry e de outros neurocientistas revelam que as crianças que sofreram abuso ou foram negligenciadas mostram-se mais inclinadas a entrar em depressão do que as crianças que viveram em ambientes solidários e respeitosos. As primeiras se inclinam mais a ser altamente tolerantes com relação aos relacionamentos abusivos e tendem mais a se tornar pessoas capazes de cometer abusos. Esses padrões são mais intensos no caso de crianças que sofreram um abuso ou negligência muito grave. No entanto, todos nós somos afetados pelas nossas primeiras experiências.

Essa evidência da neurociência exige diretrizes que propiciem cuidados adequados para as crianças. Se um número suficiente de pessoas e organizações fizerem essa exigência, os governos respaldarão a educação para a assistência nas escolas e comunidades, financiarão a assistência médica universal e os serviços de puericultura de qualidade, e desenvolverão idéias econômicas que remunerem a assistência de alto nível.

Pense no enorme custo à comunidade de *deixar* de investir nos serviços de puericultura de qualidade: o crime, a doença mental, o uso excessivo de drogas, o potencial humano perdido e as conseqüências econômicas do capital humano de baixa qualidade. O investimento comunitário na assistência pagará a si mesmo em uma única geração, e ainda por cima terá um lucro enorme. ▨

Os sistemas de dominação criam a escassez artificial efetuando uma distribuição desigual dos recursos e dando mais para os que estão no topo. Destroem recursos materiais e humanos por meio da exploração do meio ambiente, de guerras crônicas e de outras formas de violência institucionalizada. As políticas dominadoras também criam a escassez por meio do seu baixo investimento social nos cuidados com o desenvolvimento físico, mental e emocional das crianças, o que limita a disponibilidade do capital humano de alta qualidade, retardando o desenvolvimento econômico capaz de ajudar a evitar a escassez. E particularmente hoje em dia, quando os sistemas de armas têm um custo enorme, as economias dominadoras criam uma escassez artificial despendendo enormes quantias em armamentos, dinheiro que poderia ser usado para promover uma maior abundância para todos por intermédio do financiamento da educação fundamental, da saúde pública e de outros investimentos no capital humano da sociedade.

O stress da escassez freqüentemente produz reações emocionais (e portanto neuroquímicas) semelhantes àquelas geradas pela criação dominadora dos filhos. Também gera com freqüência sentimentos de dependência e medo com relação aos que controlam os recursos econômicos. À semelhança das crianças que dependem de pais abusivos, as pessoas que se encontram nos degraus inferiores da pirâmide econômica dominadora muitas vezes tendem a se identificar com os que estão no controle. Eles reprimem a consciência da verdadeira situação e até mesmo idealizam aqueles que os exploram e oprimem. Freqüentemente, portanto, deparamos com pessoas pobres dando vazão à sua frustração e à sua dor atacando minorias ou aqueles designados como inimigos pelos líderes políticos e religiosos.

No entanto, os efeitos negativos do stress sobre os que estão na parte inferior das hierarquias dominadoras não são apenas uma questão de pobreza. Esse fato foi dramaticamente demonstrado pela Whitehall Studies, que recebeu esse nome por causa da rua onde funciona grande parte do serviço público britânico. Essas pesquisas, realizadas pelo médico inglês Sir Michael Marmot e os seus colegas na década de 1970, revelaram que os que se encontravam nos degraus inferiores da hierarquia do serviço público sofriam desproporcionalmente de problemas de saúde relacionados com o stress.[20] Essas pessoas *não* eram pobres. O stress que fazia com que elas se tornassem mais vulneráveis a ataques do coração, diabetes, depressão, alcoolismo, doenças respiratórias e câncer era proveniente da própria hierarquia dominadora.

À semelhança de muitas outras burocracias, quer do governo, quer das grandes empresas, a estrutura do serviço público britânico envolvia o comando de cima para baixo. Os que ocupavam os degraus inferiores tinham muito pouca liberdade de ação, quando tinham alguma, como é expresso pelo refrão burocrático: "Eu gostaria de poder ajudar, mas infelizmente estas são as regras". Nessas situações, violar regras é uma justificativa para a demissão. Assim sendo, quanto mais baixa a posição das pessoas nessas hierarquias, menos opções elas têm e mais precisam reprimir a iniciativa, a criatividade, a solidariedade e também a consciência — caso contrário, seria doloroso demais fazer cumprir regras que são freqüentemente insensíveis. Essa repressão é estressante, como também o é o medo que sustenta as hierarquias de dominação. E todo esse stress encerra conseqüências adversas para a saúde.

Pesquisas também mostram que não são as nações mais ricas que abrigam as populações mais saudáveis, e sim aquelas onde existe mais igualdade. O epidemiologista médico britânico Richard Wilkinson e outros pesquisadores constataram que a menor desigualdade de renda prognostica uma saúde melhor *tanto* para os pobres *quanto* para os ricos.[21] Uma das razões é que quanto mais desigual a renda em uma comunidade, maior será o stress psicológico. É claro que os pobres são em geral mais estressados do que as pessoas abastadas, mas mesmo os relativamente prósperos são estressados nas culturas onde há uma grande concentração de riqueza nas camadas superiores. Wilkinson descobriu que esse stress tem lugar porque essas pessoas relativamente prósperas comparam, de um modo competitivo, a sua situação com a daquelas que possuem uma quantidade ainda maior de bem materiais. E como ressaltou Robert Sapolsky, neurobiólogo de Stanford, na sua análise do stress da desigualdade, "Na nossa aldeia global, constantemente tomamos consciência dos magnatas e celebridades cujos recursos superam os nossos".[22]

Assim sendo, as grandes desigualdades sociais inseridas nos sistemas de dominação são estressantes não apenas para os que se encontram nos degraus econômicos inferiores mas também para aqueles que estão em patamares mais elevados. Quando um determinado nível de riqueza material é atingido, uma quantidade maior de bens materiais não parece tornar as pessoas mais felizes e não são substitutos para a verdadeira satisfação da família mais próxima e de outros vínculos.[23]

Muitos outros aspectos dos sistemas de dominação causam o stress e problemas de saúde. A utilização insensível de tecnologias industriais causa doenças e mortes ligadas ao meio ambiente. E embora esses efeitos sejam freqüentemente mais graves para os que se encontram nos níveis socioeconômicos mais baixos (os depósitos de lixo tóxico, por exemplo, estão tipicamente localizados nos bairros pobres), as tecnologias industriais que poluem adversamente o ar e os alimentos, por exemplo, afetam a todos nós. É claro que a violência, quer ela tenha lugar na família ou na família de nações, também é sempre estressante. O medo é estressante. No entanto, tanto o medo quanto a violência estão incrustados nos sistemas de dominação, já que as rígidas hierarquias de cima para baixo são, em última análise, sustentadas pelo medo e pela força.

Em resumo, começando no início da infância por meio de relações familiares baseadas na dominação e na submissão, o stress atua sufocando tanto as efetivas opções de vida das pessoas quanto a consciência que elas têm das possíveis alternativas. Quando é ensinado às crianças que a dominação e a submissão são "normais", e a sociedade não oferece alternativas, elas freqüentemente aprendem a negar a realidade e inibem a sua capacidade de empatia e conscientização. Elas tendem então, quando crescem, a construir instituições familiares, educacionais, religiosas, econômicas e políticas baseadas nesses mesmos princípios, o que faz com que o ciclo se repita geração após geração.

Nessas circunstâncias, o espantoso não é que exista tanta insensibilidade e irracionalidade no mundo, e sim que exista tanta sensibilidade e bom senso. No entanto, a história de que a natureza humana é puramente egoísta ou, como afirmam alguns sociobiólogos, que somos inconscientemente governados por "genes brutalmente egoístas" persiste. E isso, apesar de toda a evidência de que os seres humanos são capazes de ter um leque muito maior de motivações e que um profundo anseio de justiça, reciprocidade e solidariedade é parte integrante do nosso equipamento genético.

CORRENTES E CONTRACORRENTES
PARA O NOSSO FUTURO

O anseio humano de justiça, reciprocidade e solidariedade repousa atrás de grandes avanços na cultura ocidental desde a Idade Média até os nossos dias. Contrariando a história que afirma que, por ter sido mais religiosa, a era medieval foi um período melhor e mais solidário, a história demonstra que com a Inquisição, as Cruzadas e o costume de queimar bruxas na fogueira, aquela foi uma época incrivelmente brutal.[24] Na verdade, em muitos aspectos essenciais, ela não foi muito diferente do que vemos hoje nas teocracias muçulmanas fundamentalistas, nas quais o decepamento da mão das pessoas, o apedrejamento das mulheres até a morte, as "guerras santas" e os ataques terroristas a civis indefesos ainda são considerados como estando dentro dos princípios da moralidade.

A chamada Idade Européia da Fé foi um período de guerras crônicas e das mais terríveis torturas públicas, que não apenas aterrorizavam as pessoas, obrigando-as a obedecer, como também serviam para torná-las insensíveis à crueldade e ao sofrimento, inclusive aos delas próprias. Embora os pais, sem dúvida, nutrissem sentimentos amorosos pelos filhos, eram comuns o abuso e a negligência graves das crianças. Na maioria das famílias, as mulheres trabalhavam de manhã à noite executando tarefas domésticas e agrícolas, restando-lhes pouco tempo para cuidar dos filhos. Como continuou a ser uma prática comum mais tarde, as crianças eram freqüentemente empregadas como aprendizes desde cedo, e o trabalho infantil em condições estarrecedoras era a norma.[25] Nas famílias abastadas, os bebês eram regularmente entregues a amas de leite. Muitas mulheres abandonavam os bebês nas estradas, na esperança de que desconhecidos as pegassem para criar ou as colocassem em orfanatos, embora a taxa de mortalidade nessas instituições fosse astronômica.[26] Foi também uma época de rígida dominação masculina. Se uma mulher matasse o marido, ficava sujeita à mesma horrível execução por tortura que alguém que matasse o rei.[27] E assim como os homens tinham o poder legal de bater na mulher e nos filhos, os déspotas tinham poderes quase absolutos sobre os seus súditos.

Mas à medida que a mudança gradual da tecnologia agrária para a industrial desestabilizou cada vez mais os padrões existentes do trabalho e da vida, um movimento social atrás do outro desafiou tradições de dominação arraigadas. O movimento dos "direitos do homem" dos séculos XVII e XVIII contestou o domínio "divinamente determinado" dos reis. O movimento feminista dos séculos XVIII e XIX ou de "direitos das mulheres" contestou outra tradição da dominação: o controle "divinamente determinado" dos homens sobre as mulheres e as crianças nos "castelos" dos seus lares. O movimento abolicionista e o da justiça econômica do século XIX desafiou ainda outras tradições da dominação: a escravização de raças "inferiores" pelas "superiores" e a exploração econômica dos "trabalhadores". O movimento para humanizar o tratamento dos doentes mentais combateu a prática de espancá-los e acorrentá-los para domesticar os seus "instintos anti-sociais". Os movimentos da reforma educacional contestaram o castigo corporal para controlar as crianças nas escolas. Os movimentos do século XX dos direitos civis, do anticolonialismo, da liberação das mulheres, dos direitos dos povos indígenas, da paz e dos direitos dos homossexuais levou ainda mais longe o desafio às tradições de dominação. O movimento internacional da paz contestou o uso da força de um país para controlar outro. E o movimento do meio ambiente combateu a anteriormente consagrada conquista da natureza.

Esses desafios organizados às tradições de dominação fizeram enormes conquistas. Sem a contestação do século XVIII do "direito divino" de governar dos reis, ainda estaríamos vivendo sob o domínio de monarcas despóticos. Não fosse o movimento abolicionista, a escravidão ainda seria legal. Na ausência dos movimentos feministas dos séculos XIX e XX, as mulheres ainda estariam debaixo do controle absoluto dos homens, legalmente privadas do direito de administrar as suas próprias propriedades, obter a custódia dos filhos, ser aceitas nas universidades, ter o seu próprio negócio ou mesmo votar. Não fossem as contestações da força de trabalho organizada, os locais de trabalho inseguros e insalubres, a jornada diária de doze horas, o trabalho infantil e outras características do capitalismo inescrupuloso dos primeiros dias ainda estariam dentro da lei. Sem o movimento dos direitos civis, ainda teríamos bebedouros, ônibus, restaurantes, hotéis e hospitais separados para raças diferentes. E não fosse um novo movimento que contesta a dominação e a violência nas relações íntimas, crimes como o estupro, o espancamento da esposa e o abuso contra os filhos ainda não poderiam ser processados.

Entretanto, cada um desses movimentos enfrentou uma violenta resistência, a qual tem esporadicamente conduzido a regressões nas quais conquistas já obtidas foram perdidas.

Se examinarmos os últimos cem anos a partir da perspectiva da tensão subjacente entre os sistemas de participação e dominação, uma nova narrativa da história moderna se apresenta. Vemos que debaixo do que podem parecer acontecimentos aleatórios e desconexos existe um padrão: a investida em direção à participação combatida pelo impulso de volta à dominação.

> *À medida que a mudança gradual da tecnologia agrária para a industrial desestabilizou cada vez mais os padrões existentes do trabalho e da vida, um movimento social atrás do outro desafiou tradições de dominação arraigadas. Entretanto, cada um desses movimentos enfrentou uma violenta resistência e regressões periódicas.*

A Alemanha de Hitler, a União Soviética de Stalin, o Irã de Khomeini e o Talibã do Afeganistão são exemplos dramáticos de regressões nos tempos modernos para um "puro" sistema de dominação. E até mesmo nos Estados Unidos, tem havido regressões esporádicas para um sistema de dominação mais rígido.

A regressão mais recente desse tipo começou na década de 1970, e ainda estamos nela enquanto escrevo estas linhas. No nosso "berço da democracia", os políticos falam dos ideais americanos como a democracia, a igualdade e a liberdade. No entanto, a sua retórica é freqüentemente uma cortina de fumaça para fazer recuar conquistas participativas.

Muitos políticos atuais fazem menção à necessidade do livre mercado, do livre empreendimento e da liberdade com relação às regulamentações ambientais. Mas o que eles realmente querem dizer com liberdade, quando retiram o poder regulador dos órgãos federais criados para proteger a nós e o meio ambiente, é liberdade para os que controlam a economia com relação a qualquer restrição governamental do seu poder.[28] Eles não vêem nada errado com um rígido controle do governo sobre os que eles desejam manter "no lugar deles". Apesar de toda a conversa dos políticos a respeito da liberdade com relação à interferência do governo, eles são completamente a favor dessa interferência quando se trata de negar às mulheres a escolha de reproduzir ou não, ou de esmagar os protestos de rua contra poderosos interesses econômicos.

Na mesma linha de raciocínio, os políticos que promovem a política econômica *trickle down* do lado da oferta freqüentemente falam da democracia e da igualdade.[29] No entanto, na realidade, esses políticos conduziram a uma maior desigualdade econômica e, como ressalta o economista político Jeff Gates, representam uma ameaça para qualquer verdadeira democracia.[30]

As estatísticas do governo americano mostram que, ao longo das últimas décadas, a renda das classes média e baixa dos Estados Unidos estagnou ou declinou quando a inflação é levada em conta. Ao mesmo tempo, a renda da classe alta aumentou acentuadamente. De acordo com a Receita Federal americana, em 1979 a fatia da renda declarada das pessoas que compõem o 1% mais rico da população correspondia a 9,6% da renda global, mas em 2003, essa fatia havia subido para 17,5%. Entretanto, durante o mesmo período, a fatia dos 40% menos favorecidos caiu de 11,3 para 8,8%.[31]

Entre 1965 e 2004, os salários dos CEOs nos Estados Unidos deram um salto para níveis sem precedente. Os rendimentos desses profissionais, levando-se em consideração o salário, as bonificações e outras remunerações como o exercício de opção de compra de ações e *vested stock grants* * ficaram em média em 10,2 milhões por ano em 2004. Nesse mesmo ano, a média de um trabalhador de tempo integral foi de apenas 32.594 dólares anuais, o que equivale a 11% menos do que o salário médio do trabalhador em 1973, que era de 36.629 dólares anuais (com o ajuste da inflação).[32]

Essa ampliação do hiato econômico entre os que estão em cima e os que estão embaixo tanto nos Estados Unidos quanto em outros países não é um fenômeno isolado. Ele faz parte de uma maior regressão em direção a uma classificação mais rígida de cima para baixo em todas as esferas da vida.

Um dos aspectos mais perigosos é a ascensão mundial do chamado fundamentalismo religioso. Na verdade, esse movimento deveria ser chamado de *fundamentalismo dominador,* porque o seu objetivo é restabelecer as bases do sistema de dominação: um rígido controle de cima para baixo tanto na família quanto no estado, uma rígida dominância masculina, a violência como uma

---

* Ações que a pessoa recebe em função do desempenho e da permanência na empresa. São ações que, ao contrário da opção de compra, não têm nenhuma restrição, e mesmo que a pessoa peça demissão ou seja demitida continua com direito a elas, podendo inclusive vendê-las. (N. da T.)

forma de controle e a convicção de que tudo isso não apenas é normal como também ético.

Os dirigentes da Direita Cristã nos Estados Unidos têm se concentrado em dois objetivos: o regime teocrático no estado e o regime patriarcal na família. Desde a década de 1970, quando se mobilizaram para derrotar a Emenda Constitucional dos Direitos Iguais (que teria simplesmente proibido a discriminação do governo baseada no sexo), eles invocaram o cristianismo para promover políticas que se opõem diretamente aos ensinamentos de Jesus. Enquanto este pregava a solidariedade, a compaixão, a empatia e a não-violência — os fundamentos da participação — quase todos os dirigentes da Direita Cristã pregam os fundamentos do modelo de dominação.

☐ *Deixando para trás os mitos dos "Bons Dias de Outrora"*

Ouvimos falar muito nos bons dias de outrora, quando as famílias eram "intactas" e as pessoas mais solidárias. Mas a suposição de que a solidariedade era excelente no passado contraria abertamente a história. Além da negligência, o abuso e a violência contra as crianças eram comuns antigamente. Ainda nos séculos XVIII e XIX, relatos autobiográficos falam da grave violência física como sendo rotineira nos lares e nas escolas (com várias descrições de irmãos e irmãs mortos pela violência nas mãos dos pais ou professores).[33]

É claro que sempre houve pessoas que se importavam. Entretanto, o fato que quase todas as mulheres na economia agrária precisavam trabalhar do amanhecer ao pôr-do-sol significava que elas tinham pouco tempo para cuidar dos filhos. Elas também eram prejudicadas pela falta de conhecimento a respeito da higiene e da alimentação, bem como por tradições de criação dos filhos altamente punitivas e baseadas na força.

O enorme mercado atual de livros e revistas sobre a criação adequada dos filhos demonstra que um número cada vez maior de pessoas está reconhecendo a necessidade do conhecimento dos estágios do desenvolvimento infantil e de qual a melhor maneira de cuidar das crianças. É verdade que as mulheres americanas estão passando menos tempo em casa porque o acesso à instrução e ao mundo profissional não lhes é mais negado, e também porque a renda de duas pessoas tornou-se mais necessária até mesmo nas famílias de classe média. No entanto, a solução não é regressar a uma época na qual as mulheres eram o que o economista John Kenneth Galbraith apropriadamente chamou de criadas secretas, ou seja, pessoas que executam o trabalho doméstico não-remunerado.

A solução é conferir um valor real ao trabalho da atenção e da assistência nas unidades familiares, nas escolas e na sociedade com um todo, seja ele realizado pelas mulheres ou pelos homens. ▪

Os líderes da Direita Cristã pregam o medo, como em "É preciso impingir o medo de Deus às pessoas"; a culpa, como em "Você é um pecador"; o ódio, quando promovem as "guerras santas"; e o preconceito, quando difamam pessoas de diferentes raças, religiões ou orientação sexual. Acima de tudo, o objetivo dos líderes fundamentalistas, quer nos Estados Unidos, quer no Irã, na Índia ou no Paquistão, é nos empurrar de volta para as famílias nas quais a autoridade do pai é absoluta.[34]

No mundo muçulmano, o código de leis repressivo conhecido como *Sharia*, que impõe brutalmente o rígido controle dos homens sobre as mulheres, está restabelecido. Os fundamentalistas hindus defendem tradições de dominância masculina, o casamento entre crianças e até mesmo a antiga prática do *sati*, ou a queima das viúvas. Nos Estados Unidos, os Promise Keepers [Guardiões da Promessa] e grupos semelhantes vêm recomendando com insistência que os homens retomem o controle sobre as mulheres e dizendo a estas últimas que Deus ordena que elas se submetam.[35]

Os fundamentalistas também pregam que as crianças precisam aprender a obediência absoluta, sob pena de sofrer graves castigos. Os fundamentalistas americanos promovem métodos que chamam de educar as crianças "à maneira de Deus", aconselhando os pais a castigar duramente os filhos.[36] E, lamentavelmente, como esses métodos são extremamente familiares, parecendo portanto naturais para muitas pessoas que carregam a frustração e a raiva da sua própria criação dominadora, esses livros e programas têm um grande número de adeptos, perpetuando as tradições familiares de dominação que, por sua vez, respaldam hierarquias de dominação em toda parte.

A ECONOMIA E A POLÍTICA DA NEGAÇÃO

O programa fundamentalista de valores familiares não está influenciando apenas as famílias; está exercendo uma influência na política e na economia. Pesquisas revelam que os homens oriundos de famílias autoritárias, onde costuma ocorrer o abuso, tendem a votar em "homens fortes" para a liderança. Eles também se inclinam a apoiar diretivas sociais e econômicas punitivas em vez de solidárias.[37] Assim sendo, uma pesquisa americana que mostra que, desde a ascensão do fundamentalismo, um percentual substancialmente mais elevado de entrevistados acredita que "o pai de família é o senhor da casa" não reflete apenas uma mudança para um ideal familiar autoritário. Ela revela parte da dinâmica psicossocial que está por trás da eleição dos políticos americanos que defendem o emprego da força nas relações internacionais, que reprimem a dissidência interna no país e promovem políticas que conferem privilégios econômicos aos que estão em cima em detrimento dos que estão embaixo.[38]

Essa dinâmica psicossocial inconsciente também ajuda a explicar por que os ativistas da Direita Cristã costumam apoiar políticos cujas diretivas beneficiam as pessoas extremamente ricas e as megacorporações. Esse apoio pode parecer estranho, já que a maioria dos ativistas da Direita Cristã pertence à classe média ou pobre. No entanto, isso faz sentido se levarmos em conta que muitos deles são provenientes de famílias autoritárias e punitivas, onde aprenderam a se identificar com os que estão no controle e a negar que os "superiores" possam cometer injustiças.[39]

Quero uma vez mais enfatizar que nem todos os que são criados em famílias baseadas na dominação e na submissão encontram-se aprisionados em uma dinâmica psicológica inconsciente que os leva a votar contra o seu próprio interesse econômico pessoal. Mas isso certamente é verdade com relação a muitas pessoas, especialmente quando elas não têm acesso a modelos de relacionamento mais igualitários.

Como vimos, em uma família autoritária, de cima para baixo, que se apóia no medo e na força, as crianças freqüentemente aprendem a adotar uma atitude de negação com relação ao comportamento dos pais, já que dependem deles para sobreviver; afinal, são eles que lhes fornecem comida, abrigo e proteção contra desconhecidos.[40] Esse fato faz com que, mais tarde, seja mais fácil para essas crianças, agora adultas, assumir uma atitude de negação a respeito dos líderes "fortes" que abusam do poder, e identificar-se com eles, particularmente nos momentos de um perigo externo efetivo ou percebido.

A disposição das pessoas de fechar os olhos para os salários em surpreendente ascensão dos CEOs das empresas (enquanto esses mesmos CEOs promovem o "downsizing" das companhias eliminando milhares de cargos) e às reduções de impostos que beneficiam principalmente os muito ricos (enquanto programas sociais são drasticamente reduzidos) deve-se em grande medida a hábitos de negação que muitas trazem da infância. Analogamente, a disposição das pessoas de aprovar o desgaste das defesas democráticas, com a liberdade com relação à secreta fiscalização do governo, bem como de apoiar a Guerra do Iraque preventiva, embora ela tenha sido justificada por falsas informações, também se deve, em grande medida, aos hábitos da infância e da adolescência de obediência à autoridade aliados à negação de que os dirigentes "fortes" possam estar errados.

É claro que outros fatores estão presentes. Há a reconcentração do controle da mídia nos Estados Unidos, de modo que em 2000 apenas seis companhias controlavam os meios de comunicação de massa do país.[41] Existe a constante mensagem da mídia de que o que é bom para os ricos e poderosos é bom para as massas. Temos todas as histórias da mídia que nos dizem que para que os Estados Unidos possam competir na economia mundial, os salários e os benefícios dos trabalhadores precisam ser reduzidos. Temos ainda todas as informações políticas distorcidas que se aproveitam do medo das pessoas de perder o emprego e os benefícios, inclusive os planos de saúde, como está acontecendo com muitos trabalhadores americanos.

Além dos temores gerados pela insegurança econômica, há também o medo do terrorismo fundamentalista em ascensão. Lamentavelmente, esse medo se baseia na realidade, como o demonstraram tragicamente os atentados de 11 de Setembro. No entanto, a autêntica ameaça do terrorismo tem sido explorada para justificar um maior controle de cima para baixo.

A instabilidade social, oriunda do rápido avanço para a era pós-industrial é outra causa de temor, particularmente para as pessoas com a rigidez psicológica característica da personalidade dominadora. Se adicionarmos a isso o delírio de consumo atiçado pelos magnatas do marketing e a aceleração da vida por meio de avanços tecnológicos eletrônicos como a Internet, telefones celulares, iPods, fax, e-mails e voicemail, não é de estranhar que muitas pessoas tenham pouco tempo ou energia para refletir sobre a sua vida e sobre o mundo, e muito menos para fazer coisas que acarretem uma mudança positiva.

Entretanto, apesar de tudo isso, o movimento em direção à participação está vivo e em boas condições. Até mesmo neste período de medo, fanatismo, corrupção, distanciamento e confusão, os valores que valorizamos — a igualdade, a imparcialidade, a justiça, a dignidade e, essencialmente, a bondade e a solidariedade — continuam a inspirar milhões de pessoas a trabalhar para um mundo melhor.

O MOVIMENTO GLOBAL EM DIREÇÃO À PARTICIPAÇÃO

A bondade e a solidariedade são parte integrante da nossa condição humana. Em *The Theory of Moral Sentiments,* Adam Smith reconheceu esse aspecto positivo da natureza humana. Embora ele não tenha enfatizado essa questão em *A Riqueza das Nações,* por trás da sua defesa de um livre mercado, estava a premissa de que o interesse pessoal seria moderado pela consideração pelas outras pessoas.[42]

Esses dois conjuntos de motivações não são contraditórios. O interesse pessoal evoluído contém a preocupação com os outros. Hoje, a crescente conscientização desse vínculo encontra-se por trás dos esforços de milhões de pessoas para mudar os costumes, as instituições e as práticas, orientando-os para a participação.

De um lado, temos o impulso do antigo sistema de dominação de reafirmar o seu poder por meio da dinâmica psicossocial que estivemos examinando. Para algumas pessoas, a desestabilização de antigas instituições por meio do nosso rápido avanço para a era pós-industrial é uma terrível ameaça. Elas se agarram ao que é velho e familiar, e tentam freneticamente nos empurrar de volta para o que consideram a segurança das famílias autoritárias, punitivas e dominadas pelos homens. Elas anseiam pela reconsolidação do controle de cima para baixo em todas as instituições: da família, da religião e da educação, à política e à economia.

Do outro lado, temos o ímpeto para que fiquemos livres desse tipo de instituições. Para as pessoas que pensam dessa maneira, a rápida mudança tecnológica e social, bem como a desestabilização que ela acarreta, representam uma oportunidade para o avanço.

Centenas de milhares de organizações não-governamentais estão trabalhando para modificar padrões de pobreza e injustiça econômica, preservar o meio ambiente, mudar estilos de vida não-saudáveis, promover a solução não-violenta dos conflitos e proteger os direitos humanos das crianças, das mulheres e dos homens. Embora se concentrem em muitas questões diferentes, todas essas organizações têm um objetivo comum: a mudança para um sistema econômico e social mais solidário.

Organizações como a Amnesty International*, a Human Rights Watch e miríades de grupos menores fazem campanhas contra a tortura de prisioneiros políticos, a mutilação dos órgãos genitais das meninas e a venda de crianças para a multibilionária indústria mundial do sexo. Friends of the Earth, Scientists for Social Responsability, o Earth Island Institute, o Sierra Club e centenas de outras organizações lutam por políticas que protejam os sistemas naturais de apoio à vida, impeçam as toxinas e os poluentes de contaminar o meio ambiente e prejudicar a nossa saúde, e restrinjam as emissões de dióxido de carbono que contribuem para o aquecimento global. Outras organizações promovem a agricultura orgânica, os alimentos orgânicos e o que hoje são chamados de sistemas de saúde holísticos, alternativos ou integrados, que encorajam estilos de vida saudáveis, menos estressantes e mais solidários.[43]

A Co-op America's Fair Trade Alliance ajuda a construir mercados nos Estados Unidos para importar produtos de empresas que tratam bem os funcionários em vez daquelas cujos empregados labutam em péssimas condições de trabalho, plantações ou outros lugares onde são explorados. O seu programa Corporate Responsibility ajuda as comunidades a pressionar a Wal-Mart e outras empresas a modificar práticas insensíveis de trabalho. As suas Green Pages relacionam companhias ambiental e socialmente responsáveis nos Estados Unidos.

O Hunger Project, o Global Fund for Women, o Women's Environment & Development Organization, o International Museum of Women, a Older Women League e milhares de organizações da sociedade civil, como a Women

---

* Conhecido em português como Anistia Internacional. (N. da T.)

Living Under Muslim Laws, o Tostan Project no Senegal e o Teen Talking Circles em Seattle, dedicam-se a elevar o status das mulheres. A Planned Parenthood International, a Population Action International, o Population Institute e outras organizações promovem o planejamento familiar e serviços de saúde para a procriação destinados às mulheres no mundo inteiro.

De particular importância são as organizações que lutam pelos direitos das crianças, como a Centers for Compassion for Children, internacional, e a Children's Defense Fund, sediada nos Estados Unidos. Programas de pesquisas sobre mulheres, sobre afro-americanos, sobre a paz e sobre os homens são outras manifestações novas e importantes. Milhares de conferências internacionais, nacionais e locais onde pessoas em todos os continentes compartilham idéias para a transformação econômica e social também são particularmente relevantes.

Também sem precedente é o grande número de livros que se opõem à antiga história de que a humanidade está inevitavelmente aprisionada em relações de dominação e submissão, violência e dominância masculina.[44] Essas narrativas alternativas a respeito do nosso passado, presente e possível futuro estão ajudando muitas pessoas a avançar, com livros que desafiam estereótipos sexuais dominadores apresentando novas opções de vida não apenas para as mulheres mas também para os homens.

Grupos de homens como o Canadian Center for Violence Intervention (CIRV), o Swedish Manscentrum e o programa U.S. Mentors in Violence Prevention (MVP), que trabalha com os fuzileiros navais dos Estados Unidos e atletas universitários, dedicam-se a acabar com as tradições de violência masculina contra as mulheres. Grupos como o Dads and Daughters estão ajudando os homens a se tornarem pais mais solidários e interessados.

Escolas progressistas e outras organizações que promovem educação para o desenvolvimento emocional, físico e mental das crianças, e oferecem como exemplo comportamentos solidários, também são importantes no movimento em direção a uma sociedade mais justa e solidária. Igualmente relevantes são grupos como o Center for Media and Democracy, Fairness and Accuracy in Reporting (FAIR) e o Media Watch, que oferecem análises tanto da mídia convencional quanto de fontes alternativas para notícias e perspectivas políticas e econômicas.

Existem miríades de redes para a ação progressista: organizações que defendem a igualdade racial, os direitos dos índios, a tolerância religiosa, a paz e a justiça econômica. Há também redes progressistas espirituais, como a dos quacres, a dos unitaristas e a *Tikkun* Community's Network of Spiritual Progressives, cujo "Pacto Espiritual com a Nação Americana" oferece uma alternativa para a antiga "moralidade" dominadora.[45]

Organizações como a Ashoka e a Avina financiam empreendedores sociais, mulheres e homens que usam a própria iniciativa, liderança e capacidade empresarial para promover a justiça, a paz, a sustentabilidade e o desenvolvimento econômico. O investimento socialmente responsável, ou seja, o investimento realizado apenas em empresas que passaram por um crivo e cujas políticas e práticas ambientais e sociais são consideradas seguras e confiáveis, é outro fenômeno novo, com os fundos Calvert, Domini e Pax se saindo tão bem, e freqüentemente melhor, quanto os fundos convencionais. Há também os programas de microcrédito como o Self Employed Women's Association (SEWA) fundado por Ela Baatt na Índia e o programa Namaste Direct na América Latina, que concedem pequenos empréstimos para empreendedores do sexo feminino, possibilitando que elas cuidem melhor da família. Existem empreendimentos altamente bem-sucedidos, com uma taxa média de liquidação da dívida de quase 100%.

◻ Os empreendedores sociais

O empreendedorismo social é uma nova profissão dedicada à construção de um futuro mais solidário e sustentável. Ele é um elemento fundamental do setor das organizações sem fins lucrativos, ou sociedade civil, que tem crescido exponencialmente nas últimas décadas.

Hafsat Abiola, filha do primeiro presidente democraticamente eleito na Nigéria, é uma dessas empreendedoras sociais. Depois que seus pais foram mortos pelas forças armadas nigerianas, Abiola se viu sozinha nos Estados Unidos, onde trabalhou para ajudar a devolver a democracia política à sua terra natal. Posteriormente, ela voltou à Nigéria e fundou a KIND, uma organização que preparara mulheres jovens para tornar-se líderes e lutar contra a discriminação sexual.

Em Bangladesh, outro empreendedor social, Shamsul Momenn Palash, mobiliza ativistas ambientais nas universidades. A paixão de Palash pelo meio ambiente recua à sua infância, quando o Rio Sitalakha, no qual ele costumava nadar, foi poluído por uma fábrica de fertilizantes. Ele hoje treina estudantes para lutar pela sustentabilidade ambiental.

Nos Estados Unidos, Ocean Robbins foi co-fundador da YES!, Youth for Environmental Sanity, aos 16 anos de idade. Desde os 7 anos, Robbins é um ativista, quando organizou um comício pela paz na sua escola primária. A YES! organiza acampamentos para jovens ativistas e líderes do mundo inteiro, inspirando-os a construir um mundo melhor.

No Rio de Janeiro, outra empreendedora social, Thais Corral, fundou a CEMINA (Comunicação, Educação e Informação em Gênero), que oferece instalações de Internet a comunidades onde as mulheres do local transmitem e produzem programas que são irradiados por mais de quatrocentas estações de rádio. Corral chama essas mulheres de cyberelas, ou seja, cyber-Cinderelas. Corral também dirige várias outras organizações e viaja pelo mundo inteiro trabalhando pela paz, pela sustentabilidade e pela justiça econômica e social.

Existem hoje milhares desses empreendedores sociais: mulheres e homens, às vezes até mesmo meninos e meninas, com idéias inovadoras para solucionar problemas sociais e com a dedicação necessária para colocá-las em prática. ▪

Organizações como a Businesses for Social Responsibility, a World Business Academy e a Social Venture Network propuseram novos estatutos sociais para as empresas, medidas de avaliação da responsabilidade social e outros métodos para avançar em direção ao triplo resultado de lucros comerciais, sociais e ambientais. As conferências e seminários sobre espiritualidade no local de trabalho se concentram em impregnar o trabalho de mais significado e em estimular maneiras mais solidárias de fazer negócio.

Em grande medida como resultado desse tipo de esforço, um número crescente de companhias está agora dando atenção aos interesses dos funcionários, dos acionistas e das comunidades onde atuam. As empresas estão começando a reconhecer que as culturas organizacionais nas quais a solidariedade é valorizada e recompensada conduzem a uma maior competência, a uma comunicação mais eficaz e a uma colaboração auspiciosa. A licença parental para as mães e os pais, bem como horas de trabalho flexíveis, estão se tornando mais predominantes.

Um número cada vez maior de pessoas está mudando os hábitos de compra. Elas estão dando preferência às empresas que pagam um salário digno aos seus funcionários e não contratam o trabalho infantil.[46] Essas pessoas procuram produtos ambientalmente seguros, como os cosméticos das lojas da Body Shop, que empregam mão-de-obra indígena e vendem produtos que não foram cruelmente testados em animais.

Também em grande medida como resultado da pressão do público em geral, o governo dos países mais industrializados oferece a assistência médica universal como um investimento no seu capital humano. Muitas nações, por exemplo, como a Suécia, a Noruega, a Finlândia, a França, a Alemanha, a Nova Zelândia e o Canadá, também concedem a licença parental remunerada e subvencionam os serviços de puericultura.

Graças a incentivos do governo, muitos países europeus estão bem na frente dos Estados Unidos na mudança do carvão e do petróleo para recursos renováveis que não emitem dióxido de carbono e outros gases de estufa. A Alemanha obtém mais de 5% da sua energia de fontes não-poluentes renováveis como a biomassa, o vento e painéis solares. A Espanha gera 10% da sua eletricidade a partir da energia eólica e pretende triplicar esse percentual até 2010. Na Suécia, a energia renovável na forma de energia hidrelétrica e de biocombustíveis é responsável por 20% do suprimento de energia, um percentual quase igual ao do petróleo.[47]

Os países da União Européia exigem que os fabricantes façam a reciclagem da embalagem dos produtos e se desfaçam deles, o que deu origem a embalagens mais propícias ao meio ambiente, inclusive com a eliminação de enchimentos de isopor e envoltórios de plástico no caso de muitos produtos. A União Européia também só permite que produtos criados por engenharia genética sejam vendidos depois que os seus efeitos a longo prazo sejam testados.

As escolas nórdicas oferecem cursos sobre a solidariedade no relacionamento entre os sexos e na criação dos filhos. Nas escolas americanas, programas destinados a deter a intimidação e a favorecer a solução não-violenta de conflitos estão começando a se espalhar. Para dar o exemplo de responsabilidade ambiental, um número crescente de distritos escolares estão substituindo os ônibus escolares a diesel por veículos movidos a gás natural ou, melhor ainda, a eletricidade.

Políticos de todos os partidos estão pelo menos começando a falar a respeito de um mundo mais solidário. Alguns estão colocando a sua retórica em prática por intermédio de diretrizes mais justas e solidárias. Uma superabundância de Convenções e Resoluções das Nações Unidas em defesa dos direitos humanos e do desenvolvimento econômico justo também foram influenciadas por mudanças globais na consciência. A UNESCO patrocina a distribuição de fornos solares e treinamento para o seu uso nos campos de refugiados. O Fundo de População das Nações Unidas (UNFPA), o Fundo das Nações Unidas para a Infância (UNICEF) e o Fundo de Desenvolvimento das Nações Unidas para a Mulher (UNIFEM) são dedicados à proteção dos direitos humanos das mulheres e das crianças. Entre outros importantes empreendimentos internacionais estão os Objetivos de Desenvolvimento do Milênio das Nações Unidas, o Global Marshall Plan e o Earth Charter, hoje ratificados por centenas de municipalidades, empresas e ONGs em mais de cem países.

Esses e milhares de outros empreendimentos, organizações e programas estão fazendo uma enorme diferença no mundo, desafiando tradições de dominação e desenvolvendo alternativas de participação. Na verdade, nunca houve um movimento tão forte em prol da participação. Não obstante, ainda não conseguimos livrar o mundo dos grilhões da dominação. Vamos examinar no próximo capítulo o que podemos fazer para modificar essa situação.

CAPÍTULO 10

A revolução solidária

Como afirmou Gandhi, não devemos confundir o que é habitual com o que é normal. Não nascemos com hábitos perniciosos. Tivemos que adquiri-los. Podemos desaprendê-los e ajudar outras pessoas a fazer o mesmo.

Muitos dos nossos hábitos econômicos foram moldados por uma história distorcida da natureza humana e por um duplo padrão econômico que confere pouco ou nenhum valor ao trabalho essencial da atenção e da assistência. Os indicadores de produtividade que habitualmente utilizamos incluem atividades de mercado que prejudicam a nossa saúde e o ambiente natural ao mesmo tempo que não atribuem nenhum valor às atividades vitais da família e da natureza. O dinheiro que os bancos centrais criam e põem em circulação tem pouca relação com quaisquer ativos tangíveis.[1] Os relatórios trimestrais das corporações deixam de incluir o dano à saúde e ao meio ambiente causado pelos produtos ou atividades das empresas. As políticas governamentais também se baseiam, com freqüência, em fantasias em vez de na realidade, como é acentuadamente demonstrado pela recusa do governo George W. Bush em reconhecer a urgente necessidade de tomar medidas contra o aquecimento global.

Temos uma escolha. Podemos continuar a reclamar da ganância, das fraudes e das práticas comerciais implacáveis. Podemos tolerar o stress cotidiano de equilibrar, sem sucesso, o emprego e a família. Podemos dizer a nós mesmos que nada podemos fazer a respeito das políticas que danificam o ambiente natural, criam distâncias enormes entre os ricos e os pobres e provocam um sofrimento incalculável. Ou então podemos nos juntar para ajudar a construir uma economia e uma cultura mais sensatas, mais sadias e mais solidárias.

DA CONSCIENTIZAÇÃO À AÇÃO

À medida que nos conscientizamos de melhores possibilidades, podemos mudar a maneira como pensamos, sentimos e agimos. Mas isso é apenas o começo. Quando um número suficiente de pessoas modifica as suas opiniões, a cultura muda. À medida que construímos famílias, locais de trabalho e comunidades mais voltadas para a participação, mudamos as regras dos nossos relacionamentos do dia-a-dia. Essas novas regras, por sua vez, propiciam coletivamente relações mais orientadas para a participação. Começamos então a modificar também as regras para a rede mais ampla de relações econômicas e políticas que nos cercam. E tudo isso favorece outras mudanças na maneira como pensamos, sentimos e agimos, bem como nas estruturas e convicções à nossa volta.

Posso confirmar esse processo baseada da minha própria experiência. Como muitas pessoas, eu costumava pensar que não havia nada que eu pudesse fazer para tornar o nosso planeta um mundo melhor. Eu nem mesmo achava que poderia fazer muito para mudar as coisas que me faziam infeliz na vida do dia-a-dia. No entanto, descobri que estava errada em ambos os casos.

Quando me libertei do transe dominador, das histórias que haviam me ensinado sobre a ordem natural e o meu lugar natural nela como mulher, a minha consciência, a minha energia e a minha vida decolaram em direções que eu jamais julgara possíveis. Deixei de me sentir indefesa e oprimida, e entrei em modo de ação, inclusive a ação social e política.

Animada pela minha nova conscientização de como o duplo padrão sexual havia restringido a minha vida e a vida de pessoas como eu, juntei-me a outras pessoas para lutar pela mudança. Atuei para acabar com a segregação então costumeira dos anúncios do tipo Precisa-se de Homens e Precisa-se de Mulheres, quando todos os bons empregos encaixavam-se na primeira categoria e os que não tinham nenhuma perspectiva de progresso, na segunda. Fundei o Los Angeles Women's Legal Program, o primeiro programa americano sobre a mulher e a lei, apresentando palestras sobre a discriminação da mulher que era legal na época, e também oferecendo serviços jurídicos gratuitos às mulheres pobres. Usei a minha formação jurídica para escrever, como jurisconsulto, um relato dos fatos dirigido à Suprema Corte dos Estados Unidos, fazendo a argumentação, na época considerada radical, que as mulheres deveriam ser consideradas pessoas protegidas pela Cláusula de Igual Proteção da Décima Quarta Emenda da Constituição dos Estados Unidos, e que as leis que fizessem qualquer discriminação baseada no sexo deveriam ser derrubadas.

Esses esforços, aliados aos de outras mulheres e homens que idealizavam uma sociedade melhor, alcançaram êxito. Os anúncios de classificados foram dessegregados, programas de auxílio jurídico para os pobres foram instituídos e os tribunais derrubaram uma lei discriminatória após a outra.

Entretanto, pouco a pouco comecei a compreender que embora mudar as leis seja fundamental para promover os direitos civis, os direitos das mulheres, a justiça econômica e a proteção ambiental, isso não é suficiente. Quando conquistas que já tínhamos feito foram perdidas ou assimiladas, percebi que tínhamos que nos aprofundar mais: uma mudança cultural e estrutural fundamental fazia-se necessária.

A pergunta que eu tinha que fazer naquele momento era a seguinte: mudar do que para o quê? Constatei que categorias como capitalismo *versus* socialismo, religioso *versus* secular, direita *versus* esquerda e industrial *versus* pré ou pós-industrial não eram adequadas para responder a essa pergunta. Essas categorias convencionais fragmentam a nossa consciência porque não levam em conta a importância social das relações humanas primordiais, embora seja nelas que as pessoas aprendem a respeitar os direitos humanos ou a considerar normal as violações desses direitos.

Quando incluí a estrutura das relações entre mulheres e homens e pais e filhos na minha análise intercultural e histórica, as configurações do sistema de participação e do sistema de dominação começaram a emergir. Notei que essas duas configurações afetam os nossos hábitos de pensar, sentir e agir. Percebi como elas afetam as famílias, as religiões, a economia e a política, bem como as histórias de acordo com as quais vivemos e morremos; compreendi até mesmo que elas afetam nada menos do que o desenvolvimento do nosso cérebro.[2]

Constatei também que a alta tecnologia guiada por um etos de dominação e conquista ameaça a nossa vida e a vida dos nossos filhos. Comecei a procurar intervenções capazes de modificar com mais eficácia o nosso rumo potencialmente letal. E verifiquei que uma das intervenções mais cruciais é uma reestruturação econômica fundamental.

A URGENTE NECESSIDADE DE UMA REESTRUTURAÇÃO ECONÔMICA

Sem dúvida não estou sozinha ao perceber que uma reestruturação econômica fundamental é urgentemente necessária. Como ressalta Lester Brown, fundador do Earth Policy Institute, o rumo econômico atual é insustentável. Brown documenta que florestas estão encolhendo, desertos estão se expandindo, o nível dos lençóis de água está caindo, o solo está sofrendo erosão, a indústria pesqueira está se contraindo e o gelo do ártico, derretendo. O consumo dos artigos de primeira necessidade como comida e água está aumentando exponencialmente, com a China consumindo mais grãos, carne e aço do que os Estados Unidos.[3] Os padrões atuais de energia também são insustentáveis. Se continuarem a crescer na presente taxa de 8%, o consumo chinês de petróleo previsto para 2031 é de 99 bilhões de barris por dia, vinte milhões de barris diários a mais do que a produção total atual do mundo. O crescimento econômico de 7% da Índia, e uma população projetada para ultrapassar a da China em 2030, tornará insustentáveis uma demanda semelhante.[4]

Brown adverte que para evitar o colapso econômico e ecológico, precisamos reestruturar a economia global, implementar uma estratégia abrangente de erradicação da pobreza e restaurar sistemas ecológicos danificados. Ele recomenda com insistência que modifiquemos os padrões de consumo, adotemos tecnologias de energia alternativas como a eólica, a solar e outras, e reduzamos o crescimento populacional.[5] "O plano A, continuar os negócios como de costume, não é mais uma opção viável", escreve ele. "Precisamos nos voltar rapidamente para o Plano B antes que a geopolítica da escassez do petróleo, dos grãos e da matéria-prima gere a instabilidade econômica, o conflito político e a perturbação da ordem social da qual depende o progresso econômico."[6]

Sem dúvida, Brown está certo a respeito de tudo isso. No entanto, grande parte do que ele descreve são sintomas de problemas mais profundos que derivam da política econômica e de normas culturais dominadoras. A reestruturação econômica precisa ir além da mudança de padrões do consumo de recursos, da introdução de novas tecnologias e da redução do crescimento populacional. Mesmo que essas mudanças essenciais sejam efetivamente implementadas, o que é duvidoso considerando-se as atuais normas e regras, novas crises inevitavelmente irromperão.

Necessitamos de mudanças mais fundamentais. Os sistemas econômicos são criações humanas. Toda instituição e programa econômico, desde os bancos e as corporações ao seguro-desemprego e à Previdência Social, é uma invenção humana. As regras econômicas que aceitamos como coisa natural são invenções humanas. Precisamos decidir quais regras econômicas queremos manter e quais queremos deixar para trás, e inventar novos critérios econômicos que satisfaçam as nossas autênticas necessidades humanas. Se nos unirmos para exigir esses novos critérios, cada um de nós poderá desempenhar um papel no avanço em direção a uma economia e um mundo mais solidários.

Precisamos com urgência de mudanças nas regras econômicas que orientam o mercado. Da maneira como as coisas estão, os consumidores e contribuintes freqüentemente acabam pagando os custos de práticas comerciais insensíveis. Existem pouco incentivos para que as empresas sejam mais responsáveis. Os incentivos fiscais para companhias que sejam ambiental e socialmente responsáveis podem fazer uma grande diferença. Cobrar impostos elevados das práticas que causam danos ao ambiente e à saúde também pode proporcionar importantes incentivos para a mudança e, ao mesmo tempo, fornecer recursos para políticas governamentais mais solidárias.

Outra maneira de arrecadar fundos para diretivas solidárias e, ao mesmo tempo, reestruturar a economia de mercado, é taxar a especulação no mercado de ações. A taxação de transações de prazo muito curto na bolsa desestimulará a especulação e fornecerá uma receita para o sistema de saúde, a puericultura, a educação e outros programas que promovem o bem-estar social no mundo inteiro.

Necessitamos também de políticas econômicas que estimulem a produção local de alimentos e outros produtos essenciais. O controle sobre os recursos básicos como a água não deve ser terceirizado para corporações nas quais o dono não está presente, como aconteceu na Bolívia quando a Bechtel assumiu o controle de um abastecimento de água local e elevou os preços para níveis ultrajantes.[7]

No entanto, embora as políticas econômicas devam apoiar as iniciativas locais de pequeno porte, o pequeno não é necessariamente belo. Os pequenos empreendimentos também têm sido, com freqüência, injustos e aproveitadores.

Precisamos de padrões universais que protejam os trabalhadores, os consumidores e a natureza nos empreendimentos locais, nacionais e internacionais, sejam eles grandes ou pequenos. E a globalização do comércio pode ser uma oportunidade de estabelecer esses padrões universais.

Com tecnologias de transporte que percorrem o mundo em horas e de comunicação que o fazem em segundos, a globalização do comércio é inevitável. Mas as regras, as políticas e as práticas econômicas insensíveis *não* são inevitáveis. Como o demonstra a tabela que se segue, podemos — e devemos — reestruturar os sistemas econômicos de maneiras justas e sustentáveis.

Precisamos construir estruturas, regras, políticas e práticas econômicas que respaldem a solidariedade por nós mesmos, pelos outros e pela natureza em todo o espectro dos setores econômicos, desde a economia na família à economia natural. Ao mesmo tempo, precisamos acelerar no mundo inteiro a mudança para culturas e estruturas de participação para que seja atribuído à solidariedade um maior valor.

É claro que se desejamos políticas sociais e econômicas mais solidárias não podemos continuar a desvalorizar a atenção e a assistência. Se quisermos um ambiente mais limpo e saudável, teremos que cuidar melhor dele. Se desejarmos locais de trabalho mais humanos e produtivos, se quisermos que os nossos filhos recebam os cuidados e a educação que possibilitem que eles vivam uma vida de qualidade, se desejarmos ruas mais seguras e lares mais amorosos, se quisermos viver em um mundo mais pacífico, teremos que promover e recompensar mais a atenção e a assistência em todas as áreas da vida.

O QUE OS LÍDERES DO GOVERNO E OS DIRIGENTES DAS EMPRESAS PODEM FAZER

De acordo com as regras econômicas atuais, espera-se que as pessoas atendam às necessidades do mercado na condição de trabalhadores e consumidores. Essa

A REESTRUTURAÇÃO DOS SISTEMAS ECONÔMICOS

Sistemas Econômicos Insustentáveis	Sistemas Econômicos Sustentáveis
Desconsideram a contribuição das atividades vitais da família, da comunidade e da natureza.	*Reconhecem* as contribuições das atividades vitais da família, da comunidade e da natureza.
São regidos por crenças e instituições dominadoras que *desvalorizam* a atenção e a assistência.	São regidos por crenças e instituições participativas que *valorizam* a atenção e a assistência.
As regras, políticas e práticas *inibem* o desenvolvimento humano, a criatividade, as relações justas, a responsabilidade mútua e a preocupação com a natureza e as gerações futuras.	As regras, políticas e práticas *estimulam* o desenvolvimento humano, a criatividade, as relações justas, a responsabilidade mútua e a preocupação com a natureza e as gerações futuras.
As aplicações tecnológicas são movidas por um etos de *controle e dominação*.	As aplicações tecnológicas são movidas por um etos de *solidariedade e parceria*.
As quantificações da produtividade econômica *incluem* atividades que prejudicam as pessoas e a natureza, e *deixam de incluir* atividades vitais e essenciais extramercado.	As quantificações da produtividade econômica *excluem* atividades que prejudicam as pessoas e a natureza, e *incluem* atividades vitais e essenciais extramercado.
As estruturas econômicas são concebidas para respaldar a *concentração de ativos e poder no topo*, com pouca responsabilização para com os que estão embaixo.	As estruturas econômicas são *participativas e justas*, concebidas para respaldar a responsabilização e o benefício mútuos.
As necessidades e aptidões humanas são freqüentemente *exploradas*, e a natureza é *exaurida* e poluída.	As necessidades e aptidões humanas são *cultivadas*, e o nosso hábitat é *conservado*.
O investimento no desenvolvimento do capital humano de alta qualidade necessário para a era pós-industrial é *inadequado*.	O investimento no desenvolvimento do capital humano de alta qualidade necessário para a era pós-industrial é *uma prioridade máxima*.
Não são sustentáveis no nosso nível de tecnologia em um mundo inextricavelmente interligado.	*Podem nos ajudar a enfrentar os desafios sociais, econômicos e ecológicos que temos pela frente*.

posição está invertida. As regras econômicas deveriam assegurar que o mercado atendesse às nossas necessidades de seres humanos que vivemos em um planeta cada vez mais ameaçado.

Para alcançar essa finalidade, os líderes do governo e das empresas precisam modificar as regras econômicas para que elas respaldem tanto as mudanças estruturais quanto as de valores. As estruturas desempenham um papel fundamental na formação do comportamento. Assim como não podemos nos sentar no canto de uma sala redonda, não podemos esperar que relacionamentos baseados na responsabilização, benefício e respeito mútuos floresçam, até mesmo que existam, em hierarquias de dominação. Precisamos de políticas que promovam uma mudança para hierarquias de realização em todas as estruturas, desde a família e as escolas às empresas e ao governo. Ao mesmo tempo, como os valores e as estruturas se reforçam mutuamente, necessitamos de diretivas que promovam a solidariedade como um valor cultural básico.

Um passo essencial para mudar as regras econômicas do jogo é lançar medidas econômicas mais precisas. Os líderes do governo e das empresas precisam tomar providências para que os indicadores econômicos incluam o trabalho essencial da atenção e da assistência executado na família e na economia comunitária não-remunerada.

Essas medidas também precisam incluir os custos dos produtos e atividades ambientalmente destrutivos. Sem essas mudanças, o público não compreenderá que todos pagamos o custo das políticas e práticas insensíveis, e os elaboradores das políticas continuarão a obter uma imagem distorcida do que são, e do que não são, atividades economicamente produtivas.

Por sorte, existe uma crescente conscientização da necessidade de mudanças nos métodos nacionais e internacionais de contabilização. Como vimos, novas medições como os Relatórios do Desenvolvimento Humano das Nações Unidas e os Indicadores da Redefining Progress e da Calvert-Henderson Quality of Life começaram a surgir. Existem também iniciativas para modificar as estatísticas do Banco Mundial e do Fundo Monetário Internacional de maneira a acrescentar os investimentos públicos que os países fazem na educação e no sistema de saúde às contas de ativos e amortizá-los ao longo de vinte anos — o tempo necessário para que uma criança seja criada e se torne um adulto saudável, instruído e produtivo.[8] No entanto, precisamos nos esforçar para acelerar esse processo. E temos que garantir que, quando mudanças forem realizadas, uma atenção particular seja prestada à inclusão do trabalho não-remunerado, ainda executado principalmente pelas mulheres, na economia familiar.

Como foi discutido no Capítulo 4, uma série de países já quantificaram o valor desse trabalho solidário não-remunerado, e constataram que ele é extremamente elevado. Grupos não-governamentais também estão começando a se concentrar no valor econômico do trabalho solidário nos lares. A empresa americana Salary.com, por exemplo, estimou que uma remuneração justa para um pai ou uma mãe que fique em casa seria de 134.471 dólares por ano.[9]

Essa informação precisa ser integrada aos indicadores econômicos que os elaboradores de políticas utilizam para orientar as decisões. A proposta do economista Duncan Ironmonger de que os líderes do governo substituam o PIB e o PNB pelo Produto Econômico Bruto (PEB) seria um ponto de partida. Esse novo indicador econômico seria formado por dois índices de igual peso: o índice Produto de Mercado Bruto (PMB), que mede o valor que o mercado adiciona à economia, e o índice Produto Familiar Bruto (PFB), que mede o valor que o trabalho não-remunerado no lar acrescenta à economia. A soma dos dois, o PEB, poderá então orientar tanto a política nacional quanto a internacional em uma direção correta.[10]

No entanto, as novas quantificações econômicas são apenas um dos fundamentos de um sistema econômico solidário. Os líderes do governo e os dirigentes das empresas precisam modificar também as políticas e as práticas econômicas para que estimulem e respaldem a atenção e a assistência.

Como vimos, por trás da desvalorização do trabalho humano essencial da atenção e da assistência repousa o duplo padrão econômico que classifica os homens e o estereotipicamente masculino sobre as mulheres e o que é percebido como feminino. Esse sistema de avaliação baseado no sexo tem afetado diretamente as prioridades econômicas, de modo que uma quantia menor é destinada ao apoio das atividades que tendem a resultar em uma qualidade de vida mais elevada para todo mundo, inclusive os cuidados com as necessidades materiais e emocionais das crianças.

Muitos governos destinam verbas enormes à fabricação de armas e às guerras. Ao mesmo tempo, líderes do governo freqüentemente declaram que não há recursos suficientes para os serviços de saúde, de puericultura e para outras atividades humanitárias. Precisamos nos opor a essas falsas afirmações demonstrando que essas políticas não são uma questão de dinheiro e sim de valores. Estima-se que o verdadeiro custo da Guerra do Iraque possa chegar a dois trilhões de dólares: o bastante para abrir escolas no mundo inteiro que ensinem que os relacionamentos devem conter solidariedade e respeito mútuo em vez de ódio e violência, e ao mesmo tempo acabar com a fome e fornecer assistência médica universal.[11]

Precisamos tomar medidas para que os elaboradores das políticas econômicas façam um gigantesco investimento nos serviços de puericultura de alta qualidade. Podemos facilmente contestar o argumento de que não temos recursos para essa finalidade apresentando dados que mostram que investir nas crianças é extraordinariamente eficaz em termos de custo. Como demonstra o estudo canadense que examinamos no Capítulo 3, o retorno sobre o investimento nos cuidados com as crianças e na educação infantil é colossal, nada menos do que 200%; sem falar nos enormes benefícios humanos. Como também mencionei, o custo de educar os pais para criar os filhos, da licença parental remunerada e dos serviços de puericultura subsidiados pelo governo deve ser amortizado como qualquer outro investimento na infra-estrutura, como os efetuados em máquinas e prédios, em vez de encarado como meras despesas.

Precisamos mostrar aos elaboradores das políticas econômicas e ao público os enormes benefícios de investir no desenvolvimento humano, bem como os custos colossais de deixar de fazer isso, particularmente quando avançamos para a economia pós-industrial. Os trabalhadores mais capazes, qualificados e solidários aumentam a produtividade econômica, e os impostos que eles pagam, por sua vez, fazem com que mais recursos se tornem disponíveis para as políticas governamentais e comerciais que respaldam a atenção e a assistência, desde a Previdência Social para os idosos aos cuidados adequados com as crianças. Precisamos formar um movimento político para pressionar os elaboradores das políticas econômicas a efetuar essas mudanças — ou para colocar outras pessoas no lugar deles.

Os elaboradores das políticas precisam de uma nova perspectiva a respeito do que faz sentido para a política econômica. Hoje, por exemplo, os governos financiam o treinamento de soldados para que eles aprendam a matar e pensões (uma invenção econômica que reconhece e remunera o trabalho socialmente valorizado) para recompensá-los. Entretanto, não temos financiamentos do governo para a educação destinada a preparar homens e mulheres para cuidar com eficiência das crianças, e nem pensões para as pessoas que fazem esse trabalho. Os governos precisam modificar isso, mesmo que seja apenas para mudar o fato vergonhoso de que as mulheres idosas, mesmo em um país rico como os Estados Unidos, formam um dos segmentos mais pobres da sociedade.

Uma vez mais, haverá, sem dúvida, objeções. Alguns poderão argumentar que não podemos medir a eficácia de um treinamento destinado a ensinar como cuidar adequadamente das crianças. Entretanto, podemos lembrar a essas pessoas que a eficácia do treinamento de combate não é uma condição para a remuneração a concessão de pensões aos soldados. E com relação àqueles que argumentam que não sabemos exatamente o que contribui para os serviços adequados de puericultura, podemos apontar para o enorme acervo de dados científicos sobre que tipos de cuidados infantis promovem, ou inibem, o desenvolvimento humano saudável, dados que mostram que os métodos "tradicionais" como o emprego da violência física não apenas são ineficazes como também freqüentemente tolhem as aptidões humanas.[12]

O verdadeiro problema nesse caso é a maneira como o poder é definido e usado: se é um poder destinado a dominar e desautorizar ou a estimular e fortalecer. Os nossos elaboradores de políticas econômicas têm o hábito de conferir menos valor à atenção e à assistência, atividades estereotipicamente associadas às mulheres, do que à conquista e à dominação, que são estereotipicamente associadas aos "homens de verdade". É chegada a hora de aproveitar a crescente frustração com os desastres econômicos e ecológicos que esse sistema irracional de valores está causando, e mudar as regras e estruturas sociais que o amparam.

O QUE OS ATIVISTAS SOCIAIS PODEM FAZER

Como vimos, muitos dos nossos valores e estruturas foram moldados por tradições de dominação. Durante a mudança da era agrária para a industrial, muitas dessas tradições foram desafiadas. No entanto, os movimentos sociais que contestaram essas tradições ao longo dos últimos séculos se concentram principalmente no topo da pirâmide de dominação: as relações na chamada esfera pública da política e da economia da qual as mulheres e as crianças eram excluídas. Como resultado, a base sobre a qual essa pirâmide repousa, e continuamente recria a si mesma, não foi suficientemente modificada.

A desestabilização do nosso avanço em direção à era pós-industrial é uma oportunidade para que demos seguimento à mudança da dominação para a participação. Ela abre a porta para um segundo estágio no desafio às tradições de dominação, estágio esse que abarca *tanto* a esfera pública *quanto* a privada.

Mudar da dominação para a parceria como o principal modelo cultural não significa que teremos uma sociedade puramente participativa. Não é realista esperar uma sociedade ideal. No entanto, para reverter a regressão atual em direção ao sistema de dominação e evitar outros passos regressivos semelhantes, temos que construir a base sobre a qual um mundo mais democrático, pacífico, economicamente justo e ambientalmente sustentável possa repousar. Isso requer um poderoso movimento nacional e internacional destinado a modificar as relações fundamentais que foram desprezadas na teoria econômica convencional: as relações humanas básicas entre mulheres e homens, e entre pais e filhos. Exige que os milhares de organizações no mundo inteiro que hoje lutam pela justiça econômica e social promovam uma programação integrada que não mais separe os direitos da maioria — mulheres e crianças — da área de abrangência dos direitos humanos.

É claro que uma das razões pelas quais necessitamos de diretrizes que elevem a condição da mulher é o fato de as mulheres formarem a metade da população.

Entretanto, muitas outras coisas estão envolvidas. Como examinamos anteriormente, nas sociedades nas quais as mulheres têm um status mais elevado e compõem quase a metade do governo, como no caso dos países nórdicos, uma prioridade fiscal maior é conferida a políticas solidárias como a assistência médica universal, a serviços de puericultura de alta qualidade, à educação dos pais visando à criação adequada dos filhos e a generosas licenças parentais. O status mais elevado e o fortalecimento das mulheres e as diretivas que promovem uma qualidade de vida superior para todos caminham de mãos dadas.

O estudo estatístico de 1995 do Center for Partnership Studies baseado em dados de 89 nações, que examinamos anteriormente, mostra exatamente o que acabo de dizer. Quando a condição e o poder das mulheres são mais elevados, o mesmo acontece com a qualidade de vida geral do país; quando são mais baixos, o mesmo ocorre com a qualidade de vida da população.[13]

Essas constatações, como também vimos no Capítulo 4, são corroboradas pelo World Values Survey de 2000. Baseado em dados de 65 sociedades que representam 80% da população mundial, esse levantamento também mostra uma poderosa correlação entre o apoio à igualdade entre homens e mulheres e uma sociedade mais democrática, justa e próspera.[14] Outra importante descoberta desse levantamento é que a maior aceitação da igualdade sexual caminha lado a lado com um afastamento dos estilos tradicionais autoritários da criação dos filhos, e que essas mudanças de atitude com relação às mulheres e às crianças estão, por sua vez, associadas a uma maior confiança, a uma dependência menor da autoridade externa, a uma maior sensação de bem-estar e a outros aspectos de valores de "auto-expressão".

A World Values Survey de 2000 certifica a conclusão de que as sociedades voltadas para a dominação nos mantêm aprisionados em níveis inferiores de motivação e desenvolvimento. Também confirma a conclusão de que as sociedades voltadas para a participação satisfazem melhor as necessidades humanas. A World Values Survey corrobora ainda a conclusão de que a igualdade sexual é fundamental para o desenvolvimento econômico. Inglehart e os seus colegas escreveram que "A mudança social mais importante das últimas décadas foi a revolução nos papéis sexuais que transformou a vida de uma maioria da população em toda a sociedade industrial avançada".[15]

Estudos como esse ilustram a necessidade de uma abordagem à análise econômica especificamente baseada no sexo para que os elaboradores das políticas tenham acesso aos dados de que precisam para fazer escolhas bem-informadas. Essa abordagem encerra profundas implicações para que as políticas acabem com a pobreza e a fome crônicas no mundo em desenvolvimento. Como escreve Ann Crittenden, pesquisadores na África, na América Latina, no Caribe, na Ásia e no subcontinente indiano descobriram que quando as mães são instruídas e possuem um certo controle sobre a renda da família, as crianças são mais saudáveis e recebem mais instrução.[16]

Este é o momento para que as mulheres e os homens que se importam com o futuro do planeta formem um movimento global cujo objetivo seja mudar leis e costumes que em grandes regiões (por exemplo, em grande parte da África, do Sudeste da Ásia e do Oriente Médio) privam as mulheres da assistência médica, da educação e do direito de ser proprietárias.[17] Precisamos trabalhar para fazer com que as autoridades do governo tomem conhecimento das pesquisas que examinamos no Capítulo 6 sobre as relações econômicas dentro da família, que revelam que os homens em muitas regiões do mundo destinam menos do que ganham às necessidades dos filhos do que as mulheres.[18]

O essencial para esse movimento é que as mulheres desempenhem um papel igual na formulação de políticas governamentais e comerciais no mundo inteiro. Como é exemplificado pelo mundo nórdico, à medida que a condição das mulheres se eleva quando elas começam a ocupar mais cargos na governança social, qualidades estereotipicamente femininas como a solidariedade e a não-violência adquirem uma maior prioridade social, pois os homens deixam de temer que abraçar essas características represente uma perda do status "viril". Não podemos realmente falar em uma democracia representativa enquanto as mulheres continuarem a ocupar apenas uma pequena minoria dos cargos políticos.[19] Tampouco podemos impedir o crescimento populacional se as mulheres não tiverem liberdade de reprodução, instrução e direitos iguais. E não podemos esperar erradicar a pobreza se não levarmos em conta o fato de que o grosso das pessoas pobres e famintas do mundo são mulheres e crianças.

Quero enfatizar, uma vez mais, que nada do que eu disse é uma questão de culpar os homens. Tanto as mulheres quanto os homens aprenderam a aceitar e impor as tradições de dominação. E características estereotipicamente femininas, como a solidariedade e a não-violência, são encontradas nos homens e nas mulheres, e o mesmo é verdade com relação a características estereotipicamente consideradas masculinas, como o espírito empreendedor e a determinação.

Entretanto, para avançar em direção a um sistema econômico mais justo e eficaz, os ativistas sociais do mundo inteiro precisam lutar para garantir que o tratamento das mulheres e das crianças esteja de acordo com os padrões universais dos direitos humanos. Como escreve Raffi, o famoso trovador das crianças, precisamos criar uma sociedade que reverencie as crianças e respeite os seus membros mais vulneráveis.[20] Isso significa que regras e práticas que violem os direitos humanos das crianças e das mulheres não podem mais ser justificadas por meio de fundamentos tradicionais ou morais. O multiculturalismo, a

A REVOLUÇÃO SOLIDÁRIA 231

tolerância e a sensibilidade cultural não devem ser usados para justificar o abuso, a violência e a injustiça nas relações íntimas na família ou de outro tipo, como freqüentemente ainda acontece hoje em dia.[21]

Em resumo, o respeito pelos direitos das mulheres e das crianças é um pré-requisito para um futuro mais justo, sustentável e próspero. Sem ele, no entanto, não temos uma base na qual o futuro poderá se apoiar.

🔲 O crescimento populacional, a condição da mulher e as políticas solidárias

Elevar a condição da mulher é fundamental para deter o crescimento populacional. Se uma mulher em uma cultura rigidamente dominada pelos homens não tiver filhos do sexo masculino, ela terá que continuar a procriar até que isso aconteça. Por conseguinte, muitas mulheres têm medo de parar de ter filhos, apesar da devastação que a constante gravidez causa à saúde, dando à luz às vezes seis ou sete vezes antes de completar 25 anos.

Os países que estão avançando em direção à igualdade das mulheres têm índices de natalidade mais baixos.[22] Vemos a mesma coisa até mesmo dentro de países nos quais o índice de natalidade nacional é elevado. Esse índice, por exemplo, é mais baixo na província indiana de Kerala, onde o status da mulher é mais alto, do que em outras partes do país.

Algumas pessoas acreditam que diretivas solidárias como a educação dos pais para a criação dos filhos, a licença parental e os serviços de puericultura de alta qualidade intensificarão a explosão populacional em um momento no qual uma grande força de trabalho não é mais necessária. Na verdade, essas políticas nacionais não geraram índices de natalidade mais elevados. Pelo contrário, pesquisas demonstram que as aulas para os pais aliadas à educação sexual *reduzem* a gravidez na adolescência. O que efetivamente está por trás dos elevados índices de natalidade de muitas das regiões mais pobres e populosas do mundo é a ausência de conhecimento a respeito do planejamento familiar, a falta de acesso a anticoncepcionais e a subordinação das mulheres. 🔲

A DINÂMICA DA TRANSFORMAÇÃO

Imagine um mundo no qual os sistemas econômicos sejam o que deveriam e podem ser, ou seja, instrumentos para satisfazer as necessidades e aspirações humanas. Lauralee Alben, pioneira na área do design interativo, ressalta que o principal princípio do design é uma visão dos resultados desejados. Quando projetamos as intenções e relacionamentos que desejamos, escreve ela, profundas mudanças são possíveis.[23]

Essas mudanças começam com o que Alben chama de efeitos propagadores ou ondulatórios. Uma vez iniciadas, essas ondulações se estendem para fora, formando correntes. Quando estas últimas se reúnem, tornam-se ondas gigantes. E quando o ímpeto dessas ondas aumenta, o resultado é uma transformação em todo o sistema.

Uma revolução solidária é uma transformação. É o efeito cumulativo de todas as ondulações que emanam de conferir visibilidade e valor para o mais importante trabalho humano: o da atenção e da assistência.

Quando a importância econômica da atenção e da assistência na família se torna visível, regras do local de trabalho como horas de trabalho flexíveis, o trabalho compartilhado e outras invenções da economia participativa ganham aceitação. Os homens passam a fazer mais esse tipo de trabalho, pois o valor dele torna-se de um modo geral mais reconhecido, e as mulheres e os homens participam mais igualmente da força de trabalho formal e têm as mesmas oportunidades e responsabilidades em casa. As escolas oferecem aulas de como criar bem os filhos e ensinam técnicas que favorecem as relações pessoais solidárias. O governo ajuda a financiar a assistência médica universal e os serviços de puericultura de alta qualidade, bem como a licença parental para os pais e as mães para que eles possam cuidar melhor de si mesmos e da família. As pessoas se sentem mais felizes em casa e no trabalho. Tudo isso promove cuidados melhores para as crianças e ajuda a produzir o capital humano de alta qualidade necessário para uma economia saudável e justa.

À medida que o nível da qualidade geral do capital humano sobe, trabalhadores mais capazes, qualificados e solidários contribuem para uma economia mais produtiva. Esta última, por sua vez, faz com que mais recursos estejam disponíveis para políticas governamentais e comerciais que apóiam a atenção e a assistência, o que, por sua vez, melhora a qualidade de vida de todos.

Os cuidados com os idosos são favorecidos por pensões monetárias apropriadas bem como por políticas comerciais e governamentais que oferecem um apoio adequado aos que cuidam deles. As mulheres que passaram anos cuidando dos filhos não mais enfrentam uma velhice na pobreza.

Na economia comunitária não-remunerada, voluntários recebem uma redução nos custos de transporte e outros tipos de recompensa por prestar serviços gratuitamente. Os sistemas de troca como as moedas comunitárias conferem mais valor ao trabalho solidário na troca de serviços. Como a solidariedade é considerada mais valiosa, as relações humanas melhoram de um modo geral. Em vez de ser depreciadas por "ter o coração mole" e "defender os pobres e oprimidos", as pessoas que trabalham em prol da justiça social e econômica são recompensadas e respeitadas.

A economia de mercado pouco a pouco se modifica. As empresas recompensam o comportamento solidário. Reconhecem que os funcionários que se sentem estimados são bem mais produtivos e os clientes que se sentem apreciados são mais fiéis. As regras do mercado proíbem os monopólios, exigem que as empresas "internalizem" os custos de práticas insensíveis em vez de repassá-los à sociedade e, de um modo geral, encorajam as companhias a se importar mais com todos os *stakeholders*: funcionários, acionistas, famílias, comunidades e o planeta.

As políticas do governo também mudam quando o apoio à solidariedade é reconhecido como um investimento sólido e essencial. Problemas que pareciam incontroláveis começam a desaparecer. A pobreza e a fome são abordadas de uma maneira mais eficaz à medida que o apoio à solidariedade e à assistência aumenta. São criadas pensões e outros tipos de remuneração para a atenção e a assistência. A condição da mulher melhora, acarretando uma qualidade de vida por via de regra mais elevada.

Essas ondulações de mudança afetam todos os setores econômicos. Quando um maior valor é atribuído à solidariedade, a economia ilegal começa a encolher. À medida que as nossas necessidades materiais, emocionais e espirituais são cada vez mais satisfeitas, o mercado de drogas, armas ilegais, escravidão sexual e prostituição, e outras atividades econômicas hoje nas mãos do crime organizado se reduzem, o que também acarreta enormes benefícios econômicos e sociais.

A economia proveniente da diminuição de gastos com os tribunais e as prisões da justiça penal é acompanhada pela fluidez fiscal. Outros custos sociais oriundos de políticas e práticas insensíveis, desde as taxas de abandono escolar e o absenteísmo ao terrorismo e as guerras, também diminuem.

O valor mais elevado atribuído às atividades essenciais da unidade familiar é acompanhado pela maior valorização das atividades vitais da natureza. O respeito por outras formas de vida que partilham o planeta conosco aumenta, e a destruição de espécie após espécie chega ao fim. Como manter um ambiente limpo na casa não é mais depreciado como "apenas um trabalho de mulher", não poluir e não atravancar o nosso ambiente natural passa a ser rotina. O cuidado com a Mãe Terra deixa de ser encarado como um passivo financeiro e passa a ser reconhecido como fundamental para a saúde econômica e a sustentabilidade a longo prazo.

Como as estruturas familiares, educacionais e governamentais substituem as hierarquias de dominação por hierarquias de realização, a democracia muda da retórica para a realidade. A confiança, a dignidade e a criatividade vicejam. Novas tecnologias substituem as que poluem e degradam os nossos sistemas vitais. O crescimento exponencial da população se interrompe à medida que as mulheres obtêm a liberdade de reproduzir, têm acesso à educação e passam a usufruir de direitos iguais. O hiato entre o que têm e o que não têm diminui. A subclasse que mal consegue sobreviver e as elites que acumulam uma enorme riqueza como substituto para o seu anseio de uma ligação solidária, justiça e significado simplesmente deixam de existir. Em vez de investir recursos em tecnologias que matam, as sociedades investem principalmente naquelas que respaldam e favorecem a vida.

De ondulação em ondulação, surge uma economia solidária que satisfaz às necessidades humanas básicas e promove o desenvolvimento humano ótimo. As pessoas e as famílias assumem mais responsabilidade umas pelas outras e pelo ambiente natural. As políticas econômicas estão coordenadas com as diretivas sociais para sustentar coletivamente relações saudáveis e justas.

A moralidade torna-se um veículo para a solidariedade e o amor em vez de uma ferramenta para a coerção e a dominação. A espiritualidade deixa de ser uma fuga do sofrimento inerente a um mundo dominador e passa a envolver um engajamento ativo na criação de uma vida melhor aqui na Terra. O amor torna-se o compromisso de criar um mundo no qual o milagre e a beleza latentes em toda criança pode se realizar.

Não será fácil efetuar essas mudanças, e tampouco rápido. Mas cada um de nós pode colocar em movimento as ondulações que se acumularão na revolução solidária que transformará a nossa vida e o nosso mundo.

O QUE CADA UM DE NÓS PODE FAZER

É óbvio que a revolução solidária precisa do apoio de pessoas que ocupem cargos importantes. Podemos, e devemos, mudar o cenário político elegendo líderes que respaldem valores solidários. Podemos fazer isso votando nessas pessoas, fazendo doações para elas e tomando parte na campanha delas para que sejam eleitas. Também podemos ser candidatos nas eleições em uma plataforma que defenda a economia solidária.

Além disso, devemos fornecer informações sobre os benefícios das políticas solidárias aos líderes nacionais e internacionais. Devemos exigir valores mais solidários da parte daqueles que já ocupam cargos públicos, e tomar medidas para que uma plataforma que defenda a economia solidária seja amparada pelo nosso partido político.

Mas não podemos ficar esperando que os nossos líderes nacionais e internacionais tomem uma atitude. Cada um de nós pode ser um líder se usarmos a imaginação e a iniciativa para mudar a consciência, as práticas e as políticas. Na verdade, é somente por meio da crescente demanda global pelos direitos humanos, justiça econômica e sustentabilidade ambiental que a revolução solidária poderá ter êxito.

Podemos começar com algo simples: modificando a conversa a respeito da economia. Todos os modernos movimentos de participação modificaram ideais normativos modificando os termos do diálogo social. Assim como palavras como *liberdade* e *democracia* ajudaram a introduzir novos modelos políticos, todos podemos ajudar a introduzir novos modelos econômicos mudando o discurso econômico.

Uma primeira medida na expansão do diálogo a respeito da economia é simplesmente incluir a palavra *solidariedade*. Isso pode parecer pouco, mas é um importante passo em direção a uma nova economia que confere visibilidade e valor ao que realmente nos torna felizes e saudáveis, e ainda por cima conduz à prosperidade econômica e à sustentabilidade ecológica.[24]

Cada um de nós pode falar a respeito da solidariedade nas conversas do dia-a-dia, em casa, no trabalho, nas festas, nas reuniões, nas escolas e universidades, e nos lugares públicos. Se formos a reuniões de pais e professores e a outros lugares onde os pais se reúnem, podemos conversar a respeito de como as políticas que respaldam a criação dos filhos favorecem não apenas a família mas também a economia. Podemos envolver os nossos amigos e colegas em grupos de discussão para falar a respeito do que uma economia solidária significa para a economia, para o ambiente natural e para a nossa vida. Podemos escrever cartas para o editor a respeito da economia solidária. Podemos criar blogs na Internet a respeito dela. Podemos fazer apresentações sobre a economia solidária em reuniões e conferências.

Mas não podemos ficar esperando que os nossos líderes nacionais e internacionais tomem uma atitude. Cada um de nós pode ser um líder se usarmos a imaginação e a iniciativa para mudar a consciência, as práticas e as políticas.

As escolas de administração e economia são lugares cruciais para mudar o diálogo a respeito do que a economia é e do que ela pode vir a ser.[25] É por esse motivo que eu tenho me esforçado para fundar uma Alliance for a Caring Economy* por intermédio do Center for Parnership Studies para promover simpósios, conferências e programas de treinamento de liderança para criar e implementar novas invenções econômicas.[26]

À medida que modificamos a conversa a respeito da economia, podemos recorrer ao conteúdo do Capítulo 3, mostrando que as empresas que implementam políticas solidárias são altamente bem-sucedidas. Podemos apresentar aos gerentes comerciais algumas das estatísticas que examinamos. Aqueles que são gerentes podem oferecer incentivos para práticas que cuidam das pessoas e da natureza. Podemos ir mais longe, e propor que padrões para políticas e

---

* Aliança para uma Economia Solidária. (N. da T.)

comportamentos solidários sejam incluídos nos estatutos sociais das empresas. Podemos propor que a obediência a esses padrões seja uma condição necessária para a filiação nas câmaras de comércio e outras associações comerciais.

⬜ Fontes para promover diretrizes políticas e econômicas que favorecem a família

Apresento a seguir alguns exemplos de organizações que lutam em prol de políticas e práticas familiares necessárias para uma sociedade saudável, justa e produtiva:

- Há mais de 35 anos a National Partnership for Women and the Family vem apresentando e conseguindo aprovar leis favoráveis à família, que vão daquelas que exigem que as grandes empresas ofereçam algumas licenças médicas e familiares a leis que proíbem a discriminação baseada na gravidez. Ver www.nationalpartnership.org/.

- Uma Work & Family Bill of Rights [Declaração de Direitos para o Trabalho e a Família] que inclui direitos a uma assistência às crianças e aos idosos a um preço acessível, a uma licença familiar anual remunerada para funcionários de tempo integral e parcial, a um seguro saúde adequado para todos e a um salário mínimo é encontrada em www.takecarenet.org/WorkFamilyBOR.aspx.

- A MOTHERS Economic Empowerment Agenda inclui o incentivo fiscal reembolsável Caregiver Tax Credit proposto por Theresa Funiciello (www.caregiver-credit.org/) para qualquer pessoa que cuide de um dependente na família; um crédito da Previdência Social, o Social Security Credit, para mães e outras pessoas sem remuneração que dão assistência à família; a inclusão no PNB do trabalho não-remunerado no lar; e um salário mínimo e um treinamento aprimorado para os profissionais de saúde remunerados e para os professores das creches e do jardim-de-infância. Ver www.mothersoughttohaveequalrights.org/cando/meea.html.

- A Mom's Rising criou o Motherhood Manifesto [Manifesto da Maternidade], que sugere medidas semelhantes, bem como a avaliação de programas da televisão e programas extracurriculares. Ver www.momsrising.org/.

- O Institute for Women's Policy Research realizou pesquisas sobre os benefícios das políticas que favorecem a família com uma ênfase particular nas mulheres e na justiça social. Ver www.iwpr.org/index.cfm.

- A Caring Family Policy Agenda [Projeto para uma Política Familiar Solidária] do Center for Partnership Studies contém várias das propostas precedentes. Ver www.partnershipway.org. Esse projeto consiste em diretivas para implementar o seguinte:

  Uma *Declaração de Direitos para as crianças* que inclua o direito a receber atenção e carinho, abrigo, nutrição, educação e assistência médica, a ficar livre da violência e a ter um ambiente limpo.

Valores familiares solidários baseados na participação, no respeito mútuo, na não-violência e em uma elevada valorização da atenção e da assistência.

Governos e locais de trabalho que promovem a família necessários para famílias saudáveis e prósperas e para uma economia pós-industrial saudável e próspera.

- A Spiritual Alliance to Stop Intimate Violence (SAIV) se dedica a acabar com o emprego da força na família e em outras relações íntimas. Ver www.saiv.net.

- Raffi, o internacionalmente conhecido trovador e fundador da Child Honoring, propôs os Child Honoring Covenant and Principles [Pacto e Princípios Que Respeitam a Criança]. Ver www.raffinews.com/node/17.

Entre os livros e artigos que tratam dessas questões estão:

- Raffi Cavoukian e Sharna Olfman (orgs.), *Child Honouring* (Nova York: Praeger, 2006).

- Joan Blades e Kristin Row-Finkbeiner, *The Motherhood Manifesto* (Nova York: Nation Books, 2006).

- Ann Crittenden, *The Price of Motherhood* (Nova York: Metropolitan Books, 2001).

- Riane, Eisler, *The Power of Partnership: Seven Relationships That Will Change Your Life* (Novato, Califórnia: New World Library, 2002), particularmente a Partnership Political Agenda.

- Riane Eisler, *"Spare the Rod", YES: A Magazine of Positive Futures,* inverno de 2005, pp. 30-2.

- Riane Eisler e Frances Kissling, *The American Family* (2005; www.partnershipway. org).

Podemos mostrar como os indicadores econômicos atuais distorcem a realidade e apontar para alternativas que reflitam com precisão os benefícios de diretrizes e práticas solidárias, bem como para o custo das insensíveis. Podemos conversar com pessoas preocupadas com a terceirização de empregos para países com baixos salários e o fato de a automação estar arrebatando o trabalho humano, e demonstrar por que essas tendências são razões adicionais para que migremos para uma economia solidária.

Podemos fazer as nossas compras em empresas que tenham políticas solidárias de pessoal, ambiental e do consumidor, e votar em candidatos políticos que patrocinem projetos de lei que as defendam. Aqueles que fazem parte do governo podem introduzir eles mesmos políticas econômicas solidárias. Os que residem nos Estados Unidos podem chamar a atenção para o que outros países estão fazendo e como os investimentos nos serviços de saúde e de puericultura, na licença parental remunerada e em outras invenções econômicas solidárias produzem um capital humano de melhor qualidade e uma vida menos estressante e mais prazerosa. Podemos mostrar que os programas do governo que investem nas pessoas não "estão dando presentes" e sim formando uma base para um mundo mais seguro, mais sadio e mais próspero para todos nós. Podemos apoiar iniciativas como o Caring Family Policy Agenda do Center for Partnership Studies e o Family Bill of Rights da Work and Take Care Net.

Podemos conversar com os nossos amigos e colegas a respeito de como o marketing de massa nos ensina a confundir a acumulação de bens com a verdadeira satisfação e prazer, e ressaltar como esse problema é inerente à economia dominadora. Podemos mostrar que a distribuição inadequada de recursos, a omissão de investir no capital humano e outras práticas da economia dominadora produzem não apenas a escassez econômica como também a privação emocional e espiritual.

Podemos lembrar a nós mesmos e aos outros que como as pessoas aprendem cedo na vida o que é normal e o que é anormal, é preciso promover na família relações justas e democráticas.[27] Podemos apoiar organizações que defendem os direitos das mulheres e das crianças. Podemos lutar para acabar com as tradições de abuso e violência contra as mulheres e as crianças, e mobilizar outras pessoas para que se juntem a nós. Precisamos, e devemos, fazer isso não apenas em benefício dos milhões cuja vida é destruída por essa violência, mas em prol de todos nós, porque a violência na família ensina as crianças a usá-la para impor a sua vontade em todos os relacionamentos.[28]

Também podemos, e devemos, ensinar aptidões solidárias para as meninas e os meninos, não apenas nos lares mas também nas escolas.[29] Na nossa época, quando a constante agressão da televisão, do cinema, da música pop e dos videogames nos ensina que o comportamento insensível, cruel e violento é estimulante e divertido, precisamos ensinar as crianças a valorizar a solidariedade. Também é importante servirmos de modelo para a solidariedade, atuando, por exemplo, como voluntários nas nossas comunidades.

Igualmente importante, já que uma parte tão grande do que se tornou a cultura que nos define retrata a injustiça e a violência como sendo simplesmente a natureza humana, precisamos tomar providências para que as crianças, e os adultos, tenham acesso a uma história mais completa e precisa da natureza humana e das possibilidades humanas. A razão é simples: a não ser que as pessoas achem que uma coisa é possível, elas nem mesmo tentarão criá-la.

A ECONOMIA E A EVOLUÇÃO HUMANA

As mais importantes criações humanas são as nossas culturas. As culturas que criamos determinam em grande medida se iremos matar uns aos outros e destruir os sistemas vitais da natureza, ou viver em um mundo humanitário e sustentável. E os sistemas econômicos são um elemento fundamental de todas as culturas.

A REVOLUÇÃO SOLIDÁRIA

Venho argumentando neste livro que precisamos de uma economia solidária mais coerente com o rumo da evolução em direção a uma maior consciência, criatividade e solidariedade. Compreendo que falar em rumo na evolução é hoje uma espécie de heresia científica. Na melhor das hipóteses, é aceitável dizer que existe um movimento evolucionário em direção a uma maior complexidade e variabilidade. No entanto, como o próprio Darwin observou, o movimento na evolução vai além de uma maior complexidade e variabilidade para a emergência de necessidades, aptidões, motivações e possibilidades de uma ordem diferente daquelas presentes em formas de vida anteriores.[30]

Educação para a solidariedade

Valorizar ou não valorizar a solidariedade é uma lição básica que aprendemos cedo na vida. Como proponho em *Tomorrow's Children: A Blueprint for Partnership Education in the 21st Century*, o ensino da solidariedade pela vida — pelo eu, pelos outros e pela nossa Mãe Terra — deveria fazer parte do currículo, da pré-escola à pós-graduação. O ensino das aptidões solidárias é particularmente urgente para combater a desconcertante brutalidade hoje propagada através das notícias da televisão e do "entretenimento", inclusive de videogames vendidos para as crianças que simulam lesões corporais, estupros e assassinatos.[31] ■

Isso não significa que a nossa espécie, como uma das últimas a aparecer em cena, seja o ápice da evolução, e portanto tenha o direito de tiranizar as outras formas de vida. Tampouco significa que exista um plano divino ou um projeto inteligente. Não temos nenhuma maneira de saber o que, em última análise, está por trás da evolução, e isso é um fato quer achemos que a evolução tem ou não um objetivo. Significa, no entanto, que à medida que a vida evoluiu na Terra, ela desenvolveu uma capacidade ainda maior para a conscientização, a criatividade, o planejamento e a escolha. E embora essas aptidões não sejam exclusividade nossa, é na nossa espécie que elas estão mais altamente desenvolvidas.

Entretanto, a expressão dessas aptidões humanas depende em grande medida dos tipos de sistemas sociais e econômicos que criamos, o que nos torna, bastante literalmente, co-criadores da nossa evolução.

Certamente não podemos determinar tudo a respeito do nosso futuro, mas *podemos* nos unir para criar as condições sociais e econômicas que estimulam, impulsionam e promovem a expressão das nossas capacidades genéticas positivas em vez das negativas. Na verdade, ter capacidades biológicas sem precedente significa que é nossa responsabilidade evolucionária usar esses talentos de uma maneira positiva e não negativa.

Todas as formas de vida — da menor à maior, da ameba e do plâncton aos elefantes e às baleias — alteraram até certo ponto o nosso planeta. Algumas o fizeram simplesmente ao surgir no cenário evolucionário. Outras construíram novas estruturas: os pássaros constroem ninhos e o castor constrói diques, mas nenhuma espécie chegou perto do que nós, seres humanos, fizemos.

Usamos a nossa imaginação e a nossa capacidade para transformar visões em realidade e criar um mundo novo totalmente fabricado pelo homem. Parte do que criamos é extraordinário: prédios da altura de montanhas, aviões que voam mais alto do que os pássaros e tecnologias que revelam estruturas subatômicas, exploram o espaço exterior e investigam os mistérios do cérebro. Parte é requintada: a bela música, poesia e arte. No entanto, parte é horrenda: câmaras de gás, câmaras de tortura, bombas nucleares e armas biológicas invisíveis para um extermínio em massa instantâneo.

Nós nos encontramos em uma encruzilhada evolucionária na nossa aventura humana na Terra. Podemos continuar com "os negócios como de costume" — embora tanto a ciência quanto a nossa inteligência nativa nos digam que a combinação da alta tecnologia com um etos de dominação e conquista pode nos conduzir a um ponto final evolucionário. Ou podemos usar os notáveis talentos com que a evolução nos presenteou para criar uma nova história e realidade econômicas — uma economia solidária que respalde tanto a sobrevivência quanto o desenvolvimento e a realização humanos.

> *Nós nos encontramos em uma encruzilhada evolucionária na nossa aventura humana na Terra.*

Está em nosso poder imaginar o mundo que queremos para nós e os nossos filhos. Para quase todos nós, é um mundo no qual as nossas necessidades básicas de comida, abrigo e segurança, bem como o nosso anseio de amor e carinho, de paz e justiça, e da sensação de que o que fazemos faz sentido e é bom para os outros e para nós, são satisfeitos. Acima de tudo, é um mundo onde os nossos filhos sobrevivem e se desenvolvem.

Cabe a nós ajudar a criar as condições que sustentem essa visão. Fomos bem providos pela natureza com um cérebro incrível, uma enorme capacidade de amar, uma criatividade extraordinária e uma capacidade única de aprender, mudar, crescer e planejar à frente. Se agirmos agora, poderemos usar essas aptidões para co-criar os sistemas econômicos e sociais que amparam as grandes dádivas que nos foram concedidas pela evolução.

Notas

Introdução: Razões para sermos solidários

1. Fui, por exemplo, co-fundadora do General Evolution Research Group (GERG), um grupo multinacional formado por acadêmicos de várias disciplinas, entre elas astronomia, química, física, biologia, história e sociologia, interessados no desenvolvimento e aplicação de uma visão atualizada da evolução aos nossos problemas globais. A história do GERG é narrada por David Loye (org.), *The Great Adventure: Toward a Fully Human Theory of Evolution* (Albany, N.Y.: State University of New York Press, 2004), apêndice C.

2. Ver, por exemplo, Riane Eisler, "Technology, Gender, and History: Toward a Nonlinear Model of Social Evolution", *in* Ervin Laszlo, Ignazio Masulli, Robert Artigiani e Vilmos Csanyi (orgs.), *The Evolution of Cognitive Maps: New Paradigms for the Twenty-First Century* (Langhorne, Penn.: Gordon and Breach Science Publishers, 1993); Riane Eisler, "Cultural Transformation Theory: A New Paradigm for History", *in* Johan Galtung e Sohail Inayatullah (orgs.), *Macrohistory and Macrohistorians* (Westport, Conn.: Praeger, 1997); Riane Eisler e Daniel S. Levine, "Nature, Nurture, and Caring: We Are Not Prisoners of Our Genes", *Brain and Mind,* abril de 2002, 3(1), 9-52.

3. Ver, por exemplo, Riane Eisler, *The Chalice and The Blade: Our History, Our Future* (San Francisco: Harper & Row, 1987). Nesse e em outros livros, escrevi alternadamente sobre os *modelos* participativo e dominador, bem como sobre os *sistemas* de participação e dominação. Neste livro uso o termo sistemas em vez de modelos porque a palavra modelo encerra um significado técnico específico no linguajar econômico e sistema é menos acadêmico e mais apropriado para o leitor em geral.

4. Como discutirei mais tarde e outras pessoas também já ressaltaram, Smith na verdade desejava uma economia que funcionasse para o bem maior, o que estava de acordo com o seu livro anterior, *Theory of Moral Sentiments.* Ver, por exemplo, Alberto Martinelli e Neil J. Smelser (orgs.), *Economy and Society* (Newbury Park, Califórnia: Sage, 1990); Kenneth Lux, *Adam Smith's Mistake: How a Moral Philosopher Invented Economics and Ended Morality* (Boston: Shambhala, 1990).

Capítulo 1: Precisamos de uma nova economia

1. As estimativas são que o desemprego na Arábia Saudita vem crescendo de uma forma regular desde 1999, com estimativas não-oficiais de 35%. As elevadas taxas de desemprego entre os jovens é considerada responsável pelo grande aumento do índice de criminalidade, apesar do código de leis Sharia baseadas no Alcorão com punições extremamente rigorosas, como decepar as mãos no caso de roubo. Ver, por exemplo, "Downward Spiral of Unemployment and Juvenile Delinquency", *Asia News,* 17 de abril de 2004. Ver www.asianews.it/view.php?1=en&art=637.

2. De acordo com o Population Reference Bureau, uma grande instituição de pesquisa e consultoria com sede em Washington, D.C., a taxa de crescimento populacional da região do Oriente Médio

242 A VERDADEIRA RIQUEZA DAS NAÇÕES

tornou-se a mais elevada do mundo. Ver Hassan Fattah, "The Middle East Baby Boom", *American Demographics,* 1º de setembro de 2002.

3. Alguns acadêmicos afirmam que não há nada a respeito de sexo escrito no Alcorão para os "mártires" no paraíso, que as passagens simplesmente fazem menção a que todo homem crente receberá 72 esposas. No entanto, segundo o Middle East Media Research Institute (MEMRI), uma organização independente, sem fins lucrativos, que traduz e analisa a mídia do Oriente Médio, a crença popular — bem como a propaganda feita por aqueles que recrutam terroristas, a mídia e um grande número de clérigos — é que os mártires efetivamente recebem virgens no paraíso. Um artigo publicado pelo MEMRI relatou que a organização terrorista palestina Hamas leva as crianças nas suas escolas, a partir do jardim-de-infância, a acreditar que o homem-bomba recebe virgens no paraíso. Ver www.memri.org.

4. Ver, por exemplo, Joseph Stiglitz, *Globalization and Its Discontents* (Nova York: Norton, 2003).

5. Ver Nancy Folbre, *The Invisible Heart: Economics and Family Values* (Nova York: New Press, 2001).

6. Para críticas do foco da economia neoclássica convencional nos mercados, ver Karl Polanyi, *The Great Transformation* (Boston: Beacon Press, 1941); Paul Elkins (org.), *The Living Economy* (Nova York: Routledge & Kegan Paul, 1986); e Martinelli e Smelser, *Economy and Society.* Muitos teóricos socialistas também fizeram críticas da teoria econômica capitalista clássica e neoclássica, e o mesmo foi feito por teóricos feministas. Ver, por exemplo, Marianne Ferber e Julie Nelson (orgs.), *Beyond Economic Man* (Chicago: University of Chicago Press, 1993).

7. O termo *solidariedade** tem muitas definições, que variam de um sentimento ou emoção a uma atividade ou uma série de ações. A palavra é usada aqui em todos esses sentidos. Nessa ampla definição, recorro ao trabalho de filósofas feministas como Carol Gilligan e Nel Noddings, que escreveram extensamente sobre o tema da ética da solidariedade. *Ver* Carol Gilligan, *In a Different Voice: Psychological Theory and Women's Development* (Cambridge: Harvard University Press, 1982) e Nel Noddings, *Caring, a Feminine Approach to Ethics & Moral Education* (Berkeley: University of California Press, 1984). Em *Starting Home: Caring and Social Policy* (Berkeley: University of California Press, 2002), Noddings argumenta que a solidariedade deveria ser uma base para a tomada ética de decisões já que ela é essencial na vida humana e todas as pessoas desejam receber cuidados e atenção. Ela contesta a teoria moral do famoso filósofo Immanuel Kant, que afirmava que é somente por meio da razão que podemos controlar os nossos impulsos egoístas naturais. Noddings afirma que a verdadeira moralidade se baseia na nossa necessidade inerente de dar e receber atenção, bem como na nossa capacidade de sentir empatia (ou, como ela diz, solidariedade). Um dos meus objetivos é mostrar como e por que as regras e políticas econômicas bloquearam a expressão dessa necessidade humana básica e o que é necessário para podermos avançar em direção a um sistema econômico que tenha como meta promover tanto a sobrevivência humana quanto o desenvolvimento das capacidades humanas, inclusive as de solidariedade, significado e auto-realização. Ver, também, Amartya Sen, *Development as Freedom* (Oxford: Oxford University Press, 1999); Mona Harrington, *Care and Equality: Inventing a New Family Politics* (Nova York: Knopf, 1999); Martha Nussbaum, *Sex and Justice* (Nova York: Oxford University Press, 2000); Riane Eisler, *The Power of Partnership: Seven Relationships That Will Change Your Life* (Novato, Califórnia: New World Library, 2002). Para outros textos sobre a ética da solidariedade, ver Rosemarie Tong, *Feminist Thought: A Comprehensive Introduction* (Boulder, Colorado: Westview

---

* *Caring,* no original. O termo foi traduzido ao longo da tradução por solidariedade, cuidado ou atenção, este último quase sempre quando associado à palavra assistência. (N. da T.)

NOTAS 243

Press, 1989); Alison M. Jaggar (org.), *Living with Contradictions: Controversies in Feminist Social Ethics* (Boulder: Westview Press, 1994); e Virginia Held (org.), *Justice and Care: Essential Readings in Feminist Ethics* (Boulder, Colorado: Westview Press, 1995).

8. Utilizo a expressão regras econômicas para descrever regras governamentais e comerciais que governam estruturas e políticas econômicas, inclusive a sua estrutura jurídica, não no sentido empregado por alguns economistas para denotar uma dinâmica supostamente inerente às operações de mercado.

9. Para Aristóteles, a economia encerrava duas partes. A primeira, *oikonomike* (administração do lar), é natural e benéfica, ao passo que a segunda, *chrematistike* (o mercado) pode ser artificial quando é um fim em si mesma, está voltada para a acumulação do dinheiro em prol do próprio dinheiro. Assim sendo, para Aristóteles, a riqueza pode ser verdadeira e natural (ou seja, útil) ou espúria e banal (por exemplo, a acumulação do capital como uma forma de coerção), quando "o dinheiro é o ponto de partida e o objetivo". Ver Aristóteles, *Nicomachean Ethics* (350 a.C.), traduzido por W. D. Ross, especialmente Livros IV e VIII. Ver http://classics.mit.edu/Aristotle/nicomachaen.html.

10. Outros, entre eles Hazel Henderson, Thais Corral, Edgar Cahn, Elisabet Sahtouris e eu, fomos igualmente inflexíveis ao sustentar que é absolutamente necessário que esse tipo de trabalho seja levado em conta nas medidas e modelos econômicos.

11. Em capítulos mais à frente, particularmente no Capítulo 4, vamos examinar várias abordagens à quantificação do trabalho da atenção e da assistência. Como ressalta a economista Nancy Folbre, essa não é uma questão simples. No entanto, o fato que um número crescente de especialistas, bem como de autoridades nacionais e internacionais, estão examinando o assunto é uma indicação importante que sinaliza uma economia mais solidária.

12. Marilyn Waring, *If Women Counted: A New Feminist Economics* (San Francisco: Harper & Row, 1988).

13. Barbara Brandt, *Whole Life Economics: Revaluing Daily Life* (Filadélfia: New Society Publishers, 1995); Ann Crittenden, *The Price of Motherhood: Why the Most Important Job in the World is Still the Least Valued* (Nova York: Metropolitan Books, 2001): Ferber e Nelson, *Beyond Economic Man*; Folbre, *The Invisible Heart;* Janet C. Gornick e Marcia K. Meyers, *Families That Work: Policies for Reconciling Parenthood and Employment* (Nova York: Russell Sage Foundation Publications, 2003); Heidi Hartmann, "Thirty Years from Today: Visions of Economic Justice", *Dollars & Sense,* 1º de novembro de 2004; Hazel Henderson, *Beyond Globalization: Shaping a Sustainable Global Economy* (Bloomfield, Conn.: Kumarian Press, 1999) [*Além da Globalização: Modelando uma Economia Global Sustentável,* publicado pela Editora Cultrix, São Paulo, 2003]; Julie A. Nelson, *Economics for Humans* (Chicago: University of Chicago Press, 2006); Hilkka Pietila, "Nordic Welfare Society — A Strategy to Eradicate Poverty and Build University Press Equality: Finland as a Case Study", *Journal Cooperation South,* 2001, 2, 79-96; Genevieve Vaughan, *For-Giving: A Feminist Criticism of Exchange* (Austin, Texas: Plain View Press, 1997).

14. Ver, por exemplo, Devaki Jain e Nirmala Banerjee (orgs.), *The Tyranny of the Household: Women in Poverty, Investigative Essays on Women's Work* (Nova Delhi: Shakti Books, 1985); Edgar Cahn, *No More Throwaway People: The Co-Production Imperative* (Washington, D.C.: Essential Books, 2004); Herman E. Daly e John B. Cobb, *For the Common Good: Redirecting the Economy Toward Community, the Environment, and a Sustainable Future,* 2ª ed. (Boston: Beacon Press, 1994); David C. Korten, *The Great Turning: From Empire to Earth Community* (San Francisco: Berrett-Koehler, 2006); Paul Krugman, *The Great Unraveling: Losing Our Way in the New Century* (Nova York: Norton, 2004); Amartya Sen, *Development as Freedom* (Oxford: Oxford University Press, 1999). Entre outros que estão contribuindo para novas abordagens à economia estão Shirley Burggraf,

The Feminine Economy and the Economic Man: Reviving the Role of Family in the Post-Industrial Age (Nova York: Perseus Books, 1999); Mona Harrington, Care and Equality: Inventing a New Family Politics (Nova York: Knopf, 1999; Paul Hawken, Amory Lovins, L. Hunter Lovins, Natural Capitalism: Creating the Next Industrial Revolution (Boston: Back Bay Books, 2000); Jody Heymann, Forgotten Families: Ending the Growing Crisis Confronting Children and Working Parents in the Global Economy (Nova York: Oxford University Press, 2006); Prue Hyman, Women and Economics; A New Zealand Feminist Perspective (Wellington, Nova Zelândia: Bridget Williams Books, 1996); Joan C. Williams, Unbending Gender: Why Family and Work Conflict and What to Do About It (Nova York: Oxford University Press, 2000); Jeffrey Sachs, The End of Poverty: Economic Possibilities for Our Time (Nova York: Penguin, 2006).

15. O PIB é o valor de toda produção econômica dentro das fronteiras de uma nação; o PNB é o valor da produção econômica gerada pelos residentes de uma nação, independentemente de onde estejam trabalhando. O lucro de uma fábrica da Honda estabelecida na Carolina do Sul, por exemplo, contribui para o PIB dos Estados Unidos (é uma produção dentro do território americano) mas também contribui para o PNB do Japão (é uma produção cujo ativo é de propriedade de residentes japoneses). Uma importante diferença entre o PIB e o PNB é que este último inclui apenas a produção que gera renda para os residentes de uma nação, ao passo que o PIB abrange toda a produção que gera renda, seja para os residentes de um país ou para investidores estrangeiros.

16. The Occupational Handbook (Washington, D.C.: U.S. Department of Labor, Bureau of Labor Statistics, agosto de 2006) informa que em maio de 2004 a remuneração horária média dos trabalhadores assalariados ou horistas na área da puericultura era de 8,06 dólares. Os 50% da faixa mediana ganhavam entre 6,75 e 10,01 dólares. Os 10% inferiores ganhavam menos de 5,90 dólares, e os 10% superiores ganhavam mais de 12,34 dólares. Ver www.bls.gov/oco/ocos170.htm#earnings.

17. Cahn, No More Throwaway People.

18. Detalhes sobre a análise de custo-benefício do projeto Abecedarian Early Childhood Intervention realizado pelo National Institute for Early Education Research (NIEER) são encontrados em http://nieer.org/docs/?DocID=57. Os pesquisadores descobriram benefícios substanciais não apenas para as crianças e as suas famílias mas também para os distritos escolares, que podem esperar economizar mais de 11 mil dólares por criança porque é menos provável que os participantes necessitem de um aprendizado especial ou terapêutico.

19. Ver Ontario Ministry of Health and Long-Term Care, www.health.gov.on.ca/english/public/pub/ministry_reports/healthy_babies_report/hbabies_report.html.

20. Fórum Econômico Mundial, Global Competitiveness Report, 2006-2007. Ver www.weforum.org/en/initiatives/gcp/Global%20Competitiveness%20Report/index.htm.

21. Ver Mom Salary Wizard, http://swz.salary.com/momsalrywizard/htmls/mswl_momcenter.html. Outras estimativas foram mais baixas. Como é assinalado no Capítulo 4, existe também um certo movimento em direção a incorporar as informações a respeito do valor monetário do trabalho no lar às quantificações da produtividade nacional, mas somente como contas satélites do PIB e do PNB.

22. Daniela Estrada, "The Challenge of Paying for Unremunerated Work", Other News: Information That Markets Eliminate, 7 de junho de 2006. Ver http://other-news.info/index.php?p=1510.

23. Jeffrey Kluger, "The Tipping Point", Time, 3 de abril de 2006. A expressão ponto de desequilíbrio ficou conhecida devido ao livro de Malcolm Gladwell The Tipping Point: How Little Things Can Make a Big Difference (Boston: Back Bay Books, 2002).

NOTAS

Capítulo 2: A economia considerada de uma perspectiva mais ampla

1. Uma vez mais, para ser concisa, emprego o termo economia no seu sentido popular como uma forma abreviada de sistemas econômicos e não apenas para descrever a disciplina que estuda esses sistemas.

2. Eisler, *The Chalice and The Blade*.

3. Riane Eisler, *Sacred Pleasure: Sex; Mith, and The Politics of the Body* (San Francisco: HarperCollins, 1995); Eisler, *The Power of Partnership*. Em *Tomorrow's Children*, também apliquei a minha pesquisa à educação. (Riane Eisler, *Tomorrow's Children: A Blueprint for Partnership Education in the 21st Century* (Boulder, Colorado: Westview Press, 2000).)

4. Robert Ornstein, *The Psychology of Consciousness* (Nova York: Viking, 1972). Ou como o psicólogo americano William James salientou na obra *Principles of Psychology,* "É difícil concentrar a atenção no que não é identificado" (Mineola, N.Y.: Dover Publications, 1955 [originalmente publicado em 1890]), Capítulo 7.

5. Países como Noruega, Suécia, Finlândia, Islândia e Dinamarca, por exemplo, obtêm sistematicamente uma pontuação elevada nos Relatórios Anuais de Desenvolvimento Humano das Nações Unidas, que incluem indicadores básicos como o tempo de vida, as taxas de mortalidade infantil, os índices de analfabetismo, a proteção ambiental e outros que medem a qualidade de vida de um modo geral.

6. Quero esclarecer que uso o termo comunismo para me referir a um regime ao estilo soviético no qual se esperava que "a ditadura do proletariado" preparasse o caminho para o futuro melhor que os filósofos do século XIX chamavam de comunismo. Não emprego o termo, como às vezes acontece no linguajar popular, como sinônimo de socialismo. Tampouco uso a palavra *comunista* como um sinônimo para os partidos comunistas da antiga União Soviética e da atual República Popular da China. Desejo também esclarecer que nações que adotaram alguns princípios socialistas, como ocorreu com a maioria dos países da Europa Ocidental, podem se caracterizar pela democracia e liberdade cívica. Nessas nações, o estado exerce um certo controle como fornecedor e regulador, ao passo que o capitalismo "puro" se apoiaria apenas em regulamentações que tivessem lugar por meio dos mercados.

7. Hábitos bárbaros, como arrastar, esquartejar e estripar as pessoas em público e outras horríveis torturas eram corriqueiros até mesmo em lugares "civilizados" como a Grã- Bretanha até a Era Elisabetana. E queimar em público as mulheres acusadas de bruxaria prosseguiram tanto na Europa quanto em algumas colônias americanas até um período bem avançado do século XVIII.

8. Ver, por exemplo, Louisa Lim, "China Warns of Water Pollution", *BBC News Beijing,* 23 de março de 2005. http://news.bbc.co.uk/2/hi/asia-pacific/4374383.stm.

9. Ver, por exemplo, *Report on the World Social Situation: The Inequality Predicament* (Nova York: United Nations and Division for Social Policy and Development, U. N. Department of Economic and Social Affairs, 2005). Esse relatório, que é preparado a cada dois anos, serviu como documento de apoio para a análise política de questões socioeconômicas no nível intergovernamental. Maiores detalhes são encontrados em www.un.org/esa/desa/.

10. Essa definição de economia ainda é encontrada em enciclopédias bem como nos websites de muitas universidade e outras instituições. Uma definição apresentada por Adam Smith é "a ciência relacionada com as leis da produção, da distribuição e da troca". Entre definições mais recentes encontramos "o ramo da ciência social que lida com a produção, a distribuição e o consumo de bens e serviços, bem como da sua administração".

11. Ver, por exemplo, David Morris, *Measuring the Condition of the World's Poor* (Nova York: Pergamon Press, 1979).

12. *Human Development Report 1995*. United Nations Development Programme (Nova York: Oxford University Press, 1995).

13. Uma discussão de algumas dessas tentativas pode ser examinada *in* Hazel Henderson, "Changing Paradigms and Indicators: Implementing Equitable, Sustainable and Participatory Development", *in* Jo Marie Griesgraber e Bernhard G. Gunter (orgs.), *The World Bank: Lending on a Global Scale: Rethinking Bretton Woods, Vol. 2* (Londres: Pluto Press, 1996).

14. "Teure Haushaltproduktion" ["Expensive Household Production"], *Neue Zürcher Zeitung*, 11 de novembro de 2004.

15. Ver, por exemplo, John Roach, "Greenland Glaciers Losing Ice Much Faster, Study Says", *National Geographic News*, 16 de fevereiro de 2006, e John Roach, "Global Warming Is Rapidly Raising Sea Levels, Studies Warn", *National Geographic News*, 23 de março de 2006.

16. *The State of the World's Children 2005: Childhood Under Threat* (Nova York: UNICEF, 12 de dezembro de 2004). Ver www.unicef.org/publications/index_24432.html.

17. *Household Food Security in the United States, 2004* (Washington, D.C.: Department of Agriculture).

18. Mais informações podem ser encontradas no website do U.S. National Council on the Aging (NCOA): www.globalaging.org/health/us/2005/hungerus/htm.

19. Uma cópia completa de *Household Food Security in the United States, 2004*, está disponível em www.ers.usda.gov/publications/err11/. Um boletim da análise realizada pelo Center on Poverty and Hunger pode ser obtido em www.centeronhunger.org.

20. Segundo o Relatório do Recenseamento dos Estados Unidos publicado em 29 de agosto de 2006, tanto os homens quanto as mulheres ganharam menos em 2005 do que em 2004. Assim sendo, embora a renda média das unidades familiares tenha crescido ligeiramente mais depressa do que a inflação, os funcionários do censo disseram que isso tinha acontecido porque um número maior de membros da família estava trabalhando para poder cobrir as despesas e algumas pessoas estavam ganhando mais dinheiro com investimentos e outras fontes de renda. Além disso, esse pequeno aumento de 1,1% na renda média da unidade familiar não compensou a queda de 5,9% desse percentual entre os recensamentos de 2000 e 2005, caindo de 49.133 dólares para 46.242 dólares. Ver Rick Lyman, "Census Reports Slight Increase in '05 Incomes", *New York Times*, 30 de agosto de 2006, e o editorial "Downward Mobility", *New York Times*, 30 de agosto de 2006. A respeito do aumento astronômico do salário dos CEOs das empresas, ver Holly Sklar, "Carving Up Our Economic Pie", *Knight Ridder/ Tribune Information Services*, 22 de novembro de 2005, no qual ela ressalta que em 2004 o coeficiente entre a remuneração do CEO e do trabalhador comum tinha subido para 362 para 1. Ver Ms Foundation for Women em http://ms.foundation.org/wmspage.cfm?parm1=329.

21. As nações latino-americanas e outros países onde o planejamento familiar é desencorajado por motivos religiosos apresentam um elevado índice de abortos, com um percentual elevado de mortes relacionadas com a gravidez devido à prática ilegal desse procedimento. Alguns dos mais elevados índices de abortos ocorrem em países onde ele é ilegal. Ver Cicely Marston e John Cleland, "Relationship Between Contraception and Abortion: A Review of the Evidence", *International Family Planning Perspectives, 2003*, 29(1), 6-13. Ver www.guttmacher.org/pubs/journals/2900603.html. Por exemplo, 48% das mortes maternas no Uruguai são atribuíveis ao aborto realizado em condições de risco. Lucia Rayas, Diane Catotti e Ana Cortes, *Achieving ICPD Commitments for Abortion Care in Latin America: The Unfinished Agenda* (Chapel Hill, N.C.: Ipas, 2005); ver www.ipas.org/publications/en/LACICPD_E05_en.pdf.

22. Reproduzido com a permissão de G. William Domhoff, "Wealth, Income, and Power", fevereiro de 2006; http://sociology.ucsc.edu/whorulesamerica/power/wealth.html.

23. O Intelligence Project do Southern Poverty Law Center acompanha o crescimento dos grupos discriminatórios* nos Estados Unidos. Informações podem ser obtidas em www.tolerance.org/maps/hate/. A Task Force Against Hate and Terrorism** do Simon Wiesenthal Center fornece informações sobre grupos discriminatórios no mundo inteiro. Ver www.wiesenthal.com/. Ambos mostram como a Internet contribuiu para o crescimento dos grupos discriminatórios e terroristas por intermédio dos websites e da facilidade da comunicação online.

24. O patrimônio líquido é definido pelos economistas como os ativos negociáveis, como, por exemplo, os bens imóveis, as ações e os títulos, deixando de fora bens duráveis como carros e os objetos do lar. Quando todas as dívidas, como a hipoteca da casa e os débitos dos cartões de crédito são abatidos, o resultado é o patrimônio líquido. A riqueza financeira é definida como o patrimônio líquido menos o valor excedente a uma hipoteca na casa ocupada pelo dono. Uma análise abrangente é encontrada em G. William Domhoff, *Who Rules America? Power, Politics & Social Chance* (Annandale-on-Hudson, N.Y.: Levy Economics Institute, 1998) em http://sociology.ucsc.edu/whorulesamerica/. Ver também o website de United For a Fair Economy: www.faireconomy.org/.

25. Reproduzido com a permissão de G. William Domhoff, "Wealth, Income, and Power", fevereiro de 2006; http://sociology.ucsc.edu/whorulesamerica/power/wealth.html.

26. Embora, é claro, todos os benefícios da atenção e da assistência não possam ser quantificados, existe um movimento voltado para a inclusão de alguns desses benefícios nos indicadores econômicos, o que será discutido no Capítulo 4.

27. Essas sugestões, apresentadas tanto por economistas liberais quanto conservadores, serão apresentadas no Capítulo 8.

28. Ver Eisler, *Tomorrow's Children*. Esse tipo de educação é particularmente premente hoje, já que se estima que a criança americana típica terá assistido a oito mil assassinatos na tela de TV e mais de cem mil atos de violência até o final do ensino fundamental, números que estarão duplicados no final da adolescência. Ver David S. Barry, "Growing Up Violent: Decades of Research Link Screen Mayhem with Increase in Aggressive Behavior", *Media and Values,* verão de 1993, 62, 8-11. As pesquisas sobre a epidemia de violência realizadas pelo dr. Brandon Centerwall, epidemiologista da University of Washington, revelam que os crimes violentos apresentaram um aumento de quase 100% nos Estados Unidos no intervalo de uma única geração depois que a televisão foi introduzida no mercado. Ver Brandon Centerwall, M.D., "Television and Violence: The Scale of the Problem and Where to Go from Here", *Journal of the American Medical Association,* junho de 1992, 267, 3059-063. Ver também "A Tale of Three Countries: Homicide Rates Rise After Television's Arrival: An Interview with Brandon Centerwall, M.D.," *Media and Values,* verão 1993, *62,* 12-3. Uma constatação particularmente digna de nota é que os pais que foram criados assistindo à televisão tendem a usar mais violência na criação dos filhos. Os meios de comunicação de massa influenciam até mesmo o comportamento pernicioso dos adultos, o que foi demonstrado por um projeto de pesquisa dirigido pelo psicólogo social David Loye da Escola de Medicina da UCLA. Igualmente importante foi outra descoberta dessa pesquisa: depois que as pessoas assistiam a programas que exibiam comportamentos carinhosos e prestativos,

---

* Em inglês são chamados de *hate groups* (grupos de ódio). (N. da T.)

** Força Tarefa Contra a Discriminação e o Terrorismo. (N. da T.)

248   A VERDADEIRA RIQUEZA DAS NAÇÕES

elas passavam a agir de uma maneira mais carinhosa e prestativa. Ver David Loye, Roderic Gorney e Gary Steele, "Effects of Television", *Journal of Communication*, 1977, 27(3), 206-216.

Capítulo 3: A solidariedade compensa — em valores monetários

1. Para mais detalhes sobre o SAS, visite www.sas.com/jobs/USjobs/benefits.html.

2. Para mais detalhes, ver Sandra Burud e Marie Tumolo, *Leveraging the New Human Capital: Adaptative Strategies, Results Achieved, and Stories of Transformation* (Mountain View, Califórnia: Davies-Black Publishing, 2004).

3. Para mais detalhes, ver www.winningsworkplaces.org/bestbossesaward/previouswin_2004_fnl.php.

4. "The Retention Dilemma", levantamento realizado em 2001 pelo Hay Group. Visite www.haygroup.com. Outras pesquisas estimam que a rotatividade de pessoal pode custar à empresa de dez mil dólares por funcionário até 200% da indenização dele. Ver "The Real Cost of Turnover", 6 de novembro de 2003. www.staffing.org.

5. Linda H. Clever e Gilbert S. Omenn, "Hazards for Health Care Workers", *Annual Review of Public Health,* 1988, 9, 273-303.

6. Informações sobre a Intermedics extraídas de *Precious Time: Childcare That Works*; ver http://ptcenters.com/employertestimonials.html. Para informações sobre o Virginia Mason Medical Center, visite www.virginiamason.org/body/cfm?id=317. Para informações sobre a Johnson & Johnson de http://govinfo.library.unt.edu/npr/library/reports/hrm07.html.

7. Ver www.circadian.com/media/Release-03Aug12.html. As constatações da Circadian se basearam em uma análise abrangente da literatura existente e do levantamento anual da firma, que contém dados de 10.500 funcionários que trabalham horas prolongadas em sessenta companhias e de gerentes de mais de mil empresas representando aproximadamente 150 mil funcionários em todos os principais setores da indústria.

8. Para obter mais informações, visite www.worklifelaw.org e www.pardc.org. Ver também Joan C. Williams, *Unbending Gender: Why Family and Work Conflict and What to Do About It* (Nova York: Oxford: University Press, 2000); Gornick e Meyers, *Families That Work.* Para uma perspectiva global sobre essa questão, ver Jody Heymann, *Forgotten Families: Ending the Growing Crisis Confronting Children and Working Parents in the Global Economy* (Nova York: Oxford University Press, 2006). Na verdade, como salienta a professora Lynn Sharpe Paine da Harvard Business School, as diretivas éticas e solidárias devem ser postas em prática mesmo quando, pelo menos a curto prazo, elas possam até certo ponto reduzir os lucros. Ver Lynn Sharpe Paine, *Value Shift: Why Companies Must Merge Social and Financial Imperatives do Achieve Superior Performance* (Nova York: McGraw-Hill, 2003).

9. Radcliffe Public Policy Center e Harris Interactive, Inc. *Life's Work: Generational Attitudes Toward Work and Life Integration* (Cambridge: Radcliffe Institute for Advanced Study, 2000). Ver www.Radcliffe.edu/research/pubpol/lifeswork.pdf.

10. *The Most Important Work/Life-Related Studies* (Minnetonka, Minn.: Work & Family Connection, 2005).

11. O Families and Work Institute (FWI) é um centro de pesquisa sem fins lucrativos que fornece dados que disponibilizam elementos para a tomada de decisões sobre a força de trabalho, a família e a comunidade em transformação. Ver www.familiesandwork.org/.

NOTAS

12. Burud e Tumolo, *Leveraging the New Human Capital*.

13. *The Most Important Work/Life-Related Studies*.

14. *Bright Horizons Child Care Trends*, 2002. Ver www.childcareinhealthcare.org/employer-sponsored-child-care.php.

15. Economic Policy Institute. Ver www.epinet.org/briefingpapers/1991_bp_new_policies.pdf

16. Christine Avery e Diane Zabel, *The Flexible Workplace: A Sourcebook of Information and Research* (Westport. Conn.: Quorum, 2000). Devo acrescentar aqui que o trabalho a distância não apenas ajuda a equilibrar a vida pessoal e o trabalho, como também alivia o congestionamento do trânsito e é benéfico para o ambiente, porque significa uma menor emissão nociva dos automóveis.

17. Burud e Tumolo, *Leveraging the New Human Capital*.

18. *The Most Important Work/Life-Related Studies*.

19. *The Most Important Work/Life-Related Studies*.

20. *The Most Important Work/Life-Related Studies*.

21. A história completa desse banco é narrada em Burud e Tumolo, *Leveraging the New Human Capital*.

22. Burud e Tumolo, *Leveraging the New Human Capital*.

23. Essas estatísticas se baseiam em pesquisas de custo-benefício.

24. O aprendizado organizacional positivo surgiu da *psicologia positiva*, conceito introduzido em 1998 por Martin Seligman, então presidente da American Psychological Association. A psicologia positiva examina os contextos organizacionais que promovem processos e estados positivos. O aprendizado organizacional positivo recorre intensamente às pesquisas do Stone Center for Research on Women fundado pela dra. Jean Baker Miller e outros para examinar o que eles chamam de *psicologia relacional*. Ver, por exemplo, Jean Baker Miller e Irene P. Stiver, *The Healing Connection: How Women Form Relationships in Therapy and in Life* (Boston: Beacon Press, 1997).

25. Jane Dutton e Emily Heaphy, "The Power of High-Quality Connections at Work", *in* Kim Cameron, Jane Dutton e Robert. E. Quinn (orgs), *Positive Organizational Scholarship* (San Francisco: Berrett-Koehler, 2003).

26. Jane Dutton, *Energize Your Workplace* (San Francisco: Jossey-Bass, 2003).

27. Jane Dutton, Jacoba Lilius e Jason Kanov, "The Transformative Potential of Compassion at Work". Dissertação apresentada na Weatherhead School of Management, Case Western Reserve University, Cincinnati, agosto de 2003.

28. Daniel Goleman, Richard Boyatzis e Annie McKee, *Primal Leadership: Realizing the Power of Emotional Intelligence* (Boston: Harvard Business School Press, 2002); David L. Cooperrider e Suresh Srivastva, "Appreciative Inquiry in Organizational Life", *Research in Organizational Change and Development*, 1987, *1*, 129-69; Ronald Fry, Frank Barrett, Jane Seiling e Diana Whitney (orgs.), *Appreciative Inquiry and Organizational Transformation: Reports from the Field* (Westport, Conn.: Quorum, 2001).

29. Alice Isen, "Positive Affect, Cognitive Processes and Social Behavior", *Advances in Experimental Social Psychology*, 1987, *20*, 203-53; Barbara Fredrickson, "Positive Emotions and Upward Spirals in Organizations", *in* Cameron, Dutton e Quinn, *Positive Organizational Scholarship*.

250 A VERDADEIRA RIQUEZA DAS NAÇÕES

30. Um livro que mostra em alto grau os benefícios de uma organização voltada para a participação é o de Peter M. Senge, *The Fifth Discipline: The Art & Practice of the Learning Organization*, edição revista (Nova York: Doubleday, 2006).

31. Ontario Hospital Association. *OHA Executive Report, 11*(32); Ver www.oha.com/client/OHA/OHA_LP4W_LND_WebStation.nsf/page/Archived+Executive+Report.

32. Mais informações sobre o programa de Ontário podem ser obtidas em www.health.gov.on.ca/english/public/program/child/child_mn.html.

33. Em 2001, a equipe da Healthy Babies, Healthy Children fez 31.479 indicações formais para 14.378 famílias que mais se beneficiariam desses serviços.

34. Ver www.health.gov.on.ca/english/public/pub/ministry_reports/healthy_babies_report/hbabies_report.html.

35. *The Economic Dimensions of Interpersonal Violence* (Genebra, Suíça: Department of Injuries and Violence Prevention, World Health Organization, 2004). Ver também "Violence Creates Huge Economic Cost for Countries", um relatório de 2004; www.un.org/apps/news/story.asp?NewsID=1 1003&Cr=violence&Cr1=.

36. Gordon Cleveland e Michael Krashinsky, *The Benefits and Costs of Good Child Care: The Economic Rationale for Public Investiment in Young Children — A Policy Study* (Scarborough: University of Toronto, Department of Economics, março de 1998).

37. Apesar de todas as pesquisas que comprovam os seus benefícios, os programas de puericultura têm recebido uma intensa oposição. Em dezembro de 2005, por exemplo, uma severa crítica dos programas de puericultura chamados "Universal Child Care, Maternal Labor Supply and Family Well-Being", foi publicada pelo National Bureau of Economic Research (NBER) com sede nos Estados Unidos. O texto afirmava que os programas de puericultura afetavam desfavoravelmente as crianças e as famílias, criticando particularmente o programa de Quebec. Imediatamente depois da publicidade que o relatório do NBER atraiu, ele foi severamente criticado por especialistas em desenvolvimento infantil, entre eles o diretor do Human Early Learning Partnership, um instituto canadense interdisciplinar de pesquisa do desenvolvimento inicial da criança. Em resposta ao relatório do NBER, o dr. Clyde Herzman, o dr. Hillel Goelman e o dr. Paul Kershaw da University of British Columbia salientaram que, para começar, o texto não examinou na verdade crianças que estavam inscritas em programas de puericultura. "Uma leitura cuidadosa do relatório", escreveram eles, "revela que os seus autores estudaram os possíveis efeitos da puericultura em crianças que se 'qualificavam' para o programa de puericultura de Quebec mas que não estavam necessariamente inscritas em quaisquer programas de puericultura." Herzman, Goelman e Kershaw passaram em seguida a criticar uma segunda falha importante da análise: os autores do relatório "não fizeram um acompanhamento individual das crianças ao longo do tempo, examinando o seu desenvolvimento antes, durante e depois de elas serem inscritas no programa de puericultura" e por conseguinte "não dispõem de uma maneira direta de saber qual a influência que o programa exerceu na criança", além de não terem incluído dados sobre a qualidade do programa de puericultura. Na carta que escreveram em fevereiro de 2006 para o jornal canadense *The Globe and Mail*, que dera destaque ao relatório do NBER, eles disseram: "O artigo é gravemente falho, suas conclusões são enganadoras e ele presta um desserviço ao debate nacional sobre os programas de puericultura e de apoio à família."

38. Cleveland e Krashinsky, *Benefits and Costs of Good Child Care*.

39. Como ressalta o economista Peter Meyer-Dohm, a importância econômica do investimento no capital humano tornou-se pela primeira vez um tema de discussão no ocidente quando a URSS

colocou o *Sputnik* em órbita antes que o Estados Unidos conseguissem fazê-lo. Esse fato conduziu ao desenvolvimento de um novo ramo da economia — a economia da educação — e a gigantescos investimentos na educação superior e na produção do conhecimento. Como observa Meyer-Dohm, o principal interesse da economia da educação é a razão custo-benefício do investimento no conhecimento. Entretanto, a educação (custo) e a qualidade do capital humano medido pela renda (benefício) são um conceito muito limitado (Professor Meyer-Dohm, comunicação pessoal, agosto de 2006).

40. Burud e Tumolo, *Leveraging the New Human Capital.*

41. Alguns estados americanos têm bons programas voltados para as crianças pequenas e os seus pais. No entanto, como o reconhecimento da importância desses programas é insuficiente, os serviços essenciais que eles oferecem estão freqüentemente entre os primeiros a ser cortados quando ocorrem déficits no orçamento.

42. Richard Layard, *Happiness: Lessons from a New Science* (Nova York: Penguin Press, 2005).

43. As políticas de Ajustamento Estrutural do FMI e outros órgãos internacionais exigem que os custos governamentais sejam rigorosamente cortados para que uma nação se qualifique para um empréstimo. Em decorrência dessa exigência, os governos têm efetuado cortes radicais em programas que promovem a saúde, a educação e o bem-estar social. Muitas pesquisas mostram que essa atitude produz conseqüências extremamente negativas para a sociedade como um todo e, em particular, para as mulheres que cuidam dos seus filhos, bem como para as próprias crianças. Ver, por exemplo, a dissertação de Lois Woestman, "Male Chauvinist SAPs: Structural Adjustment and Gender Policies", dezembro de 1994-janeiro de 1995.

44. No Canadá, doze meses de licenças maternidade e parental parcialmente remuneradas estão disponíveis, e, em 2001, 61% das mães que tinham acabado de dar à luz estavam recebendo benefícios de licença maternidade ou parental, e 10% dos maridos requisitaram, ou planejavam requisitar, benefícios parentais remunerados. Statistics Canada, "Life Stress". Ver www.statcan.ca. Ver também *Starting Strong: Early Childhood Education and Care* (Paris: Center of Excellence for Early Childhood Development, 2001), www.excellence-earlychildhood.cat/theme.asp?id=4&lang=EN.

45. Rob Stein, "U.S. Health Care Most Expensive, Error-Prone", *Monterey County Herald,* 4 de novembro de 2005, p. A2. O estudo — realizado por Harris Interactive, contratado pelo Commonwealth Fund — foi publicado no periódico *Health Affairs.*

46. Marcia K. Meyers e Janet C. Gornick, "The European Model: What We Can Learn from How Other Nations Support Families That Work", *American Prospect,* 1º de novembro de 2004. Para maiores detalhes, ver Janet C. Gornick e Marcia K. Meyers, *Families That Work: Policies for Reconciling Parenthood and Employment* (Nova York: Russell Sage Foundation Publications, 2003).

47. Ver *Labour Productivity: Data: GDP per Index and Percentage Change,* 12 de agosto de 2005. www. oecd.org/searchResult/0,2665,em_2825_293564_1_1_1_1_1,00.html e www.oecd.org/dataoecd/30/14/29861140.xls. Ver também Meyers e Gornick, "The European Model".

48. *Child Health USA 2004* (Rockville, Md.: Health Resources and Services Administration, Maternal and Child Health Bureau. U.S. Department of Health and Human Services, 2004. www.mchb.hrsa. gov/mchirc/chusa_04/pages/0405iimr.htm.

49. Meyers e Gornick, "The European Model".

50. Ver Martha Burk, *Cult of Power: Sex Discrimination in Corporate America and What Can Be Done About It* (Nova York: Scribner's, 2005).

252   A VERDADEIRA RIQUEZA DAS NAÇÕES

51. Ver Mona Harrington, *Care and Equality: Inventing a New Family Politics* (Nova York: Knopf, 1999), que mostra como cuidar dos filhos e parentes coloca um fardo adicional nas mulheres e explica a necessidade de uma programação com novos "valores familiares" para reduzir o stress sobre as famílias americanas. Outros trabalhos a respeito desse tema são Shirley Burggraf, *The Feminine Economy and the Economic Man: Reviving the Role of Family in the Post-Industrial Age* (Nova York: Perseus Books, 1999) e Anne Critterden, *The Price of Motherhood: Why the Most Important Job in the World Is Still the Least Valued* (Nova York: Metropolitan Books, 2001).

52. "Message of the United Nations Secretary-General Kofi Annan for the International Day for the Eradication of Poverty", apresentação feita pelo Secretário Geral da ONU Kofi Annan no Dia Internacional para a Erradicação da Pobreza, 17 de outubro de 2000. Ver www.oct17.org/archives/em/archiv_en/sout00e.htm.

53. Declaração de Carol Bellamy extraída do décimo relatório anual da UNICEF sobre a situação das crianças no mundo, *The State of the World's Children 2005: Childhood Under Threat.* Ver www.medicalnewstoday.com/medicalnews.php?newsid=17670.

54. Ver www.cia.gov/cia/publications/factbook/rankorder/2091rank.html.

55. Como observa Susan Kollin no livro *Nature's State* (Chapel Hill: University of North Carolina Press, 2001), o derramamento criou, em última análise, um enorme aumento no PNB dos Estados Unidos, porque mais de dois bilhões de dólares foram gastos na limpeza e outros quarenta bilhões em outros estragos resultantes da poluição do ar.

56. Em vez de assumir a responsabilidade pelo enorme dano ambiental causado pelo derramamento, enquanto escrevo estas linhas a Exxon continua a gastar milhões de dólares para se defender das multas impostas aos crimes ambientais pelo Ministério da Justiça americano e também de sentenças civis, entre elas 5,2 bilhões em indenizações punitivas aos índios do Alasca, a proprietários de terras e a pescadores comerciais no Estreito Prince William. Ver Ashley Shelby, "The Real Cost of Oil", *Alternet,* 24 de junho de 2005. www.alternet.org/envirohealth/22260/.

57. Ver "Deaths from Air Pollution Now Triple Those from Traffic Accidents", 17 de outubro de 2002. www.peopleandplanet.net/doc.php?id=1778.

58. Ver www.peopleandplanet.net/doc.php?id=1778.

59. http://edition.cnn.com/2005/WORLD/asiapcf/04/27/eyeonchina.environment/.

60. http://edition.cnn.com/2005/WORLD/asiapcf/04/27/eyeonchina.environment/.

61. Jenifer Warren, "Spare the Rod, Save the Child", *Los Angeles Times,* 6 de julho de 2004. www.justicepolicy.org/article.php?id=429.

62. Warren, "Spare the Rod". A boa notícia, como escreve Daniel Weintraub, é que a Califórnia está no momento em via de mudar as suas prisões de menores para "locais mais solidários onde cada criança possa ter a chance de se corrigir antes que seja tarde demais". Embora até o momento a reestruturação ainda esteja em sua maior parte no papel, em 2006 o orçamento da Califórnia incluiu cem milhões de dólares em novos recursos para começar a implementar mudanças básicas (Daniel Weintraub, "Overhaul of Youth Prisons Just Might Give Kids a Chance", *Monterey County Herald,* 27 de agosto de 2006, p. F2).

63. Para os efeitos dos maus-tratos sobre o cérebro, ver Bruce D. Perry, Ronnie A. Pollard, Toi A. Blakley, William L. Baker e Domenico Vigilante, "Childhood Trauma, the Neurobiology of Adaptation, and 'Use-Dependent' Development of the Brain: How 'States' Become 'Traits'", *Infant Mental Health*

NOTAS 253

Journal, 1995, *16*, 271-91. Para um estudo nacional dos maus-tratos infantis como causa de crimes bem como um levantamento da literatura que mostra uma correlação entre o abuso infantil e o crime, ver Janet Currie e Erdal Tekin, "O Abuso Infantil Causa o Crime"? Institute for the Study of Labor (IZA), 2006. A dissertação é Working Paper Nº. 12171 do National Bureau of Economic Research, Inc. Um resumo pode ser visto em http://ideas.repec.org/p/nbr/nberwo/12171.html#provider.

64. The Perry Preschool Longitudinal Study, www.highscope.org/Research/PerryProject/perrymain. htm.

Capítulo 4: O duplo padrão econômico

1. II Samuel, *The Dartmouth Bible* (Boston: Houghton Mifflin, 1950).

2. Deuteronômio 22: 13-21.

3. Gênesis 19.

4. Deuteronômio 22: 28-9.

5. Agostinho, citado *in* Roy F. Baumeister, "How the Self Became a Problem: A Psychological Review of Historical Research", *Journal of Personality and Social Psychology*, 1987, 52(1), 169.

6. Susan Moller Okin, *Women in Western Political Thought* (Princeton: Princeton University Press, 1979), 200.

7. Rousseau, citado *in* Okin, *Women in Western Political Thought*, 163-64.

8. William Thompson, por exemplo, escreveu que a ausência de direitos da mulher casada induziu-a a tornar-se "uma máquina de reprodução involuntária e escrava doméstica". Citado *in* Nancy Folbre, "Socialism, Feminist and Scientific", *in* Ferber e Nelson, *Beyond Economic Man*, p. 100.

9. Ver Christine de Pizan, *The Book of the City Ladies* (Earl Jeffrey Richards, trad.) (Nova York: Persea Press, 1982). Ver também Gerda Lerner, *The Creation of Feminist Consciousness: From the Middle Ages to Eighteen-Seventy* (Nova York: Oxford University Press, 1993), e www.pinn.net/~sunshine/march99/pizan3.html.

10. Antoine Nicolas de Caritat, Marquis de Condorcet, "On the Admission of Women to the Rights of Citizenship", julho de 1790, *in* Lynn Hunt (trad., org.), *The French Revolution and Human Rights: A Brief Documentary History* (Boston/Nova York: Bedford/St. Martin's, 1996).

11. Elizabeth Cady Stanton, *The Woman's Bible* (Nova York: European Publishing Co., 1885). Reproduzido em *The Original Feminist Attack on the Bible*, de Elizabeth Cady Stanton, com uma introdução atual de Barbara Welter (Nova York: Arno Press, 1974).

12. Mais detalhes sobre o manifesto de Stanton podem ser obtidos em www.nps.gov/wori/address. htm.

13. Marx citado em Folbre, "Socialism, Feminist and Scientific", p. 103.

14. Embora os efeitos da qualidade global de vida desses padrões de injustiça sexual geralmente desconsiderados sejam mais expressivos no mundo em desenvolvimento, dificilmente são exclusivos dele. Os mesmos padrões são evidentes em nações desenvolvidas como os Estados Unidos, onde tornam-se mais visíveis quando as famílias se dissolvem e o padrão de vida do pai em geral sobe enquanto o da mãe e das crianças cai.

254 A VERDADEIRA RIQUEZA DAS NAÇÕES

15. Amartya Sen, "More Than 100 Million Women Are Missing", *New York Review of Books,* 1990, 37(20), 61-6.

16. *The World's Women: 1970-1990 Trends and Statistics* (Nova York: United Nations, 1991), 60.

17. Desde a década de 1970, muitos livros têm salientado que os programas de desenvolvimento econômico discriminam as mulheres. Entre esses livros estão Ester Boserup, *Women's Role in Economic Development* (Londres: Allen and Unwin, 1970); Devaki Jain e Nirmala Banerjee (orgs.), *The Tyranny of the Household Women in Poverty, Investigative Essays on Women's Work* (Nova Delhi: Shakti Books, uma divisão da Vikas Publishing, 1985); Maria Mies, *Patriarchy and Accumulation on a World Scale: Women and the International Division of Labour* (Londres: Zed Books, 1986); Kathryn Ward (org.), *Women Workers and Global Restructuring* (Ithaca, N. Y.: Cornell University Press, 1990); Jane Jaquette, *The Women's Movement in Latin America: Participation and Democracy,* 2ª edição (Boulder, Colorado.: Westview Press, 1994); Hale Afshar (org.), *Women, Development, and Survival in the Third World* (Nova York: Longman, 1991); V. Spike Peterson e Anne Sisson Runyan, *Global Gender Issues: Dilemmas in World Politics,* 2ª edição (Boulder, Colorado.: Westview Press, 1999). Para uma análise do impacto particularmente intenso das políticas de ajustamento estrutural nas mulheres, ver Woestman, "Male Chauvinist SAPs: Structural Adjustment and Gender Policies". Esses trabalhos fazem parte de uma literatura mais ampla resultante de uma explosão de pesquisas sobre os papéis e relacionamentos sexuais nas últimas décadas. Uma obra que dá destaque a parte dessa pesquisa é *Gender Roles: A Sociological Perspective,* 2ª edição, de Linda L. Lindsey (Englewood Cliffs, N. J.: Prentice Hall, 1994).

18. Marx empregava o termo *alienação* de diversas maneiras. Ele argumentava que o trabalho dos trabalhadores industriais era separado ou alienado do seu valor real. Em outras palavras, ele argumentava que somente o trabalho gera valor e que, portanto, esse valor deveria ser integralmente destinado ao trabalhador e não ao proprietário das máquinas que o primeiro operasse. Marx também argumentava que o trabalho industrial era desassociado ou alienado do significado e propósito porque era desmembrado em movimentos mecânicos na linha de montagem. Assim sendo, a palavra alienação tinha vários significados: separação, desvalorização e exploração.

19. Quero atribuir a Hilary Rose, bióloga e autora feminista britânica, o mérito de ter introduzido a expressão *alienação do trabalho da atenção e da assistência*. Não consigo recordar onde Rose escreveu a respeito dela, mas a expressão me proporcionou um rótulo proveitoso para o que eu estava analisando, pelo que sou imensamente grata.

20. Essa visão da mulher e do trabalho feminino ainda estava entranhada no final do século XIX. A idéia de que a mulher e o trabalho feminino são propriedade dos homens fazia parte do direito comum britânico que foi levado para as colônias americanas, e essas leis só foram modificadas depois que o movimento feminista do século XIX as contestou. Para detalhes, ver Riane Eisler, *Dissolution: No-Fault Divorce, Marriage, and the Future of Women* (Nova York: McGraw-Hill, 1977).

21. Nos anos mais recentes, as mulheres ingressaram na medicina em quantidades significativas. Ao mesmo tempo, embora ainda se trate de uma profissão muito bem remunerada, algumas áreas da medicina estão se tornando menos lucrativas, particularmente as menos técnicas nas quais as mulheres tendem a se concentrar mais, como a pediatria e a obstetrícia. Esse fato segue um padrão clássico no qual, de acordo com o sistema oculto de valores característico da economia dominadora, as profissões geralmente se tornam menos valorizadas quando as mulheres nelas ingressam em grandes quantidades.

22. Riane Eisler, David Loye e Kari Norgaard, *Women, Men, and the Global Quality of Life* (Pacific Grove, Califórnia: Center for Partnership Studies, 1995). Essa pesquisa pode ser obtida em www.partnershipway.org.

NOTAS

23. De acordo com o Serviço de Recenseamento dos Estados Unidos, depois dos 65 anos de idade, 11,8% das mulheres e 6,9% dos homens são pobres. Ver *Country's Older Population Profiled by the U.S. Census Bureau,* 1º de junho de 2001 (Public Information Office, CB01-96); www.census.gov/Press-Release/www/releases/archives/mobility_of_the_population/000335.html.

24. Joan A. W. Linsenmaier e Camille B. Wortman, "Attitudes Toward Workers and Toward Their Work: More Evidence That Sex Makes a Difference", *Journal of Applied Social Psychology,* agosto de 1979, 9(4).

25. Ver Eisler, *The Chalice and The Blade* e *Sacred Pleasure* para detalhes sobre essa mudança na pré-história; ver Min Jiayin (org.), *The Chalice and the Blade in Chinese History: Gender Relations and Social Models* (Pequim: China Social Sciences Publishing House, 1995) para a maneira como ela ocorreu na Ásia; e June Nash, "The Aztecs and the Ideology of Male Dominance", *Signs,* inverno de 1978, 4, 349-62, para um mito que mostra a sua ocorrência nas Américas. Alguns dos mitos mais antigos de muitas culturas se referem a uma época mais tranqüila e justa em que as mulheres ocupavam uma posição elevada. O *Tao Te Ching* chinês, por exemplo, como ressalta R. B. Blakney, faz referência a um período anterior à imposição da dominância masculina. (Ver R. B. Blakney [org. e trad.], *The Way of Life: Tao Te Ching* [Nova York: Mentor, 1951].)

26. Citação de Bacon *in* Fritjof Capra, *The Turning Point* (Londres: Fontana Flamingo séries, 1983). Ver www.lausd.k12.ca.us/North_Hollywood_HS/programs/thefarm/readings/capra.html. [*O Tao da Física,* publicado pela Editora Cultrix, São Paulo, 1985.]

27. Margaret G. Reid, *Economics of Household Production* (Nova York: Wiley, 1934).

28. Waring, *If Women Counted.* Nesse livro influente, Waring (ex-membro do legislativo neozelandês) mostra como a exclusão do "trabalho feminino" da atenção e da assistência distorce os indicadores econômicos e como a desvalorização das mulheres e de qualquer coisa associada a elas está por trás disso, preparando o caminho para um reexame mais meticuloso das quantificações econômicas a partir de uma perspectiva baseada na diferença entre os sexos.

29. Para uma discussão dos métodos propostos pela OCDE (Organização para a Cooperação e Desenvolvimento Econômico), ver Duncan Ironmonger, "Counting Outputs, Inputs, and Caring Labor: Estimating Gross Household Product", *Feminist Economics,* outono 1996, 2(3), 37-64.

30. Ironmonger, "Counting Outputs".

31. Hikka Pietila, "Non-Market Work in the Construction of Livelihood: The Work and Production at the Grass Roots Countervailing Globalization", apresentação no IGGRI Preparatory Meeting, Helsinque, de 13 a 16 de outubro de 1997.

32. www.sensiblepriorities.org/budget_analysis.php. Com referência ao artigo de Korb, visitar www.sensiblepriorities.org/pdf/korb_report_Finalb.pdf. A Business Leaders for Sensible Priorities é uma organização apartidária, sem fins lucrativos, de 650 altos executivos de empresas como a Goldman Sachs, a Hasbro e a Philips-Van Heusen.

33. Julie Aslaksen e Charlotte Koren, "Unpaid Household Work and the Distribution of Extended Income: The Norwegian Experience", *Feminist Economics,* outono de 1996, 2(3), 65-80.

34. "Teure Haushaltproduktion" ["Expensive Household Production"] [Produção Doméstica Dispendiosa].

35. *Human Development Report 1995,* United Nations Development Programme (Nova York: Oxford University Press, 1995), pp. 7, 6.

36. Um livro recente que trata da felicidade é *Happiness* de Layard.

37. Por exemplo, a pesquisa Adverse Childhood Experiences (ACE), uma colaboração contínua entre o Departamento de Medicina Preventiva da Kaiser Permanente localizado em San Diego, Califórnia, e os Centros de Controle e Prevenção das Doenças dos Estados Unidos, forneceu indicações convincentes da ligação entre o trauma no início da infância e a disfunção emocional, social e física que ocorre mais tarde na vida. Para obter mais informações, visite www.acestudy.org/pub-acereporter.php.

38. Ver, por exemplo, "What the Research Shows".

39. Para uma discussão desse assunto e de pesquisas que lançam uma nova luz sobre ele, ver Julie A. Nelson, *Economics for Humans,* Capítulo 4.

40. Eisler, Loye e Norgaard, *Women, Men, and the Global Quality of Life.* O vínculo entre a justiça sexual e a qualidade de vida foi confirmado em um nível muito elevado de significância estatística para análise correlacional. Foram encontradas 61 correlações no nível 0,001 e 18 correlações adicionais no nível 0,05, para um total de 79 correlações significativas na direção prevista. Esse vínculo foi adicionalmente confirmado pela análise fatorial. Ponderações de fatores elevadas para a justiça sexual e as variáveis da qualidade de vida foram responsáveis por 87,8% da variância. A análise de regressão também produziu resultados significativos. Um coeficiente de determinação de 0,84, com significância estatística no nível 0,0001, forneceu apoio para a hipótese de que a justiça sexual é um forte indicador da qualidade de vida.

41. Eisler, Loye e Norgaard, *Women, Men and the Global Quality of Life.*

42. Eisler, Loye e Norgaard, *Women, Men and the Global Quality of Life.*

43. Informações sobre a World Values Survey são encontradas em Ronald Inglehart, *Modernization and Postmodernization: Cultural, Economic, and Political Change in 43 Societies* (Princeton, N. J.: Princeton University Press, 1997).

44. Ronald F. Inglehart, Pippa Norris e Christian Welzel, "Gender Equality and Democracy", *Comparative Sociology,* 2002, *1* (3/4), 329.

45. Inglehart, Norris e Welzel, "Gender Equality and Democracy". Usando a pontuação da Freedom House* das liberdades civis e dos direitos políticos, Inglehart e os seus colegas também verificaram que os valores da "auto-expressão" estavam aumentando nas sociedades que estavam avançando em direção à democracia e à igualdade entre os sexos. Em contrapartida, as sociedades que ainda enfatizam os valores de "sobrevivência" — que incluem atitudes tradicionais que limitam fortemente as opções de vida das mulheres, a intolerância para com os grupos forasteiros e a baixa confiança interpessoal — situam-se na extremidade inferior das liberdades civis, dos direitos políticos e da escala democrática. A maior parte da África, do mundo muçulmano e dos países católicos europeus e latino-americanos ainda se encontram em grande medida no modo sobrevivência/tradicional, que abarca a convicção na desigualdade entre os sexos e instituições mais autoritárias.

46. Inglehart, Norris e Welzel, "Gender Equality and Democracy", p. 343. Embora os autores coloquem uma grande ênfase no desenvolvimento econômico, reconhecem que esse desenvolvimento

---

* A Freedom House é uma organização internacional não-governamental, estabelecida nos Estados Unidos, que realiza pesquisas sobre a democracia, liberdade política e direitos humanos. Ela é principalmente conhecida pela sua avaliação anual do grau da liberdade democrática em cada país, que é amplamente utilizada nas pesquisas de ciência política. (N. da T.)

não pode ser isolado das mudanças culturais, particularmente as mudanças nos papéis e nos relacionamentos sexuais.

47. Inglehart, Norris e Welzel, "Gender Equality and Democracy", p. 343.

48. Eisler, Loye e Norgaard, *Women, Men and the Global Quality of Life*.

49. Essa constatação da prevalência do controle da natalidade pode ser explicada de várias maneiras, mas no geral parece refletir uma diminuição do controle da sexualidade feminina pelos homens, o que explicaria o motivo pelo qual ela figura em uma posição tão elevada na análise fatorial.

50. Inglehart, Norris e Welzel, "Gender Equality and Democracy", p. 335.

Capítulo 5: Ligando os pontos

1. Auto-organização dos sistemas é um termo introduzido pela ciência dos sistemas, pela dinâmica não-linear, pela teoria do caos e por outras novas abordagens ao estudo dos sistemas vivos. Ele não se concentra em simples causas e efeitos, e sim em interações contínuas que se fortalecem mutuamente entre os diversos componentes do sistema.

2. Essa omissão de incluir as relações do início da infância deveu-se, em parte, ao fato de que os cuidados com as crianças eram encarados como "apenas um trabalho de mulher".

3. Uma versão de baixa atividade de um gene chamado monoamina oxidase A (MAOA), por exemplo, tem sido implicada em uma maior propensão para a violência. Entretanto, uma pesquisa realizada em homens com essa variante do gene descobriu que a presença do gene por si só não prediz quem se tornará violento. Somente os homens que foram maltratados na infância (definidos, nesse caso, como tendo sofrido abuso físico ou sexual, tendo sido rejeitados pelas mães ou submetidos a uma troca freqüente dos principais responsáveis) apresentaram, quando adultos, uma tendência maior de adotar um comportamento anti-social, podendo praticar, inclusive, crimes violentos. Ver Avshalom Caspi, Joseph McClay, Terrie E. Moffitt, Jonathan Mill, Judy Martin, Ian W. Craig, Alan Taylor e Richie Poulton, "Role of Genotype in the Cycle of Violence in Maltreated Children", *Science,* agosto de 2002, *297*(5582), 851-54. Ver também Emily Singer, "Mistreatment During Childhood and Low Enzyme Activity May Make Men More Violent", *Los Angeles Times,* 2 de agosto de 2002.

4. Teoricamente, poderia ser a metade feminina sobre a metade masculina, porém, na prática, tem sido apenas a classificação da metade masculina sobre a feminina.

5. Um relato do que aconteceu às mulheres quando Hitler assumiu o poder na Alemanha é encontrado em Claudia Koonz, "Mothers in the Fatherland: Women in Nazi Germany", *in* Renate Bridenthal e Claudia Koonz (orgs.), *Becoming Visible: Women in European History* (Boston: Houghton Mifflin, 1977), 445-73.

6. Ver, por exemplo, Sheila Robotham, *Women, Resistance, and Revolution* (Nova York: Vintage, 1974).

7. Ver, por exemplo, www.country-data.com/cgi-bin/query/r-14074.html.

8. Ver, por exemplo, o Opacity Index [Índice de Opacidade], desenvolvido pela PricewaterhouseCoopers, e o Corruption Perception Index (CPI) [Índice de Percepção da Corrupção] da Transparency International sobre a prevalência da corrupção no mundo inteiro. Ver "Global Corruption: Measuring Opacity" em www.helleniccomserve.com/opacity.html.

9. Por exemplo, no plano de remédios controlados da Medicare adotado em 2005, em vez de ser exigido que o governo negociasse com as indústrias farmacêuticas para conseguir os melhores preços possíveis, o governo foi expressamente proibido de fazer isso.

10. Gifford Pinchot, *Intrapreneuring* (San Francisco: Berrett-Koehler, 2000). Ver também Gifford e Elizabeth Pinchot, *The Intelligent Organization* (San Francisco: Berrett-Koehler, 1994).

11. Stuart Schlegel, *Wisdom from a Rainforest* (Atenas: University of Georgia Press, 1998), 111.

12. Schlegel, *Wisdom from a Rainforest*, 244.

13. Schlegel, *Wisdom from a Rainforest*, 249.

14. No livro *Women at the Center: Life in a Modern Matriarchy* (Ithaca, N.Y.: Cornell University Press, 2002), Peggy Reeves Sanday emprega o termo *matriarcado* para descrever os minangkabau porque entre eles os homens não dominam as mulheres. Entretanto, os minangkabau não são governados por mulheres, como implica o termo matriarcado (no lugar de patriarcado). O que Sanday descreve na verdade é uma sociedade voltada para o sistema de participação.

15. Peggy Reeves Sanday, comunicação pessoal, 30 de janeiro de 2002.

16. Sanday, *Women at the Center*, 25.

17. Ver, por exemplo, Layard, *Happiness*.

18. Sanday, *Women at the Center*, 22-4.

19. Fórum Econômico Mundial, *Global Competitiveness Report, 2006-2007.* www.weforum.org/en/initiatives/gcp/Global%20Competitiveness%Report/index.htm.

20. O status mais elevado das mulheres não deve ser confundido com o ingresso delas em setores "masculinos" nos quais as normas dominadoras ainda prevalecem. Nessas circunstâncias, a área é desvalorizada quando as mulheres entram. Isso aconteceu com os serviços de secretariado no século XIX e no início do século XX, e está acontecendo hoje na área da medicina nos Estados Unidos.

21. Isso não quer dizer que não ocorra nenhuma violência contra as mulheres nos países nórdicos. Infelizmente, esse tipo de violência é universal, porque está entranhado nas tradições de dominação. Como Jorgen Lorentzen e Per Are Lokke escreveram na dissertação que apresentaram no seminário internacional de 1997 intitulado Promoting Equality: A Common Issue for Men and Women*, "Muitos homens vieram a acreditar que a violência contra uma mulher, uma criança ou outro homem é uma maneira aceitável de controlar outra pessoa [...]. A violência doméstica é um problema dentro da masculinidade existente e somos nós, na condição de homens, que temos que interrompê-la" (Jorgen Lorentzen e Per Are Lokke, "Men's Violence Against Women: The Need to Take Responsibility", apresentação em Promoting Equality: A Common Issue for Men and Women, Strasbourg, França, de 17 a 18 de junho de 1997).

22. Mais detalhes podem ser encontrados em www.copacgva.org/idc/copac-employment.doc.

23. As cooperativas têm uma longa história que recua ao século XVIII, quando Robert Owen aplicou o conceito às algodoarias escocesas.

24. Ver, por exemplo, Riccardo Lotti, Peter Mensing e Davide Valenti, *The Cooperative Future*, outubro de 2005. www.boozallen.com.

---

* Promovendo a Igualdade: Uma Preocupação Comum para os Homens e as Mulheres. (N. da T.)

NOTAS

25. Pesquisas mostram que a combinação da participação dos funcionários com processos participativos de tomada de decisões resultam em uma maior eficácia e uma receita maior para a empresa. Ver "Employee Ownership and Corporate Performance" no site do National Center for Employee Ownership: www.nceo.org/library/corpperf.html.

26. Especialistas que analisaram as redes identificaram uma série de configurações diferentes, como as redes com um eixo central, em forma de estrela, ou em formato de roda. Ver William M. Evan, "An Organization-Set Model of Interorganizational Relations", *in* Matthew Tuite, Roger Chisholm e Michael Radnor (orgs.), *Interorganizational Decision Making* (Chicago: Aldine, 1972).

27. Para maiores detalhes, ver David Ronfeldt e John Arquilla, "Networks, Netwars, and the Fight for the Future", *First Monday*, outubro de 2001, *6*(10). Ver também http://firstmonday.org/issues/issue6_10/ronfeldt/index.html.

28 Como a nossa língua não oferece nenhuma alternativa efetiva para a classificação de uma das metades da humanidade sobre a outra, em *The Chalice and The Blade* introduzi o novo termo *gylany*. *Gy* deriva do radical grego *gyne*, ou mulher. *An* deriva de *andros*, ou homem. A letra *l* entre os dois encerra um duplo significado. Em inglês, ela corresponde à vinculação das duas metades da humanidade, em vez de à sua classificação. Em grego, a letra deriva do verbo *lyein* ou *lyo*, que, por sua vez, contém um duplo significado: solucionar ou resolver (como em análise) e dissolver ou libertar (como em catálise). Neste sentido, a letra l corresponde à resolução de problemas por meio da libertação das duas metades da humanidade da rigidez incapacitante e deturpadora dos papéis impostos pelas hierarquias de dominação.

Capítulo 6: A economia da dominação

1. Para uma descrição mais detalhada da cultura minóica, ver Nicolas Platon, *Crete* (Genebra: Nagel Publishers, 1966); Nanno Marinatos, *Minoan Religion: Ritual, Image, and Symbol* (Columbia: University of South Carolina Press, 1993); R. F. Willetts, *The Civilization of Ancient Crete* (Berkeley: University of California Press, 1977); Eisler, *The Chalice and The Blade*. Para outras culturas ainda mais antigas voltadas para a participação, ver, por exemplo, James Mellaart, *Çatal Hüyük* (Nova York: McGraw-Hill, 1967); Ian Hodder, "Women and Men at Catalhoyuk," *Scientific American*, janeiro de 2004, pp. 77-83; Marija Gimbutas, *The Goddesses and Gods of Old Europe* (Berkeley: University of California Press, 1982); Eisler, *Sacred Pleasure*.

2. Platon, *Crete*, 148.

3. Platon, *Crete*, 69. Platon enfatiza que para explicar o "Milagre grego" precisamos examinar a tradição pré-helênica. Ver também Jacquetta Hawkes, *Dawn of the Gods: Minoan and Mycenaean Origins of Greece* (Nova York: Random House, 1968).

4. J. V. Luce, *The End of Atlantis* (Londres: Thames & Hudson, 1968), 20, 137.

5. Mais detalhes sobre a civilização minóica e ateniense são encontrados em Eisler, *The Chalice and The Blade*, especialmente nos Capítulos 3 e 8, e Eisler, *Sacred Pleasure*, primeira parte.

6. Eva Keuls, *The Reign of the Phallus* (Berkeley: University of California Press, 1985), 7.

7. Keuls, *The Reign of the Phallus*, 6.

8. Keuls, *The Reign of the Phallus*, 206.

9. Aristóteles, *Politics*, citado em Keuls, *The Reign of the Phallus*, 208.

260   A VERDADEIRA RIQUEZA DAS NAÇÕES

10. Um grego antigo declarou francamente: "Nós [homens atenienses] mantemos *hetaerae* [cortesãs] para nos dar prazer, concubinas para nos proporcionar os cuidados diários com o nosso corpo, e esposas para nos dar filhos legítimos e cuidar da nossa casa" (*Against Neaera,* habitualmente atribuído a Demóstenes, embora provavelmente não tenha sido escrito por ele), citado *in* Keuls, *The Reign of the Phallus,* 99.

11. Uma das maneiras pelas quais os homens impunham esse controle era por meio da administração exclusiva das propriedades das mulheres, até mesmo de propriedades que elas tivessem herdado. Ver John Peradotto e John Patrick Sullivan, *Women in the Ancient World: The Arethusa Papers* (Albany: State University of New York Press, 1984), 33.

12. O protesto contra essa *ius prima noctis* é um dos temas da famosa ópera de Mozart *As Bodas de Fígaro.*

13. Não é por acaso que no Sul escravagista dos Estados Unidos, as leis que regiam o status dos escravos se baseavam nas leis que então determinavam o status das mulheres.

14. Como observa o economista alemão Peter Meyer-Dohm, essas estruturas copiavam a organização militar, e as empresas eram às vezes vistas como estando em guerra com os concorrentes.

15. *In* Rosabeth Moss Kanter, *When Giants Learn to Dance: Mastering the Challenge of Strategy, Management, and Careers in the 1990s* (Nova York: Random House, 1991). Kanter, professora da Harvard Business School, assinala que a grande corporação tradicional e hierárquica não é inovadora ou receptiva; os seus hábitos se enrijecem, e ela se torna repleta de um oportunismo hierárquico e fechada a novas idéias e influências externas.

16. O Capítulo 3 apresenta alguns dos dados estatísticos e também pesquisas sobre o campo organizacional positivo. Uma análise ampla dos benefícios da organização voltada para a participação é encontrada *in* Peter M. Senge, *The Fifth Discipline: The Art & Practice of the Learning Organization,* edição revista (Nova York: Doubleday, 2006).

17. UNIFEM, Strengthening Women's Economic Capacity; World Development Indicators, 1997, Womankind Worldwide. Ver www.worldrevolution.org/projects/globalissuesoverview/overview2/briefenvironment.htm.

18. Para informações sobre o Hunger Project e o seu trabalho em âmbito mundial, ver www.thp.org/.

19. Marjorie Kelly, "Reshaping the Language of Business: How New Language Helps Make the Case for Ethics", *Business Ethics,* Inverno de 2005, p. 6.

20. David Korten, *The Post-Corporate World* (San Francisco: Berrett-Koehler, 1999), 154.

21. Paul Scherrer, "The United States Has Highest Childhood Poverty Rate of Industrialized Countries", 14 de março de 2001. www.wsws.org/articles/2001/mar2001/pov-m14.shtml. Doze milhões de crianças americanas vivem na pobreza, o que equivale a mais de uma em cada cinco crianças. Os Estados Unidos têm o índice de pobreza infantil mais elevado das nações incluídas na Organização para a Cooperação e Desenvolvimento Econômico (OCDE). Essas constatações são relatadas no livro *Child Well-Being, Child Poverty and Child Policy in Modern Nations,* produzido por 45 autores de três continentes que formam o Luxembourg Income Study. É a primeira vez que os níveis de pobreza infantis foram medidos levando-se em conta impostos e benefícios nos estados americanos individuais, o que possibilita uma comparação direta entre os estados americanos e outros países. Um relatório anterior do National Center for Children in Poverty (NCCP), que comparou os períodos de cinco anos de 1979 a 1983 e de 1992 a 1996, revelou que o número de crianças com menos de 6 anos

vivendo na pobreza aumentou nesse intervalo em 1.456.284, alcançando uma média anual de 5,9 milhões. Ver www.wsws.org/articles/2001/mar2001/pov-m14.shtml.

22. De acordo com o Serviço de Recenseamento dos Estados Unidos, entre as pessoas com 65 anos ou mais, 11,8% das mulheres e 6,9% dos homens são pobres. Ver "Country's Older Population Profiled by the U.S. Bureau", *U.S. Census Bureau News,* 1º de junho de 2001 (Public Information Office, CB01-96). Ver www.census.gov/Press-Release/www/releases/archives/mobility_of_the_population/000335.html.

23. Moni Mukherjee, "Contributions to and Use of Social Product by Women", *in* Devaki Jain e Nirmala Banerjee (orgs.), *The Tyranny of the Household: Women in Poverty, Investigative Essays on Women's Work* (Nova Delhi: Shakti Books, 1985), 270.

24. Daisy Dwyer e Judith Bruce (orgs.), *A Home Divided: Women and Income in the Third World* (Stanford, Califórnia: Stanford University Press, 1988), 526.

25. Judith Bruce e Daisy Dwyer, Introdução, *in* Dwyer e Bruce, *A Home Divided.* Uma análise quantificada do uso do tempo em horas por semana de atividades selecionadas para alguns países é apresentada em *The World's Women: 1970-1990* (Nova York: United Nations, 1991). Por exemplo, na Guatemala as mulheres passam 39,9 horas por semana executando serviços domésticos não-remunerados, enquanto os homens passam 6,3 horas fazendo a mesma coisa. As mulheres passam 9,8 horas por semana na Guatemala cuidando dos filhos e os homens 4,6. Nos Estados Unidos, em 1986, as mulheres dedicavam 29,9 horas por semana a tarefas domésticas não-remuneradas e os homens 17,4 horas. Nos Estados Unidos, no caso dos filhos, as mulheres passavam duas horas por semana cuidando deles e os homens 0,8 (*The World's Women,* p. 101).

26. Judith Bruce e Cynthia B. Lloyd, "Finding the Ties That Bind: Beyond Headship and Household", *in* Lawrence Haddad, John Hoddinott e Harold Alderman (orgs.), *Intrahousehold Resources Allocation in Developing Countries: Methods, Models, and Policy* (Baltimore: International Food Policy Research Institute e John Hopkins University Press, 1997).

27. Duncan Thomas, "Intra-Household Resource Allocation", *Journal of Human Resources,* outono de 1990, 25(4), 635.

28. Bruce e Lloyd, "Finding the Ties That Bind", pp. 8-9.

29. Dr. Anugerah Pekerti, presidente da World Vision, Indonésia, diz o seguinte: "Quando perguntam aos pais por que eles fumam cigarros em vez de comprar comida para os filhos famintos, eles respondem: 'Podemos sempre fazer mais filhos'" (Nicholas D. Kristof, "À Medida que as Economias Asiáticas Encolhem, as Mulheres Vão Sendo Postas para Fora", *New York Times,* 11 de junho de 1998).

30. Ruth L. Sivard, *World Military & Social Expenditures* (Washington, D.C: World Priorities, 1996).

31. *State of the World's Children 1996* (Nova York: UNICEF, 1996). Ver www.unicef.org/sowc96/.

32. "Iraq War Costlier Than Vietnam", *in The Iraq Quagmire,* Institute for Policy Studies (IPS) e Foreign Policy in Focus (FPIF), 31 de agosto de 2005. http://news.bbc.co.uk/2/hi/americas/4201812.stm. Ver também Jamie Wilson, "Iraq War Could Cost U.S. Over $2 Trillion, Says Nobel Prize-Winning Economist; Economists Say Official Estimates Are Far Too Low; New Calculation Takes in Dead and Injured Soldiers", *The Guardian/*UK, 7 de janeiro de 2006. Esse artigo deu informações a respeito de uma pesquisa realizada por Joseph Stiglitz e Linda Bilmes que avaliou que o custo da guerra do Iraque provavelmente ficará entre um e dois trilhões de dólares.

262   A VERDADEIRA RIQUEZA DAS NAÇÕES

33. Randy Albelda, *Lost Ground: Welfare Reform, Poverty, and Beyond* (Cambridge, Mass.: South End Press, 2002).

34. Brian Griffith, *The Gardens of Their Dreams: Desertification and Culture in World History* (Londres e Nova York: Zed Books, 2003).

35. James DeMeo, "The Origins and Diffusion of Patrism in Saharasia, c. 4000 a.C.: Evidence for a Worldwide, Climate-Linked Geographical Pattern in Human Behavior", *World Futures,* 1991. 30(2): 247-71.

36. Griffith, *Gardens of Their Dreams,* 25.

37. Griffith, *Gardens of Their Dreams,* 26.

38. DeMeo, "The Origins and Diffusion of Patrism in Saharasia, c. 4000 a.C.". Um estudo transcultural que encontrou as mesmas correlações é encontrado *in* Peggy Reeves Sandy, *Female Power and Male Dominance: On the Origins of Sexual Inequality* (Cambridge: Cambridge University Press, 1981).

39. Historiador Ibn Kaldun, citado *in* Griffith, *Gardens of Their Dreams.*

40. Griffith, *Gardens of Their Dreams,* 27.

41. Griffith, *Gardens of Their Dreams,* 30.

42. Griffith, *Gardens of Their Dreams,* 74.

43. Griffith, *Gardens of Their Dreams,* 75.

44. Para detalhes, ver www.millenniumassessment.org.

45. Um relatório de 2005 de cientistas ingleses da Royal Society, citado *in* Kenneth Chang, "Oceans Turning Acidic, Scientists Say", *New York Times News Service,* reproduzido *in Monterey County Herald,* 1º de julho de 2005, p. A8.

Capítulo 7: A economia da participação

1. Aristóteles, *Aristotle's Politics* (Benjamin Jowett, trad.) (Nova York: Modern Library, 1943), 58.

2. As teorias servem não apenas para explicar a "realidade" como também para modificá-la. Na verdade, as histórias que as teorias nos contam, sejam elas religiosas ou seculares, sejam a respeito de como o mundo foi criado ou sobre o tipo de relações econômicas que são naturais, são poderosos modeladores da consciência e, por conseguinte, da realidade.

3. Adam Smith, *The Wealth of Nations* (Nova York: Modern Library, 1937). Adam Smith, *The Theory of Moral Sentiments,* 6ª edição (Londres: A. Millar, 1790 [publicado originalmente em 1759]).

4. Robert Heilbroner, *The Wordly Philosophers: The Lives, Times, and Ideas of the Great Economic Thinkers,* 7ª edição (Nova York: Simon & Schuster, 1999). Para mais detalhes sobre essas condições, ver os Capítulos II e III.

5. Smith, *Wealth of Nations,* 460.

6. Smith, *Wealth of Nations,* 79.

7. Smith, citado *in* Heilbroner, *The Worldly Philosophers,* 54.

8. Smith não defendeu o tipo de concentração de riqueza que é freqüentemente justificado em nome do livre mercado. A sua teoria pressupunha uma ampla distribuição da propriedade de ativos produ-

NOTAS 263

tivos em uma economia de mercado de empresas de pequeno ou de médio porte, não os monopólios que resultaram quando a sua teoria foi aplicada a uma estrutura dominadora.

9. Frederick Engels, *The Condition of the Working Class in England* (Londres: Panther Books, 1969 [publicado originalmente em 1845]).

10. Este é um website sobre os socialistas utópicos: http://cepa.newschool.edu/het/schools/utopia. htm.

11. John Stuart Mill também condenou a injustiça econômica, ressaltando que embora pudesse haver leis de produção econômicas, as leis da distribuição econômica eram criadas pelo homem, e precisavam ser mudadas. Ver John Stuart Mill, *Principles of Political Economy* (Nova York: Prometheus, 2004). Um importante aspecto da obra de Mill é como ele foi profundamente influenciado por Harriet Taylor, uma grande amiga que posteriormente tornou-se sua esposa. Mill até mesmo escreveu que a maior parte do seu famoso livro *On Liberty* era obra de Harriet Taylor, embora não a tenha incluído como co-autora.

12. Ver http://en.wikipedia.org/wiki/Communist_Manifesto#Contents.

13. Nietzsche citado *in* Aubery Castell, *An Introduction to Modern Philosophy* (Nova York: Macmillan, 1946), 340.

14. *The World Social Situation.*

15. *Human Development Report 2003.* United Nations Development Programme (Nova York: Oxford University Press, 2004).

16. Ver Heilbroner, *The Wordly Philosophers,* 214-17, para uma vívida imagem da crueldade e da "desconcertante desonestidade" desses e de outros capitalistas inescrupulosos em uma época em que a regulamentação governamental das práticas comerciais ainda não existia.

17. É preocupante que com a mudança para um sistema capitalista, a dinâmica do sistema de dominação subjacente tenha uma vez mais assegurado que os ex-alto-funcionários do governo da União Soviética conseguissem comprar ativos controlados pelo estado por uma pechincha, possibilitando que muitos deles acumulassem uma grande riqueza na condição de proprietários de empreendimentos privados enquanto o padrão de vida do povo, e até mesmo a expectativa de vida deste último, piorava.

18. Na economia feudal, a terra era considerada de importância fundamental. Na economia capitalista, a ênfase mudou para as máquinas industriais. Na economia socialista, a importância do trabalho e da mão-de-obra era enfatizada, mas uma grande atenção ainda era dedicada ao controle dos meios de produção, ou seja, dos bens de capital como a terra e as máquinas.

19. Sen relaciona as aptidões humanas com o bem-estar humano e propõe que a renda monetária seja vista como apenas um dos meios pelos quais as aptidões humanas são geradas. Ver Amartya Sen, *Development as Freedom* (Oxford: Oxford University Press, 1999). Na mesma linha de raciocínio, Martha Nussbaum, professora de direito e ética da Chicago University, sugere que o desenvolvimento das aptidões humanas deve ser fundamental para a política social e econômica. Ela defende o desenvolvimento de uma lista das principais aptidões humanas que abarque não apenas as físicas mas também as emocionais e as espirituais, como ser capaz de usar os sentidos e a imaginação, e ser capaz de formar vínculos emocionais satisfatórios. Ver Nussbaum, *Sex and Justice,* e Martha Nussbaum, "Capabilities as Fundamental Entitlements: Sen and Social Justice", *Feminist Economics,* 2001, *9*(2-3), 33-50.

20. Bruce D. Perry, "Childhood Experience and the Expression of Genetic Potential: What Childhood Neglect Tells Us About Nature and Nurture", *Brain and Mind,* 2002, *3*(1), 79-100.

264 A VERDADEIRA RIQUEZA DAS NAÇÕES

21. Curiosamente, as crianças autistas parecem ter um crescimento cerebral acelerado nos primeiros anos de vida.

22. Uma discussão de como o próprio Darwin reconheceu três aspectos da evolução humana é encontrada *in* David Loye, *Darwin's Lost Theory, Who We Really Are and Where We're Going* (Carmel, Califórnia: Benjamin Franklin Press, 2007). Ver www.benjaminfranklinpress.com.

23. Eisler, Loye e Norgaard, *Women, Men and the Global Quality of Life.*

24. Veblen, citado *in* Ann L. Jennings, "Public or Private? Institutional Economics and Feminism", *in* Marianne A. Ferber e Julie A. Nelson (org.), *Beyond Economic Man* (Chicago: University of Chicago Press, 1993), 113. Até mesmo antes, o *best-seller Women and Socialism* de August Bebel divergiu das teorias de Marx e argumentou que a opressão das mulheres precisava ser tratada separadamente da exploração dos trabalhadores do sexo masculino. Bebel, *Women and Socialism* (Nova York: Schocken, 1971 [originalmente publicado em 1879]. Charlotte Perkins Gilman, *Economics and Women* (Berkeley: University of California Press, 1998 [originalmente publicado em 1898]).

25. Ver John Kenneth Galbraith, *Economics & The Public Purpose* (Boston: Houghton Mifflin, 1973). Alguns teóricos socialistas, como André Gunder Frank, criticavam duramente os mercados capitalistas e a expansão imperialista que foi necessária para a manutenção deles. Ver, por exemplo, André Gunder Frank, *Capitalism and Underdevelopment in Latin America* (Londres: Penguin Books, 1971).

26. Uma análise da economia institucional é encontrada em Ann L. Jennings, "Public or Private? Institutional Economics and Feminism", *in* Marianne A. Ferber e julie A. Nelson (orgs.), *Beyond Economic Man.* Para uma crítica da omissão da maioria dos textos econômicos de examinar o contexto social da economia, ver Alberto Martinelli e Neil J. Smelser (orgs.), *Economy and Society: Overviews in Economic Sociology* (Thousand Oaks, Califórnia: Sage Publications, 1990).

27. O modelo econômico Arrow-Debreu desenvolvido em conjunto por Kenneth Arrow e Gerard Debreu na década de 1950 é um famoso exemplo.

28. Outros economistas, entre eles Bina Agarwal, Nirmala Banerjee, Barbara Bergmann, Scott Burns, Marianne Ferber, Prue Hyman, Gita Sen e Devaki Jain, também fizeram importantes contribuições para expandir o campo de ação da teoria econômica nessa direção.

29. Julie A. Nelson, *Economics for Humans* (Chicago: University of Chicago Press, 2006).

30. Folbre, *The Invisible Heart.*

31. Hilkka Pietila, "Non-Market Work in the Construction of Livelihood: The Work and Production at the Grass Roots Countervailing Globalization", dissertação apresentada no IGGRI Preparatory Meeting, Helsinki, de 13 a 16 de outubro de 1997 (rev. 18 de abril de 1998). Ver também Hilkka Pietila, "Cultivation and Households: The Basics of Nurturing Human Life", *EOLSS, Encyclopedia of Life Support Systems,* Section: Human Resources Policy and Management, UNESCO (Oxford, U.K.: Eolss Publishers, 2004). Ver www.eolss.net. Pietila observa: "A 'família' ou 'unidade familiar' nesse sentido não precisa ser um grupo de parentes. Pode ser qualquer grupo de pessoas que tenham decidido morar juntas, 'comer coisas da mesma geladeira', como se diz às vezes hoje em dia".

32. A economia sempre foi constituída por várias teorias e modelos tanto no que os economistas chamam de *macroeconomia* (o estudo das relações entre os vários componentes dos sistemas econômicos) quanto na *microeconomia* (o estudo desses componentes e do seu comportamento).

NOTAS

265

33. Mais recentemente, Cahn fundou o Time Dollar Youth Court, no qual corpos de jurados adolescentes acompanham casos de criminosos adolescentes primários presos por delitos não-violentos e lhes oferecem apoio na reabilitação por meio do serviço comunitário.

34. Essa abordagem é às vezes resumida com a expressão "três razões fundamentais" — as pessoas, o planeta e o lucro.

35. Existem casos bem documentados, como o dos executivos da Nestlé que deliberadamente venderam no mundo em desenvolvimento uma fórmula para bebês destinada a substituir o leite materno com uma diluição acima da normal; executivos de indústrias de cigarro que propositalmente ocultaram constatações de que o fumo causa câncer de pulmão; executivos de companhias petroquímicas que deixaram de informar aos seus funcionários que o trabalho que executavam nas fábricas os estava matando lentamente; e os executivos da Pacific Gas & Eletric que, como foi dramatizado no filme *Erin Brockovich,* deliberadamente enganaram as famílias de um bairro pobre, mentindo sobre as conseqüências para a saúde e o meio ambiente das operações da fábrica. Um relato pormenorizado de como indústrias petrolíferas continuaram a negar que os seus depósitos emitiam toxinas e estavam envenenando as pessoas que moravam nas proximidades é encontrado em Jim Hightower, *There's Nothing in the Middle of the Road But Yellow Stripes and Dead Armadillos* (Nova York: HarperCollins, 1998).

36. Moises Naim, "Broken Borders", *Newsweek,* 24 de outubro de 2005, pp. 57-62.

37. Ed Vulliamy, "Streets of Despair", *Amnesty International,* inverno de 2005, pp. 12-6.

38. Entrevista com Randy Albelda, http://wfnetwork.bc.edu/The_Network_News/2-3/TNN2-3_Albelda.pdf. Ver também Albelda, *Lost Ground.*

39. Para uma discussão sobre a felicidade e como ela se relaciona com a teoria econômica participacionista, ver Layard, *Happiness.* Para a ligação entre a felicidade e as políticas que respaldam a atenção e a assistência, ver particularmente pp. 176-79. Ver também Nel Noddings, *Happiness and Education* (Cambridge: Cambridge University Press, 2003).

40. Ver Henderson, *Beyond Globalization;* Hazel Henderson, *Ethical Markets: Greening the Global Economy* (White River Junction, Vaitl.: Chelsea Green Publishing, 2006) [*Mercado Ético: A Força do Novo Paradigma Empresarial,* publicado pela Editora Cultrix, São Paulo, 2007]; e Inge Kaul, Isabelle Grunberg e Marc Stern, *Global Public Goods: International Cooperation in the 21st Century* (Nova York: Oxford University Press, 1999).

41. Inge Kaul, Pedro Conceicao, Katell Le Goulven e Ronald Mendoza (orgs.), *Providing Public Goods* (Nova York: Oxford University Press, 2003).

42. Korten, *Post-Corporate World,* 76.

43. Korten, *Post-Corporate World,* 61.

44. Korten, *Post-Corporate World.* Ver também David Korten, *When Corporations Rule the World,* 2ª edição. (Bloomfield, Conn.: Kumerian Press e San Francisco: Berrett-Koehler, 2001).

45. Ver, por exemplo, Thom Hartmann, *Unequal Protection: The Rise of Corporate Dominance and the Theft of Human Rights* (Nova York: Rodale Books, 2004).

46. Ver, por exemplo, Jeff Gates, *Democracy at Risk: Rescuing Main Street from Wall Street* (Cambridge, Mass.: Perseus Publishing, 2000).

47. Ver, por exemplo, Korten, *Post-Corporate World.*

266   A VERDADEIRA RIQUEZA DAS NAÇÕES

48. Ver, por exemplo, John Cavanagh (org.), *Alternatives to Economic Globalization: A Better World Is Possible* (San Francisco: Berrett-Koehler, 2002).

49. David Korten, comunicação privada, 5 de agosto de 2006.

50. Maiores informações sobre a escravidão infantil são encontradas em vários sites, entre os quais estão www.antislavery.com, globalmarch.org, www.hrw.org e www.time.com/time/asia/features/slavery/cover.html.

51. Infelizmente, os gigantes globais abastecidos por essas empresas locais em geral compram do licitante que têm o melhor preço, de modo que essa pressão oferece uma justificativa para práticas terríveis. Organizações como a Business Aliance for Local Living Economics (BALLE) estão se esforçando para convencer as empresas locais a se libertar desses relacionamentos e formar cooperativas baseadas em princípios solidários. Informações sobre a BALLE podem ser obtidas em http://livingeconomics.org/.

52. Um documentário que mostra claramente como nas culturas tradicionais masai a principal identidade dos rapazes ainda é a de guerreiro (embora eles não ataquem mais os vizinhos) e as mulheres ainda são brutalmente subordinadas é o filme de 1975 *Masai Women*, de C. Curling e Melissa Llewelyn-Davies, distribuído pela Films Inc. Ver Women's Studies Films no Media Resource Center em http://depts.drew.edu/wmst/StudentRes/filmbtable.htm.

Capítulo 8: A tecnologia, o trabalho e a era pós-industrial

1. *The Independent*, 26 de março de 2002.

2. Ver http://blog.taragana.com/index.php/archive/canine-robot/.

3. Ver www.rppi.org/outofcontrol/.

4. C/NET News.com Staff 25 de junho de 2004.

5. C/NET News.com Staff 25 de junho de 2004.

6. Ver http://news.com.

7. Quando o economista Robert Theobald propôs, no início da década de 1960, uma renda garantida universal que não estaria vinculada à aceitação do trabalho — argumentando que a automação continuaria a eliminar empregos e que, portanto, a renda deveria ser desvinculada do emprego — ele foi violentamente atacado. Mais tarde, o Presidente Richard Nixon a propôs como o Programa de Assistência à Família, que não foi aprovado no Congresso. Em 1996, Theobald novamente defendeu a idéia de uma renda anual garantida. Ver Jim Smith, "Separating Survival from Work: The Quest for a Guaranteed Income", www.lalabor.org/GAI.html.

8. O economista Milton Friedman propôs pela primeira vez o imposto de renda negativo em 1962 e, à semelhança do que aconteceu com a proposta de Theobald, ela foi seriamente considerada durante um período de grande agitação nas áreas pobres do centro das cidades habitadas por afro-americanos. Jodie T. Allen escreveu que "A proposta do imposto de renda negativo basicamente invertia a atual escala de imposto progressivo". Se, por exemplo, o limite de isenção para o imposto de renda devido positivo para uma família de quatro pessoas fosse, digamos, dez mil dólares, uma família com uma renda anual de apenas oito mil dólares receberia, considerando-se uma alíquota de imposto de 25%, um cheque de 500 dólares do Tesouro dos Estados Unidos (25% dos dois mil dólares de diferença entre a renda familiar de oito mil dólares e o limite de isenção de dez mil). Uma família que não tivesse nenhuma renda receberia 2.500 dólares. Ver Jodie T. Allen, "Negative Income Tax", *in* David R. Henderson

(org.), *The Concise Encyclopedia of Economics* (Indianapolis: Library of Economics and Liberty, Liberty Fund, 2001). www.econlib.org/library/Enc/NegativeIncomeTax.html.

9. A visão da tecnologia de livrar os seres humanos do trabalho extenuante e monótono não é nova. Era a concepção de muitos pensadores "utópicos" do século XIX. No entanto, dentro dos limites de uma cultura voltada para o modelo da dominação, essa visão veio a ser vista como nada mais do que um desejo inalcançável.

10. Para alguns detalhes sobre *Schmeiser* v. *Monsanto* e *Monsanto* v. *Schmeiser*, ver www.percyschmeiser.com/conflict.htm. Ver também o website da Organic Consumer's Association: www.purefood.org/monlink.html.

11. Para a discussão de alguns desses riscos, ver o discurso de Gordon Conway, presidente da Rockfeller Foundation, "GM Food Safety: Facts, Uncertainties, and Assessment", para a Conference on the Scientific and Health Aspects of Genetically Modified Foods,* patrocinada pela Organização para Cooperação e Desenvolvimento Econômico (OCDE), Edinburgo, Escócia, 28 de março de 2000.

12. O Center for Nonproliferation Studies (CNS) do Monterey Institute of International Studies é a maior organização não-governamental dedicada à pesquisa e ao treinamento sobre questões da não-proliferação de armas.

13. Ver Jeremy Rifkin, *The Biotech Century* (Nova York: Tarcher, 1998).

14. Ker Than, "Brain Cells Fused with Computer Chip", *LiveScience,* 27 de março de 2006, www.livescience.com/humanbiology/060327_neuro_chips.html.

15. Charles Q. Choi, "Transistor Flow Control: Forget Valves — Controlling Fluids with Electric Fields", *Scientific American,* outubro de 2005, *293*(4), 26.

16. Para maiores informações sobre os nanotubos, visite www.pa.msu.edu/cmp/csc/nanotube.html.

17. Choi, "Transistor Flow Control".

18. Ver "Opposition to Nanotechnology", *New York Times,* 19 de agosto de 2002, www.nytimes.com/2002/08/19/technology/19NECO.html.

19. James Bell, "Technotopia and the Death of Nature: Clones, Supercomputers, and Robots", *Earth Island Journal,* nov-dez 2001. Ver www.earthisland.org/.

20. David Noble, *A World Without Women: The Christian Clerical Culture of Western Science* (Nova York: Knopf, 1992). O livro *Pythagoras Trousers: God, Physics, and the Gender Wars* (Nova York: Times Books, 1995), de Margaret Wertheim, também ilustra esse ponto. Outros livros que lançam luz sobre esse problema são *Feminist Approaches to Science* (Nova York: Pergamon Press, 1988) de Ruth Bleier (org.) e *Reflections on Gender and Science* (New Haven, Conn.: Yale University Press, 1985) de Evelyn Fox Keller.

21. Por exemplo, à medida que os cientistas começam a avançar em direção a esse estilo mais equilibrado de observação, baseando as teorias em observações que incluem não apenas medidas quantitativas precisas mas também descrições qualitativas carregadas de valor, os físicos estão começando a aceitar, e portanto a observar, a ambigüidade na natureza.

---

* Conferência sobre os Aspectos Científicos e Relacionados com a Saúde dos Alimentos Geneticamente Modificados. (N. da T.)

22. Bill Joy, "Why the Future Doesn't Need Us", *Wired,* abril de 2000. Uma visão muito mais otimista das novas tecnologias é encontrada *in* Joel Garreau, *Radical Evolution: The Promise and Peril of Enhancing Our Minds, Our Bodies and What It Means to Be Human* (Nova York: Doubleday, 2005).

23. Ver John Myers, "Birch Bark's 'Incredible' Potential: Extract May Serve as Medicine Chest for the World", Knight Ridder Newspapers, *Monterey County Herald,* 17 de abril de 2006, p. A2.

24. David S. Barry, "Growing Up Violent", *Media and Values,* verão de 1993, pp. 8-11.

25. Ver, por exemplo, John De Graaf, *Take Back Your Time: Fighting Overwork and Time Poverty in America* (San Francisco: Berrett Koehler, 2003); Juliet Shore, *The Overworked American* (Nova York: Basic Books, 1993).

26. Gordon Johnson do Joint Forces Command do Pentágono, *in* Tim Weiner, "A New Model Army Soldier Rolls Closer to the Battlefield", *New York Times,* 16 de fevereiro de 2005.

27. A maior parte da demanda dessas tecnologias, ressaltou o relatório do Economic Research Institute, terá lugar no mundo desenvolvido, particularmente nos que fazem parte do G7 e em outros países da OCDE. Entretanto, como os países da OCDE estão enfrentando um declínio populacional a longo prazo e muitas das indústrias atuais estão saturadas, o relatório também previu que a tecnologia será a força motriz do crescimento econômico no mundo desenvolvido. Ver www.marubeni. co.jp/research/eindex/0212-2/.

28. *Global Trends 2015: A Dialogue About the Future with Nongovernment Experts* (Washington, D.C.: National Intelligence Council, U.S. Central Intelligence Agency, dezembro de 2000).

29. *Converging Technologies for Improving Human Performance* (Washington, D.C.: National Science Foundation, junho de 2002). Esse relatório reconheceu que a sua proposta de acelerar o desenvolvimento dessas tecnologias exigirá um intenso esforço de relações públicas para "preparar as principais organizações e atividades sociais para as mudanças possibilitadas pelas tecnologias convergentes" e para deter as preocupações a respeito de "questões éticas, legais e morais". Em outras palavras, o relatório propôs relações públicas eficazes — quando o verdadeiro método de aquietar as preocupações precisa envolver um planejamento realista orientado por valores responsáveis e solidários.

30. *The World Social Situation.*

31. Lin Chew, "Women and Globalization in South East Asia: New Strategies for New Times", *Conscience,* verão de 2006, *XXVII*(2), 30. Chew também descreve o esforço bem-sucedido de novos grupos, como o Domestic Workers Movement of Pune (PSMS) na Índia e o Sub-Contracting Cleaning Workers (SCCWS) em Hong Kong, para organizar as faxineiras e outras mulheres que trabalham na economia informal. Esses grupos estão usando novas estratégias, como formar alianças com outros grupos comunitários, para melhorar as condições de trabalho para essas mulheres, ajudá-las com relação à violência doméstica e outros problemas de família, e aumentar a sua participação na tomada de decisões.

32. Entrevista com Augusto Lopez-Claros, economista principal e diretor da Global Competitiveness Network, 28 de setembro de 2005. Mais informações sobre a entrevista e sobre o *Global Competitiveness Report 2005-2006* do Fórum Econômico Mundial, ver www.weforum.org/site/homepublic. nsf/Content/Global+Competitiveness+Report+2005-2006%3A+Interview. Para o trabalho mais abrangente de David Korten, ver *The Great Turning.*

33. *The State of the World's Children 2005: Childhood Under Threat.*

NOTAS 269

34. Ver www.un.org/esa/desa/. Ver também Jan Knippers Black, *Inequity in the Global Village: Recycled Rhetoric and Disposable People* (Bloomfield, Conn.: Kumarian Press, 1999).

35. Ver www.peopleandplanet.net/.

36. Os quatro relatórios "fundamentais" do Millennium Ecosystem Assessment foram publicados em 19 de janeiro de 2006. Eles podem ser adquiridos por intermédio da Island Press (www.islandpress.org/books/), e o download dos resumos e dos capítulos individuais podem ser feitos em www.millenniumassessment.org. Um breve resumo das constatações desses relatórios é encontrado em Werner Fornos, "Homo Sapiens: An Endangered Species?" *POPLINE,* maio-junho de 2005, p. 4.

Capítulo 9: Quem somos e onde estamos

1. Mais informações sobre a Ryan's Well são encontradas em www.ryanswell.ca/index.php?-option=com_content&task=view&rid=20&Itemid=50.

2. Para mais informações sobre Clara Hale visite www.halehouse.org/biography.html.

3. Para o sociobiólogo Michael Ghiselin, por exemplo, a única motivação para o comportamento solidário é o egoísmo "do homem". Ele escreve o seguinte: "Se arranharmos um 'altruísta', veremos um 'hipócrita' sangrar. Nenhum indício de caridade genuína atenua a nossa visão da sociedade uma vez que o sentimentalismo tenha sido posto de lado. O que parece ser cooperação revela-se depois uma mistura de oportunismo e exploração". Ver Michael Ghiselin, *The Economy of Nature and the Evolution of Sex* (Berkeley: University of California Press, 1974), 247. Para o livro que introduziu a expressão popular *gene egoísta,* ver Richard Dawkins, *The Selfish Gene* (Nova York: Oxford University Press, 1976). Para obras que refutam as asserções do determinismo genético, ver, por exemplo, Richard Lewontin, *The Triple Helix: Gene, Organism and Environment* (Cambridge, Mass. e Londres: Harvard University Press, 2000), John O'Manique, *The Origins of Justice: The Evolution of Morality, Human Rights, and Law* (Filadélfia: University of Pennsylvania Press, 2002); Hillary Rose e Stephen Rose (orgs.), *Alas, Poor Darwin: Arguments Against Evolutionary Psychology* (Nova York: Harmony Books, 2000); Edward Deci e Richard Ryan, *Intrinsic Motivation and Self-Determination in Human Behavior* (Cambridge, Mass.: Perseus Books, 1985); Andrew W. Collins, Eleanor E. Maccoby, Laurence Steinberg, E. Mavis Hetherington e Marc H. Bornstein. "Contemporary Research on Parenting: The Case for Nature and Nurture", *American Psychologist,* fevereiro de 2000, 55(2), 218-32; Perry, Pollard, Blakley, Baker e Vigilante, "Childhood Trauma"; Steven R. Quartz e Terrence J. Sejnowski, "The Neural Basis of Cognitive Development: A Constructivist Manifesto", *Behavioral and Brain Sciences,* 1997, 20(4), 527-96.

4. Felix Warneken e Michael Tomasello, "Altruistic Helping in Human Infants and Young Chimpanzees", *Science,* 3 de março de 2006, pp. 1301-303. Outros primatas, particularmente os grandes macacos da família dos pongídeos, manifestam uma prestatividade semelhante à do ser humano, como o gorila que salvou um menino de 3 anos que caiu dentro da sua jaula no zoológico. Esse fato demonstra que a prestimosidade humana possui profundas origens evolucionárias.

5. James K. Rilling, D. A. Gutman, T. R. Zeh, G. Pagnoni, G. S. Berns e C. D. Kilts, "A Neural Basis for Social Cooperation", *Neuron,* 2002, 35, 395-405.

6. A pesquisa monitorou o cérebro de dezoito pares de mulheres jovens enquanto jogavam um clássico jogo de laboratório chamado Dilema do Prisioneiro. O jogo oferece a cada um dos parceiros a opção de desertar (agir exclusivamente em benefício próprio) ou cooperar (agir tendo em vista o benefício mútuo).

7. Natalie Angier, "Why We're So Nice: We're Wired to Cooperate", *New York Times,* 23 de julho de 2002. Berns também disse que embora tenham escolhido mulheres para essa pesquisa porque muito poucos estudos do cérebro usam voluntários do sexo feminino, não existe razão para acreditar que os resultados seriam diferentes se a pesquisa tivesse sido feita com homens, embora as mulheres sejam socializadas para se concentrar mais nos relacionamentos do que os homens.

8. Se os dois jogadores escolhessem cooperar, cada um ganhava dois dólares. Se ambos optassem por desertar, cada um ganhava um dólar. Mas se um jogador desertasse e o outro cooperasse, o desertor ganhava três dólares e o que decidira cooperar não ganhava nada. Assim sendo, embora cada rodada oferecesse a possibilidade de um ganho adicional de um dólar por meio da deserção, a motivação do mutualismo freqüentemente superava a motivação de tentar ganhar um dólar a mais.

9. Essas noivas meninas tinham, às vezes, apenas 8 anos de idade, e o marido, com freqüência, estava na casa nos 40 ou dos 50 anos. Além disso, essas crianças amiúde se tornavam mães aos 11 anos, sendo às vezes consideradas uma presa sexual satisfatória para outros homens da família do marido. Mas essa tradição brutal persiste nos nossos dias, e ainda é justificada por motivos morais e religiosos. Três filmes recentes que mostram o tormento das noivas meninas da Índia são o documentário de Neeraj Kumar *Child Marriage* (www.childmarriage.org/), o filme histórico de Deepa Mehta *Water* (www. imdb.com/title/tt0240200/ e http://water/mahiram.com/), e o documentário de Cana Media *Child Brides* (www.canamedia.com/catalogue_dev_docu.html).

10. Debra Niehoff, *The Biology of Violence: How Understanding the Brain, Behavior, and Environment Can Break the Vicious Cycle of Aggression* (Nova York: Free Press, 1999), 185.

11. Bruce McEwen, citado *in* Niehoff, *The Biology of Violence,* 186.

12. Niehoff, *The Biology of Violence,* 185.

13. Desejo enfatizar mais uma vez que nem todas as crianças nascidas nesse tipo de ambiente interiorizam esses padrões emocionais e de comportamento. Algumas não apenas evitam o abuso e a violência nos seus relacionamentos, como também, quando crescem, passam a combater os padrões de abuso e violência que encontram ao seu redor. Muitas pessoas, no entanto, são negativamente afetadas pelas experiências de repressão e violência do início da vida.

14. Ver, por exemplo, Joan Rockwell, *Fact in Fiction: The Use of Literature in the Systematic Study of Society* (Londres: Routledge & Kegan Paul, 1974).

15. O sociólogo Milton R. Rokeach mostra que os valores podem ser modificados por meio da introdução de narrativas que causam um conflito entre valores defendidos de um modo ostensivo ou consciente como a democracia e a igualdade, e os valores nutridos de um modo latente ou inconsciente como o preconceito contra pessoas de raças diferentes ou grupos sociais. Ver Milton R. Rokeach, *The Nature of Human Values* (Nova York: Free Press, 1973).

16. Os primeiros pesquisadores freqüentemente retratam a família e os colegas como forças opostas que disputam a influência sobre o comportamento da criança. Entretanto, como Collins, Maccoby, Steinberg, Hetherington e Bornstein ressaltam no seu exame de estudos sobre as influências dos pais e dos colegas ("Contemporary Research on Parenting"), pesquisadores de socialização estão desenvolvendo e testando modelos que examinam como os pais e os colegas exercem uma influência conjunta na criança em desenvolvimento e no desenvolvimento do seu cérebro. Essa pesquisa mostra que embora o envolvimento dos adolescentes em atividades anti-sociais seja, com freqüência, significativamente influenciado pelos relacionamentos com colegas anti-sociais, a cadeia de acontecimentos que conduz a grupos de colegas anti-sociais muitas vezes começa em casa durante a infância.

NOTAS 271

17. Else Frenkel-Brunswick, citada *in* D. C. Beardslee e M. Wertheimer (orgs.), *Readings in Perception* (Nova York: Van Nostrand Reinhold, 1958), 676.

18. Para indicações transculturais que confirmam esse padrão, ver DeMeo, "The Origins and Diffusion of Patrism in Saharasia, c. 4000 a.C.". Ver também Sanday, *Female Power and Male Dominance*.

19. Perry, Pollard, Blakley, Baker e Vigilante, "Childhood Trauma".

20. Michael G. Marmot, G. Rose, M. Shipley e P. J. Hamilton, "Employment Grade and Coronary Heart Disease in British Civil Servants", *Journal of Epidemiological Community Health,* 1978, *3*, 244-49.

21. Richard Wilkinson, *The Affliction of Inequality* (Londres: Routledge, 1996).

22. Robert Sapolsky, "Sick of Poverty", *Scientific American,* dezembro de 2005, *293*(6), 98.

23. Ver, por exemplo, Layard, *Happiness.*

24. Houve tentativas esporádicas de introduzir elementos de participação, como a veneração de Maria na condição de mãe compassiva de Deus, bem como o amor idealizado e os códigos de cavalheirismo dos trovadores e das suas equivalentes do sexo feminino, as trovadoras. Entretanto, de um modo geral, a Idade Média obedecia à configuração da organização autoritária e violenta, dominada pelos homens e economicamente injusta do modelo de dominação.

25. Na Rússia feudal, ainda em meados do século XIX, essa era uma prática usual, como é dolorosamente relatado na autobiografia do grande barítono russo Fiodor Chaliapin, cuja infância foi um pesadelo de brutalidade nas mãos tanto dos seus pais quanto dos negociantes de quem ele foi aprendiz. Ver *Chaliapin: An Autobiography As Told to Maxim Gorky* (Nina Froud e James Hanly, trad.) (Nova York: Stein and Day, 1967).

26. Para relatos de graves abusos cometidos contra crianças nas famílias, ver Raffael Scheck, "Childhood in German Autobiographical Writings, 1740-1820", *Journal of Psychohistory,* verão de 1987, *15*(1), 391-422; Philippe Aries, *Centuries of Childhood: A Social History of Family Life* (Robert Baldick, trad.) (Londres: Cape, 1962); e Alice Miller, *For Your Own Good: Hidden Cruelty in Child-Rearing and the Roots of Violence* (Hildegarde e Hunter Hannum, trad.) (Nova York: Farrar, Straus & Giroux, 1983). Um relato que enfatiza mais as condições materiais é encontrado em Frances e Joseph Gies, *Marriage and the Family in the Middle Ages* (Nova York: Harper & Row, 1987). Para uma documentação da prática do abandono infantil e as altas taxas de mortalidade nos orfanatos, ver John Boswell, *The Kindness of Strangers: The Abandonment of Children in Western Europe from Late Antiquity to the Renaissance* (Nova York: Pantheon, 1988). Um relato da ênfase na dor no misticismo cristão é encontrado em Sara Maitland, "Passionate Prayer: Masochistic Images in Women's Experience", *in* Linda Hurcombe (org.), *Sex and God: Some Varieties of Women's Religious Experience* (Nova York: Routledge and Kegan Paul, 1987). Para uma análise de algumas tendências de participação nas famílias, ver Anthony Giddens, *The Transformation of Intimacy: Sexuality, Love, and Eroticism in Modern Societies* (Stanford, Califórnia: Stanford University Press, 1992).

27. Ver *William Blackstone's Commentaries on the Laws of England* (Oxford: Clarendon Press, 1765) sobre como o direito comum inglês tratava as mulheres basicamente como propriedade dos homens.

28. Devo acrescentar que apenas ter uma agência ambiental não é suficiente. Como Jane Anne Morris do Program on Corporations, Law, and Democracy documenta em "Sheep in Wolf's Clothing", as agências reguladoras do governo são freqüentemente joguetes nas mãos dos poderosos interesses corporativos que elas foram criadas para regular. O POCLAD oferece muitos artigos, entre eles textos de

Richard Grossman, um dos pioneiros do movimento em prol de mudar os estatutos das empresas em geral para que elas sejam social e ambientalmente mais responsáveis. Ver www.poclad.org.

29. Como Sheldom Rampton e John Stauber mostram em *Trust Us, We're Experts: How Industry Manipulates Science and Gambles with Your Future* (Nova York: Putnam, 2000), bilhões de dólares são gastos em agências de relações públicas que manipulam as informações sobre políticas concebidas para nos fazer recuar a uma época em que os que estão em cima tinham a liberdade de fazer o que bem entendessem.

30. Ver Gates, *Democracy at Risk.*

31. Dados estatísticos da Secretária da Receita Federal americana citados em Sklar, "Carving Up Our Economic Pie".

32. Sklar, "Carving Up Our Economic Pie".

33. Ver Scheck, "Childhood in German Autobiographical Writings".

34. É claro que as mulheres às vezes dominam os homens, mas nesses casos elas são vistas como usurpadoras, como nas frases "ela é o homem da casa" e "é ela que usa calça na família".

35. Esses fundamentalistas "cristãos" invocam os ensinamentos de Jesus de que devemos combater a igualdade entre as mulheres e os homens, alegando que isso destruirá a família. Eles recusam-se a reconhecer o fato de que quando Jesus pregava contra o divórcio, ele estava na verdade protegendo as mulheres, já que naquela época somente os homens podiam pedir o divórcio; bastava que simplesmente proferissem três vezes "Eu me divorcio", como ainda é possível pelas leis de família muçulmanas de hoje. O Novo Testamento também nos informa que muitos líderes das primeiras comunidades cristãs eram mulheres. Ver, por exemplo, Elizabeth Schussler Fiorenza, *In Memory of Her* (Nova York: Crossroad, 1983).

36. Um relato angustiante do dano causado às crianças e aos pais por esse método é encontrado em Hanna Rosin, "A Tough Plan for Raising Children Draws Fire: 'Babywise' Guides Worry Pediatricians and Others", *Washington Post,* 27 de fevereiro de 1999, p. A1. Ver também Hanna Rosin, "Critics Question Extreme Childrearing Method", *Washington Post,* reproduzido em *Monterey County Herald,* 1º de março de 1999, p. A10. Como o primeiro artigo do *Washington Post* relata, por exemplo: "Comece cedo e ensine ao seu bebê 'modos de cadeira alta'", é aconselhado aos pais na série ['Babywise'] de livros populares [...] sobre a criação dos filhos. "Uma criança de 8 meses deve se sentar com as mãos nos lados da bandeja ou no colo. Para evitar queixumes e rebuliço, o bebê deve aprender sinais com as mãos para expressar 'por favor', 'obrigado' e 'eu amo você'. Se o bebê desobedecer, é dito aos pais que a melhor coisa a fazer é apertar ou dar um tapa na mão dele com uma força moderada. Se o bebê tiver mais de 18 meses, então está na hora de 'castigá-lo' com um instrumento flexível, como uma espátula de borracha."

37. Michael Milburn e Sheree Conrad, *The Politics of Denial* (Cambridge, Mass.: MIT Press, 1996).

38. A avaliação de atitudes do Strategic Values Project [Projeto de Valores Estratégicos] mostra que um aumento substancial na convicção de que os pais deveriam controlar a família vem ocorrendo desde 1992. Como Ted Nordhaus e Michael Shellenberger escreveram no resumo da avaliação: "No nível de valores, os Estados Unidos estão se parecendo cada vez mais com o Deep South* enquanto o Canadá

---

* O Deep South, cuja tradução literal é Extremo Sul, compreende os estados americanos sulinos em torno do Golfo do México, que são caracteristicamente extremamente conservadores. (N. da T.)

NOTAS 273

está lembrando cada vez mais a Europa Ocidental. Entre os mais de 107 valores que o Environics Research Group acompanha, talvez nenhum outro valor indique tão claramente a mudança para a direita na vida americana do que o rotulado Patriarcado. Em 1992, 42% dos americanos concordavam com a seguinte afirmação: "O pai na família é o senhor da casa". Em 2004, 52% concordavam. Em contrapartida, hoje, apenas um terço dos canadenses estão de acordo com essa declaração, e somente 20% dos europeus, em média, a consideravam verdadeira. Ver Ted Nordhaus e Michael Shellenberger, *The Strategic Values Project,* (2005), 1. Ver www.thebreakthrough.org/files/Strategic_Values_Overview. pdf.

39. Ver Eisler, *Sacred Pleasure,* para uma análise de como a metáfora para o modelo de dominação é o pai ou mãe punitivo (estereotipicamente o pai) e a metáfora para o modelo de participação é o pai ou a mãe protetor (estereotipicamente a mãe). O cientista político George Lakoff também equipara a psicologia liberal ao pai ou à mãe protetor e a psicologia conservadora ao "pai rigoroso".

40. Entre as primeiras obras mais importantes sobre esses fenômenos encontra-se a pesquisa da psicóloga Else Frenkel-Brunswick. Ver T. W. Adorno, Else Frenkel-Brunswick, Daniel Levinson e R. Nevitt Stanford, *The Authoritarian Personality* (Nova York: Wiley, 1964).

41. Essas seis companhias são a AOL/Time-Warner, a Disney, a Viacom-CBS-Paramount, a Bertelsmann, a General Electric e a Rupert Murdoch, cujo império da mídia inclui a HarperCollins, a Twentieth-Century Fox, o Fox Channel, 132 jornais, 25 revistas e uma percentagem do *TV Guide.* Detalhes são encontrados em Ben Bagdikian, *The Media Monopoly,* 6ª edição (Boston: Beacon Press, 2000). Como salienta Bagdikian, as fusões da mídia autorizadas pelo Telecommunications Act de 1996 resultaram na consolidação mais radical do controle da mídia na história dos Estados Unidos, invertendo mais de sessenta anos da legislação das comunicações. Ver também Richard McChesney, *Rich Media, Poor Democracy* (Nova York: New Press, 2000).

42. A própria motivação de Smith, como vimos no Capítulo 7, era solidária: ele desejava um sistema econômico que funcionasse para o bem de todos.

43. Ver John Robbins, *Reclaiming Our Health* (Tiburon, Califórnia: Kramer, 1996) e Christiane Northrup, *Women's Bodies, Women's Wisdom* (Nova York: Bantam, 2002).

44. Por exemplo, recorrendo à minha pesquisa sobre antigos mitos que mostram que a mudança para um sistema de dominação também acarretava uma substantiva transformação tanto nos mitos religiosos quanto seculares, em *The Chalice and the Blade* e em *Sacred Pleasure* rastreio a transformação de imagens e narrativas que mostram mulheres em posições de poder para imagens e narrativas nas quais elas são subordinadas aos homens. Ver também Craig Barnes, *In Search of the Lost Feminine: Decoding the Myths That Radically Reshaped Civilization* (Golden, Colorado: Fulcrum Publishing, 2006).

45. Uma descrição detalhada do Covenant é encontrada em Michael Lerner, *The Left Hand of God: Taking Back Our Country from the Religious Right* (San Francisco: Harper-SanFrancisco, 2006), particularmente nos Capítulos de 9 a 12. O Spiritual Covenant with America em www.spiritualprogressives.org/article.php?story=covenant começa com um apelo para que sejam criadas diretrizes que apóiem famílias de participação, inclusive uma legislação, políticas tributárias, orçamentos e programas sociais que respaldem a nossa capacidade de ser amorosos e solidários com as outras pessoas.

46. Como Marie Cocco escreve a respeito dessas companhias em "Levi's Deserve a Teen's Support" (*Newsday* reproduzido no *Monterey Herald,* 3 de março de 1999, p. 7A). A Levi-Strauss foi "a primeira empresa a redigir um código de conduta para a sua rede de subcontratantes ao redor do mundo" e uma das primeiras companhias a se preocupar com "a possibilidade de uma menina de 10 anos no México estar ficando com a coluna deformada ou cega por costurar jeans o dia inteiro e parte da noite".

274 A VERDADEIRA RIQUEZA DAS NAÇÕES

47. Ver http://alt-e.blogspot.com/2004/09/germany-leads-way-using-energy-tariffs.html e www.germanyinfo.org/relaunch/info/publications/infocus/environment/renew.html. Ver também Staffan Bengtsson, "Sweden's Renewable Energy Resources". Uma boa síntese sobre a energia é encontrada em Michael Parfit, "Where on Earth Can Our Energy-Hungry Society Turn to Replace Oil, Coal, and Natural Gas?" *National Geographic,* agosto de 2005.

Capítulo 10: A revolução solidária

1. Uma análise dessa questão é encontrada *in* Stephen A. Zarlenga, *The Lost Science of Money: The Mytology of Money — The Story of Power* (Valatie, N.Y.: American Monetary Institute Charitable Trust, 2002). Para um exame de como o dinheiro controla a vida das pessoas, ver Lynne Twist, *The Soul of Money: Transforming Your Relationship with Money and Life* (Nova York: Norton, 2003).

2. Ver. H. Anisman, M. D. Zaharia, M. J. Meaney e Z. Merali, "Do Early-Life Events Permanently Alter Behavioral and Hormonal Responses to Stressors?" *International Journal of Development Neuroscience,* 1998, *16,* 149-64; Riane Eisler e Daniel S. Levine, "Nurture, Nature, and Caring: We Are Not Prisioners of Our Genes", *Brain and Mind,* 2002, *3*(1), 9-52; W. T. Greenough, C. S. Wallace, A. Alcantara, B. J. Anderson, N. Hawrylak, A. M. Sirevaag, I. J. Wiler e G. Withers, "Development of the Brain: Experience Affects the Structure of Neurons, Glia, and Blood Vessels", *in* N. J. Anastasiow e S. Harel (orgs.), *At-Risk Infant: Interventions, Families, and Research* (Baltimore: Paul H. Brookes, 1993); J. P. Henry e S. Wang, "Effects of Early Stress on Adult Affiliative Behavior", *Psychoneuroendocrinology,* 1998, *23,* 863-75.

3. A China consome hoje o dobro de carne que os Estados Unidos (67 milhões de toneladas em comparação com 39 milhões) e mais do que o dobro de aço (258 milhões contra 104 milhões de toneladas).

4. Lester R. Brown, *Plan B 2.0: Rescuing a Planet Under Stress and a Civilization in Trouble* (Nova York: W. W. Norton, 2006).

5. Brown, *Plan B 2.0.*

6. Brown citado *in* Jim Lobe, "China's Upward Mobility Strains World Resources", *Energy Bulletin,* 9 de março de 2005.

7. Ver, por exemplo, Vandana Shiva, *Water Wars* (Cambridge, Mass.: South End Press, 2000), para uma discussão sobre a privatização da água.

8. Uma análise dessas e de outras importantes ocorrências é encontrada *in* Hazel Henderson, "21st Century Strategies for Sustainability", *Foresight,* fevereiro de 2006.

9. Ver http://swz.salary.com/momsalarywizard/html/mswl_momcenter.html. Salary.com usou informações de *Dream Job: Stay at Home,* de Regina O'Brien, e *Working Moms* para determinar as dez principais profissões que compõem a descrição do emprego de uma mãe, de porteira, professora, CEO a psicóloga.

10. Ver Duncan Ironmonger, "Counting Outputs, Inputs, and Caring Labor: Estimating Gross Household Product", outono de 1993, *Feminist Economics, 2*(3), 37-64.

11. Um relatório elaborado por Joseph Stiglitz, que ganhou um Prêmio Nobel de economia em 2001, e Linda Bilmes, especialista orçamentária de Harvard, estimou que o custo da guerra do Iraque provavelmente ficará entre 1 trilhão e 2 trilhões de dólares. Ver Wilson, "Iraq War Could Cost Over 2 Trillion". *The Guardian/UK,* 7 de janeiro de 2006.

NOTAS 275

12. Para dados da neurociência, ver Perry, Pollard, Blakley, Baker e Vigilante, "Childhood Trauma". Para dados da psicologia, ver Penelope Leach, *Your Baby and Child* (Nova York: Knopf, 1997). Revistas populares como *Child and Parenting* também destacam a ineficácia da criação dominadora dos filhos e oferecem alternativas participativas. Um livro pioneiro sobre a importância do contato carinhoso, ver Ashley Montagu, *Touching: The Human Significance of the Skin*, 3ª edição (Nova York: Harper & Row, 1986). Sobre a importância de ensinar aos pais como criar os filhos, ver também Nel Noddings, *Critical Lessons: What Our Schools Should Teach* (Cambridge: Cambridge University Press, 2006).

13. Eisler, Loye e Norgaard, *Women, Men, and the Global Quality of Life.*

14. Ronald F. Inglehart, Pippa Norris e Christian Welzel, "Gender Equality and Democracy", *Comparative Sociology,* 2002, *1*(3/4), 321-46. Baseados nas suas constatações, eles escrevem: "É compreensível descobrir que as questões relacionadas com o sexo das pessoas constituem um componente fundamental — pode-se argumentar razoavelmente que seja *o* componente mais fundamental — da mudança de valores nas sociedades pós-industriais".

15. Inglehart, Norris e Welzel, "Gender Equality and Democracy", 330.

16. Ann Crittenden, *The Price of Motherhood: Why the Most Important Job in the World Is Still the Least Value* (Nova York: Metropolitan Books, 2001).

17. Ver, por exemplo, Bina Agarwal, *A Field of One's Own: Gender and Land Rights in South Asia* (Cambridge: Cambridge University Press, 1995) e Jane S. Jaquette e Gale Summerfield (orgs.), *Women and Gender Equity in Development Theory and Practice: Institutions, Resources, and Mobilization* (Durham, N.C.: Duke University Press, 2006).

18. Ver Bruce e Lloyd, "Finding the Ties That Bind".

19. Houve apenas um aumento marginal nas taxas da representação feminina depois de décadas de trabalho em assembléias nacionais e parlamentos no mundo inteiro, de 10,9% em 1973 para 16,3% em 2005 (Nova York: Comissão da ONU sobre a Condição da Mulher, Declaração no Dia Internacional da Mulher, 2006).

20. Ver Raffi Cavoukian e Sharna Olfman (orgs.), *Child Honoring to Turn This World Around* (Nova York: Praeger, 2006).

21. Ver Riane Eisler, "Toward an Integrated Theory of Human Rights", *Human Rights Quarterly,* 1987, *9*(3), 287-308 e Riane Eisler, "Human Rights and Violence: Integrating the Private and Public Spheres", *in* Lester Kurtz e Jennifer Turpin (orgs.), *The Web of Violence* (Urbana: University of Illinois Press, 1996).

22. Uma análise desse assunto é encontrada em Eisler, Loye e Norgaard, *Women, Men, and the Global Quality of Life.*

23. Lauralee Alben, *Navigating a Sea Change.* Ver www.albendesign.com.

24. Como ressalta Margaret Wheatley, a conversa encerra um grande poder. Ver Margaret Wheatley, *Turning to One Another: Simple Conversations to Restore Hope to the Future* (San Francisco: Berrett-Koehler, 2002). [*Conversando a Gente se Entende: Solução Simples para Restabelecer a Esperança de um Futuro Melhor*, publicado pela Editora Cultrix, São Paulo, 2003.]

25. Existe um certo movimento nessa direção. Por exemplo, o programa de MBA do Bainbridge Graduate Institute (ver www.bgiedu.org/) combina abordagens tradicionais com uma ênfase na responsabilidade social e ambiental. A Presidio School of Management em San Francisco oferece

outro programa desse tipo (ver www.presidiomba.org/). Além disso, programas de MBA em algumas universidades tradicionais também estão avançando nessa direção — por exemplo na Weatherhead School of Management na Case Western Reserve University (http://weatherhead.case.edu/mba/) e a Stephen M. Ross Business School na University of Michigan (www.bus.umich.edu/).

26. A economia solidária será explorada não apenas nos espaços teóricos mas também nos práticos da realidade efetiva por meio de conferências e outros encontros que reúnem acadêmicos, elaboradores de políticas econômicas, profissionais liberais e outros cidadãos interessados. Informações genéricas podem ser obtidas em www.partnership.org.

27. Aqueles que residem nos Estados Unidos podem tentar convencer os nossos senadores a ratificar a Convenção das Nações Unidas para Eliminar Todas as Formas de Discriminação Contra as Mulheres (CEDAW)* e a Convenção das Nações Unidas sobre os Direitos da Criança, que foram ratificados praticamente por todos os outros países exceto pelos Estados Unidos. Pacotes de organização fundamentais e outras informações sobre a CEDAW podem ser obtidos junto ao National Committee on UN/CEDAW; 310/271-8087. Para informações sobre a Convenção sobre os Direitos da Criança, ver www.unicef.org/crc/.

28. Fui co-fundadora de uma organização cujo objetivo é reunir líderes espirituais e religiosos para que tomem uma posição firme contra a violência íntima: a Spiritual Alliance to Stop Intimate Violence (SAIV). Ver www.saiv.net.

29. Uma discussão deste assunto é encontrada *in* Noddings, *The Challenge to Care in Our Schools*.

30. Ver David Loye (org.) *The Great Adventure: Toward a Fully Human Theory of Evolution* (Albany: State University of New York Press, 2004); David Loye, *Darwin's Lost Theory: Who We Really Are and Where We're Going* (Carmel, Califórnia: Benjamin Franklin Press, 2007); David Loye, *Measuring Evolution: A Guide to the Health and Wealth of Nations* (Carmel, Califórnia: Benjamin Franklin Press, 2007); e David Loye, *Darwin's Lost Theory of Love* (iuniverse.com, 2000). Ver também John O'Manique, *The Origins of Justice: The Evolution of Morality, Human Rights, and Law* (Filadélfia: University of Pennsylvania Press, 2003); e Ervin Laszlo, *The Creative Cosmos* (Edimburgo: Floris Books, 1993).

31. Eisler, *Tomorrow's Children*. Ver também David Grossman e Gloria Degaetano, *Stop Teaching Our Kids to Kill: A Call to Action Against TV, Movie and Video Game Violence* (Nova York: Crown, 1999).

---

* Sigla do nome em inglês: Convention to Eliminate All Forms of Discrimination Against Women. (N. da T.)

Bibliografia

Achieving ICPD Commitments for Abortion Care in Latin America: The Unfinished Agenda. Chapel Hill, N. C.: Ipas, 2005.

Afshar, Hale (org.). *Women, Development, and Survival in the Third World.* Nova York: Longman, 1991.

Adorno, T. W., Else Frenkel-Brunswick, Daniel Levinson e R. Nevitt Stanford. *The Authoritarian Personality.* Nova York: John Wiley, 1964.

Agarwal, Bina. *A Field of One's Own: Gender and Land Rights in South Asia.* Cambridge: Cambridge University Press, 1995.

Albelda, Randy. *Lost Ground: Welfare Reform, Poverty, and Beyond.* Cambridge, Mass.: South End Press, 2002.

Angier, Natalie. "Why We're So Nice: We're Wired to Cooperate", *New York Times,* 23 de julho de 2002.

Anisman, H., M. D. Zaharia, M. J. Meaney e Z. Merali. "Do Early-Life Events Permanently Alter Behavioral and Hormonal Responses to Stressors"? *International Journal of Developmental Neuroscience,* 1998, 16, 149-64.

Aries, Philippe. *Centuries of Childhood: A Social History of Family Life.* (Robert Baldick, trad.). Londres: Cape, 1962.

Aristotle. *Aristotle's Politics* (Benjamin Jowett, trad.). Nova York: Modern Library, 1943.

Aslaksen, Julie e Charlotte Koren, "Unpaid Household Work and the Distribution of Extended Income: The Norwegian Experience", *Feminist Economics,* outono de 1996, 2(3), 65-80.

Avery, Christine e Diane Zabel. *The Flexible Workplace: A Sourcebook of Information and Research.* Westport, Conn.: Quorum Books, 2000.

Bagdikian, Ben. *The Media Monopoly* (6ª edição). Boston: Beacon Press, 2000.

Barnes, Craig. *In Search of the Lost Feminine: Decoding the Myths That Radically Reshaped Civilization.* Golden, Colorado: Fulcrum, 2006.

Barry, David S. "Growing Up Violent: Decades of Research Link Screen Mayhem with Increase in Aggressive Behavior", *Media and Values,* verão de 1993, 62, 8-11.

Baumeister, Roy F. "How the Self Became a Problem: A Psychological Review of Historical Research", *Journal of Personality and Social Psychology,* 1987, 52(1), 163-76.

Beardslee, David C. e Michael Wertheimer. *Readings in Perception.* Princeton, N.J.: Van Nostrand Reinhold, 1958.

Bebel, August. *Women and Socialism.* Nova York: Schocken, 1971. (Publicado originalmente em 1879).

Black, Jan Knippers. *Inequity in the Global Village: Recycled Rhetoric and Disposable People.* Bloomfield, Conn.: Kumarian Press, 1999.

Blackstone, William. *Commentaries on the Laws of England.* Oxford: Clarendon Press, 1765.

Blades, Joan e Kristin Rowe-Finkbeiner. *The Motherhood Manifesto.* Nova York: Nation Books, 2006.

Blakney, R. B. (org. e trad.). *The Way of Life: Tao Te Ching.* Nova York: Mentor, 1951.

Bleier, Ruth (org.). *Feminist Approaches to Science.* Nova York: Pergamon Press, 1988.

Blumberg, Rae Lesser. "A Women-in-Development Natural Environment in Guatemala: The Alcoa Agribusiness Project in 1980 and 1985." Mimeo report, 1986. Citado *in* Daisy Dwyer e Judith Bruce (orgs.), *A Home Divided: Women and Income in the Third World.* Stanford, Calif.: Stanford University Press, 1988.

Boserup, Ester. *Women's Role in Economic Development.* Londres: Allen and Unwin, 1970.

Boswell, John. *The Kindness of Strangers.* Nova York: Pantheon, 1988.

Brandt, Barbara. *Whole Life Economics: Revaluing Daily Life.* Filadélfia: New Society Publishers, 1995.

Brown, Lester R. *Plan B 2.0: Rescuing a Planet Under Stress and a Civilization in Trouble.* Nova York: W.W. Norton, 2006.

Bruce, Judith e Cynthia B. Lloyd. "Finding the Ties that Bind: Beyond Headship and Household", *in* Lawrence Haddad, John Hoddinott e Harold Alderman (orgs.), *Intrahousehold Resources Allocation in Developing Countries: Methods, Models, and Policy.* Baltimore: International Food Policy Research Institute e Johns Hopkins University Press, 1997.

Bruce , Judith, Cynthia B. Lloyd e A. Leonard. *Families in Focus.* Nova York: Population Council, 1995.

Burggraf, Shirley. *The Feminine Economy and the Economic Man: Reviving the Role of Family in the Post-Industrial Age.* Nova York: Perseus Books, 1999.

Burud, Sandra e Marie Tumolo. *Leveraging the New Human Capital.* Mountain View, Califórnia: Davies-Black, 2004.

Cadoret, Remi J., T. W. O'Gorman, E. Troughton e E. Heywood. "Alcoholism and Antisocial Personality. Interrelationships, Genetic and Environmental Factors", *Archives of General Psychiatry,* 1985, *42,* 161-67.

Cahn, Edgar. *No More Throwayway People: The co-production Imperative.* Washington, D.C.: Essential Books, 2004.

Cai, Junsheng. "Myth and Reality: The Projection of Gender Relations in Prehistoric China", *in* Yiayin Min (org.), *The Chalice and The Blade in Chinese Culture: Gender Relations and Social Models.* Pequim: China Social Sciences Publishing House, 1995.

Cameron, Kim, Jane Dutton e Robert E. Quinn (orgs.). *Positive Organizational Scholarship.* San Francisco: Berrett-Koehler, 2003.

Caspi, Avshalom, Joseph McClay, Terrie E. Moffitt, Jonathan Mill, Judy Martin, Ian W. Craig, Alan Taylor e Richie Poulton. "Role of Genotype in the Cycle of Violence in Maltreated Children", *Science,* agosto de 2002, *297*(5582), 851-54.

Castell, Aubery. *An Introduction to Modern Philosophy.* Nova York: Macmillan, 1946.

Cavanagh, John. (org.). *Alternatives to Economic Globalization: A Better World Is Possible.* San Francisco: Berrett-Koehler, 2002.

Cavoukian, Raff e Sharna Olfman (orgs.). *Child Honoring: How to Turn This World Around.* Nova York: Praeger, 2006.

Centerwall, Brandon, M.D. "Television and Violance: The Scale of the Problem and Where to Go from Here", *Journal of the American Medical Association,* junho de 1992, *267,* 3059-063.

Chaliapin: An Autobiography as Told to Maxim Gorky. (Nina Froud e James Hanly, trad.). Nova York: Stein and Day, 1967.

BIBLIOGRAFIA

Chang Kenneth. "Oceans Turning Acidic, Scientists Says", *New York Times News Service,* reproduzido no *Monterey County Herald,* 1º de julho de 2005, p. A8.

Chew, Lin. "Women and Globalization in South East Asia: New Strategies for New Times", *Conscience,* verão de 2006, *XXVII* (2), 30-2.

Child Health USA 2004. Rockville, Md.: U.S. Department of Health and Human Services, Health Resources and Services Administration, Maternal and Child Health Bureau, 2004.

Chisholm, K. "A Three-Year Follow-Up of Attachment and Indiscriminate Friendliness in Children Adopted from Romanian Orphanages", *Child Development,* 1998, *69,* 1092-106.

Choi, Charles Q. "Transistor Flow Control: Forget Valves — Controlling Fluids with Electric Fields", *Scientific American,* outubro de 2005, *293*(4), 26.

Cleveland, Gordon e Michael Krashinsky. *The Benefits and Costs of Good Child Care: The Economic Rationale for Public Investment in Young Children — A Policy Study.* Scarborough: University of Toronto, Department of Economics, março de 1998.

Clever, Linda H. e Gilbert S. Omenn. "Hazards for Health Care Workers", *Annual Review of Public Health,* 1988, 9, *273*-303.

Cocco, Marie. "Levi's Deserve a Teen's Support", *Newsday* reproduzido no *Monterey Herald,* 3 de março de 1999, p. 7A.

Collins, Andrew W., Eleanor E. Maccoby, Laurence Steinberg, E. Mavis Hetherington e Marc H. Bornstein. "Contemporary Research on Parenting: The Case for Nature and Nurture", *American Psychologist,* fevereiro de 2000, *55*(2), 218-32.

Coltrane, Scott. "Father-Child Relationships and the Status of Women: A Cross-Cultural Study", *American Journal of Sociology,* março de 1988, *93* (5).

Cooperrider, David L. e Suresh Srivastva. "Appreciative Inquiry in Organizational Life", *Research in Organizational Change and Development,* 1987, *1,* 129-69.

Crittenden, Ann. *The Price of Motherhood: Why the Most Important Job in the World Is Still the Least Valued.* Nova York: Metropolitan Books, 2001.

Currie, Janet e Erdal Tekin. "Does Child Abuse cause Crime?" *IZA Discussion Papers 2063.* Bonn, Alemanha: Institute for the Study of Labor (IZA), 2006.

Daly, Herman E. e John B. Cobb. *For the Common Good: Redirecting the Economy Toward Community, the Environment, and a Sustainable Future* (2ª edição). Boston: Beacon Press, 1994.

Dawkins, Richard. *The Selfish Gene.* Nova York: Oxford University Press, 1976.

de Caritat, Antoine Nicolas, Marquis de Condorcet. "On the Admission of Women to the Rights of Citizenship", *in* Lynn Hunt (trad. e org.), *The French Revolution and Human Rights: A Brief Documentary History.* Boston/Nova York: Bedford/St. Martin's Press, 1996. (Publicado originalmente em julho de 1790.)

Deci, Edward e Richard Ryan. *Intrinsic Motivation and Self-Determination in Human Behavior.* Cambridge, Mass.: Perseus Books, 1985.

De Graaf, John. *Take Back Your Time: Fighting Overwork and Time Poverty in America.* San Francisco: Berrett-Koehler, 2003.

DeMeo, James. "The Origins and Diffusion of Patrism in Saharasia, c. 4000 B.C.E.: Evidence for a Worldwide, Climate-Linked Geographical Pattern in Human Behavior", *World Futures,* 1991, *30*(2), 247-71.

de Pizan, Christine. *The Book of the City of Ladies* (Earl Jeffrey Richards, trad.). Nova York: Persea Press, 1982.

De Soto, Hernando, *The Mystery of Capital.* Nova York: Basic Books, 2003.

Domhoff, G. William. (2005). *Who Rules America? Power, Politics, & Social Change* (5ª edição). Nova York: McGraw-Hill.

Dutton, Jane. *Energize Your Workplace.* San Francisco: Jossey-Bass, 2003.

Dutton, Jane e Emily Heaphy. "The Power of High-Quality Connections at Work", *in* Kim Cameron, Jane Dutton e Robert E. Quinn (orgs.), *Positive Organizational Scholarship,* San Francisco: Berrett-Koehler, 2003.

Dutton, Jane, Jacoba Lilius e Jason Kanov. "The Transformative Potential of Compassion at Work", apresentação no Weatherhead School of Management, Case Western Reserve University, Cincinnati, agosto de 2003.

Dwyer, Daisy e Judith Bruce (orgs.). *A Home Divided: Women and Income in the Third World,* Stanford, Califórnia: Stanford University Press, 1988.

Edwards, Valerie J., George W. Holden, Vincent J. Felitti e Robert F. Anda. "Relationship Between Multiple Forms of Childhood Maltreatment and Adult Mental Health in Community Respondents: Results from the Adverse Childhood Experiences Study", *American Journal of Psychiatry,* agosto de 2003, *160,* 1453-460.

Eisler, Riane. *Dissolution: No-Fault Divorce, Marriage, and Future of Women.* Nova York: McGraw-Hill, 1977.

Eisler, Riane. "Toward an Integrated Theory of Human Rights", *Human Rights Quartely,* agosto de 1987, 9(3), 287-308.

Eisler, Riane. *The Chalice and The Blade: Our History, Our Future,* San Francisco: Harper & Row, 1987.

Eisler, Riane. "Technology, Gender, and History: Toward a Nonlinear Model of Social Evolution", *in* Ervin Laszlo, Ignazio Masulli, Robert Artigiani e Vilmos Csanyi (orgs.), *The Evolution of Cognitive Maps: New Paradigms for Twenty First Century.* Langhorne, Penn.: Gordon and Breach Science Publishers, 1993.

Eisler, Riane. *Sacred Pleasure: Sex, Myth and Politics of the Body.* San Francisco: HarperCollins, 1995.

Eisler, Riane. "Human Rights and Violence: Integrating the Private and Public Spheres", *in* Lester Kurtz e Jennifer Turpin (orgs.), *The Web of Violence.* Urbana: University of Illinois Press, 1996.

Eisler, Riane. "Cultural Transformation Theory: A New Paradigm for History", *in* Johan Galtung e Sohail Inayatullah (orgs.), *Macrohistory and Macrohistorians.* Westport, Conn.: Praeger, 1997.

Eisler, Riane. *Tomorrow's Children: A Blueprint for Partnership Education in the 21st Century.* Boulder, Colorado.: Westview Press, 2000.

Eisler, Riane. *The Power of Partnership: Seven Relationships That Will Change Your Life.* Novato, Califórnia.: New World Library, 2002.

Eisler, Riane. "Culture, Technology, and Domination/Partnership", *in* David Loye (org.), *The Great Adventure.* Albany: State University of New York Press, 2003.

Eisler, Riane. "Spare the Rod", *YES: A Magazine of Positive Futures,* inverno de 2005, pp. 30-2.

Eisler, Riane e Daniel S. Levine. "Nurture, Nature, and Caring: We are Not Prisoners of Our Genes", *Brain and Mind,* 2002, *3*(1), 9-52.

Eisler, Riane, David Loye e Kari Norgaard. *Women, Men, and the Global Quality of Life,* Pacific Grove, Califórnia: Center for Partnership Studies, 1995.

Elkins, Paul. (org.). *The Living Economy.* Nova York: Routledge & Kegan Paul, 1986.

Encyclopedia of World Problems and Human Potential (4ª ed.). Bruxelas: Union of International Association, 1994-95.

Engels, Frederick. *The Condition of the Working Class in England.* Londres: Panther Books, 1969. (Publicado originalmente em 1845.)

BIBLIOGRAFIA

Eron, Leonard D. e L. Rowell Huesmann. *Advances in the Study of Aggression*. Orlando: Academic Press, 1984.

Evan, William M. "An Organization-Set Model Interorganizational Relations, *in* Matthew Tuite, Roger Chisholm e Michael Radnor (orgs.), *Interorganizational Decision Making*. Chicago: Aldine, 1972.

Ferber, Marianne A. e Julie A. Nelson (orgs.). *Beyond Economic Man: Feminist Theory and Economics*. Chicago: University of Chicago Press, 1993.

Fiorenza, Elizabeth Schussler. *In Memory of Her*. Nova York: Crossroad, 1983.

Flannery, Tim. *The Weather Makers: How Man is Changing the Climate and What it Means for Life on Earth*. Nova York: Atlantic Monthly Press, 2006.

Folbre, Nancy. "Socialism, Feminist and Scientific", *in* Marianne A. Ferber e Julie A. Nelson (orgs.), *Beyond Economic Man: Feminist Theory and Economics*. Chicago: University of Chicago Press, 1993.

Folbre, Nancy. *The Invisible Heart: Economics and Family Values*. Nova York: New Press, 2001.

Fornos, Werner. "Homo Sapiens: An Endangered Species?" *POPLINE*, maio-junho de 2005, p. 4.

Frank, Andre Gunder. *Capitalism and Underdevelopment in Latin America*. Londres: Penguin, 1971.

Fredrickson, Barbara. "Positive Emotions and Upward Spirals in Organizations, *in* Kim Cameron, Jane Dutton e Robert E. Quinn (orgs.), *Positive Organizational Scholarship*. San Francisco: Berrett-Kohler, 2003.

Fry, Ronald, Frank Barrett, Jane Seiling e Diana Whitney (orgs.). *Appreciative Inquiry and Organization Transformation: Reports from the Field*. Wesport, Conn.: Quorum Books, 2002.

Galbraith, John Kenneth. *Economics & the Public Purpose*. Boston: Houghton Mifflin, 1973.

Garreau, Joel. *Radical Evolution: The Promise and Peril of Enhancing Our Minds, Our Bodies, and What It Means to Be Human*. Nova York: Doubleday, 2005.

Gates, Jeff. *Democracy at Risk: Rescuing Main Street from Wall Street*. Cambridge, Mass.: Perseus Publishing, 2000.

Ghiselin, Michael. *The Economy of Nature and the Evolution of Sex*. Berkeley: University of California Press, 1974.

Giddens, Anthony. *The Transformation of Intimacy: Sexuality, Love, and Eroticism in Modern Societies*. Stanford, Califórnia: Stanford University Press, 1992.

Gies, Frances e Joseph Gies. *Marriage and the Family in the Middle Ages*. Nova York: Harper & Row, 1987.

Gilligan, Carol. *In a Different Voice: Psychological Theory and Women's Development*. Cambridge, Mass.: Harvard University Press, 1982.

Gilman, Charlotte Perkins. *Economics and Women*. Berkeley: University of California Press, 1998. (Publicado originalmente em 1898.)

Gimbutas, Marija. *The Goddesses and Gods of Old Europe*. Berkeley: University of California Press, 1982.

Global Trends 2015: A Dialogue About the Future with Nongovernment Experts. Washington D.C.: National Intelligence Council (U.S. Central Intelligence Agency), dezembro de 2000.

Goleman, Daniel, Richard Boyatzis e Annie McKee. *Primal Leadership: Realizing the Power of Emotional Intelligence*. Cambridge, Mass.: Harvard Business School Press, 2002.

Gornick, Janet C. e Marcia K. Meyers. *Families That Work: Policies for Reconciling Parenthood and Employment*. Nova York: Russell Sage Foundation, 2003.

Greenough, W.T., C.S. Wallace, A. A. Alcantara, B.J. Anderson, N. Hawrylak, A. M. Sirevaag, I. J. Wiler e G. Withers (1993). "Development of the Brain: Experience Affects the Structure of Neurons, Glia, and Blood Vessels", *in* N.J. Anastasiow e S. Harel (orgs.), *At-Risk Infants: Interventions, Families, and Research.* Baltimore: Paul H. Brookes, 1993.

Griffith, Brian. *The Gardens of Their Dreams: Desertification and Culture in World History.* Londres e Nova York: Zed Books, 2003.

Grossman, David e Gloria Degaetano. *Stop Teaching Our Kids to Kill: A Call to Action Against TV, Movie, and Video Games Violence.* Nova York: Crown, 1999.

Harrington, Mona. *Care and Equality: Inventing a New Family Politics.* Nova York: Knopf, 1999.

Hartmann, Heidi. "Thirty Years from Today: Visions of Economics Justice, "*Dollars & Sense,* 1º de novembro de 2004.

Hartmann, Thom. *Unequal Protection: The Rise of Corporate Dominance and the Theft of Human Rights.* Nova York: Rodale Books, 2004.

Hawken, Paul, Amory Lovins e L. Hunter Lovins. *Natural Capitalism: Creating the Next Industrial Revolution.* Boston: Back Bay Books, 2000. [*Capitalismo Natural,* publicado pela Editora Cultrix, São Paulo, 2000.]

Hawkes, Jacquetta. *Dawn of the Gods: Minoan and Mycenaean Origins of Greece.* Nova York: Random House, 1968.

Heilbroner, Robert. *The Wordly Philosophers: The Lives, Times, and Ideas of the Great Economic Thinkers* (rev. 7ª ed.). Nova York: Simon & Schuster, 1999.

Heim, Christine, D. Jeffrey Newport, Andrew H. Miller e Charles B. Nemeroff. "Long-Term Neuro-endocrine Effects of Childhood of Maltreatment", *JAMA,* 2000, *284,* 2321.

Held, Virginia (org.). *Justice and Care: Essential Readings in Feminist Ethics.* Boulder, Colorado.: Westview Press, 1995.

Henderson, Hazel. "Changing Paradigms and Indicators: Implementing Equitable, Sustainable and Participatory Development", *in* Jo Marie Griesgraber e Bernhard G. Gunter (orgs.), *The World Bank: Lending on a Global Scale (Rethinking Bretton Woods).* Vol. 2. Londres: Pluto Press, 1996.

Henderson, Hazel, *Beyond Globalization.* Bloomfield, Conn.: Kumarian Press, 1999. [*Além da Globalização,* publicado pela Editora Cultrix, São Paulo, 2003.]

Henderson, Hazel. *Ethical Market: Greeting the Global Economy.* White River Junction, Vt.: Chelsea Green Publishing, 2006. [*Mercado Ético,* publicado pela Editora Cultrix, São Paulo, 2007.]

Henderson, Hazel. "21st Century Strategies for Sustainability", *Foresight,* fevereiro de 2006.

Henry, J.P. e S. Wang. "Effects of Early Stress on Adult Affiliative Behavior", *Psychoneuroendocrinology,* 1998, *23,* 863-75.

Heymann, Jody. *Forgotten Families: Ending the Growing Crisis Confronting Children and Working Parents in the Global Economy.* Nova York: Oxford University Press, 2006.

Hightower, Jim. *There's Nothing in the Middle of the Road But Yellow Stripes and Dead Armadillos.* Nova York: HarperCollins, 1998.

Hodder, Ian. "Women and Men at Catalhoyuk", *Scientific American,* janeiro de 2004, pp. 77-83.

Hoddinott, John e Lawrence Haddad. "Understanding How Resources Are Allocated Within Households", apresentação no encontro da Canadian Economic Association, Ottawa, Canadá, 1993.

Human Development Report 1990. United Nations Development Programme (UNDP). Nova York: Oxford University Press, 1990.

Human Development Report 1995. United Nations Development Programme (UNDP). Nova York: Oxford University Press, 1995.

Human Development Report 2003. United Nations Development Programme (UNDP). Nova York: Oxford University Press, 2004.

BIBLIOGRAFIA 283

Hyman, Prue. *Women and Economics: A New Zealand Feminist Perspective*. Wellington, Nova Zelândia: Bridget Williams Books, 1996.

Inglehart, Ronald. *Modernization and Postmodernization: Cultural, Economic, and Political Change in 43 Societies*. Princeton, N.J: Princeton University Press, 1997.

Inglehart, Ronald F., Pippa Norris e Christian Welzel. "Gender Equality and Democracy", *Comparative Sociology*, 2002, *1*(3/4), 321-46.

Ironmonger, Duncan. "Counting Outputs, Inputs, and Caring Labor: Estimating Gross Household Product", *Feminist Economics*, outono de 1996, *2*(3), 37-64.

Isen, Alice. "Positive Affect, Cognitive Processes, and Social Behavior", *Advances in Experimental Social Psychology*, 1987, *20*, 203-53.

Jaggar, Alison M. (org.). *Living with Contradictions: Controversies in Feminist Social Ethics*. Boulder, Colorado: Westview Press, 1994.

Jain, Devaki e Nirmala Banerjee (orgs.). *The Tyranny of the Household: Women in Proverty, Investigative Essays on Women's Work*. Nova Delhi: Shakti Books, 1985.

James, William. *Principles of Psychology*. Mineola, N.Y.: Dover Publications, 1955. (Publicado originalmente em 1890.)

Jaquette, Jane S. *The Women's Movement in Latin America: Participation and Democracy* (2ª edição). Boulder, Colorado: Westview Press, 1994.

Jaquette, Jane S. e Gale Summerfield (orgs.). *Women and Gender Equity in Development Theory and Practice: Institutions, Resources, and Mobilization*. Durham, N.C.: Duke University Press, 2006.

Jennings, Ann L. "Public or Private? Institutional Economics and Feminism", *in* Marianne A. Ferber e Julie A. Nelson (orgs.), *Beyond Economic Man*. Chicago: University of Chicago Press, 1993.

Joy, Bill. "Why the Future Doesn't Need Us", *Wired*, abril de 2000.

Kantor, Rosabeth Moss. *When Giants Learn to Dance: Mastering the Challenge of Strategy, Management, and Careers in the 1990s*. Nova York: Random House, 1991.

Kaul, Inge, Pedro Conceicao, Katell le Goulven e Ronald Mendoza (orgs.). *Providing Public Goods*. Nova York: Oxford University Press, 2003.

Kaul, Inge, Isabelle Grunberg e Marc Stern. *Global Public Goods: International Cooperation in the 21st Century*. Nova York: Oxford University Press, 1999.

Keller, Evelyn Fox. *Reflections on Gender and Science*. New Haven, Conn.: Yale University Press, 1985.

Kelly, Marjorie. "Reshaping the Language of Business: How New Language Helps Make the Case for Ethics", *Business Ethics*, inverno de 2005, p. 6.

Keuls, Eva. *The Reign of the Phallus*. Berkeley: University of California Press, 1985.

Kluger, Jeffrey. "The Tipping Point", *Time*, 3 de abril de 2006.

Kolbert, Elizabeth. *Field Notes from a Catastrophe: Man, Nature, and Climate Change*. Londres: Bloomsbury Publishing, 2006.

Kollin, Susan. *Nature's State*. Chapel Hill: University of North Carolina Press, 2001.

Koonz, Claudia. "Mothers in the Fatherland: Women in Nazi Germany", *in* Renate Bridenthal e Claudia Koonz (orgs.), *Becoming Visible: Women in European History*. Boston: Houghton Mifflin, 1977.

Korten, David C. *The Post-Corporate World: Life After Capitalism*. San Francisco: Berrett-Koehler and West Hartford, Conn.: Kumarian Press, 1999.

Korten, David C. *When Corporations Rule the World* (2ª edição). Bloomfield, Conn.: Kumerian Press and San Francisco: Berrett-Koehler, 2001.

Korten, David C. *The Great Turning: From Empire to Earth Community*. San Francisco: Berrett-Koehler, 2006.

Kristof, Nicholas D. "As Asian Economies Shrink, Women are Squeezed Out", *New York Times,* 11 de junho de 1998.

Krugman, Paul. *The Great Unraveling: Losing Our Way in the New Century*. Nova York: W.W. Norton, 2004.

Laszlo, Ervin. *The Creative Cosmos*. Edimburgo, Escócia: Floris Books, 1993.

Layard, Richard. *Happiness: Lessons from a New Science*. Nova York: Penguin, 2005.

Leach, Penelope. *Your Baby and Child*. Nova York: Knopf, 1997.

Lerner, Gerda. *The Creation of Feminist Consciousness: From the Middle Ages to Eighteen-Seventy*. Nova York: Oxford University Press, 1993.

Lerner, Michael. *The Left Hand of God: Taking Back our Country from the Religious Right*. San Francisco: Harper San Francisco, 2006.

Lewontin, Richard. *The Triple Helix: Gene, Organism, and Environment*. Cambridge, Mass., e Londres: Harvard University Press, 2000.

Linden, Eugene. *The Winds of Change: Climate, Weather and the Destruction of Civilizations*. Nova York: Simon & Schuster, 2006.

Lindsey, Linda L. *Gender Roles: A Sociological Perspective* (2ª edição). Englewood Cliffs, N.J.: Prentice Hall, 1994.

Linsenmaier, Joan A. W. e Camille B. Wortman. "Attitudes Toward Workers and Toward Their Work: More Evidence That Sex Makes a Difference", *Journal of Applied Social Psychology,* agosto de 1979, *9*(4).

Lobe, Jim. "China's Upward Mobility Strains World Resources", *Energy Bulletin,* 9 de março de 2005.

Loye, David. *Darwin's Lost Theory of Love*. Nova York: iUniverse, 2000.

Loye, David (org.). *The Great Adventure: Toward a Fully Human Theory of Evolution*. Albany: State University of New York Press, 2004.

Loye, David. *Darwin's Lost Theory: Who We Really Are and Where We're Going*. Carmel, Califórnia: Benjamin Franklin Press, 2007.

Loye, David. *Measuring Evolution: A Guide to the Health and Wealth of Nations*. Carmel, Califórnia: Benjamin Franklin Press, 2007.

Loye, David, Roderik Gorney e Gary Steele. "Effects of Television: An Experimental Field Study", *Journal of Communications,* 1977, *27*(3), 206-16.

Luce, J. V. *The End of Atlantis*. Londres: Thames & Hudson, 1968.

Lux, Kenneth. *Adam Smith's Mistake: How a Moral Philosopher Invented Economics and Ended Morality*. Boston: Shambhala, 1990.

Maitland, Sara. "Passionate Prayer: Masochistic Images in Women's Experience", *in* Linda Hurcombe (org.), *Sex and God: Some Varieties of Women's Religious Experience*. Nova York: Routledge and Kegan Paul, 1987.

Marinatos, Nanno. *Minoan Religion: Ritual, Image, and Symbol*. Columbia: University of South Carolina Press, 1993.

Marmot, Michael G., G. Rose, M. Shipley e P. J. Hamilton. "Employment Grade and Coronary Heart Disease in British Civil Servants", *Journal of Epidemiological Community Health,* 1978, *3,* 244-49.

Marston, Cicely e John Cleland. "Relationship Between Contraception and Abortion: A Review of the Evidence", *International Family Planning Perspectives,* 2003, *29*(1), 6-13.

BIBLIOGRAFIA

Martinelli, Alberto e Neil J. Smelser (orgs.). *Economy and Society.* Newbury Park, Califórnia: Sage, 1990.

Marx, Karl e Friendrich Engels. *Werke.* Vol. 8. Berlim: Dietz Verlag, 1960. (Publicado originalmente no século XIX.)

Maslow, Abraham. *Toward a Psychology of Being.* Nova York: Van Nostrand Reinshold, 1968.

McChesney, Richard. *Rich Media, Poor Democracy.* Nova York: New Press, 2000.

Mellaart, James. *Çatal Hüyük.* Nova York: McGraw-Hill, 1967.

Meyers, Marcia K. e Janet C. Gornick. "The European Model: What We Can Learn from How Other Nations Support Families That Work", *American Prospect,* 1º de novembro de 2004.

Mies, Maria. *Patriarchy and Accumulation on a World Scale: Women and the International Division of Labour.* Londres: Zed Books, 1986.

Milburn, Michael e Sheree Conrad. *The Politics of Denial.* Cambridge, Mass.: MIT Press, 1996.

Mill, John Stuart. *Principles of Political Economy.* Nova York: Prometheus, 2004. (Publicado originalmente em 1848.)

Miller, Allice. *For Your Own Good: Hidden Cruelty in Child-Rearing and the Roots of Violence* (Hildegarde e Hunter Hannum, trad.). Nova York: Farrar, Straus and Giroux, 1983.

Miller, Jean Baker e Irene P. Stiver. *The Healing Connection: How Women Form Relationships in Therapy and in Life.* Boston: Beacon Press, 1997.

Min, Jiayin (org.). *The Chalice and The Blade in Chinese Culture: Gender Relations and Social Models.* Pequim: China Social Sciences Publishing House, 1995.

Montagu, Ashley. *Touching: The Human Significance of the Skin* (3ª edição). Nova York: Harper & Row, 1986.

Morris, David. *Measuring the Condition of the World's Poor.* Nova York: Pergamon Press, 1979.

Mukherjee, Moni. "Contributions to and Use of Social Product by Women", *in* Devaki Jain e Nirmala Banerjee (orgs.), *The Tyranny of the Household: Women in Poverty, Investigative Essays on Women's Work.* Nova Delhi: Shakti Books, 1985.

Myers, John. "Birch Bark's 'Incredible' Potential: Extract May Serve as 'Medicine Chest for the World'", Knight Ridder Newspapers, *Monterey County Herald,* 17 de abril de 2006, p. A2.

Naim, Moises. "Broken Borders", *Newsweek,* 24 de outubro de 2005, pp. 57-62.

Nash, June. "The Aztecs and the Ideology of Male Dominance", *Signs,* inverno de 1978, 4, 349-62.

Nelson, Julie A. *Economics for Humans.* Chicago: University of Chicago Press, 2006.

Niehoff, Debra. *The Biology of Violence: How Understanding the Brain, Behavior, and Environment Can Break the Vicious Circle of Aggression.* Nova York: Free Press, 1999.

Noble, David. *A World Without Women: The Christian Clerical Culture of Western Science.* Nova York: Knopf, 1992.

Noddings, Nel. *Caring: A Feminine Approach to Ethics & Moral Education.* Berkeley: University of California Press, 1984.

Noddings, Nel. *Starting at Home: Caring and Social Policy.* Berkeley: University of California Press, 2002.

Noddings, Nel. *Happiness and Education.* Cambridge: Cambridge University Press, 2003.

Noddings, Nel. *Critical Lessons: What Our Schools Should Teach.* Cambridge: Cambridge University Press, 2006.

Nord, Mark, Margaret Andrews e Steven Carlson. *Household Food Security in the United States, 2004.* USDA-ERS Economic Research Report Nº 11. Washington, D.C.: U.S Department of Agriculture, outubro de 2005.

Nussbaum, Martha. *Sex and Justice.* Nova York: Oxford University Press, 2000.

Nussbaum, Martha. "Capabilities as Fundamental Entitlements: Sen and Social Justice", *Feminist Economics*, 2001, *9*(2-3), 33-50.

Orkin, Susan Moller. *Women in Western Political Thought*. Princeton, N.J.: Princeton University Press, 1979.

O'Manique, John. *The Origins of Justice: The Evolution of Morality, Human Rights, and Law*. Filadélfia: University of Pennsylvania Press, 2002.

Ornstein, Robert. *The Psychology of Consciousness*. Nova York: Viking, 1972.

Peradotto, John e J. P. Sullivan (orgs.). *Women in the Ancient World: The Arethusa Papers*. Albany: State University of New York Press, 1984.

Perry, Bruce D. "Childhood Experience and the Expression of Genetic Potential: What Childhood Neglect Tells Us About Nature and Nurture", *Brain and Mind*, 2002, *3*(1), 79-100.

Perry, Bruce D., Ronnie A. Pollard, Toi A. Blakley, William L. Baker e Domenico Vigilante. "Childhood Trauma, the Neurobiology of Adaptation, and 'Use Dependent' Development of the Brain: How 'States' Becomes 'Traits'", *Infant Mental Health Journal*, 1995, *16*, 271-91.

Peterson, V. Spike e Anne Sisson Runyan. *Global Gender Issues: Dilemmas in World Politics* (2ª edição). Boulder, Colorado: Westview Press, 1999.

Pietila, Hikka. "Non-Market Work in the Construction of Livelihood: The Work and Production at the Grass Roots Countervailing Globalization", trabalho apresentado no IGGRI Preparatory Meeting, em Helsinque, de 13 a 16 de outubro de 1997 (rev. 18 de abril de 1998).

Pietila, Hilkka. "Nordic Welfare Society — A Strategy to Eradicate Poverty and Build Up Equality: Finland as a Case Study", *Journal Cooperation South*, 2001, *2*, 79-96.

Pietila, Hikka. "Cultivation and Households: The Basics of Nurturing Human Life", *EOLSS, Encyclopedia of Life Support Systems*, Section: Human Resources Policy and Management, UNESCO. Oxford, United Kingdom: Eolss Publishers, 2004.

Pinchot, Gifford. *Intrapreneuring*. San Francisco: Berrett-Koehler, 2000.

Pinchot, Gifford e Elizabeth Pinchot. *The Intelligent Organization*. San Francisco: Berrett-Koehler, 1994.

Platon, Nicholas. *Crete*. Genebra: Nagel Publishers, 1996.

Polanyi, Karl. *The Great Transformation*. Boston: Beacon Press, 1941.

Quartz, Steven R. e Terrence J. Sejnowski. "The Neural Basis of Cognitive Development: A Constructivist Manifesto", *Behavioral and Brain Sciences*, 1997, *20*(4), 527-96.

Rampton, Sheldon e John Stauber. *Trust Us, We're Experts: How Industry Manipulates Science and Gambles with Your Future*. Nova York: Putnam, 2000.

Rayas, Lucia, Diane Catotti e Ana Cortes. *Achieving ICPD Commitments for Abortion Care in Latin America: The Unfinished Agenda*. Chapel Hill, N.C.: Ipas, 2005.

Reich, Robert. *I'll Be Short: Essencials for a Decent Working Society*. Boston: Beacon Press, 2003.

Reid, Margaret G. *Economics of Household Production*. Nova York: Wiley, 1934.

Report on the World Social Situation: The Inequality Predicament. Nova York: United Nations and Division for Social Policy and Development, U.N. Department of Economic and Social Affairs, 2005.

Rifkin, Jeremy. *The Biotech Century*. Nova York: Tarcher, 1998.

Rilling James K., D. A. Gutman, T. R. Zeh, G. Pagnoni, G. S. Berns e C. D. Kilts. "A Neural Basis for Social Cooperation", *Neuron*, 2002, *35*, 395-405.

Roach, John. "Greenland Glaciers Losing Ice Much Faster, Study Says", *National Geographic News*, 16 de fevereiro de 2006.

Roach, John. "Global Warming Is Rapidly Raising Sea Levels, Studies Warn", *National Geographic News*, 23 de março de 2006.

Robbins, John. *Reclaiming Our Health*. Tiburon, Califórnia.: H.J. Kramer, 1996.

Robotham, Sheila. *Women, Resistance, and Revolution*. Nova York: Vintage, 1974.

Rockwell, Joan. *Fact in Fiction: The Use of Literature in the Systematic Study of Society*. Londres: Routledge & Kegan Paul, 1974.

Roco, Mihail C. e William Sims Bainbridge (orgs.). *Converging Technologies for Improving Human Performance*. Arlington, Va.: National Science Foundation, junho de 2002.

Rokeach, Milton. *The Nature of Human Values*. Nova York: Free Press, 1973.

Ronfeldt, David e John Arquilla. "Networks, Netwars, and the Fight for the Future", *First Monday*, outubro de 2001, *6*(10).

Rose, Hillary e Stephen Rose (orgs.). *Alas, Poor Darwin: Arguments Against Evolutionary Psychology*. Nova York: Harmony Books, 2000.

Rosin Hanna. "A Tough Plan for Raising Children Draws Fire: 'Babywise' Guides Worry Pediatricians and Others", *Washington Post*, 27 de fevereiro de 1999, p. A1.

Rosin Hanna. "Critics Question Extreme Childrearing Method", *Washington Post*, reproduzido *in Monterey County Herald*, 1º de março de 1999, p. A10.

Sachs, Jeffrey. *The End of Poverty: Economy Possibilities for Our Time*. Nova York: Penguin, 2006.

Sanday, Peggy Reeves. *Female Power and Male Dominance: On the Origins of Sexual Inequality*. Cambridge University Press, 1981.

Sanday, Peggy Reeves. *Women at the Center: Life in a Modern Matriarchy*. Ithaca, N.Y.: Cornell University Press, 2002.

Sapolsky, Robert. "Sick of Poverty", *Scientific American*, dezembro de 2005, *293*(6), 93-9.

Scheck, Raffael. "Childhood in German Autobiographical Writings, 1740-1820", *Journal of Psychohistory*, verão de 1987, *15*(1), 391-422.

Schlegel, Stuart A. *Wisdom from a Rain Forest*. Athens: University of Georgia Press, 1998.

Sen, Amartya. "More Than 100 Million Women Are Missing", *New York Review of Books*, 1990, *37*(20), 61-6.

Sen, Amartya. *Development as Freedom*. Oxford: Oxford University Press, 1999.

Sharpe Paine, Lynn. *Value Shift: Why Companies Must Merge Social and Financial Imperatives to Achieve Superior Performance*. Nova York: McGraw-Hill, 2003.

Shelby, Ashley. "The Real Cost of Oil", *AlterNet*, 24 de junho de 2005.

Shiva, Vandana. *Water Wars*. Cambridge, Mass.: South End Press, 2000.

Shore, Juliet. *The Overworked American*. Nova York: Basic Books, 1993.

Sivard, Ruth Leger. *World Military and Social Expenditures 1991*. Washington D.C.: World Priorities, 1991.

Sklar, Holly. "Carving Up Our Economic Pie", *Knight Ridder Tribune Information Services*, 22 de novembro de 2005.

Smith, Adam. *The Theory of Moral Sentiments* (6ª edição). Londres: A. Millar, 1790. (Publicado originalmente em 1759.)

Smith, Adam. *The Wealth of Nations*. Nova York: Modern Library, 1937.

Stanton, Elizabeth Cady. *The Woman's Bible*. Nova York: European Publishing Company, 1885. Reproduzido *in The Original Feminist Attack on the Bible* de Elizabeth Cady Stanton, com uma introdução atual de Barbara Welter. Nova York: Arno Press, 1974.

Stein, Rob. "U.S. Health Care Most Expensive, Error-prone", *Monterey County Herald*, 4 de novembro de 2005, p. A2.

Stiglitz, Joseph. *Globalization and its Discontents*. Nova York: W.W. Norton, 2003.

"Teure Haushaltproduktion" ["Expensive Household Production"], *Neue Zürcher Zeitung*, 11 de novembro de 2004.

Than, Ker. "Brain Cells Fused with Computer Chip", *LiveScience*, 27 de março de 2006.

The Darmouth Bible. Boston: Houghton Mifflin, 1950.

The Economic Dimensions of Interpersonal Violence. Genebra, Suíça: Department of Injuries and Violence Prevention, World Health Organization, 2004.

The Most Important Work-Life-Related Studies. Minnetonka, Minn.: Work & Family Connection, 2005.

The State of the World's Children 1996. Nova York: UNICEF, 1996.

The State of the World's Children 2005: Childhood Under Threat. Nova York: UNICEF, 2004.

The World Social Situation: The Inequality Predicament. Nova York: Nações Unidas, 2005.

The World's Women: 1970-1990 Trends and Statistics. Nova York: Nações Unidas, 1991.

Thomas, Duncan. "Intra-Household Resource Allocation", *Journal of Human Resources*, inverno de 1990, *25*(4), 635.

Tong, Rosemarie. *Feminist Thought: A Comprehensive Introduction*. Boulder, Colorado: Westview Press, 1989.

Twist, Lynne. *The Soul of Money: Transforming Your Relationship with Money and Life*. Nova York: Norton, 2003.

Vaughan, Genevieve. *For-Giving: A Feminist Criticism of Exchange*. Austin, Texas: Plain View Press, 1997.

Veblen, Thorsten. *The Theory of The Leisure Class*. Nova York: Signet, 1970.

Vulliamy, Ed. "Streets of Despair", *Amnesty International*, inverno de 2005, pp.12-6.

Ward, Kathryn (org.). *Women Workers and Global Restructuring*. Ithaca, N.Y.: Cornell University Press, 1990.

Waring, Marilyn. *If Women Counted: A New Feminist Economics*. San Francisco: Harper & Row, 1988.

Warneken, Felix e Michael Tomasello. "Altruistic Helping in Human Infants and Young Chimpanzees." *Science*, 3 de março de 2006, pp. 1301-303.

Warren, Jenifer. "Spare the Rod, Save the Child", *Los Angeles Times*, 6 de julho de 2004.

Watson, Robert, A. H. Zakri, Angela Cropper, Harold Mooney e Walter Reid (co-chairmans e diretor). *Millennium Ecosystem Assessment: Current State and Trends; Scenarios; Policy Responses; and Multi-Scale Assessments* (Vols. 1-5). Washington, D.C.: Island Press, 2005.

Weiner, Tim. "A New Model Army Soldier Rolls Closer to the Battlefield", *New York Times*, 16 de fevereiro de 2005.

Weintraub, Daniel. "Overhaul of Youth Prisons Just Might Give Kids a Chance", *Monterey County Herald*, 27 de agosto de 2006, p. F2.

Wertheim, Margaret. *Pythagoras Trousers: God, Physics, and the Gender Wars*. Nova York: Times Books, 1995.

Wheatley, Margaret. *Turning to One Another: Simple Conversations to Restore Hope to the Future*. San Francisco: Berrett-Koehler, 2002. [*Conversando a Gente se Entende*, publicado pela Editora Cultrix, São Paulo, 2003.]

Wilkinson, Richard. *The Affliction of Inequality*. Londres: Routledge, 1996.

Willetts, R. F. *The Civilization of Ancient Crete*. Berkeley: University of California Press, 1977.

Williams, Joan C. *Unbending Gender: Why Family and Work Conflict and What to Do About It*. Nova York: Oxford University Press, 2000.

Wilson, Jamie. "Iraq War Could Cost U.S. Over $2 Trillion, Says Nobel Prize Winning Economist", *The Guardian (U.K.)*, 7 de janeiro de 2006.

Woestman, Lois. "Male Chauvinist SAPs: Structural Adjustment and Gender Policies", texto com um resumo das informações do EURODAD/WIDE, dezembro 1994-janeiro 1995. Bruxelas: European Network on Debt and Development/Women in Development Europe.

Zarlenga, Stephen A. *The Lost Science of Money: The Mythology of Money — The Story of Power.* Valatie, N.Y.: American Monetary Institute Charitable Trust, 2002.

Agradecimentos

Este livro foi verdadeiramente um esforço de colaboração, e sou extremamente grata a todos os que contribuíram.

Em primeiro lugar, quero agradecer aos maravilhosos colaboradores da Berrett-Koehler. Foi um prazer trabalhar com o meu editor Steve Piersanti. A sua confiança neste projeto significou muito para mim, e as suas excelentes idéias enriqueceram enormemente este livro. O apoio e a solidariedade de Jeevan Sivasubramaniam foram inestimáveis, bem como a criatividade de Dianne Platner no design e na produção do livro e da capa. Linda Jupiter, James Maxwell e Naomi Schiff fizeram importantes contribuições criativas para o design no livro, Karen Marquardt combinou o significado do livro com o perfeito design visual e de tipos para a capa, e a preparação do original de Sandra Beri, a revisão de provas de Henri Bensussen e a preparação do índice de Medea Minnich são imensamente apreciados. Também sou grata à excelente equipe de marketing da BK: Maria Jesus Arguilo, Ian Bach, Marina Cook, Michael Crowley, Robin Donovan, Kristen Frantz, Tiffany Lee, Catherine Lengronne e Ken Lupoff.

Além disso, quero agradecer à minha magnífica agente literária, Ellen Levine, e à sua assistente Alanna Ramirez, bem como a Claire Roberts e outras pessoas da Trident Media pela sua constante dedicação ao meu trabalho e aos seus esforços para promovê-lo.

Na minha família, o meu marido David Loye me ofereceu, como sempre, um apoio amoroso, indispensável e incansável, tendo sido uma incrível fonte de informações e revisão. A minha filha Andrea Eisler foi uma consultora editorial extremamente talentosa, criativa e solidária, tendo sido um prazer trabalhar com ela. A sua irmã, Loren Alison, também me ofereceu sábios conselhos e boas idéias. E Leah Gowron, a minha superassistente, fez a mesma coisa, e o seu apoio desempenha, de um modo geral, um grande papel em todas as minhas iniciativas e também na minha vida e na de David.

Sou imensamente grata àqueles que leram o livro antes da sua publicação, pois ofereceram importantes comentários em vários estágios. Quero agradecer particularmente a Josh Blivens, Helen Knode, David Korten, Jeff Kulick, Peter Meyer-Dohm, Julie Nelson, Nel Noddings, Patrick O'Heffernan, Barbara Stanbridge e Mal Warwick, que leram o original de ponta a ponta, e cujas sugestões foram inestimáveis. Desejo agradecer também aos amigos e colegas que leram partes do original pelas boas idéias e sábias sugestões que apresentaram. Entre eles estão, uma vez mais, Lauralee Alben, Chandra Alexandre, Doug Autenrieth, Charlyn Beluzzo, Marianna Bozesan, Hilary Bradbury, Sandy Burud, Edgar Cahn, Susan Carter, Nancy Folbre, Bob Graham, Christine Gray, Heidi Hartman, Hazel Henderson, Matt Hudson, Sylvia Johnson, Mara Keller, Matthew King, Marci Koblenz, Regula Langemann, Tracy Leighton, Alex Loeb, Deborah Nelson, Gina Ogden, Joseph Chilton Pearce, Russell Precious, Martin Rausch, Alan Rosenblith, Barbara Schaefer e Suna Yamaner.

Quero agradecer adicionalmente a Stuart Silverstone, cujo serviço de clipagem eletrônica Graphics News foi muito útil para a minha pesquisa. Como sempre, sou imensamente grata a Victor Henry, Doug Holtzman, Joe Johnson, Inga Labeaune, Joanne May, Bridget McConnell, Steve Parker, Debbie Reagan, Janis Rodman e os outros bibliotecários de Monterey que são sempre de grande auxílio para a minha pesquisa.

Finalmente, sou extremamente agradecida ao conselho diretor e à equipe da Kalliopeia Foundation pela sua doação em apoio à pesquisa e à produção literária deste livro.

A autora

RIANE EISLER é uma famosa cientista social, advogada e ativista social mais conhecida como autora do *best-seller* internacional *The Chalice and the Blade: Our History, Our Future* [*O Cálice e a Espada*], aclamado pelo antropólogo de Princeton Ashley Montagu como "o livro mais importante desde *A Origem das Espécies* de Darwin" e pela romancista Isabel Allende como "um desses livros magníficos e essenciais, capazes de nos transformar". Esse foi o primeiro livro que relata os resultados da pesquisa de Eisler sobre as culturas humanas que abarca trinta mil anos, estando agora disponível em 22 idiomas, entre eles quase todas as línguas européias e também o árabe, o chinês, o russo, o coreano, o hebraico, o português e o japonês.

Eisler nasceu em Viena, fugiu dos nazistas com os pais para Cuba e mais tarde emigrou para os Estados Unidos. É diplomada em sociologia e direito pela University of California, deu aulas pioneiras sobre as mulheres e a lei na University of California Los Angeles (UCLA) e é membro fundador do General Evolution Research Group (GERG) e da Alliance for a Caring Economy (ACE), membro da World Academy of Art and Science, da World Business Academy e da Comissão Mundial sobre Consciência Global e Espiritualidade, nesta última ao lado do Dalai Lama, do Arcebispo Desmond Tutu e de outros líderes espirituais. Ela também é co-fundadora da Spiritual Alliance to Stop Intimate Violence (SAIV). É presidente do Center for Partnership Studies, que é voltado para a pesquisa e a educação.

Eisler recebeu muitas homenagens, inclusive a de ser escolhida como a única mulher entre vinte grandes pensadores, entre eles Hegel, Adam Smith, Marx e Toynbee, pela inclusão de *Macrohistory and Macrohistorians* em reconhecimento à permanente importância do seu trabalho como historiadora cultural e teórica evolucionária.

Entre os seus livros estão os premiados *The Power of Partnership* e *Tomorrow's Children,* bem como *Sacred Pleasure,* um novo e ousado exame da sexualidade e da espiritualidade, e *Women, Men, and the Global Quality of Life,* que documenta estatisticamente o papel fundamental da condição da mulher na qualidade geral de vida de uma nação. Eisler é autora de mais de duzentos ensaios e artigos em publicações como a *Behavioral Science, Futures, Political Psychology, UNESCO*

Courier to Brain and Mind, YES!, The Human Rights Quarterly, the International Journal of Women's Studies e a *World Encyclopedia of Peace.*

Eisler é muito solicitada para fazer o discurso programático em conferências no mundo inteiro, e atua como consultora para as empresas e o governo sobre a aplicação prática do modelo de participação introduzido no seu trabalho. No exterior, esteve na Alemanha a convite da Professora Rita Suessmuth, Presidente do Bundestag (o Parlamento alemão), e de Daniel Goeudevert, Presidente da Volkswagen International; na Grécia, a convite da Primeira Dama Margarita Papandreou; na Colômbia, a convite do Prefeito de Bogotá; e na República Checa, a convite de Vaclav Havel, Presidente do país.

O seu trabalho pioneiro em direitos humanos expandiu a ênfase de organizações internacionais que passaram a incluir os direitos das mulheres e das crianças. O seu trabalho em economia apresenta um novo modelo holístico para o governo e as empresas. A sua pesquisa exerceu um impacto em muitas áreas, entre elas a da história, da sociologia, da educação e da ciência dos sistemas evolucionários, e os seus livros são leitura obrigatória em muitos cursos.

Riane Eisler é amplamente reconhecida como uma pragmatista de grande visão, cujos livros, discursos e liderança inspiraram pessoas no mundo inteiro. Este seu mais recente livro — *A Verdadeira Riqueza das Nações: Criando uma Economia Solidária* — propõe uma nova economia que confere visibilidade e valor ao trabalho humano mais essencial: o trabalho de cuidar das pessoas e do planeta.

Você pode entrar em contato com Riane Eisler pelo e-mail center@partnership.org ou através do site www.realwealthbook.net.

O Center for Partnership Studies

O Center for Partnership Studies (CPS) é uma empresa de benefício público sem fins lucrativos que oferece informações e recursos para promover a mudança da dominação para a participação em todos os aspectos da vida — da família e a educação à economia e à política. Desde a sua fundação em 1987, o CPS vem trabalhando com pessoas e organizações para mudar a consciência, promover a ação pessoal positiva, encorajar a advocacia social e influenciar a política. Muitas iniciativas do CPS enfatizam a igual participação das mulheres e dos homens como um dos principais componentes do sistema de participação. As iniciativas do CPS promovem um estilo de vida baseado na harmonia com a natureza, na não-violência e na igualdade sexual, racial e econômica. Entre os atuais projetos do centro podemos citar os seguintes:

- *The Spiritual Alliance to Stop Intimate Violence (SAIV)*: uma iniciativa para tornar o fim da violência contra as mulheres e as crianças uma importante prioridade social, religiosa e política. O Conselho da SAIV conta com o Arcebispo Desmond Tutu e Betty Williams, laureados do Prêmio Nobel da Paz, a Rainha Noor e o Príncipe El Hassan bin Talal da Jordânia, Ela Ghandi, Jane Goodall, Deepak Chopra, Robert Muller e outros líderes mundiais. A SAIV concede pequenas doações para organizações populares na África, Ásia, América Latina e no Oriente Médio, e o Livro de Referência da SAIV oferece fontes para a prevenção da violência e está acessível no website da SAIV (www.saiv.net) e em CD.

- *The Caring Family Policy Agenda*: apresenta diretivas destinadas a implementar:

  Uma *Declaração de Direitos para as Crianças* que inclua o direito a receber atenção e carinho, abrigo, nutrição, educação e assistência médica, a ficar livre da violência e a ter um ambiente limpo.

  Valores familiares solidários baseados na participação, no respeito mútuo, na não-violência e em uma elevada valorização da atenção e da assistência.

Governos e locais de trabalho necessários para famílias saudáveis e prósperas e para uma economia pós-industrial saudável e próspera.

- *A Alliance for a Caring Economy* (ACE): tem como objetivo influenciar os líderes e elaboradores de políticas econômicas a migrar para uma economia de participação na qual o trabalho da atenção e da assistência é adequadamente valorizado e recompensado, com o primeiro estágio concentrando-se em modificar os indicadores de produtividade econômica para que incluam esse trabalho socialmente essencial.

Para obter maiores informações sobre o Center for Partnership Studies, bem como sobre artigos, outras fontes e também a respeito de como apoiar o trabalho do centro, visite www.partnershipway.org.

Informações sobre como formar um grupo de discussão de livros sobre a participação ou criar um centro de participação na sua comunidade estão disponíveis em www.partnershipway.org/html/subpages/centermanual.htm. *Informações sobre como entrar em contato com um membro do Speakers Bureau* [Departamento de Palestrantes] *do CPS* estão disponíveis em www.partnershipway.org/html/subpages/speaking.htm.

ELOGIOS À VERDADEIRA RIQUEZA
DAS NAÇÕES DE RIANE EISLER

"Uma ferramenta essencial para os líderes do governo, políticos, economistas e todos os que estão em busca de maneiras de interromper a destruição ambiental, erradicar a pobreza, estabilizar a população e construir um futuro melhor, *A Verdadeira Riqueza das Nações* nos mostra como construir uma nova economia sustentável — e uma boa qualidade de vida por gerações e gerações."

— O Ilustre Vigdis Finnbogadóttir,
Presidente da Islândia 1980-1996

"*A Verdadeira Riqueza das Nações* é nada menos do que um apelo para uma mudança fundamental na consciência. Recomendo com insistência a leitura deste livro profundo e importante."

— Eve Ensler, autora de
The Vagina Monologues e *Insecure at Last*

"Nesta nova e brilhante análise dos sistemas econômicos e de como eles interagem com a cultura, Riane Eisler criou o que certamente será um livro clássico que, espera-se, transformará o mundo."

— Thom Hartmann, autor de *Screwed and the Last Hours of Ancient Sunlight*

"Riane Eisler é um dos pensadores mais importantes e influentes da nossa época. Em *A Verdadeira Riqueza das Nações,* ela volta a atenção para a importância da solidariedade e lança um alerta para que as sociedades contemporâneas reconheçam e valorizem a contribuição essencial da assistência para o bem-estar humano."

— David C. Korten, autor de *The Great Turning* e
When Corporations Rule the World

"Eisler conseguiu de novo — produzindo um guia estimulante e urgentemente necessário para as realidades econômicas que a nossa sociedade tem pela frente. Aqueles que esperam com ansiedade uma nova orientação para que possamos lidar com questões como a pobreza e o aquecimento global precisam ler e reler a análise de Eisler. *A Verdadeira Riqueza das Nações* é um manual fundamental para o século XXI."

— Rabino Michael Lerner, editor de *Tikkun* e
autor de *The Left Hand of God*

"A verdadeira riqueza das nações sempre esteve nas pessoas; no entanto, a vasta economia da solidariedade (mais da metade de toda a atividade econômica mundial) ainda é desconsiderada e não-remunerada, sendo amplamente relegada ao mundo das mulheres. Eisler põe as coisas no seu lugar, apresentando uma série de novas opções para criar sociedades sustentáveis e solidárias. Uma leitura obrigatória!"

> — Hazel Henderson, autora de *Construindo um Mundo onde Todos Ganhem*, *Além da Globalização* e *Transcendendo a Economia*, publicados pela Editora Cultrix

"Este é um livro maravilhoso e promissor, que não analisa onde estivemos economicamente e sim o potencial da economia para refletir o que verdadeiramente valorizamos: a qualidade de vida e a qualidade do ambiente."

> — Daniel Kammen, co-diretor do Berkeley Institute of the Environment, University of California

"Por que a economia convencional tem sido tão lenta em oferecer respostas úteis e convincentes para a maioria dos nossos desafios mais ameaçadores, como a degradação ambiental e as intensas desigualdades? Riane Eisler responde a essa pergunta, e ao fazê-lo, reinventa a ciência sombria, impregnando-a com os componentes essenciais de que ela precisa para nos retirar do cubículo extremamente pequeno em que estamos presos."

> — Jared Bernstein, Economic Policy Institute

"Riane Eisler fala com o coração, mostrando como podemos criar um mundo melhor para os nossos filhos e netos. É chegada a hora de amar o planeta, amar o próximo, e escutar a convocação de Riane Eisler para que entremos em ação [...] é chegada a hora da revolução solidária."

> — Joan Blades, co-fundadora de MoveOn.org

"Da pobreza do terceiro mundo à mudança climática, está se tornando cada vez mais claro que o pensamento econômico tradicional não apenas é incapaz de resolver as miríades de problemas da atualidade, como também é responsável por muitos deles. O novo e brilhante livro de Riane Eisler expande a esfera de ação e a prática da economia, levando-a além do capitalismo e do socialismo em direção a uma nova economia na qual prevaleçam a igualdade, a justiça e a racionalidade ambiental. Uma leitura obrigatória!"

> — Morris Dees, co-fundador do Southern Poverty Law Center

"Neste novo e brilhante livro, Riane Eisler acertou em cheio. Ela enfatiza exatamente como e por que os únicos sistemas econômicos sustentáveis são aqueles que incluem o custo da solidariedade e felicidade humanas entre os fatores fundamentais. Melhor ainda, ela nos oferece medidas práticas para que possamos implementar essa mudança econômica crucial."

— Dra. Christiane Northrup, autora de *Women's Bodies, Women's Wisdom* e *Mother-Daughter Wisdom*

"*A Verdadeira Riqueza das Nações* esboça uma nova economia que nos inspira a realizar o sonho imaginado quando os Fundadores dos Estados Unidos se declararam independentes do império."

— John Perkins, autor de *Confissões de um Assassino Econômico*, publicado pela Editora Cultrix

"Este livro deveria ser lido por todos os membros do Congresso, e as suas idéias práticas incorporadas à política econômica."

— A Ilustre Claudine Schneider, ex-membro do Congresso dos Estados Unidos

"Este livro é um guia de sobrevivência essencial, prático e dedicado ao futuro."

— Margaret Wheatley, autora de *Liderança e a Nova Ciência, Conversando a Gente se Entende, Liderança para Tempos de Incerteza* e de *Um Caminho mais Simples*, este em co-autoria com M. K. Roger, publicados pela Editora Cultrix

"Ouça Riane Eisler! Ninguém transmite melhor a mensagem urgente de que precisamos abandonar o nosso duplo padrão econômico e começar a valorizar o trabalho essencial de cuidar e investir em nós mesmos e no meio ambiente."

— Ann Crittenden, autora de *The Price of Motherhood*

"Riane Eisler é um dos grandes porta-vozes da sabedoria da nossa época. Em *A Verdadeira Riqueza das Nações*, ela nos oferece a visão e o conhecimento, bem como as ferramentas que poderemos usar, para mudar a nossa economia para um caminho no qual a ganância e a violência não mais prevaleçam, e sejam substituídas pela criatividade e generosidade. Se você quiser fazer parte da solução, leia este livro magnífico!"

— John Robbins, autor de *Healthy at 100* e *Diet for a New America*

"Riane Eisler apresentou um argumento acessível, fascinante e persuasivo a favor de uma perspectiva solidária sobre a economia. Brilhante."

— Nel Noddings, Professora Emérita, Stanford University

"*A Verdadeira Riqueza das Nações* o desafiará a reconsiderar não apenas a direção que o nosso país está seguindo, mas também o papel que você deseja desempenhar no futuro da nação. Este é um brado que deve ser ouvido e discutido pelos pais com os filhos, nas escolas e em todas as organizações que visem algo mais do que apenas o lucro."

— Mark Albion, co-fundador da Net Impact

"Brilhante e inspirador! Riane Eisler é uma dessas pessoas extraordinárias cujo discernimento e capacidade de expressar idéias complicadas em uma linguagem simples ajudam o restante de nós a compreender a condição humana. *A Verdadeira Riqueza das Nações* atualiza a sombria ciência da economia de maneira a colocá-la em dia com as complexas realidades do século XXI e aponta o caminho para um futuro sustentável."

— Mal Warwick, presidente do conselho da Social Venture Network

"E se o sistema econômico mundial apoiasse todas as pessoas e a Mãe Terra também? Isso agora é possível, graças ao livro *A Verdadeira Riqueza das Nações* de Riane Eisler."

— Dr. Robert Muller, ex-assistente do Secretário
Geral das Nações Unidas

"Riane Eisler sempre foi uma revolucionária que nos obrigou a enfrentar as nossas concepções convencionais com idéias não-convencionais. No seu novo livro, ela aplica a sua percepção revolucionária a essa ciência extremamente "sombria", a economia, e, enquanto o faz, nos mostra como, com um pouco de solidariedade e muita imaginação, ela não precisa permanecer sombria por muito tempo. Uma grande proeza!"

— William F. Schulz, ex-diretor executivo da Amnesty International
USA e Membro do Carr Center for Human Rights Policy,
Kennedy School of Government, Harvard University

"*A Verdadeira Riqueza das Nações* descreve, ilustra e inspira uma nova perspectiva com relação à economia. Repleto de exemplos e fatos convincentes sobre como fortalecer a qualidade do capital humano e natural, o livro mostra o que é possível e necessário."

— Jane Dutton, Presidente, Management and Organizations
Department, University of Michigan School of Business

"Neste livro dinâmico e abrangente, Riane Eisler, uma vez mais, demonstra vigorosamente que precisamos substituir as relações de dominação por relações de participação."

— Julie A. Nelson, Global Development and
Environment Institute, Tufts University

"*A Verdadeira Riqueza das Nações* é uma leitura obrigatória para todos nós. Em uma época na qual precisamos desesperadamente de um novo porta-voz para um novo tipo de economia, surge este notável trabalho, baseado em uma pesquisa rigorosa, escrito com entusiasmo e claro como o som de um sino."

— Lynne Twist, autora de *The Soul of Money*

"Este livro extremamente acessível e de fácil leitura será útil para os empresários e empreendedores interessados no aprendizado organizacional, no desenvolvimento organizacional, na nova ciência e em novas áreas de liderança. É uma leitura obrigatória para qualquer pessoa que deseje um futuro melhor para o nosso mundo."

— Barbara G. Stanbridge, ex-presidente da National
Association of Women Business Owners

"Este é um dos livros mais importantes que foram publicados desde o início do novo século, sendo crucial no momento para o bem-estar do nosso perturbado planeta. *A Verdadeira Riqueza das Nações* é uma fonte de grande esperança e determinação."

— Susan Griffin, autora de *A Chorus of Stones:*
The Private Life of War

"Nada é mais importante hoje em dia do que a reinserção da solidariedade nos nossos compromissos políticos e decisões econômicas. Nada menos do que o futuro da nação está em jogo."

— Jim Garrison, co-fundador do State of the World Forum

"Baseado em uma rigorosa pesquisa, o novo livro da dra. Eisler oferece uma abordagem integrada para reduzir as injustiças na sociedade por intermédio de mudanças nos negócios, nas políticas e nas comunidades, apresentando também os indicadores necessários para medir as mudanças que recomenda."

— Charlyn Belluzzu, FilmAid International

"Abrindo novos caminhos, com um discernimento e genialidade aguçados, Eisler traça a jornada em direção à liberdade e o bem-estar."

— bell hooks, autora de *All About Love*

"Cada novo livro de Eisler faz novas descobertas e identifica mais caminhos solidários alternativos. A partir de uma posição de vasta experiência e grande capacidade, ela aborda aqui a urgente questão da economia e, uma vez mais, nos empurra para a frente com paixão, erudição e esperança."

— V. Spike Peterson, Professora de Ciência Política

"Riane Eisler emprestou a sua expressão vigorosa excepcional a um tema que é ao mesmo tempo importante e negligenciado. A assistência sempre desempenhou um papel fundamental nas sociedades. A maneira como ela é praticada na nossa cultura definirá esta geração e exercerá um profundo impacto na próxima."

— Dra. Sandra Burud, co-autora de
Leveraging the New Human Capital

"Aliando o seu poderoso intelecto a experiências de vida de grande alcance, Riane Eisler escreveu um livro convincente que responde à grande pergunta: 'Afinal, para que serve a economia?' Se você precisar de mais evidências de que a sociedade na qual as pessoas estão por conta própria e são responsáveis pela sua própria riqueza e bem-estar, que os Estados Unidos vêm perseguindo implacavelmente nos últimos trinta anos, não está dando certo, ou simplesmente desejar descobrir o que irá funcionar, leia este livro."

— John de Graaf, co-autor de *Affluenza*

"Riane Eisler aborda o que talvez seja a questão mais profunda da nossa época, mostrando por que os sistemas que desprezam a solidariedade conduzem ao desastre ambiental e social. Ela oferece então um processo de seis passos para que possamos construir uma economia que satisfaça as nossas mais profundas necessidades e nos oriente em direção a uma civilização que dissolva os problemas em vez de alimentá-los."

— Gifford Pinchot, III, Presidente do Bainbridge
Graduate Institute

"Esta é uma obra muito importante. Uma economia solidária beneficiaria cada criança, mulher e homem, dando valor à nossa imensurável diversidade que nos torna humanos."

— Raffi Cavoukian, autor, cantor e fundador
da Child Honoring

"Quando houver um Prêmio Nobel para a Solidariedade, Riane Eisler deverá ser a primeira a recebê-lo. Com a competência de uma terapeuta de nível internacional, ela faz uma análise da sombria ciência da economia, investiga a fundo a sua dupla moralidade e oferece métodos práticos para torná-la uma poderosa ferramenta para humanizar o nosso planeta. O melhor ato de solidariedade que você pode praticar é dar este livro de presente para todo político, servidor público, CEO e tomador de decisões que você conheça."

— Michael Shuman, autor de *The Small-Mart Revolution*